신뢰의 힘

신뢰

신뢰의 힘

신뢰

에릭 M. 우슬러너 M. Uslaner 지음 | 박수철 옮김

오늘의책

신뢰의 힘-신뢰의 도덕적 토대

초판 1쇄 인쇄 2013년 11월 15일
초판 1쇄 발행 2013년 11월 22일

지은이 | 에릭 우슬러너
옮긴이 | 박수철
펴낸이 | 박영철
펴낸곳 | 오늘의책
책임편집 | 이성옥
디자인 | 송원철

주소 | 121-839 서울 마포구 마포구 잔다리로7길 12 (서교동)
전화 | 02-322-4595~6 팩스 02-322-4597
이메일 | tobooks@naver.com
블로그 | blog.naver.com/tobooks

등록번호 | 제10-1293호(1996년 5월 25일)

ISBN 978-89-7718-347-6 03180

이 도서의 국립중앙도서관 출판시도서목록(CIP)은 e-CIP홈페이지(http://www.nl.go.kr/ecip)와
국가자료공동목록시스템(http://www.nl.go.kr/kolisnet)에서 이용하실 수 있습니다.
(CIP제어번호 : CIP2013022420)

낙관론과 신뢰의 전형적인 사례이자 내가 가장 사랑하는
데비, 에이브리, 앰버에게 이 책을 바친다.

머리말

이 책은 오랜 시간에 걸친 작업의 결과물로서 기존 내 연구주제에서 비껴나간 우회로이자 내 사고의 진화를 대변한다. 지금까지 나는 대부분 미국 의회를 다룬 책들만 써왔다. 1993년, 나는 점점 늘어나는 의회에서의 무례한 행태와 미국 사회에서 감소하는 신뢰를 관련지은 책《의회 내에서의 상호 예절의 쇠퇴》를 발표했다. 그 책에서 나는 신뢰를 중심으로 분석했지만 신뢰는 협동심의 대용물이었기에 그 의미에 대해 좀더 깊이 파고들지 못했다.

책을 펴낸 이듬해 나는 로버트 퍼트넘으로부터 상쾌한 환경을 자랑하는 매사추세츠 주의 케이프코드에서 열린 사회적 자본 관련 학술회의에 초대받았다. 참석자들은 배우자를 동반할 수도 있었다. 우리 부부는 아이를 낳은 후 첫 번째 여행이었기 때문에 가고 싶은 마음이 굴뚝같았다. 그러나 나는 사회적 자본 분야의 문외한이어서 허겁지겁 벼락치기를 감수해야 했다. '당신이 알고 있는 것에 관해 써라'라는 격언에 따라 나는 일반사회조사GSS에 포함된 신뢰 관련 설문에 주목했고, 타인에 대한 신뢰와 다양한 종류의 바람직한 태도 및 행위를 관련지은 논문을 썼다. 그것은 기존의 내 연구주제인 의회 문제를 우회하는 계기가 되었다.

하지만 그때까지도 나는 신뢰의 깊은 의미를 깨닫지 못했다. 논문에 대한 몇 사람의 반응을 접한 뒤 연결고리를 확대하기로 마음먹었다. 그렇게 해서 탄생한 것이 가장 널리 인용되는 나의 미발표 논문인 〈믿음, 희망, 자선*Faith, Hope, and Charity*〉이다. 그 논문을 발표하지 않은 이유는 내가 비정통적인 입장을 취했기 때문이기도 하고, 당시만 해도 신뢰의 정체에 관해 명확한 개념을 정립하지 못했기 때문이다. 나는 신뢰가 우리 사회의 민주주의적 질서를 점점 위협하고 있는 시민참여를 둘러싼 문제해결의 만병통치약이라고 확신했다. 의회에서의 무례와 교착상태에 관한 책을 발표한 지 얼마 되지 않은 내게 우리 사회에 대한 경고는 흥미진진한 주장처럼 보였다.

생각이 차츰 정리되어 나갔다. 신뢰가 중요한 까닭은 그것이 도덕적 가치이기 때문이라고 판단했다. 나는 글렌 로리의 저서 일부를 인용해 신뢰는 사회적 자본의 가장 중요한 요소이고, 시민참여는 중요한 결과이긴 해도 사회적 자본은 아니라고 주장했다. 그런데 한 평론가가 지면을 통해 신뢰는 사회적 자본이 아니며, 신뢰가 시민참여의 원인이라기보다는 결과에 훨씬 더 가깝다고 말했다. 평론가의 글은 계속 내 머릿속에서 맴돌았고, 얼마 후 나는 기본적으로 한 측면에서는 내가 틀렸고 다른 측면에서는 옳았다는 점을 깨달았다. 신뢰는 단지 경험에 의해 결정되는 게 아닌 하나의 가치이며, 신뢰의 결과가 시민참여의 결과보다 훨씬 심오하다고 가정한 점은 옳았다. 그리고 괜스레 사회적 자본의 구성요소를 둘러싼 논쟁에 휘말린 것은 잘못이었다. 〈믿음, 희망, 자선〉이라는 논문을 통해 얻은 교훈은 개념의 정의와 씨름하는 것은 바보짓이라는 점이었다.

이후 나는 워싱턴의 세계은행, 이탈리아의 밀라노, 루마니아의 클루지 나포카 같은 다양한 장소에서 열린 학술회의에 참석해 적어도 하루 동안은 사회적 자본의 구성요소가 무엇인지를 토론했다.

아마 이 책을 읽고 있는 평범한 독자들은 내가 이 책에서 '신뢰가 사회적 자본'이라는 표현을 되도록 자제하고 있다는 사실을 잘 모를 것이다. 그렇게 표현하지 않는 것은 힘겹게 터득한 교훈 때문이다. 관련 용어의 개념을 다시 정의하고 다른 연구자들이 그렇게 하는 모습을 여러 차례 지켜본 후 신뢰에 몰두하기로 마음먹었다.

이후 나는 한 가지 목표 아래 신뢰가 사실은 도덕적 가치의 하나라는 주장에 필요한 요소를, 그리고 그런 주장하에 도출되는 결론의 유형을 분류하기 시작했다. 연구가 진전되는 동안 신뢰의 양상이 매우 다양하다는 점을 인정해야 했다. 아울러 신뢰와 대다수 시민참여 사이의 연결고리에 의문이 생겼다. 그 결과 나는 '신뢰와 시민참여는 선순환을 이룬다'는 퍼트넘의 주장(최근 디틀린드 스톨이 아주 강력하게 지지하고 있다)에 동조하던 입장에서 벗어났다.

나는 신뢰가 먼저이고, 그에 의해 시민참여가 이루어진다는 그의 주장에 동의했다. 하지만 여러 형태의 시민참여와 관련된 저작물을 파고들수록 양자의 연관성에 의혹을 품게 되었다. 그러던 중 비공식적인 사교활동에까지 자신의 주장을 접목시킨 퍼트넘의 새로운 연구서를 접하면서 내 의구심은 한층 커졌다. 시민단체나 심지어 사교단체에서 많은 시간을 보내는 사람은 그리 많지 않다. 설령 그런 사람들이 있다 해도 대부분은 자신과 비슷한 부류의 사람들과 어울리게 마련이다.《의회 내에서의 상호

예절의 쇠퇴》를 다시 읽어보면서 나는 신뢰가 자신과 의견이 다르고 공통점이 전혀 없어 보이는 사람들과의 갈등해소에 도움이 된다는 점을 깨달았다. 국회의원뿐만 아니라 국민 상호 간 예절문화의 쇠퇴현상은 반대자들을 싫어하고 무시하는 행태에서 비롯된 것이다.

러셀 하딘이 언급한 유형의 신뢰, 즉 기존에 알고 있는 사람들에 대한 신뢰는 위와 같은 현실에서의 의미와는 동떨어져 있는 듯하다. 하딘이 열거한 여러 사례들은 잘 알고 있는 사람들에 대한 신뢰와 관계있는 것이다. 그가 제시한 사례를 검토할수록 아내에 대한 나의 신뢰에는 전혀 특별한 요소가 없다는 점을 더욱 확신했다. 그래서 왠지 믿음이 가지 않는 몇몇 사람들을 떠올린 후 그들에 대한 부정적 인식이 더 넓은 범위의 사람들에 대한 인식에 영향을 미치는지를 생각해봤다. 그리고 주변 사람들에게 만일 내가 갑자기 주먹으로 얼굴을 때린다면 그들의 세계관을 바꿀 것인지를 물었다. 그러자 이상한 눈초리로 쳐다보면서도 그런 돌발적인 사건 때문에 염세주의자로 변하지는 않는다고 대답했다.

이상은 그동안 경험한 지적 여행을 아주 짧게 간추린 것이다. 여행 도중 많은 빚을 졌는데 그중에서도 특히 메릴랜드 대학교의 중앙연구위원회에서 실시하는 우수 교수 연구지원기금 덕분에 1997년부터 1998년까지 1년간 휴직하며 이 문제에 관해 읽고, 쓰고, 생각할 수 있었다. 그리고 의회 리더십 연구를 위해 에버렛 맥킨리 디륵센 센터가 지원해준 연구비는 의회와의 연관성에 주목하는 데 도움이 되었다. 미국 정치사회과학 아카데미도 이 연구 수행에 보탬이 되었다(여기에는 퍼트넘의 아낌없는 지원이 있었다).

분석에 필요한 자료를 제공해준 고마운 사람들과 기관은 다음과 같다.

대학 간 정치사회연구 컨소시엄, 리처드 모린, 아론 헤프론, 애리 홀츠, 인디펜던트 섹터, 앤드류 코후트, 퓨 리서치센터, 로버트 오코너, 미국공동모금회, 앤 E. 캐플런, 미국모금자문위원회, 패트릭 질보, 로버트 톰슨, 미국적십자, 마이클 케이기, 〈뉴욕타임스〉, 징구아 C. 조, 〈CBS 뉴스〉, 메릴 제임스, 갤럽 인터내셔널, 롤프 우어, 국제사회조사프로그램, 도널드 카인더, 낸시 번스, 애슐리 그로스, 팻 루에바노, 〈미국선거연구 2000년 예비조사〉, 패트릭 보바, 미국여론연구센터, 라파엘 라포르타, 대니얼 트라이스먼, 조하네스 퍼데크, 로버트 퍼트넘, 코네티컷 대학교 부속 로퍼센터. 위 사람들과 기관은 내가 이 책에서 제시하는 해석에 대해 아무런 책임이 없다.

원고를 읽어보고 귀담아들을 만한 상세한 조언을 아끼지 않은 제인 맨스브리지, 제프리 몬다크, 보 로스스타인, 디틀린드 스톨, 마크 워렌 등도 특히 고마운 사람들이다.

원고의 일부분을 읽고 다양한 형태로 논평해주고 대화를 통해 직접 조언해준 사람들은 다음과 같다. 가 알페로비츠, 가브리엘 바데스쿠, 스티븐 베니트, 발레리 브레이스웨이트, 존 브렘, 제프리 브레넌, 미첼 브라운, 데니스 청, 리처드 콘리, 에바 콕스, 수 E. S. 크로퍼드, 카렌 다비샤, 폴 데커, 키스 도허티, 존 S. 드라이제크, 리처드 에커슬리, 모리스 피오리나, 프랜시스 후쿠야마, 제럴드 갬, 제임스 짐펠, 마크 그레이버, 러셀 하딘, 조엡 드 하트, 제니퍼 오스칠드, 버지니아 호지킨슨, 마크 후그, 로널드 잉글하트, 테드 젤런, 리처드 존스턴, 카렌 카우프만, 로널드 킹, 로버트 클릿가드, 어니러드 크리슈나, 잔 리글리, 마거릿 레비, 피터 레빈, 리처드 모린, 존 밀러, 케네스 뉴턴, 제니 오닉스, 조 오펜하이머, 존 오웬스 J, 마틴 펠덤, 아니타 플로틴스키, 산지브 프라카시, 로버트 퍼트넘, 에드워드 퀸 2세, 프레스턴 퀴즌베리, 웬디 란, 링컨 로빈슨, 낸시 로젠블룸, 타라 샌트마이어, 케이 리만 슐로츠만, 퍼 셀, 마르셀로 실스, 캐럴 솔탄, 시블리 텔하미, 잔 반 데스, 존 웨일리, 폴 화이틀리, 리처드 윌킨슨, 레이먼드 월핑어, 댁 월러백, 로버트 우스나우, 웨일 이샤이.

미국정치학회와 중서부정치학회 같은 단체에서 개최한 회의를 비롯해 미처 소개하지 못하는 여러 회의에서 만난 참석자들도 소중한 논평을 해 줬다. 국내에서 열린 회의나 주최 측은 다음과 같다. 브루킹스 연구소, 캔자스 대학교 부속 로버트 J. 돌 연구소가 후원한 '미국 상원에서의 예외와 협의'에 관한 회의, 세계은행, 조지타운 대학교에서 열린 민주주의와 신뢰 회의, 버지니아 주 크리스탈 시티에서 아미타이 에치오니가 기획한 공동체주의 정상회의, 미국퇴직자협회, 미 국무성 주최 장관 공개토론회, 펜실베이니아 대학교의 아넨버그 커뮤니케이션 스쿨, 미시간 주립대학교의 사회적 자본 계획, 툴레인 대학교, 네브래스카 대학교 링컨 캠퍼스의 헨드릭스 세미나, 매사추세츠 주 케이프코드에서 열린 사회적 자본과 민주주의 워크숍, 메릴랜드 대학교 칼리지파크 캠퍼스의 내 연구소에서 마련한 프레젠테이션.

해외에서 열린 회의에서도, 예를 들어 이탈리아 밀라노에서의 유럽컨소시엄정치연구 회의와 영국의 워릭과 덴마크의 코펜하겐에서 열린 유럽컨소시엄정치연구의 워크숍에서 여러 참석자들로부터 많은 것을 배웠다. 그리고 다음에 열거하는 기관에서 주최한 회의에서도 연구결과를 발표하는 영광을 누렸다. 노르웨이 솔스트란트의 노르웨이 조직 및 경영 연구센터와 노르웨이 권력과 민주주의 프로젝트, 네덜란드 헤이그 시의 사회문화기획국, 루마니아 클루지나포카에 소재한 바베쉬-보요이 대학교, 루마니아 부쿠레슈티의 루마니아 문화재단, 영국 런던의 웨스트민스터 대학교, 오스트레일리아 멜버른의 멜버른 대학교, 오스트레일리아 캔버라의 오스트레일리아 국립대학교, 오스트레일리아 시드니의 시드니 공과대학교, 멕시코 멕시코 시티의 멕시코 국립자치대학교.

또한 케임브리지 대학교 출판부 관계자들, 특히 루이스 베이트먼, 마이클 모스카티, 로렌 레빈 등은 기획단계에서부터 출판하기까지 원고를 면밀히 검토해줬다.

그리고 내가 항상 믿고 의지하는 우리 가족들을 빼놓을 수 없다. 그간 원고작업에 매달리느라 미처 신경쓰지 못해 미안하게 생각한다. 원고가 완성된 지금 11살인 에이브리는 아빠가 무슨 일을 하는 사람인지 알 정도로 컸지만 좀처럼 아랑곳하지 않는다. 신뢰 지향적 인간의 모범사례인 데비는 원고를 쓰는 동안 내가 겪은 수많은 고난과 시련을 옆에서 묵묵히 지켜봤고 이제 영화 한 편을 손꼽아 기다리고 있다. 그리고 새 식구, 그러니까 골든 리트리버 구조·교육·훈련 센터를 통해 분양받은 앰버는 최근 내가 원고를 수정하는 동안 거의 잠만 잤다. 간혹 깨어 있을 때는 내 컴퓨터 위로 뛰어오르려고 애썼지만 대부분은 내 위에 올라타는 데 그쳤다. 녀석들은 아마 이 세상에서 가장 지독한 염세주의자의 마음조차 따뜻하게 녹여줄 수 있는 무한한 기쁨일 것이다.

에릭 M. 우슬러너

목차

PART 1

신뢰와 행복한 삶

~

샐리(평직원) 과장님, 진짜 욜란다의 의자를 갖고 가셨어요?

랄프(과장) 이봐 샐리, 알다시피 욜란다는 지금 여섯 달째 해외에 나가 있잖
아. 의자가 뭐 필요해? 그리고 욜란다가 문을 잠그지 않은 것은 내 잘못이
아니야.

샐리 과장님, 사무실 문에는 이중 빗장이 달려 있는데요.

랄프 나야 여기가 어떻게 돌아가는 곳인지 잘 알거든.

–연재만화 〈샐리 포스〉[1]

신뢰는 사회생활의 보양식이다. 신뢰는 자신이 속한 공동체와 기꺼이
관계를 맺는 것, 높은 경제성장률, 정부의 국정운영에 대한 만족감(퍼트넘
1993년 · 1995년a, 후쿠야마 1995년, 낵과 키퍼 1997년), 즐거운 일상생활 같

---

1 〈워싱턴포스트〉지, 1998년 9월 1일자, D19.

은 여러 긍정적인 결과를 낳는다. 그러나 보양식처럼 신뢰도 다소 불가사의한 방식으로 효과를 발휘하는 것 같다. 예를 들어 흔히 사람들은 이미 알고 있는 사람들만 믿는 경향이 있다. 하지만 신뢰는 잘 모르는 낯선 사람들을 믿을 때 이익을 안겨준다.

낯선 사람들을 믿는다는 것은 그들을 자신의 '도덕적 공동체' 안으로 포용하는 것을 뜻한다. 낯선 사람들은 우리와는 생김새는 물론 이념이나 종교도 다를지 모른다. 그러나 우리와 그들 사이에는 공통의 기본적인 가치가 있을 것이다. 그러므로 타인을 믿는 것은 그리 위험한 일이 아니다. 만일 우리와 그들이 같은 운명공동체라면 그들은 우리의 호의적인 태도를 악용하려 들지 않을 것이다. 공통의 기본적인 가치를 인식하면 낯선 사람들과의 협력이 한결 쉬워진다(퍼트넘 1993년 171쪽 참고). 신뢰가 협력으로 이어지는 유일한 길은 아니지만(레비 1994년 14쪽) 신뢰를 바탕으로 이뤄진 합의는 수명이 더 길고 모든 단계마다 굳이 새로운 합의를 모색할 필요가 없을 것이다. 보통 타인을 신뢰하면 그들이 약속을 지킬 것으로 기대한다. 왜냐하면 그들이 대체로 과거에 그렇게 했거나(감베타 1998년 217쪽, 하딘 1992년), 다른 사람을 믿을 만한 존재로 여기는 편이 더 낫다고 판단하기 때문이다(베이어 1986년 234쪽, 파그덴 1988년 130쪽, 본서의 2장 참고). 두 이유 중 어느 쪽이든 타인을 신뢰하면 매번 새로운 합의와 결정을 거치지 않고도 협력할 수 있다.

다른 사람과 운명공동체임을 인식하면 그들에게 접근하는 방식이 달라진다. 신뢰하는 사람들이 그들이 초래하지 않은 일로 곤경에 처하면 안타까움을 느낀다. 그러므로 타인을 신뢰하는 사람들은 문제해결을 위한 정부 정책을 지지함으로써, 혹은 그보다 훨씬 더 직접적으로 자신의 시간과 돈을 투자함으로써 상대적 약자의 삶을 향상시키고자 애쓸 것이다.

　낯선 타인을 신뢰할 만한 존재로 여기는 것은 증거에 근거한 행동이 아니다. 따라서 거기에는 다른 토대가 있어야 하는데, 나는 그것이 바로 도덕적 토대라고 생각한다(맨스브리지 1999년 참고).

　낯선 타인에 대한 신뢰의 기초는 '자신과 다른 사람이 갖고 있는 기본적 가치는 동일하다'라는 기본적인 윤리적 가정이다. 굳이 그들의 정치적·종교적 견해가 자신과 같을 필요는 없다. 그러나 기본적으로 서로 간의 협력에 활력을 불어넣을 수 있는 공통의 유대감이 존재한다는 주장을 받아들인다. 세상은 선의가 존재하고, 따라서 믿을 만한 사람들로 이뤄진 인정 넘치는 곳이다. 세상이 이렇게 좋은 곳인 만큼 상황도 앞으로 점차 호전될 것이다. 그리고 실제로 그렇게 할 수 있다(2장과 4장을 보라). 우리는 서로에 대해 책임이 있다.

　이런 신뢰의 도덕적 토대가 의미하는 바는 믿을 만한 존재로 여기는 사람들과는 단순히 협력수준에 머물러서는 안 된다는 것이다. 낯선 사람들, 즉 자신과는 다른 사람들을 긍정적인 시각으로 바라보고 그들을 믿을 만한 존재로 여겨야 한다. 타인에 대한 책임이란 특히 자선단체에 기부하고 시간을 할애해 공동체를 위한 선행에 동참해야 함을 뜻한다. 타인을 신뢰하는 사람들에게는 모두가 하나여서 특정 부류의 사람들이 유리한 고지를 차지하는 것은 도덕적으로 잘못되어 있다(7장을 보라).

　타인에 대한 책임이 있다고 해서 신뢰가 만병통치약은 아니다. 신뢰의 도덕적 토대란 기존에 알고 있는 사람들이나 자신과 비슷한 사람들을 제외한 낯선 타인을 이어주는 연결고리이다. 그러므로 이해관계와 배경이 비슷한 단체 구성원들을 다른 사람들보다 더 믿을 만하다고 생각할 이유는 거의 없는 것이다. 나아가 신뢰가 사람들로 하여금 정치행위 같은 대결적 성향의 활동참여로 이끌 것으로 기대할 이유는 더더욱 없다. 흔히 타인을 신뢰하는 사람들은 여러 단체에 얼굴을 내미는 사람이라는 이미지를 갖고 있다(로젠버그 1956년, 레인 1959년, 퍼트넘 2000년). 물론 그들 중에는 타인을 신뢰하는 사람도 있지만 대부분의 경우는 그렇지 않다. 신뢰는 자신과 비슷한 사람들과 어울리도록 유도하는 차원을 뛰어넘어 아주 큰 문제를 해결한다. 그리고 평소 어울리지 않는 사람들과도 연결해준다. 그 때문에 사적 · 공적 영역을 가리지 않고 상대적 약자를 돕거나 정부의 분발을 촉구하는 등 대승적 차원의 문제해결에 힘을 보태기도 한다.

자신이 다른 사람들과 연계되어 있고 그들 운명에 대해 도덕적 책임이 있다고 믿는 것은 신뢰를 기본적으로 평등주의적 이상이라고 여기는 것이다. 타인의 도덕적 주장을 진지하게 받아들이는 것은 그들을 자신과 동등한 존재로 대우하기 때문이다. 위계적 사고는 도덕적 신뢰에 나쁜 영향을 미친다. 신뢰의 밑바탕에는 향후 상황이 상대적 약자에게 유리한 방향으로 전개될 것이고 우리가 세상을 좀더 살기 좋은 곳으로 만들 수 있다는 생각이 있다(2장을 보라).

낯선 타인에 대한 신뢰는 개인적 경험과는 그다지 관계가 없다. 그보다는 집단적 경험, 특히 낙관적 전망과 부의 사회적 분배 사이의 연관성을 둘러싼 경험이 반영되어 있다. 국가가 평등해질수록 사회적 신뢰 수준은 높아진다(8장을 보라). 실례로 미국은 소득격차가 늘어남에 따라 사람들이 남을 잘 믿지 않게 되었다(5장을 보라).

이상은 기존의 주류적인 관점과는 무척 다른 신뢰관이다. 신뢰를 둘러싼 담론의 대부분은 서로를 믿어야 하는 수단적 · 전략적 이유에 초점을 맞추고 있다. '과거에 약속을 지켰다면 당신을 믿을 것이다. 만약 그렇지 않았다면 믿을 수 없다'처럼 신뢰는 약속이행 가능성, 믿을 만한 존재일 가능성에 관한 평가이다(감베타 1988년 217쪽, 하딘 1992년 163쪽·170쪽, 본서의 2장도 보라). 지금까지는 지난 경험을 바탕으로 한 특정인에 대한 신뢰에 초점을 맞췄다. 그러나 신뢰에는 분명 경험을 바탕삼지 않은 또 다른 측면이 있다. 바로 낯선 사람들에 대한 믿음이다. 이 믿음은 비록 주변의 몇몇 낯선 사람들에 관한 정보만 알고 있는 상황에서도 '대부분의 사람들은 믿을 만하다'라고 생각하는 것이다. 이와 같은 낯선 타인에 대한 믿음이 바로 내가 말하는 '신뢰의 도덕적 토대'이다.

통념에 도전하다

이 책에서의 과제는 신뢰의 수수께끼를 푸는 것, 즉 신뢰가 왜 중요하고 어떤 영역에서 중요한지를 보여주는 것이다. 신뢰에 대한 내 관점은 유일무이한 것은 아니어도 기존의 관점과는 다르다(다음을 보라: 베이어 1986년, 파그덴 1988년, 후쿠야마 1995년, 셀리그먼 1997년, 맨스브리지 1999년). 내가 주장하는 신뢰의 도덕적 토대론이 겨냥하고 있는 것은 신뢰에 관한 다른 이론들의 몇 가지 핵심적인 전제들이다. 그러므로 우선 다른 이론들을 살펴보고 그것에 대한 반론을 제기할 것이다.

신뢰를 둘러싼 기존의 통념은 타인에 관해 많이 알고 있기 때문에 그들을 믿는다는 것이다. 그러나 나는 잘 모르는 낯선 사람들도 믿을 수 있고 실제로 믿는다고 생각한다. 사실 신뢰와 관련된 설문('대다수 사람들을 믿을 만한가?')의 전형은 모르는 사람들에 대한 믿음 문제이다(3장을 보라).

그러나 신뢰의 유형은 매우 다양해 낯선 사람들을 믿는 것도 신뢰의 한 가지인 도덕적 신뢰이다. 이에 반해 아는 사람들을 믿는 것은 전략적 신뢰이다. 후자는 경험에 좌우되지만 전자는 그렇지 않다. 전자의 바탕에는 낙관적 세계관과 세상을 더 좋게 만들 수 있다는 인식이 깔려 있다. 그 때문에 현재의 평탄한 삶을 포함해 개인적 경험은 낯선 사람들에 대한 신뢰 여부에 미치는 영향이 지극히 미약하다(2장과 4장을 보라). 낯선 사람들에 대한 신뢰를 유지하기 위해서는 부정적 정보를 무시해야 할 때도 있다.

기존 통념하에서는 신뢰란 덧없는 것이어서 자신을 실망시키면 쉽게 깨진다. 하지만 내가 보기에 신뢰란 세월이 흘러도 크게 변하지 않는 영속적인 가치이다(3장을 보라). 설령 변화를 겪는다 해도 이 변화는 살면서 경험하는 개인적 사건이 아닌 사회적 사건, 즉 '집단적 경험'에 영향을 받는다(로스스타인 미간행 참고).

미국의 경우 베트남 전쟁으로 사람들 간의 신뢰가 감소했고, 민권운동으로 신뢰가 증가했다(6장을 보라). 이것은 매우 중요한 점으로 사람들은 공동의 유대감을 느낄 때 서로를 신뢰할 가능성이 높다. 경제적 불평등 수준이 높아질수록 그런 유대감은 점점 줄어들고, 그에 따라 타인에 대한 신뢰가 감소한다(6장과 8장을 보라).

최근 들어 신뢰가 사회과학의 뜨거운 주제로 부상했다. 이처럼 새롭게 주목받은 데는 사람들을 공동체에 참여하도록 유도하는 것으로 알려진 신뢰 특유의 역할이 크게 작용했다. 기존에는 다른 사람을 잘 믿는 사람들이 그렇지 않은 사람들보다 시민단체에서 더 많이 활동하며 사회적 유대 관계 형성에 훨씬 더 적극적이라는 게 통념이었다(스톨 1998년a · 1998년b · 1999년a 참고). 그러나 사람들은 시민단체에서 활동하며 서로 믿는 방법을 배운다는 점이 중요하다(토크빌 1945년, 퍼트넘 1995년a·2000년, 브렘과 란 1997년). 그러므로 신뢰, 단체활동, 협력 등은 '선순환'을 이루는 것이다.

다시 강조하지만 신뢰관에 대한 기존의 통념은 잘못된 것이다. 그것에는 몇 가지 방법론적 문제뿐 아니라 두 가지 핵심적인 오류가 있다. 첫 번째는 시민참여가 신뢰를 창출할 수 있다는 오해이다. 사람들이 공적인 시민단체 활동이나 사적인 사교활동을 시작할 때는 대체로 기본적인 세계관이 정립되어 있다. 사실 대부분의 사람들은 일찌감치 부모로부터 신뢰에 관해 배웠다(4장을 보라). 하지만 아주 어릴 때는 도덕적 나침반을 바꿀 정도로 어떤 단체에 소속돼 많은 시간을 보내는 경우가 거의 없다(뉴턴 1997년 579쪽).

두 번째는 단체활동이나 사교활동을 통해 교류하는 사람들의 범위를 너무 넓게 잡았다는 점이다. 사실 친구들과의 교제나 시민단체의 회의참석도 비슷한 사람들과의 교류이다. 보통 사람들은 자신의 도덕적 공동체의 범위를 확장하지 않는다. 단체활동이나 사교활동을 통해 자신과 비슷한 사람들을 더 믿게 될지는 모르지만(스톨 1998년b), 그것은 '대부분의 사람들은 믿을 만하다'라는 일반적 신뢰(2장, 3장, 5장을 보라)가 아니라 개별적 신뢰, 즉 자신과 같은 부류의 사람들에 대한 신뢰를 강화할 뿐이다. 기존에 알고 있던 사람들에 대한 신뢰를 뛰어넘어 모르는 사람들에 대한 신뢰로 나아가는 길이 전혀 없다. 이 책에서는 정교하고 완벽한 통계학적 모형을 사용해 주장을 펼칠 예정이다(5장을 보라).

볼링 동호회나 합창단은 친구를 사귀고 재미를 느낄 수 있는 곳이다. 친구들을 저녁식사에 초대하는 것은 저녁시간을 보내는 최고의 방법 중

하나이다. 하지만 이런 행위들은 타인과의 신뢰를 창출하지 못한다. 흔히 대부분의 사회적 유대관계는 비슷한 사람들을 중심으로 형성되기 때문에 공적 조직생활과 사적 사회생활 모두 낯선 사람들에 대한 믿음 생성에는 적합지 않다(7장을 보라). 물론 자선활동이나 봉사활동 같은 예외도 있다. 이런 바람직한 행위들에는 일반적인 단체활동보다 공동체의 복리에 훨씬 더 뜨거운 관심이 담겨 있다. 이런 선행으로 인해 신뢰가 생성되기도 하지만 기본적으로는 신뢰가 이런 선행을 이끌어내는 경향이 더 강하다.

무엇보다 신뢰가 중요한 경우와 그렇지 않은 경우에 대한 명확한 개념을 정립할 필요가 있다. 염세주의자들도 사회생활을 한다. 그들 또한 신뢰 같은 도덕적 가치를 일상생활에서 중요한 요소로 생각할 것이다. 그러면서도 대부분은 자신과 같지 않은 사람들을 차단시키고 있는지 모른다. 따라서 같은 부류 사람들과의 교류는 도덕적 신뢰를 파괴하고 그 자리에 집단 내부의 신뢰, 즉 개별적 신뢰를 구축하는 행동일지 모른다(2장, 3장, 4장을 보라).

대다수 형태의 시민참여가 신뢰를 창출할 수 있다는 증거가 없다면 단체 회원수의 감소는 신뢰의 감소현상을 초래한 원인도 그것에 따른 결과도 아닐 수 있다. 사회적 혹은 정치적 영역에의 시민참여가 줄어드는 현상으로는 전 국가적으로 신뢰 수준이 낮아지는 현상을 설명할 수 없다. 감소하는 신뢰는 시민참여의 추이에 대한 책임도 없다. 미국에서 일어난 신뢰 감소의 추이는 시민단체 회원수의 추이와는 상관이 없다. 실제로 다양한 회원으로 이뤄져 신뢰를 생성할 수 있는 일부 단체들은 회원수가 증가했기 때문이다. 그리고 시민참여가 매우 두드러진 나라라고 해서 반드시 다른 나라에 비해 신뢰 수준이 높은 것도 아니다(6장과 8장을 보라).

기존의 통념에서는 1960년대와 1990년대 사이의 급격한 신뢰 감소현상이 이른바 '시민세대(1920년대 출생자들을 가리킨다-역자)'가 사라진 자리를 비교적 타인을 덜 믿는 젊은 세대가 차지한 점 때문이라고 보기도 한다(퍼트넘 1995년a · 2000년). 신뢰 문제와 관련한 최초의 전국 설문조사 연구결과인 《시민문화》(아먼드와 버바, 1963년 출판)에 따르면 지난 몇 십 년 동안 사람들 간의 신뢰가 급속도로 감소했다. 1960년 미국인의 58퍼센트가 '대부분의 사람들은 믿을 만하다'라고 말했다. 그런데 1990년대 들어 그렇게 대답한 사람은 전체의 3분의 1이 조금 넘었다. 그러다가 1998년에는 상황이 조금 호전되어 40퍼센트 정도였다.[2]

신뢰는 급격하고도 선형적으로 감소하는 추세에 있다.[3] 〈그림1-1〉은 시간에 따른 신뢰의 감소현상을 나타낸 것이다. 〈그림1-1〉을 보면 신뢰가 매년 0.5퍼센트씩 감소한다. 미국 사회는 약 35년 동안 다툼이 훨씬 더 빈번한 사회로 변모했다. 대체로 젊은 사람들일수록 나이 든 사람들보다 타인을 덜 믿는다. 그러나 중요한 예외가 하나 있는데, 전기 베이비붐

---

2 이 자료는 다양한 설문조사를 통해 수집한 것이다. 나는 되도록 1972년, 1973년, 1974년, 1975년, 1976년, 1978년, 1980년, 1983년, 1984년, 1986년, 1987년, 1988년, 1989년, 1990년, 1991년, 1993년, 1994년, 1996년, 1998년에 실시된 일반사회조사의 자료를 사용했다. 다른 자료는 1960년에 실시된 시민문화조사(아먼드와 버바 1963년 참고), 1964년, 1966년, 1968년, 1974년, 1992년에 실시된 미국선거연구, 1995년 〈워싱턴포스트〉지의 정부신뢰조사, 1971년의 미국생활수준조사, 1981년의 세계가치조사, 1979년의 템플 대학교 설문조사연구소의 조사(로퍼 폴의 렉시스-넥시스 데이터베이스에 실려 있다), 1999년 〈뉴욕타임스〉지의 21세기 기념 조사 등에서 수집했다. 여러 조사를 둘러싼 논의는 3장을 보라. 1998년 일반사회조사와 미국선거연구는 원고 초안이 거의 완성된 뒤에 비로소 이용했는데 별다른 영향이 없다. 그것은 다음 두 가지 이유 때문이다. 첫째, 일반사회조사에 포함된 전형적인 질문의 다수가 1998년 조사에서는 포함되지 않았다. 둘째, 이전 조사들에서 공통적으로 나타난 변수 연관성의 크기와 관련된 의미 있는 변화가 없었다.
3 신뢰와 시간 사이의 단순상관계수는 -.852이다(r² =.726).

〈그림 1-1〉 1960-1999년 신뢰의 시간적 추이

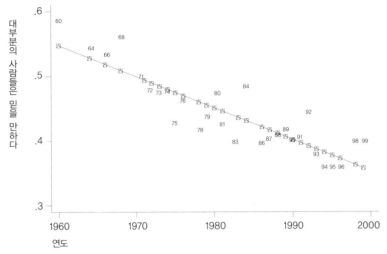

신뢰=0.840-0.005*
r²(결정계수)=.726 RMSE(평균제곱근오차)=0.033 N(표본의 수)=29

*기준 연도와 비교 연도의 차이. 매년 0.5퍼센트씩 감소한다는 의미

세대(1946-1955년생)는 원래 타인을 가장 믿지 않는 세대였으나 1980년대 후반 들어 가장 믿는 집단이 되었다.

전기 베이비붐 세대의 신뢰 증가현상은 미국 사회의 신뢰 감소현상이 세대교체가 아닌 모종의 요인에 의해 초래되었음을 의미한다. 전기 베이비붐 세대의 신뢰 증가현상은 미래에 대한 희망이 되살아났다는 점이 반영된 것이다. 다른 집단, 예를 들어 특히 베이비붐 세대보다 젊은 세대는 시간이 흐를수록 점점 타인을 덜 믿고 미래를 덜 낙관적으로 바라보게 되었다. 베이비붐 세대의 낙관론에는 그들의 소득향상과 함께 공평한 소득분배가 반영되어 있다. 전기 베이비붐 세대는 이전이나 이후 세대보다 소

득을 더 공평하게 분배받았다(6장을 보라). 따라서 그들이 가장 낙관적이고 가장 신뢰 지향적인 것은 당연하다.

좀더 일반적으로 말한다면 미국 사회의 신뢰 감소현상은 비관론의 증가현상이 반영된 것이라고 볼 수 있다. 그리고 비관론의 증가는 경제적 불평등의 증가와 관계있다. 이렇듯 도덕적 가치는 실생활과 동떨어져 있는 것이 아니다. 개인적 차원의 경험은 사람들 사이의 신뢰를 조성하지는 않지만 한 사회의 집단적 복리는 서로를 믿는 것이 합리적인지 아닌지를 결정한다. 미국을 비롯한 여러 민주주의 국가들을 연구한 결과에 따르면, 신뢰 조성의 관점에서 사회적 부는 자원분배의 공평성만큼 중요한 요소가 아니다(6장과 8장을 보라).

기존 통념에서는 신뢰를 일반적인 증후군으로 여긴다. 즉 타인을 믿는 사람일수록 정부를 믿을 가능성도 높다고 본다. 이렇게 볼 때 효율적으로 작동하는 정부기관은 국민들 사이의 신뢰를 구축할 수 있다. 민주주의 국가는 법과 공정성을 확립함으로써 신뢰를 창출한다. 물론 훌륭한 정부는 신뢰를 창출할 수 있을 것이다. 하지만 정부에 대한 신뢰가 훨씬 더 중요하다. 사법제도가 공정하다는 믿음은 '대부분의 사람들은 믿을 만하다'라는 평가를 담보하는 가장 중요한 요소일 것이다(로스스타인 2000년).

하지만 이와 같은 통념과 달리 사람들에 대한 신뢰와 정부에 대한 신뢰는 서로 다른 뿌리를 갖고 있다고 생각한다. 신뢰의 일반적인 증후군은 없다. 낯선 타인을 믿는다고 해서 정부가 옳은 일을 할 것으로 믿을 가능성이 높아지는 건 아니다. 정부에 대한 신뢰는 현 정권의 정책에 대한 동의 여부 외에 권력자들과 정부기관에 대한 호감 여부에 따라 달라진다. 사람들의 경험이 정부에 대한 믿음의 바탕이다. 반면 타인에 대한 신뢰의 바탕은 개인적 경험이 아니다. 그리고 이와 같은 차이는 그리 놀라운 것도 아니다. 정치는 본질적으로 편향성을 띠게 마련이다. 정치란 진영을 선택하는 문제이고, 아울러 어떤 이념 대신 다른 이념을 선택하는 문제이기도 하다(샤트슈나이더 1960년).

대인 신뢰, 봉사활동, 자선활동, 관용, 집단행동 문제의 해결 등은 여러 사람들과 함께 문제를 해결하는 것, 즉 유대인들이 티쿤 올람tikkun olam('세상을 치유하기'라는 뜻-역자)으로 부르는 것과 관계있다(5장을 보라). 정부에 대한 신뢰와 타인에 대한 신뢰는 모두 민주주의적 생활에 반드시 필요한 것이지만 뿌리는 아주 다를 뿐 아니라 서로 적대적인 관계일 때가 많다(워렌 1996년). 양자의 이런 긴장관계를 감안하면 미국인들의 정치적 참여의 추이가 사실상 타인에 대한 신뢰와는 무관하다는 점과(7장을 보라) 정치적 참여의 국가별 다양성도 낯선 사람들에 대한 믿음과는 관계가 없다는 점을(8장을 보라) 이해하기 어렵지 않을 것이다.

뮤지컬 〈애니, 총을 잡아라Annie, Get Your Gun〉에서 애니 오클리는 "총으로 남자를 차지할 수는 없어"라고 노래한다.[4] 그녀의 노래는 틀렸다. 즉 그녀는 남자를 차지했고, 총을 놓지 않았다. 그러나 그녀의 전반적인 취지는 옳다. 즉 법이라는 강력한 무기를 통해 도덕적 감정을 생성할 수는 없다. 효율적인 사법제도나 모범적인 관료제를 갖춘 나라의 국민들이 그렇지 못한 국가의 국민들에 비해 다른 사람을 더 잘 믿는 건 아니다. 시민적 자유나 민주주의 제도도 신뢰를 유발하기에는 역부족이다. 민주주의 국

---

4 애니 오클리는 19세기 미국에서 활약한 여류 명사수이다. 그녀의 간략한 일대기는 http://www.cowgirls.com/dream/cowgals/oakley.htm을 참고하라. 브로드웨이 뮤지컬 〈애니, 총을 잡아라〉는 애니 오클리의 일대기를 바탕으로 만든 작품이다.

가의 국민들이 비교적 다른 사람을 더 잘 믿는 것은 대체로 그런 국가들이 대인 신뢰에 보탬이 되는 문화적 토대(개인주의, 개신교, 평등주의)를 갖추고 있기 때문이다.

훌륭한 정부라고 해서 타인에 대한 신뢰를 창출하지는 못한다. 반면 타인에 대한 신뢰는 정부가 좀더 효과적으로 작동하는 데 도움이 된다. 미국인들이 다른 사람을 더 많이 믿을수록 의회는 더 생산적으로 작동했다 (7장을 보라). 국민들이 서로를 믿는 나라일수록(동시에 공산주의 지배 경험이 없는 나라일수록) 부패가 심하지 않고, 사법제도가 효율적이고, 관료주의의 폐해가 덜하고, 국내총생산 대비 정부지출 비율이 높고(특히 교육부문), 부의 재분배가 잘 이뤄져 있고, 경제 개방도가 높다(8장을 보라). 이렇듯 신뢰는 훌륭한 정부의 결과라기보다는 원인이다. 이것은 남을 잘 믿는 사람들이 예를 들어 장물을 구입하지 않는 것 같은 도덕적 행위의 엄격한 기준을 인정할 가능성이 높기 때문일 것이다. 실제로 미국에서는 신뢰가 감소함에 따라 범죄율이 증가했다(7장을 보라).

신뢰의 길

일반적 신뢰는 현대사회의 특징이다. 과거에는 좀처럼 위험을 무릅쓰면서 마을 밖으로 떠나지 않았고, 마을 밖에서 마주치는 것은 대부분 모르는 사람들이었다(루이스와 와이거트 1985년 973쪽, 얼과 츠베트코비치 1995년 10-13쪽). 낯선 사람들은 우리의 적일 가능성이 높았다(셀리그먼 1997년 36-37쪽). 과거에는 사회가 고도로 계층화되어 있었다. 각각의 경제집단은 나름의 위치가 있었고, 사회적 관계는 고정적인 역할기대를 바탕으로 형성되어 있었다. 낮은 계층 사람들은 높은 계층 사람들에게 지시받은 일을 수행했다. 그러므로 사회의 여러 부문까지 신뢰가 확대될 여지가 없었고(셀리그먼 1997년 36-37쪽), 이방인을 믿는 것은 위험천만한 행위처럼 보였다. 그러다가 더 큰 규모의 공동체를 이뤄 살기 시작하면서 점차 다른 사람과 접촉하게 되었다. 사람들은 경제적 번영을 위해 저 멀리 떨어져 있는 낯선 사람들과 교역관계를 맺었다(오스트롬 1998년 2쪽).

봉건제도가 해체되면서 사회적 관계는 더 평등해졌다. 제임스 브라이스 경은 사회적 평등을 미국인이 유럽인보다 다른 사람을 더 잘 믿고 관대한 까닭을 이해하는 열쇠로 여겼다. 브라이스는 다음과 같이 썼다(1916년 873-874쪽).

> 이곳 사람들은 누구나 남을 올려다보거나 내려다보는 나라의 국민들과 달리 단순하고 자연스런 분위기에서 솔직하고 편하게 사람들을 대한다……. 이런 자연스러움 덕분에 우정의 범위가 확대된다……. 이것은 사람들의 공감대를 넓히고, 자신과 계급이 다른 사람들의 정서를 이해하는 데 도움이 된다. 이것은 국민 전체에 연대감을 선사하고 사람들을 괴롭히는 질투와 원한의 뿌리를 잘라버린다.

이 새로운 평등주의는 사회적 신뢰를 고양했다(퍼트넘 1993년 174쪽, 본서의 6장과 8장을 보라). 오늘날 사람들은 예전보다 훨씬 더 많은 사람들을 알고 있다. 비록 속속들이 알지는 못하지만 직장이나 봉사단체를 통해 더 많은 사람들을 만난다(뉴턴 1997년 578-579쪽). 물론 '돈독한' 관계가 사라지는 모습이 안타깝기는 해도 '비교적 느슨한' 유대는 자신과 같지 않은 사람들과의 교류기회를 제공한다(그래노베터 1973년, 우스나우 1998년). 다양한 유형의 사람들과 상대하는 위험을 기꺼이 감수하는 사람들은 대규모 집단행동의 문제해결이라는 결실뿐 아니라 교역을 통한 이득을 얻을 것이다.

신뢰를 둘러싼 초기의 논의(로젠버그 1956년, 레인 1959년)에서는 신뢰하는 사람을 이상적인 시민으로, 즉 자신과 같지 않은 사람들을 인정하고, 자부심을 갖고, 공동체에서 적극적인 역할을 수행하는 사람으로 묘사했다. 그런 초기의 관점은—몇몇 주목할 만한 예외는 있지만(7장을 보라)—아주 정확한 시각이다. 신뢰가 사회의 모든 악을 치유할 수는 없어도 집단행동 문제해결에는 도움이 될 수 있다. 신뢰는 결국 '더 나은' 정부로 이어지고(라포르타 외 1998년), 의원들 간에 서로의 전문지식을 기꺼이 존중하는 의회, 그리고 의원들이 의사결정 규칙을 철저히 지키는 의회로 이어진다(우슬러너 1993년, 본서의 5장). 신뢰는 사람들이 공동체에서 자선활동과 봉사활동 같은 선행에 적극적으로 나서도록 이끈다.

과거에 비해 요즘은 신뢰가 상당히 줄어들었다. 이런 신뢰의 감소는 다음과 같은 결과를 낳았다. 국민총생산에서 차지하는 자선적 기부의 비중 감소, 적십자 봉사활동의 참여율 저하 등으로, 이런 감소추세는 신뢰의 감소현상과 밀접한 관계가 있다.

미국인들은 서로를 덜 믿게 되면서 점점 더 작고 동질적인 공동체 안에서 보호막을 두른 채 자신과 같지 않은 사람들이(소수집단, 동성애자, 이민자) 다수에 비해 특혜를 받을까봐 우려하는 것 같다. 호황기에는 점점 커지는 파이가 빈곤과 차별 같은 문제를 해결해줄 것으로 생각했다. 이후 경제적 불평등이 심화되자—예부터 경제적 불안을 느끼면 늘 그랬듯이—내부로 눈을 돌리기 시작했다. 고립주의와 근본주의가 고개를 들면서 외국인·소수집단·이민자 등이 점점 다수의 복리를 해치는 위험한 이방인으로 간주되었다. 일반적 신뢰가 개별적 신뢰에 무릎을 꿇어 이제는 자신과 같은 부류의 사람들만 믿는다(5장을 보라).

남을 믿는 사람들, 즉 일반적 신뢰를 고수하는 사람들은 자신이 속한 사회를 포용적인 시각으로 바라본다. 자신과 같지 않은 사람들에게도 우호적이고 관대한 태도를 보이며 상대적으로 불우한 사람들에게 더 많은 기회를 제공하고 싶어 한다. 또한 미국의 국제적 활동을 환영하고, 자유무역과 시장개방에 찬성한다(6장과 8장을 보라). 반면 개별적 신뢰를 고수하는 사람들은 정반대의 관점을 갖고 있다. 즉 그들이 보기에 이 사회에서는 너무 많은 집단이 이익을 위해 다투고 있다. 물론 이 사회에 공통의 정체성은 있다. 하지만 그것은 자신의 정체성일 뿐 용광로가 아니다. 그리고 일반적 신뢰에 입각한 사람들의 비율이 줄고 개별적 신뢰에 입각한 사람들이 늘어나면서 자신과 같지 않은 자들이 부당한 이득을 보고 있다는 주장이 더 거세지고 있다.

서로 믿는 사회에서의 삶은 즐거운 반면 그렇지 못한 사회에서의 삶은 피곤하다. 불신이 팽배하는 곳에서는 일상생활이 생존투쟁의 연속일 수 있다(밴필드 1958년, 펠레즈 1996년).

물론 불신으로 인해 사회가 극심한 분열을 겪는 경우는 드물다. 그러나 미국인의 3분의 2 정도가 '사람을 상대할 때 되도록 조심해야 한다'라고 생각한다면 여러 가지 사회적 쟁점의 해결이 점점 어려워지는 것은 당연한 일이다.

앞으로의 과제

이제 지금까지 제시한 주장을 하나씩 예증하도록 하겠다. 미국의 여론조사를 분석함으로써 주장에 대한 논증을 펼칠 것이다. 주장의 범위가 무척 넓어 한 가지 조사로는 논증에 필요한 모든 자료를 제공하기가 어렵다. 그 때문에 아주 다양한 종류의 여론조사를 검토할 것이다(자세한 내용은 3장을 보라). 그리고 때로는 여론조사 결과를 종합하거나 다른 출처에서 수집한 시계열자료를 사용함으로써 시간적 추이도 살펴볼 것이다.

이 책에서의 대상은 기본적으로 미국 사회이다(2장에서 7장까지). 그렇더라도 사용하는 이론적 틀은 매우 일반적이어서 — 이를테면 제도적 구조의 신뢰 창출 여부 같은 — 한 나라만을 대상으로 삼은 연구로는 역부족인 매우 폭넓은 쟁점까지 아우르고 있다. 그래서 미국 사회를 뛰어넘어 신뢰와 낙관론에 관한 여러 국가의 정보가 담긴 세계가치조사를 비롯해 다양한 출처의 자료를 종합하는 비교론적 관점을 통해 신뢰 문제에 접근하고 있다(8장).

아마 독자들의 반응은 매우 다양해 어떤 사람들은 모든 증거를 보고 싶어 하는 반면 또 다른 사람들은 통계를 지루하게 여길지 모른다. 그래서 솔로몬의 지혜를 다소 과하게 발휘해 '아기를 둘로 나눴다.' 통계결과는 표, 그림, 각주, 부록 등에 제시되어 있다. 본문은 되도록 명확하고 평이하게 서술하고자 애쓰는 한편 자료분석을 통해 발견한 사실도 빼놓지 않았다. 그 때문에 어떤 자료를 둘러싼 논의는 너무 적을 수 있고 다른 자료에 관한 논의는 너무 많을지 모르겠다.

2장에서는 도덕적(혹은 일반적) 신뢰를 전략적(지식 기반적) 신뢰나 개별적 신뢰와 구별하면서 논의의 이론적 토대를 제시한다. 3장에서는 대인 신뢰가 사실은 낯선 사람들에 대한 믿음이라는 점을 예증하고, 아울러 이 신뢰는 매우 안정적인 가치임을 입증한다. 패널조사(동일한 응답자들을 각기 다른 시점에 설문하는 방식-역자) 과정에서 드러난 바에 따르면 대인 신뢰는 가장 안정적인 가치에 속한다. 이것은 정당 소속감만큼 일관적이지는 않아도 낙태에 대한 태도보다는 일관적이다. 3장에서는 앞으로 검토할 여론조사에 관해 논의하고, 단순한 신뢰도 척도가 그보다 폭넓게 쓰이는 '염세증厭世症' 등급보다 내 목적에 더 적합하다는 점을 주장하면서 몇 가지 척도 관련 쟁점에 대해 다룰 것이다(로젠버그 1956년, 브렘과 란 1997년). 그 다음 2장에서 제시한 이론적 틀을 검증한다.

4장에서는 신뢰가 낙관적 세계관을, 그리고 자신의 운명을 제어할 수 있다는 신념을 반영한다는 점을 입증한다. 신뢰는 일반적으로 삶의 경험, 즉 재산과 결혼 여부 같은 요인에 좌우되지 않는다. 오직 인종과 교육만이 대인 신뢰의 일관성 있는 인구통계학적 가늠자일 뿐이다. 5장에서는 시민단체 가입이나 사회공동체 활동참여가 일반적으로 신뢰에 좌우되지도 신뢰를 조성하지도 않는다는 점을 입증한다. 단 봉사활동이나 자선활동은 특기할 만한 예외들이다. 도덕적으로 부자인 사람들은 점점 도덕적 재산이 늘어난다. 또한 정부에 대한 신뢰와 대인 신뢰 사이의 관계는 대체로 미미하다는 점을 입증한다.

6장에서는 개인적·집단적 수준에서의 신뢰 변화를 초래한 요소를 살펴본다. 내가 진행한 패널조사에 따르면 1970년대의 베트남 전쟁 반대운동은 타인을 덜 믿는 분위기를 초래한 반면, 민권운동은 낯선 사람들에 대한 신뢰 조성에 기여했다. 집단적 수준에서는 경제적 불평등 심화와 비관론 확산으로 미국인들은 점점 더 사람을 믿지 않게 되었다. 물론 경제적 불평등이 심해짐에 따라 비관론도 널리 퍼졌다. 단 전기 베이비붐 세대는 전반적인 추세를 거스른다. 그들은 다른 세대들에 비해 경제적 안정을 누려 이전이나 이후 세대와 비교해 매우 부유하거나 가난한 사람의 수가 더 적었다. 덕분에 그들은 점점 더 타인을 믿고 점점 낙관적 성향을 띠게 되었다.

한편 대다수 미국인들은 점점 남을 믿지 않아 심지어는 자신이 속한 집단 구성원조차 믿지 않았다. 불평등이 심화됨에 따라 여러 사회조직이 해체되고 미국인의 정치적·사회적 삶은 한층 호전적으로 변했다.

7장에서는 신뢰의 결과에 주목한다. 일반적 신뢰를 고수하는 사람들은 자신과 같지 않은 사람들과의 관계에서 매우 관대하다. 그들은 불평등 해소를 위한 정부정책에 찬성하고, 이민자나 자유무역에 따른 위협감을 느끼지 않는다. 또한 사회를 공동의 문화로 인식하고, 민족적 차별을 시도하는 방안을 거부한다. 하지만 신뢰가 감소함에 따라 미국 사회는 점점 다툼이 늘어나고 중요한 법률제정이 어려워졌으며, 결과적으로 봉사활동과 자선활동이 줄어들었다.

끝으로 8장에서는 정부와 사회적 신뢰 사이의 관계를 살펴본다. 앞서 언급했듯이 정부에 대한 신뢰와 대인 신뢰는 그다지 연관성이 없다. 하나에 도움이 되는 요소라 해도 다른 하나에까지는 보탬이 되지 않는다. 이 것은 국가별 조사에서도 확인되는 사실이다.

실제로 다변량 검증에서 민주주의적 구조와 신뢰 사이의 연결고리는 거의 발견되지 않는다. 오히려 신뢰의 국가별 차이는 해당 국가의 소득분 배방식에 크게 좌우된다(적어도 공산주의 지배 경험이 없는 나라들에서는). 미국에서 대인 신뢰의 감소를 유발한 요인인 경제적 불평등은 몇몇 나라의 국민들이 다른 나라 국민들에 비해 타인을 더 잘 믿는 경향을 보이는 까닭을 설명해주기도 한다. 물론 소득분배는 근본적으로 도덕적 차원의 쟁점이다. 따라서 내 연구결과는 사회를 단단히 통합하는 요소가 무엇인지에 관한 문제로 귀결되고, 그것은 맺음말에서 찾아볼 수 있다.

PART 2

전략적 신뢰와 도덕적 신뢰

상황을 무시하지는 않아. 글쎄, 어느 정도는 그런 것 같군. 하지만 내가 이루고 싶은 긍정적인 목표에 집중하려고 그러는 거야.

―캐럴 에어하드 워싱턴 교외에 거주하는 자원봉사자,

옵티미스트 클럽 회원.[5]

우리 가족은 정기적으로 델라웨어 주의 해변으로 여행을 떠난다. 그런데 메릴랜드 주의 교외에서 델라웨어 주 쪽으로 가다 보면 주인이 없을 때가 많은 과일 판매대 하나가 있다. 일종의 무인 판매대인 셈이다. 손님은 자물쇠가 달린 금고에 돈을 넣고 원하는 과일을 가져가면 된다. 내가 목격한 어느 손님은 무인 판매대가 무척 인상적인 모양이었다. 그는 다른

---

5 핀켈Finkel(1996년 15쪽·27쪽)에서 인용했듯이 옵티미스트 클럽은 봉사활동 같은 선행을 장려하는 시민단체이다.

사람들에게 "이렇게 믿고 살다니 정말 감동적이군요!"라고 말했다. 나도 다른 손님들처럼 돈을 금고에 넣고 과일을 샀다. 세상이 한결 따뜻하게 느껴졌다. 운 좋게 주인과 직접 마주친 적이 있는데, 그는 사람들이 돈을 내지 않고 과일을 가져가는 일은 거의 없다고 말했다.

무인 판매대 주인은 누가 과일을 사는지(혹은 몰래 가져가는지) 모른다. 그는 지금까지의 대다수 손님들이 믿을 만한 사람들이라고 가정해야 했다. 만일 사람들이 자주 과일을 훔쳐간다면 그는 판매대를 지키고 있지 않는 한 장사를 포기해야 할 것이다. 하지만 어느 시점에서 그는 '대부분의 사람들은 믿을 만하다'라며 기꺼이 도박을 걸었다.

아마 무인 판매대 주인은 낯선 사람들에 대한 신뢰가 아닌 개인적 경험에 의존했을지 모른다. 하지만 잘 아는 사람들과의 경험을 전혀 모르는 사람들에게 적용하는 것은 어리석은 짓이다. 만약 당신이 메릴랜드 주와 델라웨어 주 사이의 농촌지역에 살고 있다면 주변에 아는 사람들이 많을 것이고, 심지어 이웃들 대부분을 알고 있을 것이다. 따라서 그들이 믿을 만한 사람인지 아닌지를 대체로 파악할 수 있다. 그러나 그들은 해변도로의 무인 판매대를 잘 이용하지 않는다. 내가 들를 때마다 손님들 대부분이 대도시 사람들이었다. 그러므로 주인이 손님들의 특성을 파악할 방법이 없다.[6] 차라리 무인 판매대를 포기하는 편이 나을지 모른다.

---

6 제인 맨스브리지는 과일장수를 시간을 최대한 효율적으로 활용하려는 합리적 행위자로 여긴다(나와의 개인적인 연락을 통해 밝힌 사실이다). 과일장수는 그저 다른 일을 하기 위해 길가에 과일 바구니 한두 개를 비치해뒀을지 모른다. 사람들이 과일을 훔쳐가지 않고 과일값을 지불하는 것을 확인하자 그는 더 많은 과일을 내놓았다. 이것은 대안적 설명이기는 하지만 이 특정한 과일장수를 대상으로 한 내 논의에는 부합하지 않는다. 신뢰와 공동체 규모 사이의 관계에 관해 퍼트넘(2000년 138쪽)은 1972~1996년에 실시된 일반사회조사와 디디비 니덤 생활방식조사DDB Needham Life Style Surveys의 자료에 비춰볼 때 대

그 과일장수는 구체적인 결과를 예상하지 않은 상태에서 다른 사람에 대한 믿음을 보여줬다. 낯선 사람들에 대한 이런 식의 신뢰는 시민사회의 본질적 토대이다. 나는 이것을 '도덕적 신뢰'라고 부른다. 이것은 모르는 사람들, 그리고 자신과 같지 않은 사람들에 대한 신뢰이다. 낯선 사람들에 대한 신뢰의 근거를 그들의 신뢰성에 둘 수는 없다. 왜냐하면 그들이 올바른 사람인지 아닌지를 알 수 있는 방법이 없기 때문이다. 대신 다른 사람이 올바른 사람이라고 가정해야 한다.[7] 다른 사람도 우리가 갖고 있는 근본적인 도덕적 가치를 갖고 있다고 믿어야 한다. 이와 같은 도덕적 신뢰는 다른 사람과 관계를 맺고 그들과 타협하려고 애쓰는 논리적 근거를 제공한다.

1996년 우리 가족이 무인 판매대에 잠깐 들르고 열흘 뒤 나는 주차공간을 확보해둘 요량으로 도로변에 아이스박스 하나를 놔뒀다. 그런데 나중에 차를 타고 도착해보니 주차할 자리는 그대로 남아 있었지만 아이스박스는 사라졌다. 아내가 나에게 이렇게 말했다.

"지금 쓰고 있는 책을 너무 믿나 봐요. 당신은 사람들을 너무 믿어요."

사람들은 불신보다 신뢰가 더 '이익'이기 때문에 다른 사람을 우호적으로 바라보는 건 아니다. 나는 도로 저쪽 과일가게 점원의 날카로운 시선 대신 '사람을 믿는 과일장수'에게 과일을 구입함으로써 고작 1달러나 2달

도시 사람들이 소도시 사람들보다 다른 사람을 덜 믿는 경향이 있다고 주장한다. 그러나 내가 일반사회조사 자료를 인종별로 분류해 분석한 결과 신뢰와 공동체 규모는 서로 관계가 없다. 백인의 경우 공동체 규모에 따라 통계학적으로 의미 있는 차이가 없다. 1972년 미국선거연구에 따르면, 농촌 태생들이 도시 태생들에 비해 타인을 상당히(10퍼센트 이상) 덜 믿고, 낯선 사람들을(이를테면 무인 판매대에 들르는 손님들을) 상대할 때 조심하라고 말하며, 외집단에 대한 부정적 시각을 보이는 경향이 있다.

[7] 하딘(2000년 10쪽)은 신뢰의 도덕적 토대에 관한 주장이 사실상 신뢰가 아닌 신뢰성을 겨냥한 잘못된 주장이라고 생각한다. 그러나 만일 도덕적 신뢰가 실질적인 증거가 아닌 신뢰성 가정에 바탕을 두고 있다면 하딘의 논증이 틀렸거나 그가 논점에서 벗어난 주장을 펼치는 것이다.

러 아꼈을 뿐이다. 그러나 사람들을 믿고 아이스박스를 도로변에 놔둔 행동 때문에 15달러를 손해 봤다.

그것은 밑지는 장사였을까? 타인을 믿지 않는 것이 내게 더 이익일까? 단기적 측면에서는 그렇다. 하지만 장기적으로 보면 그렇지 않다. 물론 이제 나는 더 이상 주차공간에 아이스박스를 놓아두지 않는다. 하지만 타인에 대한 전반적인 믿음은 아직 굳건하다.

무인 판매대의 과일장수는 앞으로도 자신이 결코 마주칠 리 없는 사람들을 믿고 장사를 해야 할까? 앞서 소개한 불쾌한 아이스박스 도난 경험에 비춰볼 때 인간에 대한 나의 믿음은 잘못된 것이었을까? 전통적인 신뢰관에서 보면 첫 번째 질문에 대한 답변은 '아니다'이고, 두 번째 질문에 대한 답변은 '그렇다'일 것이다. 이 장에서는 전통적인 신뢰관의 불완전성과 약점을 밝힐 것이다. 아울러 낙관적 세계관이 반영되어 자신과 같지 않은(그리고 자신보다 불우한) 사람들에게 다가가는 까닭을 설명해주는 신뢰관, 즉 신뢰를 도덕적 가치로 바라보는 관점을 제시할 것이다.

'전형적인' 신뢰관, 즉 야미기시Yamigishi와 야미기시가 주장한 '지식 기반적 신뢰'의 관점에서는 신뢰가 정보와 경험에 좌우된다고 가정한다. 오페Offe(1999년)는 "인간에 대한 신뢰는 구체적인 인물을 통한 과거 경험의 결과물이다"라고 말한다. 하딘Hardin(2000년 10쪽)은 오페보다 훨씬 더 단호하다. "당신에 대한 나의 신뢰는 단순히 일반적인 기대가 아니라 바로 당신과 관련된 기대를 바탕으로 삼고 있는 게 분명하다." 이렇게 보면 신뢰의 문제는 전략적 성격만 있을 뿐 도덕적 성격은 전혀 없다(하딘 2000년 76쪽 · 97쪽).

앞으로 이 장에서 만나게 될 두 사람 빌과 제인의 경우를 생각해보자. 제인과 빌이 서로 약속을 지킬 것으로 믿는다면 두 사람은 협력을 합의할 수 있고 덕분에 둘 다 더 나은 결과를 얻을 것이다. 심지어 어떤 외부적인 강제력(중재인, 경찰, 법원) 없이도 두 사람은 합의를 지킬 것이다.

그런데 만약 제인과 빌이 서로를 모른다면 상대를 믿을 만한 근거가 없다. 게다가 한 차례의 만남으로는 신뢰가 조성되기도 어렵다. 그러므로 제인과 빌은 시간을 두고 교류함으로써 서로가 약속을 지킬 만한 사람이라는 평가를 얻어내야 한다. 그리고 두 사람이 이전보다 더 깊이 알게 되어도 상호 간의 신뢰는 서로에 대해 아는 점에 국한될 것이다. 제인과 빌은 상대에게 20달러를 기꺼이 빌려줄지 모른다. 두 사람은 경험을 통해 상대가 돈을 갚을 것이라는 점을 알고 있다. 그러나 빌은 제인에게 자기 집 페인트칠을 맡기지는 않을 것이고, 제인도 빌에게 지붕수리를 부탁하지 않을 것이다. 왜냐하면 빌은 제인이 페인트칠을 잘하는지 모르고, 제인은 빌이 지붕수리를 할 수 있는지 모르기 때문이다(콜먼 1990년 109쪽, 하딘 1992년 154쪽, 미츠탈 1996년 121쪽 이후).

타인을 믿으려는 결정은 본질적으로 전략적 행동이다. 전략적(혹은 지식 기반적) 신뢰는 위험을 전제로 한다(미츠탈 1996년 18쪽, 셀리그먼 1997년 63쪽). 예를 들어 빌이 돈을 갚을지 아닐지를 모른다면 제인은 돈을 잃을 위험이 있다. 그리고 빌이 고의로 갚지 않을 거라는 점을 알고 있어도 제인은 돈을 잃을 위험이 있다. 다스굽타Dasgupta(1988년 53쪽)의 말처럼 "모두가 한없이 도덕적일 경우, 즉 우리가 언제나 약속을 지킬 경우에는 신뢰 문제는 발생하지 않을 것이다." 신뢰는 거래비용(빌과 제인이 서로를 신뢰하는 데 필요한 정보 획득 비용)을 줄여줌으로써 집단행동 문제해결에 도움이 될 것이다(퍼트넘 1993년 172쪽, 오페 1996년 27쪽). 이렇게 볼 때 신뢰는 상대방이 믿을 만한 사람인지 아닌지를 판단내릴 만한 때를 알려주는

처방전이다(루만 1979년 43쪽).[8]

그러나 이런 신뢰관은 불완전하다. 첫째, 신뢰를 도덕적 추론의 대안 차원에서 언급하는 것이 조금 문제 있어 보인다. 둘째, 여러 가지 전략적 상황에서 협력하는 이유에 관심이 있는 게임 이론가들이나 일상적 상호 작용의 복잡성 분석을 생업으로 삼는 철학자들을 제외하고 사람들이 전략적 신뢰에 관심을 가질지 전혀 확실치 않다. 아주 비판적으로 표현한다면 기존의 전략적 신뢰 개념으로는 아우르지 못하는 다양한 종류의 신뢰 지향적인 행위들이 있다.

전략적 신뢰와 달리 도덕적 신뢰는 기본적으로 개인의 경험를 토대로 하지 않는다. 앞서 언급한 과일장수는 손님들과 거의 접촉하지 않았는데도 그들을 믿었다. 손님들이 가끔 돈을 내지 않고 과일을 가져갈 때도 있지만 과일장수는 여전히 사람들을 믿었다. 나도 아이스박스를 잃어버렸고 심지어 누군가 우리 집에 침입한 적도 있었지만 인간에 대한 신뢰를 거두지 않았다. 물론 과일장수와 내가 겪은 뜻밖의 일은 유쾌하지 않은 경험이다. 그러나 몇 가지 사소한 행동을 근거로 사람들 전체를 판단하는 것은 합리적이지 않을 것이다.[9]

도덕적 신뢰란 특정 사람들이나 특정 집단에 대한 믿음을 얘기하는 게 아니다. 이것은 인간 본성에 대한 보편적인 관점으로, 전략적 신뢰와 달

---

8 '전략적 신뢰'라는 용어는 내가 고안한 것이다. 내가 인용하는 사람들 대부분은 이 용어를 좋게 받아들인다. 반면 하딘(1992년 163쪽)은 "신뢰를 다소 의식적으로 선택한 방책으로 여기는 주장은 전혀 합리적이지 않다"라고 단호하게 주장한다. 특정한 경우에 신뢰를 의도적으로 선택하지는 않을지라도 경험을 기반으로 한 신뢰는 전략적일 수 있다.

9 브렘과 란(1997년 1012-1013쪽)은 일반사회조사에서 강도 당한 경험이 있는 사람들이 다른 사람을 덜 믿는 경향이 있다는 점을 발견했다. 스톨(1998년a)은 누군가에게 배신당하면 남을 덜 믿게 된다는 점을

리(하딘 2000년 14쪽·174쪽) 대체로 개인적 경험에 좌우되지도 다른 사람이 믿을 만한 존재일 것이라는 가정에 의존하지도 않는다. 그 대신 도덕적 신뢰는 사람들을 마치 믿을 만한 존재인 양 대우하라는 명령이다. 이것은 황금률(혹은 칸트의 '정언명령')과 다름없고, 신뢰를 강력하게 요구하는 것이다(배런 1998년 411쪽 참고).[10]

도덕적 신뢰는 남과 내가 근본적인 도덕적 가치를 공유하고 있으므로 내가 그들에게 대우받고 싶은 방식대로 그들을 대우해야 한다는 신념이다. 사람들이 지향하는 가치는 각자 다를 수 있지만, 중요한 점은 내가 그들을 공동체의 일원으로 바라보면서 느끼는 유대감이다. 정부정책이나 이념에 관한 견해는 사람마다 다를 수 있다. 종교적 신념도 마찬가지이다. 그러나 그런 차이에도 불구하고 심층적인 공통점에 주목할 필요가 있다. 후쿠야마(1995년 153쪽)는 도덕적 신뢰 이면에 자리잡은 핵심적인 생각을 이렇게 말했다. "신뢰는 공동체가 정상적이고 공정한 행위를 예상할 수 있도록 하나의 도덕적 가치체계를 공유할 때 조성된다." 다른 사람과 기본적인 전제를 공유하면 집단행동 문제를 둘러싼 합의를 추구할 때 위험부담이 줄어든다.

타인에 대한 신뢰에는 구체적인 쟁점이나 철학을 둘러싼 합의가 필요치 않다. 타인에 대한 신뢰는 그와 나를 하나로 연결하는 어떤 요소를 알기

언급한다. 그러나 이 책 4장에서 소개하는 모형에 따르면 그렇지 않고, 그런 개인적 경험은 사람들에 대한 신뢰에 거의 영향을 미치지 않는다.

10 하딘(1998년a 13-14쪽)은 전략적 신뢰를 행동이 아닌 지식으로 간주한다. 전략적 신뢰와 대조적으로 도덕적 신뢰는 반드시 행동을 고려한다. 남이 자신에게 하는 것처럼 자신도 남에게 그렇게 한다고 생각하면 된다는 것이 말이 되는가?

때문에 서로 다른 생각을 용인하겠다는 선언이다. 다른 사람을 자신이 속한 도덕적 공동체의 일원으로 간주한다는 것은 사회의 성격에 따라 전혀 의미가 다를지 모른다. 하지만 그렇게 하기 위해서 이를테면 십계명을 둘러싼 합의가 필요하다고 말할 수는 없다. 왜냐하면 도덕적 신뢰는 논리적으로 유대교-기독교 문화에 좌우되지 않기 때문이다(비록 실증적 차원에서는 좌우되는 것 같지만. 8장 참고). 또한 도덕적 신뢰가 민주주의에 좌우된다고 말할 수도 없다. 도덕적 신뢰는 논리적으로 민주주의적 통치에 좌우되지 않기 때문이다(비록 실증적 차원에서는 그런 것 같지만. 8장 참고).

오히려 도덕적 신뢰의 바탕은 '다른 사람의 선의에 대한 신념의 일종'이다(다음을 참고하라: 야미기시와 야미기시 1994년 131쪽, 셀리그먼 1997년 43쪽). 우리는 남이 나를 이용하려고 애쓰지는 않을 것이라고 믿는다(실버 1989년 276쪽).[11] 도덕적 신뢰는 타인의 행동양식에 대한 예측이 아니다. 비록 그들이 그다지 신뢰할 만한 사람이 아니라는 사실이 드러나는 경우에도 도덕적 가치에 입각해 마치 그들이 신뢰할 만한 존재일 것으로 여기는 것이다.

차라리 도덕적 신뢰가 아닌 것, 즉 극심한 계급적·민족적·인종적 분

---

11 로젠버그(1956년, 브렘과 란 1997년을 참고)가 고안한 원래의 대인 신뢰의 등급에는 사람들이 기본적으로 공정한지 아닌지, 혹은 남을 이용하려고 애쓸 것인지 아닌지에 관한 질문이 포함되어 있었다. 일반사회조사에서 이 두 가지 질문은 서로 연관되지만 동일한 것은 전혀 아니다(타우tau-비b=.421, 감마gamma=.763). '대부분의 사람들은 믿을 만하다'라고 말하는 사람들(42.5퍼센트)보다 '대부분의 사람들은 공정하다'라고 말하는 사람들(61.5퍼센트)이 약 20퍼센트 많다. 남이 자신을 이용하려고 애쓸 것이라고 생각하는 사람들은 거의 남을 믿지 않는다(83.8퍼센트). 그러나 '대부분의 사람들은 공정하다'라고 생각한다고 해서 '대부분의 사람들은 믿을 만하다'라고 생각하지는 않는다. 즉 '대부분의 사람들은 공정하다'라고 응답하는 사람들 중 '대부분의 사람들은 믿을 만하다'라고 응답하는 사람들은 불과 59퍼센트에 불과하다.

열에 시달리는 일부 사회의 특징인 불신을 구체적으로 설명하는 편이 나을지 모르겠다. 그런 내부적 충돌은 심각한 양극화 사회로 이어진다. 그런 사회 구성원들은 다른 집단 구성원과의 공통적인 관심사를 인식하지 못한다. 그리고 외집단 구성원들은 믿을 만하지 않다라고 전제하기 쉬운데, 개인적 경험이 그런 편견을 유발하는 촉매로서 역할 할 수 있다.

에드워드 밴필드Edward Banfield(1958년 110쪽)가 1950년대에 묘사한 이탈리아의 소도시 몬테그라노에서는 개선 가능성이 거의 없는 빈곤의 역사가 결국 사회적 불신으로 이어졌다. "다른 사람에게 제공될 수 있는 모든 혜택은 분명 내 가족의 이익이 희생되는 것임을 의미한다. 그러므로 남에게 과분한 것을 제공하는 자선이나 정의를 구현할 여유가 없다."

몬테그라노는 일상생활이 '잔인하고 몰상식한'(밴필드 1958년 109쪽), 그리고 홉스Hobbes가 말한 '괴롭고, 잔인하고, 짧은' 삶과 닮은 비열한 세계이다. 자기 가족 이외의 모든 사람은 '잠재적인 적'으로 그들은 자연이 주신 얼마 안 되는 선물을 서로 차지하려고 다툰다. 사람들은 '재난의 위협'으로부터 자신을 보호할 방법을 모색한다(밴필드 1958년 110쪽).[12] 물론 몬테그라노는 극단적인 사례이지만 그와 유사한 사례들이 얼마든지 있다.

---

12 밴필드가 몬테그라노에 관한 책을 쓴 지 40년 뒤에 〈뉴욕타임스〉지 기자인 제인 펠레즈(1996년 A3)가 알바니아의 구 트로포야의 참상을 폭로했다. "이곳에서는 무기를 생명처럼 여긴다. 무분별한 폭력이 극심한 빈곤과 결합되어 있다." 한 가족이 다른 가족과 원수처럼 혈투를 벌이고, 해묵은 원한을 앙갚음하려고 한다. 사람들은 자기 집을 군사요새처럼 꾸민다. 펠레즈는 다음과 같이 덧붙인다. "공산주의 시절의 그 병원은 너무 자주 약탈된 나머지 요즘은 오히려 약탈의 빈도가 줄어들었다. 빼앗아갈 물건이 없기 때문이다. 국제구호단체도 선뜻 활동에 나서기 어려운 상태이다. 많은 가정에서는 닭 한 마리로 끓인 국과 딱딱한 옥수수빵으로 일주일을 버틴다. 이곳에는 일자리가 없다. 식구 중에 외국으로 나간 사람이 있는 집만 연명한다."

예를 들어 오늘날 보스니아와 장기간 경제적 문제를 겪고 있는 미국의 여러 대도시 중심부도 그렇다. 하지만 대부분의 사례를 볼 때 타인에 대한 신뢰를 포기할 정도로 다른 사람의 신뢰성 여부를 판별할 만한 증거는 충분치 않다. 신뢰가 본질적으로 전략적 성격을 띤다고 주장하는 학자들 중 일부는 은연중에 신뢰가 민족적 뿌리를 갖고 있다고 보고 있다. 퍼트넘(1993년 170쪽)은 "신뢰는 독립적인 행위자의 행동에 관한 예측을 수반한다"라는 주장에서 지식 기반적 관점을 드러낸다. 그러나 그는 바로 1페이지 앞에서(1993년 169쪽) 신뢰가 '도덕적 자원'이라고도 주장한다. 또한 그는 "대인 신뢰는 공화제 사회가 유지되기 위해서 사람들이 가장 간직해야 할 도덕적 지향일 것이다"라는 지안프랑코 파지Gianfranco Poggi의 주장도 인용한다(퍼트넘 1993년 89쪽).[13]

나만 신뢰가 도덕적 토대를 갖고 있다고 주장하는 건 아니다. 맨스브리지(1999년)는 '이타적 신뢰'를, 호스버그Horsburgh(1960년)는 '치유적 신뢰', 야미기시와 야미기시(1994년)는 '보편적 신뢰'를 언급한다. 윌슨Wilson(1993년 231쪽)은 "우리는 다른 사람이 우리의 말을 수용하기를 바라기 때문에, 그리고 부정직과 불성실을 사악함의 신호로 간주하기 때문에 성실성을 띤다"라고 주장한다. 데이비드 흄(1960년 518쪽)도 18세기 중반에 비슷한 주장을 펼쳤다. "만일 약속에 도덕적 의무가 없다고 생각하면 결코 약속을 지키려고 마음먹지 않을 것이다."(다음을 참고하라: 브라이스 1916년 876-877쪽, 허츠버그 1988년 315쪽, 파그덴 1988년 133-134쪽 · 139

---

13 인용문의 출처는 다음과 같다. Poggi, Images of Society(Stanford: Stanford University Press, 1972), p59.

쪽) 토크빌(1945년 122-123쪽)은 오늘날 신뢰로 불리는 '올바르게 이해되는 이기심'을 거론했고, 그것의 토대는 경험이 아니라 종교적 이상에서 비롯된 가치에 근거한다고 주장했다.

신뢰의 도덕적 차원은 전략적 관점으로는 답할 수 없는 질문에 답할 수 있다. 빌과 제인은 서로를 깊이 알아갈수록 서로에 대한 확신을 키울 수 있을 것이다. 여러 차례 협력과정을 거치면서 빌은 점점 더 제인을 믿고 제인 또한 빌을 믿을 것이다. 그런데 빌과 제인이 애초에 협력하기로 결정한 까닭은 무엇일까? 만일 빌이 《크리스마스 캐럴》의 스크루지이고, 제인이 밥 크래칫이라면 빌에 대한 제인의 믿음은 잘못일 것이다. 그리고 쓰라린 경험을 통해 제인은 '한 번 속으면 남의 잘못, 두 번 속으면 내 잘못이다'라는 격언을 받아들이며 앞으로 다른 사람을 믿지 않을지 모른다. 전략적 신뢰관에 따르면 빌과 제인은 크래칫보다는 스크루지처럼 행동할 가능성이 훨씬 높다. 하지만 크래칫의 세계에서는 전략적 신뢰가 필요없을 것이다(다스굽타 1988년 참고).

만일 신뢰가 우리를 공동체와 연결해주고 집단행동 문제해결에 보탬이 된다면 틀림없이 도덕적 신뢰일 것이다. 전략적 신뢰는 이미 알고 있는 사람들하고만 협력할 수 있도록 해줄 뿐이어서 대체로 소규모 문제만 해결할 수 있다. 빌은 제인에게 20달러를 빌려줄까? 빌은 제인에게 페인트칠을 맡길까? 도덕적 신뢰는 자신과 같지 않은 사람들과도 관계를 맺도록 이끌어준다. 도덕적 신뢰는 폭넓은 공동체와 이어주고, 선행을 하도록 하며, 의견대립을 해소하도록 도와준다.

이 장에서는 다양한 유형의 신뢰를 논의할 것이다. 우선 협력과 집단행동에 관한 연구에서 도덕적 신뢰의 중요성을 간략하게 강조할 것이다. 그런 다음 일반적 신뢰와 개별적 신뢰를 구별함으로써 신뢰의 유형에 대한 정교한 논의를 펼칠 것이다. '대부분의 사람들은 믿을 만하다'라는 신념, 즉 일반적 신뢰는 대체로 도덕적 신뢰를 기반으로 하고 있다(물론 전적으로 그렇지는 않고 어느 정도는 경험에 의존한다). 일반적 신뢰에서는 낙관론과 긍정적 세계관이 경험보다 중요하다. 그리고 우리는 보통 부모로부터 일반적 신뢰를 배운다(혹은 배우지 못한다).

성인이 되었을 때 일어나는 일의 상당수는 낯선 사람들에 대한 신뢰 수준에 영향을 미치지 않는다. 퍼트넘(2000년 93-94쪽, 3장과 6장)을 비롯한 여러 학자들의 의견과는 달리 사교활동과 단체활동은 매우 비슷한 사람들과의 접촉에 국한되기 때문에 신뢰를 조성하지 못한다. 개별적 신뢰는 자신과 비슷한 사람들만 믿어야 한다는 생각이다. 따라서 개별적 신뢰로는 도덕적 공동체의 규모가 제한되어 있다. 자신과 비슷한 사람들에 관해서만 알고 있다고 생각하고, 따라서 개별적 신뢰에는 지난 경험이 반영되기 쉽다. 그리고 정부는 일반적 신뢰를 조성할 수 없다. 정부에 대한 믿음은 전략적 신뢰이고, 그것은 대인 신뢰로 쉽게 전환되지 않는다.

신뢰의 다양한 유형

도덕적 신뢰는 몇 가지 중요한 측면에서 전략적 신뢰와는 다르다. 도덕적 신뢰는 구체적인 맥락에 위치한 특정인들 사이의 관계가 아니다. 제인은 빌이 20달러를 갚을 것임을 믿는 게 아니다. 제인은 단지 대부분의 사람들을, 대부분의 경우에, 특별한 의도 없이 '믿는 것'뿐이다. 전략적 신뢰의 어법이 'A는 B가 X라는 행동을 할 것으로 믿는다'(하딘 1992년 154

쪽)라면 도덕적 신뢰의 어법은 단지 'A는 믿는다'이다.[14] 신뢰는 반드시 전략적이어야 한다고 주장하는 사람에게는 내가 제시하는 도덕적 신뢰의 어법이 아주 이상하게 보일 것이다(다음을 참고하라: 하딘 1992년·1998년a, 오페 1999년, 퍼트넘 2000년 135-136쪽). 도덕적 신뢰의 어법에는 직접목적 어도 간접목적어도 없다. 그러나 우리가 일상적으로 사용하는 어법은 두 유형의 신뢰를 구분하는 내 기준에 따르고 있다. 예를 들어 우리는 흔히 도덕적 신뢰의 어법에 따라 '잘 믿는 사람들'이라고 표현한다.

도덕적 신뢰와 전략적 신뢰는 집단행동 문제해결 과정에서의 역할이 각각 다르다. 두 유형의 신뢰는 대상범위(대부분의 사람들을 믿는가 아니면 특정 사람들만 믿는가)뿐만 아니라 토대도 각기 다르다. 전략적 신뢰의 의미를 규정하는 단일한 정의는 없다. 그러나 공통의 맥락은 있다. 예를 들어 전략적 신뢰는 빌의 행동이 적어도 하나의 구체적인 과제에서는 제인의 기대를 충족시킬 것이라고 예상하는 것이다. 빌은 제인을 실망시킬 수도 있지만 그렇게 하지는 않을 것이라는 추측이다(다스굽타 1988년 51쪽, 미츠탈 1996년 24쪽). 전략적 신뢰는 타인의 행동에 관한 예측이다(하딘 1992년).[15] 당신의 행동지침을 알려주는 처방전은 당신에 대한 기대를 충족시키는가

---

14 좀더 형식을 갖춰 표현하자면 다음과 같다: $\forall$ B $\forall$ X: A는 B가 X라는 행동을 할 것으로 믿는다. 이어지는 본문에서 지적하듯이 모든 경우에 모든 사람을 믿는 것은 어리석은 짓이다. 도덕적 신뢰는 그런 것까지 요구하지 않는다. 그 대신 우리는 대부분의 상황에서 대부분의 사람들을 믿는다고 가정한다(이때 '대부분'이라는 말의 의미는 폭넓게 정의한 것이다).

15 전략적 신뢰를 논의하는 모든 학자들의 의견이 일치하지는 않는다. 루만(1979년 88쪽)과 오페(1999년)는 확신(두 사람이 '예측'으로 간주하는 것)과 신뢰(두 사람이 의미를 명확히 규정하지 않고 암시하는 데 그치는 것으로 단순한 계산보다 더 미약한 것)를 구분한다. "신뢰는 환상에 의존한다"라는 루만(1979년 32쪽)의 진술을 참고하라.

에 달려 있다. 만약 빌이 (특정한 상황에서) 믿을 만한 사람으로 드러난다면 제인은 빌에게 보답할 의무가 있다. 그러나 이런 의무는 단지 전략적인 것이다. 즉 제인 입장에서는 기대를 충족시킨 빌을 믿어주는 것이 더 이익이다. 이런 식의 주장에는 도덕적 강제력이 전혀 없다(레비 1998년 81쪽).

전략적 신뢰는 무턱대고 거래를 회피하려는 유혹을 극복하는 데 도움이 될 수 있다. 지붕공사를 맡길 업자가 정직한지 혹은 실력이 있는지 확신할 수 없고, 따라서 그에 관한 정보를 되도록 상세히 수집한 뒤 공사를 부탁할 것인지를 결정한다. 자기 스스로 지붕공사를 하기는 싫고, 사실 그럴 능력도 없다. 업자에 관해 조사할 때는 그가 업자로서의 자격이 있는지에 초점을 맞춘다. 그의 사생활(예를 들어 그가 이혼남인데 양육비를 지급하지 않는 것이 문제인가)이나 다른 분야에서의 전문지식 여부(그가 고등학교 때 수학에서 낙제한 것이 문제인가)를 조사하지 않는다.

이처럼 전략적 신뢰의 바탕을 이루는 것은 부정적인 세계관이 아니라 불확실성이다. 레비(1997년 3쪽)는 "신뢰의 반대는 불신이 아니다. 그것은 신뢰의 결여이다"라고 주장한다(다음을 참고하라: 하딘 1992년 154쪽, 오페 1999년). 전략적 신뢰로 인해 추가정보를 획득함으로써 거래비용을 절감하는 것이다(긍정적인 정보든 부정적인 정보든 상관없다). 반면 도덕적 신뢰는 반드시 이쪽 끝에는 긍정적 감정을, 저쪽 끝에는 부정적 감정을 갖고 있어야 한다. 선善을 미결정성과 병치하는 도덕률은 이상할 것이다. 따라서 우리는 대부분의 사람들을 신뢰하거나 아니면 불신한다.

전략적 신뢰에는 사람들이 어떻게 행동할지에 관한 기대가 반영되어 있다. 반면 도덕적 신뢰는 사람들이 어떻게 행동해야 하는지에 관한 진술이다. 사람들은 서로를 신뢰해야 한다. 이것은 남이 당신을 대접하는 것처럼 당신도 그렇게 하라는 요구가 아니라 남에게 대접받고자 하는 대로 당신도 남을 대접하라는 말이다. 십계명의 여덟 번째 '너희는 누군가가 너희 것을 취하지 않는 한 훔치지 말지어다'가 아니라 이를테면 '너희는 빌의 것을 훔치지 말지어다'이다.

도덕적 명령은 무조건적이다(물론 극단적인 상황에서의 몇몇 예외는 있게 마련이다). 애덤 셀리그먼Adam Seligman(1997년 47쪽)은 다음과 같이 말한다. "신뢰의 무조건성은 무엇보다도 반응에 대한 것이다……. 타인에 대한 신뢰가 상호주의에 의존한다면(즉 상호주의를 조건으로 삼는다면), 그것은 전혀 신뢰의 행동이 아니라 남이 어떻게 행동할지에 대한 자신의 기대를 바탕으로 삼은 것이다."(맨스브리지 1999년 참고)

도덕적 신뢰는 이 세계가 선한 사람들이 사는 좋은 곳이고(셀리그먼 1997년 47쪽 참고), 형편이 더 나아질 것이며, 스스로가 자기 운명의 주인이라는 생각을 바탕으로 삼고 있다. 대인 신뢰를 둘러싼 초기의 논법에서는 도덕적 신뢰를 낙관적 세계관의 중심으로 보았다(로젠버그 1956년). 사람들을 마치 믿을 만한 존재처럼 대하라는 도덕적 명령은 비관론자들의 세계에서는 통하지 않는다. 오직 긍정적 인간관을 지닌 사람만이 타인을 의심하지 않고 믿을 만한 존재로 대할 수 있다. 낙관론자들은 앞으로 상황이 더 좋아질 것으로 여길 뿐 아니라 자신의 행동을 통해 더 좋은 세상을 만들 수 있다고 생각한다(로젠버그 1956년, 레인 1959년 163-166쪽).

신뢰와 경험

전략적 신뢰는 집단행동 문제에서 다른 행위자들에 관한 구체적인 정보를 제공함으로써 거래비용을 낮춘다. 모의실험에서 제인은 빌의 비협력 가능성을 우려해 전략을 결정하기 전에 그의 첫 움직임을 관찰할 것이다. 일상생활에서 제인은 공사업자가 합당한 돈을 받고도 날림공사를 통해 부당이득을 취하려고 애쓸 가능성을 우려할 수 있다. 그러므로 제인은 주변인이나 관계기관을 통해 그에 관한 추가정보를 수집한다. 그녀는 그 공사업자가 했던 다른 공사의 결과를 알아볼 수도 있다. 모의실험이든 일상생활에서든 제인은 자신의 경험을 바탕으로 전략을 수립한다(빌과 협력하기, 공사업자에게 맡기기, 제3자 찾기, 본인이 직접 나서기 등). 일단 필요한 자료를 수집하면 의사결정으로 나아갈 지름길이 생긴다. 이제 제인은 앞으로 빌이 협력할지 아닐지 판단내릴 수 있다. 혹은 지붕공사 이외의 일을 맡길 만큼 평판 좋은, 주변 사람들에게도 소개해줄 만한 새로운 공사업자를 알아냈을 수도 있다.

세상이 오직 전략적 신뢰와 도덕적 신뢰로 양분된다고 여겨서는 안 된다(다음을 보라: 야미기시와 야미기시 1994년 139쪽, 셀리그먼 1997년 94쪽). 매우 헌신적인 이타주의자들을 제외한 사람들 모두는 러시아의 격언인 '신뢰하되 검증하라'(원래 러시아 격언이지만 미국 대통령 로널드 레이건이 구소련을 상대할 때 강조한 말이다)라는 말을 명심할 것이다. 사람들은 흔히 특정한 사람들을 상대할 때 전략적 신뢰를 구사한다. 평소 깊은 대인 신뢰를 갖고 있는 사람이 공사업자, 기술자, 의사 같은 특정인들의 능력과 정직성을 점검한대서 모순된 행동으로 볼 수는 없다. 도덕적 신뢰는 구체적인 사람들에 대한 믿음이 아니라 '일반적인 타인'에 대한 믿음이다. 반면 일반적인 타인에 대한 믿음이 없는 사람들은 전략적 신뢰에만 의존한다. 그들에게 '신뢰'란 특정인들과의 경험을 의미한다.

전략적 신뢰는 남의 행동양식에 관한 정보를 습득함에 따라 서서히 형성된다. 우리는 베이지안 의사결정과정(Bayesian decision-making process, 주관적인 경험이나 판단, 또는 조사결과 얻은 새로운 정보를 통하여 사전확률에 조정을 가한 사후확률에 의한 의사결정-역자)을 따르는 셈이다. 즉 빌은 제인과 만날 때마다 겪은 경험을 통해 지속적으로 새로운 정보를 축적한다(렘펠 외 1985년 96-97쪽, 다스굽타 1988년 51쪽·64-65쪽, 감베타 1988년 217쪽). 하딘(1992년 165쪽)은 다음과 같이 주장한다.

내가 처음부터 멋진 환경에서 성장하는 바람에 지금도 타인을 지나치게 믿다가 화를 입는 경우가 많다고 가정해보자. 나는 남을 믿기 때문에 여러 사람과 교류하고 베이지안 평가치를 재빨리 갱신하기 위해 자료를 수집한다. 그 결과 곧 종합적인 평균에 접근하고 대부분의 상호작용에서 결실을 맺는, 즉 내가 타인의 신뢰성을 오산할 경우를 상쇄하고도 남을 만큼인 최적의 신뢰 수준에 도달한다.[16]

새로운 경험으로 인해 타인의 신뢰성에 대한 견해가 바뀔 수 있기 때문에 전략적 신뢰는 무너지기 쉽다(보크 1978년 26쪽, 하딘 1998년a 21쪽). 레비(1998년 81쪽)의 주장에 따르면 신뢰는 "쌓기는 어려워도 무너지기는 쉽

---

[16] 하딘(1992년 154쪽)은 신뢰가 특정 맥락에서 특정 인물을 상대로 겪은 경험에 의존한다는 점을 강조하지만, 이 인용문은 도덕적 신뢰의 경험 기반적 관점과 혼동할 우려가 있다(하딘 1992년 170쪽 참고). 하딘(2000년 145쪽)의 시각에서 보면 당신은 과거에 누군가가 당신에게 어떤 식으로 행동했는지를 알아야 그를 믿을 수 있다. 또한 그가 어떤 행동을 할 때 당신의 관심사를 고려하는지 그렇지 않은지를 알아야 한다.

다."(다스굽타 1988년 50쪽 참고)

　도덕적 신뢰는 설령 보답이 없어도 다른 사람을 잘 대우하라는 도덕적 명령이다. 가치는 경험과 완전 별개의 것은 아니지만 대체로 일상생활의 기복과 부침에 대한 저항력을 갖추고 있다. 따라서 도덕적 신뢰는 쉽게 무너지지 않고 시간이 지나도 아주 안정적이다(3장을 보라). 도덕적 신뢰는 무너지기보다는 쌓기가 더 어렵다. 왜냐하면 이것은 한 사람에서 다른 사람으로 그다지 쉽게 전이되지 않기 때문이다. 퍼트넘(2000년 21쪽)은 이와 같은 일반적 상호주의를 지적한다. 일반적 상호주의에 입각하는 경우 우리는 '구체적인 대가를 예상하지 않은 채 누군가 내게 무언가를 해주리라는 확신을 갖고' 일을 진행한다. 우리는 비록 폭넓은 안목에서는 남이 우리를 실망시키지 않을 것이라고 기대하지만 굳이 보답을 요구하지 않으면서도 다른 사람에 대한 믿음을 표현할 수 있다(실버 1989년 276–277쪽).[17]

　사람들은 개인적 사례에 근거해서 일반적 경향을 추정하는 태도가 현명하지 않다는 점을 깨닫는다. 우리는 성급한 일반화를 시도하기보다는 실망스런 개인적 경험에 대한 모종의 이론적 설명을 시도하거나 아예 그것을 무의미한 것으로 치부해버린다(다음을 참고하라: 베이커 1987년 5쪽, 맥나이트 외 미간행). 이런 현상은 도덕적 신뢰의 바탕을 이루는 낙관적 세계관이 반영된 것이다. 낙관론자들은 낯선 사람들에게 이용당할 가능성을 우려하지 않는다. 설령 모험에 나섰다가 실패를 맛봐도 낙관적인 전망은 바뀌지 않는다. 좌절은 일시적이고 다음 기회에는 더 협력적인 사람을

---

[17] 여기에서는 도움에 대한 기대와 다른 사람이 선의를 갖고 있다는 식의 일반적 관점이 구분된다. 실제로 두 가지 차이는 미미한 수준이다.

만날 것으로 생각한다(M. 셀리그먼 1991년 4–5쪽).

낙관론자들은 나쁜 소식은 무시하고 좋은 소식을 믿으려는 경향이 높다. 반면 비관론자들은 불운을 과장하고 긍정적 신호를 외면한다. 두 부류 모두 증거를 선별적으로 바라본다. 그들의 추론은 '이성과 경험만으로 보장되는 기대를 뛰어넘는 인지적 "도약"'이다(루이스와 와이거트 1985년 970쪽. 다음도 참고하라: 배런 1998년 409쪽, 맨스브리지 1999년). 도덕적 신뢰에 입각한 사람들 입장에서는 굳이 상호주의에 얽매이지 않는 것은 옳은 선택일지 모른다. 타인의 신뢰성을 오판할 가능성이 충분하기 때문이다. 오르벨Orbell과 도스Dawes(1991년 521쪽·526쪽)는 타인을 쉽게 신뢰하는 사람들은 다른 사람의 동기를 지나치게 낙관적으로 바라본다는 점을 입증하는 모의실험 결과를 제시한다. 모의실험에서 그들은 자신의 선의를 바탕으로 타인의 협력 가능성 여부를 추정한다.

도덕적 신뢰를 고수하는 사람들, 즉 도덕적 신뢰에 입각한 사람들은 그렇지 않은 사람들에 비해 다른 사람들도 자신을 믿을 것이라고 말할 가능성이 더 높다.[18] 자신에 대해 호의적인 사람들은 모호한 사건을 긍정적 시각으로 해석하는 반면, 자부심이 낮고 세상에 대해 비관적인 사람들은 동일한 경험도 부정적으로 바라본다(디너, 서, 오이시 1997년). 도덕적 신뢰에 입각한 사람들은 (적어도 부분적으로는) 눈가리개를 쓴 채 세상을 바라보기

---

[18] 이 연구결과의 출처는 퓨 리서치센터의 1996년 필라델피아 신뢰 및 시민참여조사이다. 도덕적 신뢰에 입각한 사람들의 97퍼센트가 남이 자신을 믿는다고 대답했고, 그렇지 않은 사람들의 86퍼센트(꽤 높은 수치이다)가 남이 자신을 믿는다고 대답했다(타우-비=.174, 감마=.627). 이것은 현실을 반영하거나(아마 우리를 믿는 사람들을 더 믿는 경향이 있을 것이다) 아니면 이것 역시 과잉해석이라는 일반적인 징후의 일부분일지 모른다.

때문에 신뢰가 쉽게 무너지지 않는 것은 당연하다.

도덕적 신뢰의 뿌리는 무엇일까? 전적으로 그렇지는 않아도 대체로 도덕적 신뢰의 뿌리는 각자의 부모들이다(4장과 5장을 보라). 부모는 첫 번째 도덕 교사들이다. 아이들은 부모의 권위를 존중하고, 그들의 가르침에 따라 사랑을 표현한다(데이먼 1988년 51-52쪽). 부모가 자부심 강하고 자녀와 따뜻한 관계를 유지하면 아이들도 스스로를 긍정적 시각으로 바라볼 가능성이 높다(파셀과 메나한 1993년, 스미스 1999년b). 아이들이든 어른들이든 간에 개인의 긍정적 자아관은 신뢰의 강력한 가늠자 중 하나이다. 남을 믿거나 믿지 않는 성향은 어릴 때부터 길러진다. 이런 점은 개인의 신뢰관이 좀처럼 변하지 않는 이유이기도 하다.[19]

누구를 신뢰하는가?

일반적 신뢰와 개별적 신뢰의 구분 기준은 전략적 신뢰와 도덕적 신뢰를 구분하는 기준과 다르다. 일반적 신뢰는 대다수 사람들을 도덕적 공동체 일원으로 인식한다. 도덕적 신뢰가 일반적 신뢰의 토대이지만 일반적 신뢰와 도덕적 신뢰는 서로 다르다.[20] 일반적 신뢰는 공동체의 범위를 측정하는 척도로서 도덕과 우리의 집단적인 경험 모두를 바탕으로 삼는다. 일반적 신뢰의 기저를 이루는 낙관론은 영구불변의 것이 아니다. 경우에 따라 상황이 좋게도 나쁘게도 보일 수 있다. 반면 우리가 갖고 있는 가치

---

19 심지어 하딘(1992년 173쪽)도 아이들이 일찍이 부모로부터 신뢰에 관해 배운다는 점을 인정한다.
20 이렇게 도덕적 신뢰와 일반적 신뢰의 차이를 강조하는 것은 제인 맨스브리지의 영향이 크다.

(도덕적 신뢰)는 쉽게 변하지 않는다. 그러나 가치 해석방식에는 일상생활에서의 경험이 반영된다. 이것이 바로 일반적 신뢰와 도덕적 신뢰의 차이점이다. 즉 일반적 신뢰는 대체로 안정적이기는 해도 경우에 따라 기복이 있다. 반면 도덕적 신뢰는 한결 영속적인 가치이다.

일반적 신뢰와 개별적 신뢰의 차이는 퍼트넘(2000년 22쪽)이 지적하는 '결합적인' 사회적 자본과 '연결적인' 사회적 자본 사이의 차이와 비슷하다. 우리는 친구들이나 자신과 비슷한 사람들과 결합한다. 우리는 자신과 같지 않은 사람들과 연결된다. 일반적 신뢰와 개별적 신뢰를 구분하는 중심개념은 도덕적 공동체의 포괄성 정도이다. 자신과 같은 부류의 사람들만 신뢰하는 경우의 도덕적 공동체는 아주 제한적이다. 그리고 안다고 여기는 사람들만 믿을 가능성이 높다. 그러므로 개별적 신뢰를 고수하는 사람들은 신뢰 여부 결정과정에서 자신의 경험(전략적 신뢰)이나 지식을 통해 구축되었다고 여기는 고정관념에 의존하는 경향이 높다. 그들은 낯선 사람들을 경계한다. 자신과 같지 않은 사람들은 도덕적 공동체의 일원이 아니므로 적대적인 가치를 갖고 있을지 모른다고 추정한다.

일반적 신뢰의 개념은 지난 몇 십 년 동안 자주 이용했던 '전형적인' 설문조사에 잘 요약되어 있다. '일반적으로 얘기해 대부분의 사람들이 믿을 만하다고 생각합니까? 아니면 사람들을 상대할 때 되도록 조심해야 한다고 생각합니까?' 이것은 '대부분의 사람들'에 대한 태도를 묻는 것이고, 영혼이 매우 따뜻한 사람들조차 일부 사람들은 당연히 믿지 말아야 한다고 생각한다.[21] 이 질문에는 구체적인 맥락이 빠져 있다(허츠버그 1988년

---

[21] 몇 년 전 어느 회의에서 회의적인 시각을 가진 진 코언Jean Cohen이 나를 다그친 적이 있다. 그녀는

314쪽 참고). 즉 대부분의 사람들이 빌린 20달러를 갚을 만큼 믿음직한지를 묻지 않는다. 도덕적 신뢰에는 이런 유형의 기본적인 정직성이 내포되어 있는 것 같다.[22] 이 질문에서는 대부분의 사람들이 페인트칠을 해줄 것으로 믿는가를 묻지 않는다. 왜냐하면 페인트칠을 비롯한 모든 구체적인 행동은 신뢰의 도덕적 차원과 무관해 보이기 때문이다.

일반적 신뢰의 토대는 도덕적 신뢰이다. 양자의 어법은 비슷하다. 즉 A는 B가 X라는 행동을 할 것으로 믿는다가 아니라 단지 '믿는다'이다. 도덕적 신뢰처럼 일반적 신뢰도 상호주의에 의존하지 않는다. 그러나 일반적 신뢰는 도덕적 신뢰만큼 무조건적이지 않다. 첫째, 일반적 신뢰의 범위는 도덕적 신뢰보다 제한적이다. 실제로 우리는 모든 사람들을 믿을 수도 없고 믿지도 않는다. 그러므로 대부분의 사람들을 믿을 만한 존재로 여기는지를 묻는 전형적인 설문은 사람들이 자신의 도덕적 공동체를 얼마나 폭넓게 여기는지를 가늠케 하는 척도이다. 둘째, 일반적 신뢰는 안정적이긴 하지만 시간의 흐름과 무관할 정도로 영속적이지는 않다(3장을 보라). 사람들의 신뢰 수준은 그들이 처한 환경, 그리고 어느 정도 그들의 인생사

질문의 제시 방식을 깎아내리려 애쓰면서 "당신은 대부분의 강간범들을 믿을 만한 사람으로 여깁니까?"라고 물었다. 나는 이렇게 대답했다. "아니오. 그러나 다행스럽게도 대부분의 사람들은 강간범이 아닙니다."

22 1972년 미국선거연구에서는 대인 신뢰 질문과 사람들의 기본적인 정직성에 관한 질문(나는 이것을 2개로 나눴다)을 모두 던졌다. 표본의 47.5퍼센트가 대부분의 사람들은 믿을 만하다고 대답했고, 86.2퍼센트는 대부분의 사람들은 정직하다고 대답했다. 대부분의 사람들은 믿을 만하다고 응답한 사람들의 거의 모두가(97.5퍼센트) 대부분의 사람들은 정직하다고 대답했지만, '사람을 상대할 때 되도록 조심해야 한다'고 생각하는 사람들의 76퍼센트가 대부분의 사람들은 정직하다는 데 동의했다. 대부분의 사람들은 정직하다고 대답한 사람들의 57.3퍼센트만이 대부분의 사람들은 믿을 만하다는 데 동의했다. 타우-비의 값(.311)에 따르면 전체적으로 볼 때 상관관계는 보통 수준이다. 하지만 곡선형 감마의 값은 .847로서 상당히 높은 수준이다.

적 경험에 반응하면서 변한다(4장과 5장을 보라). 일반적 신뢰는 현실세계에서의 도덕적 신뢰이다. 즉 전자는 후자와 달리 불변의 가치가 아니고, 후자만큼 보편적이지 않으며, 후자보다 일시적이다.

자신과 같은 부류의 사람들만 믿는 것이 개별적 신뢰이다.[23] 개별적 신뢰는 집단범주를 바탕으로 사람들을 각각 내집단과 외집단 구성원들로 분류한다. 그리고는 내집단을 긍정적 시각으로, 외집단에 대해서는 부정적 시각으로 바라본다. 자신과는 다른 사람이지만 내집단에 속한 사람들에 대한 믿음은 구체적인 상황에 얽매이지 않는다(전략적 신뢰의 경우에는 구체적인 상황에 종속된다). 그러나 구성원들의 상당수를 경계한다(대부분을 경계하는 것은 아니다).

이런 유형의 어법은 'A는 B를 믿는다'이다. 즉 일반적 신뢰의 어법처럼 단순히 'A는 믿는다'도 아니고, 전략적 신뢰의 어법과 같이 'A는 B가 X라는 행동을 할 것으로 믿는다'도 아니다. 그리고 B라는 부류의 크기는 1명의 개인보다 훨씬 크다.[24] 비록 개인 각각에 관한 지식에 근거하지는 않지만 개별적 신뢰는 정보적 토대를 갖고 있다. 그것은 내집단 구성원과의 경험을 바탕으로 자신과 동일한 사람들에 대해 추출하는 평판이다. 반면 일반적 신뢰는 그런 지식에 근거할 수 없다. 우리는 낯선 사람들의 생각을 모른다. 그리고 도덕적 절대성의 영역에서는 더 보편적인 낙관론을 고수하는 주의를 분산시키는 사소한 증거에 주목해서는 안 된다.

---

23 야미기시와 야미기시(1994년 145쪽)는 그들이 '나와 밀접한 관계에 있는 타인에 대한 신뢰'로 부르는, 비슷한 개념을 갖고 있다.
24 좀더 형식을 갖춰 표현하자면 다음과 같다: ∀ B: A는 B를 믿는다. 여기서 B는 한 부류의 사람들을 가리킨다.

일반적 신뢰에 입각한 사람들은 아주 다양한 종류의 낯선 사람들을 신뢰한다. 내집단 구성원들을 깊이 신뢰하는 것이 반드시 외집단에 속한 사람들을 향한 적대적 태도로 이어지는 건 아니다. 만일 자신의 내집단을 좋아하면 당연히 거기에 속한 사람을 호의적으로 대할 것이다. 만일 내집단에 속한 타인을 호의적으로 대하지 않는다면 그저 염세주의자에 불과할지 모른다. 유대교 랍비인 힐렐Hillel은 이렇게 말했다. "내가 나를 위하지 않으면 누가 나를 위하리요? 내가 나만을 위한다면 대체 나는 무엇이리오?"

개별적 신뢰에 입각한 사람들은 자기와 동일한 가치를 갖고 있다고 확신하는 사람들만 의지한다. 반면 일반적 신뢰에 입각한 사람들은 만나는 사람들 대부분이 자신과 가치가 동일하다고 가정한다. 개별적 신뢰에 입각한 사람들에게는 자신과 일체감을 느끼는 집단 밖의 사람들의 신념이 동일하다는 증거가 필요하다. 거의 모든 사람들은 자기 가족을 신뢰한다. 또한 친구들도 믿는데 이유는 그들을 잘 알기 때문이다(실버 1989년 275-276쪽, 미츠탈 1996년 123쪽). 가족이나 친구와의 유대는 '흔히 같은 부족·계급·민족 간의 일상적이고 집중적인 접촉을 통해 생성'되는 '끈끈한' 신뢰를 기반으로 한다. "그런 종류의 공동체는 대개 사회적으로 동질적이면서도 고립적이고 배타적이며, 끈끈한 신뢰 구축에 필요한 엄격한 사회적 제재를 행사할 능력이 있다."(뉴턴 1997년 578쪽)[25] 끈끈한 신뢰의 바탕은 그라노베터Granovetter(1973년)가 얘기한 '단단한 유대'이다. 끈끈한 신뢰는 익숙한 것에 머물고 불확실한 것을 피하는 데서 비롯된다. 보

---

25 '끈끈한 신뢰'라는 개념은 원래 윌리엄스Williams(1988년)가 공식화한 것이다.

통 사람들은 잘 아는 사람들을 신뢰한다. 일반적(혹은 '끈끈한') 신뢰의 바탕은 '느슨한 유대', 즉 자신과 같지 않은 사람들과의 우연한 교류를 통해 형성되는 연결고리이다.

우리 주변 곳곳에서 *끈끈한* 신뢰를 찾아볼 수 있다. 1990년 미국에서 실시된 세계가치조사와 1996년 퓨 리서치센터의 필라델피아 신뢰 및 시민참여조사에 따르면, 각각 응답자의 97.9퍼센트와 96.6퍼센트가 자기 가족을 믿는다고 말했다.[26] 또한 꾸준히 접촉하고 가깝게 교류하는 사람들을 깊이 신뢰할 가능성이 많다. 〈표 2-1〉에는 앞서 언급한 두 가지 설문조사 결과가 정리되어 있다.

우리는 평소 밀접하게 상호작용하는 사람들, 우리와 아주 비슷한 사람들, 즉 가족이나 친구를 깊이 신뢰한다. 또한 잘 알지는 못해도 평소 존경하는 사람들도 신뢰한다. 퓨 리서치센터의 조사에 응한 사람들은 가족보다 소방대를 약간 더 신뢰했다.[27] 또한 가치를 공유하는 사람들, 예를 들어 같은 교회에 다니는 사람들을 무척 신뢰한다. 그 다음 순위는 잘 아는 사람들(동호회 회원, 직장 동료, 옆집 사람들)이 차지한다. 반면 조금 아는 사람들(가게 점원)을 비교적 덜 믿고, 낯선 사람들(행인들)은 그다지 믿지 않

---

26 세계가치조사에서는 신뢰의 정도를 '매우 믿는다'에서부터 '매우 믿지 않는다'까지 총 5개 등급으로 나눠 질문했다. 나는 5개 등급을 3개 등급으로 줄였다('믿는다', '믿지도 안 믿지도 않는다', '안 믿는다').
27 만일 '매우 신뢰한다' 항목과 '약간 신뢰한다' 항목을 합치지 않고 '매우 신뢰한다'라는 항목만 고려할 경우 가족을 신뢰하는 비율은 86퍼센트, 소방대를 신뢰하는 비율은 79.5퍼센트이다. 세계가치조사에 따르면 미국인은 캐나다인을 신뢰한다. 미국인은 캐나다인을 자신과 아주 흡사한 존재로 인식하는 경향이 있고, 그것은 전체 미국인이 아프리카계 미국인을 바라보는 수준과 비슷하다. 캐나다인이 라틴계 미국인보다 순위가 높고, 라틴계 미국인은 멕시코인보다 순위가 약간 높으며, 멕시코인은 '대부분의 사람들'과 비슷한 수준이다. 미국인은 자신과 다르게 보이는 사람들이나 중국과 러시아처럼 전통적으로 미국과 사이가 좋지 않은 나라 사람들을 매우 불신한다.

〈표 2-1〉 누구를 신뢰하는가? 다양한 집단에 대한 미국인들의 신뢰 수준(신뢰율)

1990년 세계가치조사		1996년 신뢰 및 시민참여조사	
가족	97.9	소방대	97.8
미국인	73.9	가족	96.6
캐나다인	61.4	같은 교회 신자	95.5
흑인	60.2*	이웃(도시 근교)	93.1
라틴계	55.7	동호회 회원	91.9
멕시코인	51.8	직장 동료	89.3
중국인	44.5	경찰	86.0
러시아인	41.7	직장 상사	84.6
		이웃(전체) 가게 점원	80.8
		공립학교	79.3
		텔레비전 뉴스	75.8
		이웃(도심지)	73.9
		일간신문	72.9
		주정부	61.0
		행인	57.0
		연방정부	54.4
대부분의 사람들	51.0	대부분의 사람들	44.3

*백인에게만 물었을 경우에는 58.9퍼센트

는다(퓨 리서치센터 조사에서 길거리에서 마주치는 행인들을 믿는다는 응답자는 57퍼센트에 불과하다). 높이 평가하거나 잘 아는 대상(소방대, 경찰관, 공립학교, 텔레비전 뉴스)은 깊이 신뢰하지만 비교적 변화가 심하거나 거리감을 느끼는 대상(지방정부, 주정부, 연방정부)에 대한 신뢰 수준은 높지 않다.

또한 외집단 사람들보다 자신과 동일한 부류의 사람들을 더 신뢰하는 경향이 있다(브루어 1979년). 메시크Messick와 브루어Brewer (1983년 27-28쪽)

는 협력에 관한 실험을 검토한 뒤 다음과 같은 점을 지적한다. "내집단 사람들끼리는 대체로 호의적인 시각으로 믿을 만하고, 정직하고, 협조적이라고 여긴다." 12세기 북아프리카의 마그레브족은 마그레브계 유대인과 지중해 지역의 다른 유대인에 의지해 교역망을 개척했다. 진화론적 게임이론모형에 따르면 자신과 비슷한 사람들을 선호하는 것이 최상의 전략이다(해밀턴 1964년 21쪽, 트리버스 1971년 48쪽, 마스터스 1989년 169쪽).

사람들은 밀접한 관계의 동료나 친척에 많이 의지할수록 세상을 '우리'와 '그들'의 관점에서 바라본다. 우리는 '대부분의 사람들', 특히 낯선 사람들을 믿지 않을 것이다(파그덴 1988년 139쪽). 일반적 신뢰와 달리 개별적 신뢰는 내집단 구성원들로 하여금 외집단 구성원들에게 손해를 끼치는 정책을 추구하거나 심지어 그들을 착취하는 상황을 초래할지 모른다(베이어 1986년 231–232쪽, 레비 1996년). 혹은 사회 전체의 신뢰 향상에 기여하지도 신뢰 감소를 유발하지도 않는 교착상태를 초래할지도 모른다.

개별적 신뢰에 입각한 사람들과 일반적 신뢰에 입각한 사람들의 차이는 그들의 세계관에서, 그리고 낯선 사람들이 그들에게 제공할 수 있는 것에서 비롯된다. 개별적 신뢰에 입각한 사람들은 외부세계를 위험한 곳으로 간주한다. 그들이 보기에 외부세계는 통제하기가 어렵다. 자신을 향한 모종의 음모를 느낄지도 모른다. 자기중심적이고 누군가 자신에게 농간을 부릴까 봐 걱정하며 권위적인 경향이 있다. 그들은 사적인 인간관계 형성에 어려움을 겪을 때가 많다. 대부분의 경우 미래를 비관적으로 전망하고 자신에게 미래에 대한 통제능력이 없다고 여긴다. 따라서 자신을 이용할지도 모르는 낯선 사람들과의 친밀한 접촉을 꺼리는 것이다. 이것을 '개인주의'라 부른 토크빌(1945년 98쪽)은 그것에서 비롯된 거리두기를 우려했다. "개인주의는 공동체 구성원이 스스로를 동료집단과 단절하도록 유도하고 가족이나 친구와 선을 긋도록 유도하는 경향이 있다. 결국 자신만의 작은 영역을 형성한 뒤 기꺼이 사회 전체에 등을 돌린다."

개별적 신뢰에 입각한 혐오집단 회원들이나 폭주족 같은 사람들은 외부세계로부터 격리되려고 애쓴다. 그들에게 내집단과 외집단을 구분하는 것은 의식절차, 상징물, 표시 등이다. 그리고 그런 의식절차(입회식이나 단체행사)와 상징물(단체복)은 내집단을 더 큰 규모의 사회와 분리시킨다. 구성원들에게 의식절차는 누구를 믿을 수 있는지와 누구를 피해야 하는지를 알려주는 신호이다(윅스트롬 1998년 35쪽).[28]

1999년 학생 2명이 12명의 학생들과 1명의 교사를 살해한 사건이 일어난 뒤 콜로라도주의 리틀턴에 거주하는 한 고등학생은 〈뉴욕타임스〉 기고글에서 배타적 소집단 회원인 자신에 대해 다음과 같이 합리화했다. "친구들과의 모임이 재미있었기 때문에 나는 내가 괜찮은 사람이라고 확신했고, 지금도 나는 굳이 미래를 심각하게 걱정하지 않고 모임 외부의 사람들도 두렵지 않다. 내가 기댈 만한 절친한 친구들의 모임은 항상 있을 것이다." 이 말이 그럴싸하게 들릴지 모르겠다. 그러나 '이들 집단은 모두 하나의 주권국가처럼 자주적인 존재이다'라는 평가를 감안하면 그런 배타적 소집단과 외부인들과의 연결고리는 그다지 없어 보인다(블랙 1999년 A29). 〈뉴욕타임스〉 사설란 반대쪽에 글 솜씨를 선보인 이 고등학

---

28 암만파와 메노파의 이른바 '초원의 사람들'과 하시드파 유대인들 같은 일부 종교집단도 자신과 외부인을 구별하는 독특한 옷을 입는다. 이들 집단은 대체로 자신과 동일한 부류의 사람들을 믿고 더 큰 규모의 사회와의 불필요한 접촉을 삼간다.

생처럼 배타적 소집단을 외부와의 연결고리로 이용하는 사람도 있을지 모르지만 다른 사람들은 그렇지 않다. 문제의 고등학생은 이렇게 썼다. "외부인을 따돌리니까 모임에 속한 친구들은 안정감을 느끼고 우리가 외부인들보다 훨씬 우월한 존재로 느껴진다."(블랙 1999년 A29)

만일 그저 외모만으로 사람들에 대한 신뢰 여부를 결정할 수 있다면 상대방의 신뢰성을 더 쉽게 판별할 수 있을 것이다. 사람들의 외모는 그들이 배신할 가능성을 가늠할 만한 신호가 된다. 외모로 판별하는 이런 식의 전술은 상대방에 관한 정보가 거의 없고 정보수집 비용이 비싼 경우에는 불확실성을 줄이는 유용한 수단이 될 수 있다.

신호와 관련한 어려움을 해결할 수 있는 한 가지 안전한 방법은 남을 믿는 사람들은 모두 'T'가 새겨진 옷을 입고 남을 믿지 않는 사람들은 모두 'M'이 새겨진 옷을 입는 것이다(프랭크 1988년 참고). 물론 이런 방법은 현실성이 없다. 그러므로 싫든 좋든 간에 우리는 자신과 외모나 생각이 아주 비슷한 사람을 신뢰하는 경향이 있다. 자신과 닮은 사람들은 나와 가치를 공유할 가능성이 가장 높을 것이다. 따라서 직장이나 종교단체에서 알게 된 사람들을 제외하면 자신과 인종·민족·종교 등이 같은 사람들을 믿을 가능성이 가장 높다.

개별적 신뢰는 앞서 언급한 신호 문제를 해결해준다. 마그레브족을 비롯한 유대인들은 'J'(유대인 표시)나 'T'(신뢰성 표시)가 새겨진 옷을 입지 않았다. 하지만 그들은 아주 작은 소수집단처럼 서로를 구별할 수 있었다. 그들은 내집단 구성원들이 비교적 정직할 것으로 생각했고, 따라서 그들은 모르는 사람들과 거래할 때 이용당할 위험을 최소화할 수 있었다(그리프 1993년). 내집단 구성원들끼리 서로를 식별할 수 있는 한 그들은 믿을 만한 존재로 보이는 사람들하고만 교류할 수 있다.

외모나 민족 고유의 특성 같은 신호를 이용하는 것이 상대방의 신뢰성을 판별하는 유용한 수단이긴 하지만(바크랙과 감베타 2000년), 이것은 개별적 신뢰를 고수하는 사람들 경우에 국한되는 이야기이다. 일반적 신뢰는 특정한 사람들을 믿는 것에 근거하지 않으며, 증거에 의존하지도 않는다.

일반적 신뢰와 개별적 신뢰의 세계관

자신을 포함해 타인을 긍정적으로 바라보는 사람은 도덕적 공동체의 범위가 넓다. 일반적 신뢰에 입각한 사람들은 내집단과 외집단 모두를 긍정적으로 바라본다. 그리고 그들은 개별적 신뢰에 입각한 사람들보다 내집단을 중시하는 정도가 덜하다. 앞으로 상황이 나아질 것으로 여기고 자신의 삶을 제어할 능력이 있다고 생각하는 사람에게는 타인에 대한 신뢰가 그다지 위험한 일이 아니다. 이 사람들은 삶을 더 행복하게 느끼고, 스스로가 자신의 삶을 좌우할 수 있다고 생각한다(로젠버그 1956년 694-695쪽, 레인 1959년 165-166쪽, 브렘과 란 1997년 1015쪽). 그들은 자신과 같지 않은 사람들에게도 관대해 낯선 사람들과의 교류가 위험을 초래하기보다는 새로운 기회를 제공할 것으로 믿는다(로터 1980년 6쪽, 설리번 외 1981년 155쪽).

미래를 낙관하면 낯선 사람들과의 만남을 좋은 기회로 받아들일 수 있다. 낙관론자들은 자신의 운명을 통제할 수 있다고 믿는다. 아마 외부인으로부터 새로운 지식이나 기술을 배울 수 있고 혹은 물품을 교환함으로써 양쪽 모두에게 이익이 될 수도 있다. 설령 그들과의 만남이 무익한 것으로 드러나도 자신이 어떻게 행동하느냐에 따라 손해를 최소화할 수 있다. 반면 비관론자들에게는 낯선 사람은 자신의 얇은 지갑을 털어갈지 모르는 경쟁자일 뿐이다. 비관론자들 입장에서 그들은 삶에 엄습하는 불길한 기운일지 모른다.

몬테그라노 주민들은 외부인들이 자기들을 이용하려 한다고 의심한다. 물론 오랜 역사를 감안하면 주민들의 그런 생각도 무리가 아니다. 그러나 그들은 낯선 사람들이 초래할 악영향의 가능성을 과대평가함으로써 긍정적인 상호 교류의 기회를 잃어버릴지도 모른다. 몇 번의 나쁜 경험으로 낙관론자가 염세주의자로 변하지 않는 것처럼 몇몇 유쾌한 낯선 사람과의 만남으로 인해 오랫동안 비관론을 고수해온 사람이 갑자기 타인을 잘 믿는 사람으로 변하지도 않는다. 물론 변화가 전혀 불가능한 것은 아니지만 오랜 시간이 걸릴 것이다.

일반적 신뢰와 개별적 신뢰에 입각한 사람들에 대한 이런 식의 초상화에는 그들의 특징이 적절히 드러나 있다. 1972년 미국선거연구ANES는 그간의 설문조사 중에서 신뢰, 낙관론, 삶에 대한 자신감에 관한 질문이 가장 많았던 설문조사이다. 나도 개별적 신뢰의 척도를 만들었는데 그것은 3장에서 살펴볼 것이다. 그리고 일반적인 신뢰는 전형적인 대인 신뢰 질문을 이용해 측정했다.[29] 그렇게 측정한 결과 이변량 패턴이 명확히 드러났고, 대부분의 패턴은 다변량 분석에서도 유효했다. 즉 일반적 신뢰를

---

29 간략히 말해 이 척도는 흑인, 백인, 남부인, 구교도, 유대인 등에 대한 지표에서 비롯된 것이다. 각 응답자는 각 인구집단의 내집단이나 외집단의 일원으로 간주된다. 그런 다음 나는 내집단과 외집단 등급을 평균함으로써 내집단 지표를 산정했다. 여기서 사용하는 척도는 내집단 점수에서 외집단 점수를 뺀 것이다.

고수하는 사람들은 앞으로 5년이 지나면 나라의 형편이 좋아질 것으로 기대하고, 자기 삶에 만족하고, 지금까지 공정한 기회가 부여되었다고 생각한다.[30] 그들은 자신에게 일어난 대다수의 일이 자기 책임이고, 사람들은 원래 자기만 생각하기보다는 다른 사람을 배려하며, 지금까지 만나본 점원들은 대부분 정직하다고 여긴다.

타인을 믿는 사람들은 그렇지 않은 사람들에 비해 낯선 사람들을 조심해야 한다고 말할 가능성이 낮고, 그들 말의 숨겨진 의미를 찾으려고 애쓰지 않는다. 즉 '낯선 사람들을 조심해야 한다'를 강력히 지지하는 사람들의 67.6퍼센트가 타인을 믿지 않는 사람인 반면, 똑같은 질문에 강력히 반대한 사람들의 68.8퍼센트가 다른 사람을 믿었다. 그리고 일반적 신뢰에 입각한 사람들의 53퍼센트가 집에서의 낯선 손님 상대를 편안하게 느끼는 반면 타인을 믿지 않는 사람들은 39퍼센트만이 그렇게 느낀다.[31]

개별적 신뢰를 고수하는 사람들은 모든 질문에서 정반대 패턴을 보여준다. 그들은 사람들의 말을 액면 그대로 받아들이지 않는다. 그들은 낯선 사람들을 조심해야 하고, 자신에게는 공정한 기회가 부여되지 않으며, 사람들은 흔히 타인을 배려하기보다는 자신을 더 챙기게 마련이라고 확신한

---

30 모든 질문을 전 응답자에게 던지지는 않았기 때문에 모든 질문을 포괄하는 단일한 다변량 모형을 검증할 수는 없었다. 대신 가족 소득, 학력, 연령, 인종 등을 포함하는 개별적인 다변량 모형을 추정했다. 일반적 신뢰의 경우 삶을 긍정적으로 보고 점원을 정직한 사람으로 평가하는 것은 다변량 추정에서는 의미가 없었다. 개별적 신뢰의 경우 삶을 긍정적으로 보는 자세, 공정한 기회 획득, 사람들이 기본적으로 자신을 돌보는지의 여부, 점원의 정직성 여부는 의미가 없었다. 각각의 경우에서 무의미한 계수는 다른 가늠자들의 공선성을 반영한다. 집에서 낯선 손님을 상대하는 것에 관한 질문의 출처는 1993년 일반사회조사이다.
31 신뢰와 낯선 사람들을 경계하는 태도 사이의 상관계수는 다음과 같다. 타우-시=.262, 감마=.457. 집에서 낯선 손님을 상대하는 것의 경우에는 감마값이 .218이다.

다. 일반적 신뢰에 입각한 사람들이 세상을 호의적으로 바라보는 것과 달리 그들은 적대적인 곳으로 간주한다. 그 결과 전자가 후자에 비해 공동체 일에 더 적극적으로 참여하는 것은 당연하다.

개별적 신뢰에 입각한 사람들은 낯선 사람들을 경계하지만 오로지 전략적 신뢰에 입각한 사람들보다는 사람들을 신뢰하는 범위가 넓다. 그들은 자신과 같지 않은 사람들과의 시민참여는 회피한다. 그러나 '자신과 같은 부류'인 집단 구성원들과의 시민참여에는 도덕적 신뢰에 입각한 사람들만큼이나 적극적이다(유슬레너 1999년c, 우스나우 1999년). 종교단체와 특정 민족단체가 시민참여를 원하는 사람들에게는 소중한 안식처가 되지만 이것은 자신과 비슷한 사람들과의 시민참여에만 국한되는 이야기이다. 개별적 신뢰에 입각한 사람들은 자신이 속한 공동체 일에는 참여하고, 자신과 같지 않은 사람들과의 접촉이 필요한 활동은 회피할 것이다. 그들은 자신과 의견이 같다고 여기는 사람들과의 협력에 집중할 것이다. 폭주족들은 다른 폭주족들에게는 온정을 베풀 수 있을 것이다. 그러나 자기 집단 외의 사람들을 돕는 데는 소극적일 것이다.

일반적 신뢰는 도덕적 신뢰를 기반으로 하기 때문에 대체로 낙관론과 삶에 대한 자신감에 의해 결정된다. 개별적 신뢰에 입각한 사람들은 자신과 같은 사람들만 믿기 때문에 개인적 경험에 의존한다. 실제로 나는 일반적 신뢰에 입각한 사람들보다 개별적 신뢰에 입각한 사람들이 삶의 경험에 더 많이 영향받는다는 점을 입증해 보일 것이다(4장을 보라).

그러나 모든 가치들에 세계관뿐 아니라 우리가 사는 세계가 반영되듯이 일반적 신뢰도 경험과 전혀 무관하지는 않다(톨민 1950년). 다양한 조사에 따르면 교육수준이 높을수록 타인을 더 신뢰하고, 아프리카계 미국인들은 상대적으로 타인을 덜 믿는다(4장을 보라). 1990년 세계가치조사에 따르면 미국 흑인들은 '대부분의 사람들'(결과적으로 대다수가 백인이다)보다 그들과 같은 미국 흑인들을 더 믿는다. 즉 아프리카계 미국인 중에서 자신과 같은 흑인이 믿을 만하다고 응답한 비율은 70.2퍼센트인 반면, '대부분의 사람들'을 믿을 만하다고 응답한 비율은 23.2퍼센트에 불과하다. 그리고 흑인들이 같은 흑인들을 신뢰한다는 비율(70.2퍼센트)은 백인들이 흑인들을 신뢰한다는 비율보다 높다.[32]

하지만 교육과 인종이라는 두 가지 가늠자는 개인사적인 한계가 있다. 교육은 단순한 경험 이상의 요소일지 모른다. 스미스(1997년 191쪽)의 주장에 따르면, 교육에 의해 "세상과 인간에 대한 호의적인 시각이 육성될 수 있다." 인종차별을 하지 않는 초등학생들은 비교적 외집단을 신뢰한다(로텐버그와 체르다 1994년). 대학 교육을 통해 자신과 같지 않은 사람들에 관한 지식을 배우고 그들과의 접촉 기회가 제공됨으로써 우리의 인식적 지평이 넓어진다(스나이더먼과 피아자 1993년). 만일 경험이 신뢰의 핵심적인 결정요인이라면 소득도 신뢰에 적어도 교육과 마찬가지의 영향을 미친다고 추측할 수 있다. 하지만 그렇지 않다. 대부분의 경우 소득은 전혀 의미가 없다(4장을 보라). 각자의 소득수준과 무관하게 교육은 타인을 더 신뢰하도록 유도한다.

인종은 교육 이외의 유일한 '개인적 경험' 변수이자 지속적이고 의미있는 신뢰의 가늠자이다. 밴필드가 언급한 몬테그라노 주민들 사례에서 알

---

32 백인들이 '대부분의 사람들'(54.5퍼센트)보다 흑인들(58.9퍼센트)을 약간 더 믿는 데서 알 수 있듯이 특정 집단에 대한 신뢰 수준 수치에는 분명 다소의 긍정적 편향이 있다.

수 있듯이 실망과 약속파기가 되풀이되면 타인에 대한 불신이 생기고 자기 가족만 믿게 될 수 있다. 오늘날 많은 아프리카계 미국인들은 몬테그라노 주민들의 삶만큼 절망적이지 않다. 하지만 "흑인들이 미국에서 경험한 역사는 동포들의 호의를 자연스럽게 확신할 정도는 아니다."(캠벨, 컨버스, 로저스 1976년 456쪽) 물론 아이스박스를 잃어버렸다고 해서 인간관이 바뀌지는 않는다. 아이스박스를 잃어버리고 2년 뒤 우리 부부가 호주에 머물고 있을 때 누군가 우리 집에 침입했다. 그러나 우리 부부의 인간관은 부정적으로 변하지 않았다. 절친한 친구나 배우자의 배신도 근본적인 세계관을 바꾸지는 못한다. 그러나 좋은 경험을 거의 겪지 못한 채 나쁜 경험만 지속적으로 반복되면 타인에 대한 불신이 생길 가능성이 높다. 하지만 그때조차도 틀림없이 타인의 악의에 대한 가정과 뿌리 깊은 비관론이 작용했을 것이다. 실제로 가난한 사람들의 상당수는 자신이 불리한 상황에 놓여 있다고 생각하지 않는다(4장을 보라).[33]

사실 아프리카계 미국인들의 경우 소득과 교육 같은 삶의 경험을 둘러싼 객관적 척도가 대인 신뢰에 미치는 영향은 아주 미미하다.[34] 고소득에

---

[33] 일반사회조사에서 낙관론의 최적 척도('보통사람의 삶이 점점 나빠지는가, 그렇지 않은가?')와 가족 소득의 단순상관계수는 .129에 불과하다. 아프리카계 미국인의 경우 상관계수는 .061에 불과하다. 아프리카계 미국인 최상위층(일반사회조사 13점 등급)은 백인 최하위층보다 더 비관적이다.

[34] 1972~1996년 일반사회조사에서 소득 및 교육과 대인 신뢰의 상관계수는 흑인(.128과 .117)보다 백인(.228과 .123)이 더 높다. 백인의 경우 고등학교를 다닌 사람의 41퍼센트가 남을 신뢰하는 반면 초등학교까지만 다닌 사람은 28퍼센트만이 남을 신뢰한다. 아프리카계 미국인의 경우 고등학교를 다닌 사람의 13퍼센트가 남을 신뢰하고 초등학교만 다닌 사람은 12퍼센트가 남을 신뢰한다. 대학을 다녔거나 졸업한 백인의 54퍼센트가 일반적 신뢰에 입각한 사람들인 반면 대학을 다녔거나 졸업한 흑인의 22퍼센트만이 일반적 신뢰에 입각한 사람들이다. 대학원을 다닌 백인의 67퍼센트가 남을 믿고, 대학원을 다닌 아프리카계 미국인은 36퍼센트만이 남을 믿는다. 대학원을 다닌 흑인은 고등학교만 다닌 흑인에 비해 타

최소한 고등학교를 다닌 흑인들과 저소득에 중학교까지만 다닌 백인들의 타인에 대한 신뢰 수준은 비슷하다. 아프리카계 미국인들의 타인에 대한 낮은 신뢰 수준에는 개인적 좌절이 아니라 차별과 절망의 세월이 반영되어 있다. 이처럼 도덕적 신뢰는 개인적 경험에 영향을 받지 않는 성역이 아니다. 그러나 개인적 경험은 우리가 견지하는 가치를 결정하는 가장 중요한 요인이 아니다. 그래도 개인적 경험의 신뢰에 대한 간접적인 영향은 배제할 수 없다. 왜냐하면 아직 나는 낙관론의 모든 뿌리를 샅샅이 조사하지 않았기 때문이다. 4장에 제시된 증거에 따르면 낙관론은 개인적 상황에 크게 의존하지 않는 듯하지만, 대인 신뢰를 형성하는 낙관론과 삶에 대한 자신감의 몇몇 척도는 개인적 상황에 비교적 크게 의존할 가능성이 높다.

집단적 경험은 일반적 신뢰에 상당한 영향을 준다. 개인적 차원에서 신뢰는 시간이 흘러도 잘 변하지 않는다. 그런데 전체적으로 볼 때 오늘날의 미국인들은 40년 전 미국인들보다 타인을 훨씬 덜 믿는다. 이런 변화는 세대적 요인이 크게 작용한 것이다. 즉 젊은이들은 기성세대보다 다른 사람을 덜 믿는다(6장과 퍼트넘 2000년 140-141쪽을 보라). 그러나 그저 인구통계학적 변화에만 주목하면 젊은이들이 남을 덜 믿게 된 이유와 전기 베이비붐 세대가 남을 가장 믿는 연령집단으로 변모한 이유가 설명되지 않는다.

미국에서의 민권운동과 베트남 전쟁(7장을 보라), 그리고 스웨덴에서의 노동투쟁(로스스타인 미간행) 같은 집단 차원에서의 사회적 경험은 타인에

인에 대한 신뢰 수준이 3배 높지만, 1972~1996년 일반사회조사 표본에 포함된 아프리카계 미국인의 2퍼센트만이 대졸 이상이다. 사회적 신뢰의 효과적인 가늠자인 낙관론에 대한 두 가지 척도의 경우('아이를 낳는 것이 합당한가, 그렇지 않은가?', '보통사람의 삶이 점점 나빠지는가, 그렇지 않은가?')에도 상관계수는 흑인보다 백인의 경우가 훨씬 높다(전자의 질문은 백인 .254, 흑인 .179이고, 후자의 질문은 백인 .215, 흑인 .094).

대한 믿음을 강화 또는 약화시킨다. 물론 모든 '집단적'인 경험이 타인에 대한 신뢰를 변화시키는 건 아니다. 사회조직의 파괴(베트남 전쟁)나 회복(미국의 민권운동과 스웨덴의 노동투쟁)으로 이어지는 대규모 사건만이 변화를 초래한다. 이렇게 경험은 상당히 중요한 요소일 수 있다.

이런 집단적 사건들은 서로의 교류방식과 타인을 도덕적 공동체의 일원으로 바라보는 방식을 형성한다. 민권운동은 초반에는 정치적 · 사회적 다툼을 초래했지만 결국에는 긍정적인 영향을 미쳤다(특히 민권운동 기간 동안 성년에 이른 집단에게). 민권운동은 모든 미국인을 도덕적 공동체의 일원으로 받아들이는 것과 관계있는 사건이었다. 반면 베트남 전쟁은 국론을 분열시키고 사람들이 서로 불신하는 계기가 되었다. 오늘날의 경제적 불평등도 미국을 비롯한 여러 나라에서 불신을 조장하는 요인으로 작용한다(8장을 보라).

집단적 사건은 개인적 경험과 달리 공동체에 대한 인식을 재평가하는 잠재력이 있다. 빌은 제인을 함부로 대하거나 심지어 속일 수 있다. 그러나 제인이 하나의 불쾌한 경험이나 이후 겪은 여러 번의 부정적 경험 때문에 세계관까지 바꿔야 할 이유는 거의 없을 것이다. 역으로 일반적 신뢰를 매우 철저하게 고수하는 사람 주변에도 믿지 못할 사람이 있을 수 있다. 개인적 경험은 너무 제한적이어서 폭넓은 사회에 적용시키는 게 어렵다. 그러나 집단적 사건은 다른 사람을 도덕적 공동체에 포함시키는 문제를 정확히 겨냥한다. 미국에서의 민권운동이나 베트남 전쟁 같은 대형 사건의 영향뿐 아니라 보스니아와 르완다에서의 민족충돌에 따른 파괴적 결과는 쉽게 확인할 수 있다.

그러나 이런 사건들 외에 중요한 의미를 지니는 집단적 경험이 있다.

한 사회의 자원배분도 일반적 신뢰 형성에 관여한다. 여기에는 두 가지 이유가 있다. 첫째, 경제적 불평등이 심할수록 미래에 대한 낙관론의 의미는 점점 작아진다. 저소득층 사람들은 자신들이 사회적 혜택을 누린다고 생각할 가능성이 낮다. 오늘날 미국 사회는 남을 믿는 사람들이 과거보다 줄어들었다. 그것은 낙관론자들이 예전보다 적기 때문이다. 요즘 들어 미국인들은 예전보다 미래를 긍정적으로 바라보지 않는다. 지난 40년 동안 경제적 불평등이 눈에 띄게 심화되었기 때문이다(6장을 보라). 대인 신뢰에 변화를 초래하는 장본인은 개인이 아니라 국민 전체이다(카인더와 키위트 1979년 참고).

둘째, 자원배분은 운명과 가치를 공유한다는 믿음 조성에 핵심적인 역할을 한다. 자원배분이 평등할수록 사람들이 공동의 이익을 인지할 가능성이 더 높다. 부의 불평등이 심할수록 소득수준의 양극단에 속한 사람들은 서로에 대한 공통점을 거의 느끼지 못할 수 있다. 그런 사회에서는 사람들이 자신과 같은 부류와 뭉칠 것이다. 구성원들이 사회적 불의를 인식할 때 다른 집단에 대한 부정적 고정관념이 강화되고, 신뢰와 화해는 더욱 어려워진다(보쉬와 포스너 1998년 693쪽).

퍼트넘(1993년 88쪽·174쪽)은 강고한 계층사회에서는 신뢰 조성이 어렵다고 주장한다. 그리고 애덤 셀리그먼(1997년 36-41쪽)은 한걸음 더 나아가 신뢰는 위계질서가 강한 문화에서는 뿌리내리지 못한다고 말한다. 그런 사회에는 강력한 계급분할이라는 엄격한 사회질서가 버티고 있다. 세습적 계급과 봉건제도하에서는 출생신분에 따라 할 수 있는 일과 없는 일이 정해져 있다. 그런 전통사회에서 신뢰는 협력의 윤활유가 아니다. 엄격한 계급분할로 인해 계급이 다른 사람들과의 가치 공유가 어려워 다른 사람이 자신과 같은 신념을 갖고 있다는 가정은 직관에 어긋난다.

신뢰와 시민참여

전략적 신뢰를 새로 쌓기 어렵다는 주장과 도덕적 신뢰를 무너뜨리기 어렵다는 주장 사이에는 제3의 명제가 자리하고 있다. 즉 신뢰는 아주 쉽게 쌓을 수 있고 아주 쉽게 무너질 수 있다. 신뢰는 다른 사람과의 상호작용을 통해 커진다.

이런 식의 접근법은 전략적 신뢰를 바탕으로 삼은 것으로, 이것은 아는 사람들을 믿는 것과 모르는 사람들을 믿는 것 사이의 연결고리를 구축하려는 노력이다. 아는 사람들과의 경험은 모르는 사람도 신뢰할 수 있다는 자신감을 준다. 퍼트넘(2000년 288-289쪽)은 다음과 같이 주장한다(하딘 2000년 187쪽 참고).

> 가족, 친구, 동호회원 등과 활발하고 믿음직한 관계를 맺고 있는 사람들은 사회적으로 유익한 성격적인 특징을 함양하거나 유지한다. 여러 단체에 가입해 사람들과 교류할수록 더 관대하고 덜 냉소적이며, 다른 사람의 불행에 더 많이 공감할 가능성이 있다. 타인과의 유대관계가 부족한 사람들은 비공식적인 대화나 공식적 토론을 통해 자기 관점의 정확성을 검증할 기회도 부족하다. 그런 기회가 없으면 부정적 충동에 휘둘리기 쉽다.

퍼트넘은 공식·비공식으로 이뤄지는 사회적 접촉과 신뢰 사이를 '상호 보강적' 관계로 바라본다. "남과 더 자주 접촉할수록 그들을 더 굳게

믿고, 그 반대도 마찬가지이다."(1993년 180쪽, 1995년b 665쪽)[35]

토크빌(1945년 108-109쪽)은 사회화의 신뢰 구축방식에 관해 다음과 같은 아주 유명한 말을 남겼다.[36]

> 사람들이 서로 주고받는 영향에 의해서만 느낌과 의견이 모이고, 마음이 넓어지고, 인간의 마음이 성숙해진다……. 민주주의 국가들에서는 이런 상호 영향이 거의 없다. 그러므로 인위적으로 창출해야 하는데, 그것은 교제에 의해서만 가능한 일이다.

퍼트넘(1993년 90쪽)은 "시민단체에 참여하면 집단적 노력에 대한 공동의 책임감뿐 아니라 협력의 기술도 익힐 수 있다"라고 썼다. 그리고 스톨(1998년b 500쪽)도 다음과 같이 설명했다. "자발적 단체에 가입해 활동하면 사람들 사이의 대면접촉이 증가하고 신뢰 발전을 위한 환경이 조성된다……. 회원 간 협력 경험과 대인 신뢰의 발전은 사회 전체로 확대되는 경향이 있다."(레비 1998쪽 참고)

바꿔 말해 자신과 비슷한 사람들(개별적 신뢰)과의 직접적 경험(전략적 신뢰)이 모르는 사람들(일반적 신뢰)을 믿도록 이끄는 것이다. 다스굽타

---

35 나중에 퍼트넘(2000년 137쪽)은 다음과 같이 주장했다. "시민참여, 상호주의, 정직성, 사회적 신뢰를 둘러싼 인과관계 화살은 잘 버무린 스파게티처럼 얽혀 있다."

36 토크빌(1945년 121쪽)은 상호주의가 단체활동을 통해서만 함양될 수 있다고 주장하더니 불과 몇 페이지 뒤에서 신뢰가 시민참여를 이끈다는 식으로 원인과 결과를 바꿔 말한다. "나는 미국 국민들이 언제나 자신의 이익과 동포들의 이익을 잘 결합해내는 비결을 보여준 바 있다. 나의 현재 목적은 그들이 그렇게 할 수 있도록 하는 일반적인 규칙을 지적하는 것이다." 토크빌의 '현재 목적'은 '올바르게 이해되는 이기심'을 서술하는 것인데, 그 이기심은 우리로 하여금 '사람들은 동포들을 도움으로써 자신을 돕는다'라는 점을 깨닫도록 하는 일반적 신뢰를 가리키는 말이다.

(1988년 64-65쪽)는 다음과 같이 주장한다(루만 1979년 74쪽 참고).

> 사회는 문화적으로 소외된 존재들로 구성되지 않았다. 누군가를 상대하면
> 서 당신은 그에 관한 사실뿐 아니라 그가 속한 사회의 타인들에 관한 사실
> 도 알게 된다. 당신은 인구통계치에 관한 사실을 입수한다. 그러므로 만일
> 당신이 몇몇 정직한 사람을 만날 뿐 부정직한 사람을 전혀 만나지 않으면
> 사회 전체에 대한 견해를 바꾸고 싶을지 모른다.

이와 같은 개별적 신뢰와 일반적 신뢰의 관련성은 그럴 듯해 보인다. 그러나 찬찬히 살펴보면 두 가지 근본적인 문제점이 드러난다. 첫째, 일반적 신뢰가 삶의 경험에 좀처럼 영향받지 않는다고 가정하면 사람들이 사회화나 단체활동을 통해 타인을 더 믿게 되는 이유가 불분명해진다. 사실 대다수 사람들은 자발적 단체활동에 그다지 많은 시간을 투자하지 않는다. 아무리 헌신적인 활동가도 일주일에 몇 시간만 투자할 뿐이다. 그정도 시간으로는 성인의 가치 형성 또는 재형성이 어렵다(뉴턴 1997년 579쪽). 근본적 성향이 다시 만들어지기에는 사람들의 단체 가입시기가 너무늦다. 그리고 단체에 가입해 활동하는 사람들도 남들에 비해 시민적 사안을 더 많이 논의하지는 않기 때문에(몬다크와 머츠 1997년) 신뢰를 낳을 만큼 타인과의 공통분모가 형성되지는 않을 것이다. 그리고 시민적 사안을 논의할 때도 이미 자신과 의견이 같은 사람들(대부분의 경우는 자기 가족)과 얘기를 나눈다(베니트, 플리킨제르, 라인 2000년).

둘째, 좀더 비판적으로 보자면 단체나 모임에서 경험한 좋은 느낌을 사회 전체에 적용시킬 것이라고 단정할 만한 증거가 부족하다. 스톨(1998년

b 500쪽)은 개인이 속한 집단에서 전체 사회로 신뢰가 확장되는 현상은 '아직 명확하게 이해되지 않는 작동원리'를 통해 일어난다고 주장한다. 그리고 그보다 훨씬 회의적인 시각의 로젠블룸Rosenblum(1998년 45쪽·48쪽)은 이른바 개별적 신뢰와 일반적 신뢰의 관련성을 '설명되지 않은 채' 남아 있는 '비현실적인 "진보적 기대"'로 부른다.

대개의 경우 자발적 단체활동과 비공식적인 사교활동에서는 자신과 같지 않은 사람들에 대한 믿음이 필요없다. 이미 알고 있는 사람들과 어울리기 때문이다. 보통은 친구들 혹은 관심사나 세계관이 비슷한 사람들과 동호회 활동을 한다. 남을 잘 믿어야만, 혹은 특별히 훌륭한 사람이어야만 동호회에 가입할 수 있는 것은 아니다. 공식적 혹은 비공식적인 사회적 접촉이 모르는 사람들에 대한 신뢰, 특히 자신(이나 친구들)과는 다를 가능성이 높은 사람들에 대한 신뢰를 생산할 수 있다고 가정할 만한 이론적 태도와 증거는 희박하다.

퍼트넘은 자신과 비슷한 사람들과 교류하면 자신과 다른 사람들을 신뢰할 가능성이 높다고 가정한다. 볼링 동호회원들이 단체활동을 하지 않는 사람들보다 합창단원들을 더 믿는 까닭은 무엇일까? 여러 분야의 학자들과 교류하다 보면 자동차 공학자를 더 믿게 되는 까닭은 무엇일까? 어느 동요가사처럼 '자주 만날수록 더 즐겁네'라고 생각할 만한 이유가 있기는 하다. 그러나 뮤지컬영화 〈메리 포핀스〉에 등장하는 굴뚝 청소부의 말처럼 '내가 당신과 악수하면 행운이 전해질 것이다'라고 예측할 만한 근거는 거의 없다.

외부인을 믿지 않는 사람들(폭주족, 인종 차별주의자, 종교적 근본주의자)로 구성된 단체가 있을 수 있다. 예를 들어 소수민족 단체는 다양한 유형의 사람들을 대상으로 한 좀더 폭넓은 시민적 협조관계 구축에 필요한 연결고리를 제공하지 못할 것이다(퍼트넘 1993년 90쪽, 우슬러너와 콘리 1998년). 개별적 신뢰에 입각한 사람들로 이뤄진 조직은 도덕적 신뢰를 생성하지 못할 것이다. 그런 조직은 오히려 내집단의 유대를 강화할지 모른다(스톨 1998년b). 따라서 스톨(1998년a · 1998년b)이 자발적 단체에 동참할 때 일반적 신뢰가—순간적으로 조금만—증가한다는 점과 자기가 속한 집단 구성원들에 대한 신뢰와 더 폭넓은 범위의 사람들에 대한 신뢰는 음의 상관관계를 이룬다는 점을 발견한 것은 당연하다. 집단행동 게임의 실험결과(도스 외 1990년)에 따르면, 집단 소속감은 집단 내부의 결속과 협력 분위기를 다질 수 있는 반면 외부인들과의 협력은 저해할 수 있다.

퍼트넘(1993년 · 2000년)이 언급한 단체, 그러니까 사람들을 서로 이어주는 여러 가지 단체(합창단, 야생조류 관찰모임, 볼링 동호회, 카드놀이 모임)에는 서로 간의 강한 유대관계를 재빨리 형성해주는 열정이 비슷한 사람들이 모일지 모른다. 따라서 합창단과 야생조류 관찰모임은 내부의 신뢰가 무너지기 어려울 것이다. 그리고 그런 소규모 단체에는 무슨 문제가 있지도 않다. 합창단과 야생조류 관찰모임은 회원들에게 많은 즐거움을 선사하고 누구에게도 해를 입히지 않는다. 그러나 그런 단체는 사회적 신뢰를 창출할 만한 주인공은 아니다(에치오니 1996년 96쪽, 레비 1996년, 로젠블룸 1998년). 사회생활과 단체생활이 자신과 같은 부류의 사람들을 중심으로 전개된다면 더 폭넓은 사회를 고려할 가능성이 낮을 것이다(실버 1989년 276-277쪽, 오페 1999년).

역설적인 사실이지만 부드러운 성향의 야생조류 관찰자도 난폭한 기질의 폭주족도 단체에 가입해 활동한다고 해서, 그리고 사적으로 교류한다고 타인에 대한 신뢰가 생겨나지는 않는다. 야생조류 관찰자가 원래부터 일반적 신뢰에 입각한 사람일지 모르지만, 자신과 같은 부류의 사람들과 교제함으로써 그 밖의 사람들을 더 믿게 된다는 보장이 전혀 없다. 그리고 폭주족은 폭주 동호회를 결성함으로써 오히려 개별적 신뢰를 더 강화할지 모른다.

개별적 신뢰에서 일반적 신뢰로 이행되는 일은 없다. 보통 아는 사람들에 관한 증거를 바탕으로 모르는 사람들을 짐작하라고 얘기하지만 두 부류의 사람들이 서로 같을 것이라는 보장이 없다. 사실 두 집단 사람들은 서로 다를 것이다. 만일 자신이 속한 집단 구성원과 다른 집단 구성원들이 아주 비슷할 것이라고 여길 만한 이유가 있다면 굳이 일반적 신뢰가 필요 없을지 모른다. 개별적 신뢰만으로도 충분히 살아갈 수 있기 때문이다.

오히려 신뢰는 자신과 같지 않은 사람들과 교류함으로써 생성될 수 있다. 민권운동은 흑인과 백인을 하나로 묶어 집단행동에 나서게 함으로써 그런 역할을 수행한 듯하다. 그보다 일상적인 사례를 찾아보면 봉사활동과 자선활동은 우리를 공동체 내부의 다른 사람들(우리와 같지 않은 사람들)과 하나로 묶어준다. 봉사활동과 자선활동에 나선 사람들은 자주 자신과 다른 사람을 향한 '따뜻한 만족감'을 느낀다(안드레오니 1989년).

그러나 봉사활동과 자선활동에 참여하는 사람들은 이미 일반적 신뢰에 입각한 사람들일 가능성이 높다. 시간과 돈을 투자하려는 동기에는 대체로 이타적인 마음이 담겨 있다. 즉 사람들이 남을 돕고 싶어 하고, 아낌없이 나누려는 충동은 종교적 신념에서 비롯된다(우스나우 1991년 51쪽, 하지킨슨 외 1992년 203쪽 · 218쪽, 윌슨과 뮤시크 1997년 708-709쪽). 자원봉사자들은 세계평화, 내적 조화, 진정한 우애 같은 이상을 위해 물질적 가치를 거부한다(머호니와 페추라 1980년 1010쪽, 윌리엄스 1986년 167쪽). 그들은 누군가 자신의 호의에 보답할 것을 기대하지 않는다(제라드 1985년 237쪽). 자선단체에 돈을 기부하는 사람들의 동기 역시 자원봉사자들과 유사하다.[37] 봉사와 기부 같은 활동은 일반적 신뢰를 향상시킬 수 있고 실제로도 그렇다(5장을 보라). 그러나 봉사와 기부는 일반적 신뢰에 영향을 받기도 한다. 어려움에 처한 사람들을 도덕적 공동체 일원으로 바라보면 그들을 돕는 활동에 나설 것이고, 결과적으로 남을 더 믿게 될 것이다.

마찬가지로 신뢰는 기본적으로 낙관론에 의존하지만 낙관론도 타인에 대한 일반적 신뢰에 영향을 받는다. 신뢰와 봉사나 기부의 경우와 마찬가지로 신뢰와 낙관론의 관계도 호혜적이다. 즉 남을 믿는 사람들은 선행을 통해 더욱 낙관적 경향을 띠는 것으로 볼 수 있다(비록 직접적인 증거는 없지만). 하지만 낙관론이 신뢰에 미치는 영향은 신뢰가 낙관론에 미치는 영향보다 상당히 크다(5장을 보라). 그러므로 낙관론은 양자의 인과관계 사슬의 출발점이다. 낙관론은 신뢰를 낳고 신뢰는 선행을 낳고 선행은 다시 낙관론을 낳는다. 도덕적으로 부자인 사람들은 점점 도덕적 재산이 늘어난다.

개별적 신뢰에 입각한 사람들도 친구들, 가족들, 그리고 자신과 비슷한 사람들을 도울 것이다. 그러나 일반적 신뢰에 입각한 사람들은 자신과 같지 않은 사람들까지 도울 것이다. 후자는 전자보다 자신과 같지 않은 사람들에게 더 관대하다. 일반적 신뢰에 입각한 사람들은 자신과 같지 않은 사람들도 도덕적 공동체의 일원으로 여기기 때문에 그들이 차별을 당하

---

[37] 1992년 미국선거연구와 1996년 기부 및 봉사활동조사에 따르면 봉사활동자의 약 90퍼센트가 기부에도 참여했다.

거나 곤경에 처할 때 죄의식을 느낀다. 그것은 결국 민간부문에서의 활동(봉사와 기부)과 정부정책(민권법과 차별방지법)으로 이어진다. 일반적 신뢰에 입각한 사람들은 이처럼 폭넓은 시야를 갖고 있기 때문에 국회에서 법률을 제정하고 정부의 효율성과 청렴성을 높이기 위한 집단행동에 나선다. 또한 그들의 폭넓은 시야는 시장개방, 경제성장, 소득재분배 등의 촉진에 도움이 되기도 한다(7장과 8장을 보라). 개별적 신뢰는 자신과 부류가 같은 사람들의 삶을 증진시킬지는 몰라도 사회 전체의 번영을 촉진하지는 못할 것이다. 오직 일반적 신뢰에 입각한 사람들만이 그렇게 할 수 있다(울코크 1998년).

신뢰와 국가

레비(1998년)와 오페(1999년)를 비롯한 여러 학자들(파그덴 1988년 139쪽, 미츠탈 1996년 198쪽, 코언 1997년 19-20쪽)은 국가, 그중에서도 특히 민주주의 국가가 대인 신뢰를 생산할 수 있다고 주장한다. 레비(1992년 82쪽)는 국가가 '강제력을 사용'해 신뢰를 구축한다고 말한다. "민주주의 국가는 비민주주의 국가에 비해 일반적 신뢰의 생산능력이 훨씬 뛰어날 것이다……. 왜냐하면 민주주의 국가는 강제력 사용을 신뢰 증진 과제에만 국한하는 데 비교적 능숙하기 때문이다." 로스스타인(미간행)은 신뢰와 강제력의 연관성을 다음과 같이 상세히 설명한다. "만일 사람들이 '배신' 행위에 대한 관리책임이 있는 정부기관이 공정하고 효과적인 방식으로 행동한다고 여기고 남도 그렇게 생각한다고 여기면 타인을 믿을 것이다." 레비(1998년 87쪽)는 "국가의 신뢰성은 국가가 대인 신뢰를 생성할 수 있는 능력에 영향을 미친다"라고 말한다. 로스스타인(미간행)의 설명을 더 들어보자.

> 만일 법과 질서를 수호하는 기관이 사람들의 기대대로 공정하고 효과적으로 기능한다고 생각하면 사람들이 배신 행위를 저지르고도 처벌을 면하는 경우가 적을 것으로 여길 만한 이유가 있다. 만일 그렇다면 사람들이 신뢰를 저버리는 방식의 행동을 충분히 꺼릴 만하며 '대부분의 사람들은 믿을 만하다'라고 확신할 것이다.

강력한 사법제도는 거래비용을 줄여줌으로써 신뢰에 따른 위험 감수율을 낮출 것이다. 사람들은 상호 협력을 자주 경험할수록 타인의 선의를 점점 더 믿게 될 것이다(브렘과 란 1997년 1008쪽, 레비 1998년, 오페 1999년).

빌은 페인트칠을 맡은 제인이 돈을 받고 나서 엉터리로 작업할 경우 법에 호소하면 된다는 점을 안다. 그러므로 빌은 너무 걱정할 필요가 없다. 실제로 우리 가족도 비슷한 경우를 겪었다. 우리가 집 진입로 공사를 맡긴 업자는 품질이 떨어지는 콘크리트를 썼다. 1년쯤 후 메릴랜드주 주거개선위원회가 우리 손을 들어줌으로써 공사비를 돌려받았다. 코언(1997년 19쪽)은 다음과 같이 주장한다. "적어도 현대 사회구조에서는 국가와 일부 민간기관의 뼈대를 이루고, 편파성과 자의성을 제한하며, 업적을 보호하는 절차상의 공정성, 공평무사, 정의의 법적 규범은 사회적 차원에서 '일반적 신뢰'의 필수조건이다."

사람들이 법이 공정하게 집행된다고 믿고 정부를 신뢰하면 준법성과 납세율이 높아진다는 증거가 많다(타일러 1990년, 숄츠와 피니 1995년). 그러나 사람들에 대한 신뢰와 정부의 연관성은 희박하다. 42개 국가를 대상으로 조사한 결과 사람들에 대한 신뢰와 입법부에 대한 신뢰 사이의 상관계수는 그다지 높지 않다(r=.154).[38] 만일 사람들에 대한 신뢰가 쉽게 변하지 않는 장기적인 가치라면, 그리고 경험에 크게 휘둘리지 않는다면 정부가 어떤 식으로 신뢰를 생성할 수 있는지 이해하기 어렵다. 만약 사람들에 대한 신뢰가 단순히 일종의 전략적 신뢰(이 경우 상대가 믿을 만한 존재라는 증거를 확보할 때까지 신뢰를 유보하는 것이 합리적이다)라면 정부는 타인에 대한 믿음을 생성할 수 있을 것이다. 레비를 비롯한 여러 학자들이 정부에 대한 신뢰가 조건적인 성격을 띤다고 주장한 것은 확실히 옳은 판단이다.[39] 그러나 사람들에 대한 일반적 신뢰가 기본적으로 신뢰성의 입증에 의존한다는 주장은 확실히 잘못된 판단이다(5장을 보라).

대개의 경우 정부는 사람들이 서로를 믿도록 유도하지 못한다. 그러나 서로 모르는 사람들 사이의 분쟁을 조정할 책임이 있는 사법제도의 경우는 상황이 다를 수 있다. 로스스타인(미간행, 19쪽·21-22쪽)은 다음과 같이 주장한다(미츠탈 1996년 251쪽, 오페 1996년 27쪽, 셀리그먼 1997년 37쪽, 레비 1998년).

공평하고 정의롭고 효율적이라고 인식되는 정치기구와 사법기관은 시민들의 사회적 난제 극복 가능성을 높여준다……. 문명사회에서 법과 질서

---

[38] 관련 데이터베이스는 8장을 참고하라. 나는 행정부 대신 입법부에 초점을 맞춘다. 대부분의 민주주의 국가는 의회제도를 갖추고 있기 때문이다. 상관계수는 공산주의 지배 경험의 유무에 크게 영향받지 않았다(경험 있는 나라는 r=.143, 경험 없는 나라는 r=.189).
[39] 페노Fenno(1978년)와 비안코Bianco(1994년)는 국회의원들이 유권자들의 신뢰를 얻기 위해 많은 노력을 기울여야 한다는 설득력 있는 주장을 내놓는다.

를 수호하는 기관에게는 한 가지 중요한 과제('배신자들', 즉 계약을 파기하고, 도둑질하고, 살인을 저지르고, 그밖의 비협조적인 짓을 저지르는 등 믿을 수 없는 사람들을 적발해 처벌하는 것)가 있다. 그러므로 만일 특정 기관이 기대에 걸맞게 공정하고 효율적인 방식으로 기능한다고 생각하면 사람들이 신뢰를 저버리는 행동을 하지 않을 것으로 여길 만한 이유가 있는 것으로 '대부분의 사람들은 믿을 만하다'라고 생각할 것이다.

로스스타인(2000년 21쪽)은 1996년부터 2000년까지 스웨덴 국민들을 대상으로 실시한 조사에서 드러난 정부기관에 대한 신뢰와 일반적 신뢰 사이의 상관관계를 인용함으로써 사법제도에 대한 신뢰와 사람들에 대한 신뢰 사이의 연관성을 주장한다. 조사에 따르면 13개 정부기관 중에 대인 신뢰와 상관관계가 가장 높은 것은 경찰과 법원이다(다른 기관들 대부분은 상관관계가 낮다).

정부의 법 집행이 신뢰를 구축할 것으로 가정하기는 어렵다. 물론 정부의 강제력으로 법에 순응하는 경향을 강화할 수는 있다. 그러나 정부의 고압적인 손길이 아무리 공평하게 국민들에게 닿아도 단순히 처벌이 두려워 법을 지키는 상황에서는 신뢰가 증가하지 않을 것이다. 사실 일반적 신뢰에 입각한 사람들은 남을 믿지 않는 사람들보다 무조건적인 순응을 지지할 가능성이 낮다. 일반사회조사에 따르면 남을 믿는 사람들의 35퍼센트가 언제나 법을 지켜야 한다고 말한 반면(부당한 법조차), 남을 믿지 않는 사람들은 그보다 많은 48퍼센트이다.[40] 단순히 사람들에게 법을 지

---

40 파이=-.128, 율스 큐=-.269. 질문은 각각 1985년, 1990년, 1996년 조사에 포함된 것이다.

키도록 강제하는 것은 신뢰를 생산하지 못한다. 아마 이것은 신뢰 구축에 관한 주장을 희화화한 것이겠지만 사실 순응과 자발적 수용, 그리고 싱가포르의 준법시민과 스웨덴의 준법시민을 혼동하면 곤란하다(로스스타인 미간행을 참고하라). 스웨덴처럼 상대적으로 신뢰 수준이 높은 나라들에서도 사법제도나 경찰에 대한 신뢰와 대인 신뢰 사이의 연관성은 그다지 높지 않다(로스스타인 미간행).[41]

법원은 악당이 거의 없을 때만 우리를 보호할 수 있다(시트킨과 로스 1993년 참고). 제 기능을 발휘하는 헌법의 제정 주체는 무법자들이 아닌 준법시민들이다. 준법시민들은 원하는 형태의 헌법을 만들 수는 있지만 법만으로는 일반적 신뢰를 창출하지 못할 것이다. 매컬리Macaulay(1963년 58쪽·61-63쪽)는 기업 임원들과 변호사들이 계약과 법적 제재보다는 신뢰를 기반으로 한 거래(악수로 협상 타결)를 선호한다고 주장한다. 대부분의 기업 임원들, 그리고 심지어 변호사들도 다른 사람이 책임을 다할 것이라는 믿음을 갖고 있다. 공식적인 문서에 의존하는 것은 거래관계의 기본인 선의를 무시하는 것일지 모른다(매컬리 1963년 63쪽, 뮐러 1999년 96쪽). 감베타(1988년 220쪽)의 주장에 의하면 강제는 "신뢰의 적절한 대안이 되기에는 역부족이다……. 강제는 상호 간의 신뢰를 해치고 권력과 분노를 조장하는 비대칭성을 초래한다."(다음을 참고하라: 베이어 1986년 234쪽, 나이트 2000년 365쪽) 일반적 신뢰는 계약에 의존하지 않는다. 그리고 타인에 대한 신뢰는 그 사람의 평판을 감시하는 대신 선택할 수 있는 기분 좋은 대

---

41 세계가치조사에 따르면 대인 신뢰와 사법제도에 대한 신뢰 사이의 상관계수는 높지 않다(타우-시=.069, 감마=.122). 그리고 국가별 상관계수는 대인 신뢰가 높은 나라일수록 높은 경향이 있다.

안이라는 주장도 있다(오페 1997년 12쪽, 퍼트넘 2000년 135쪽).[42]

사법제도에 대한 신뢰와 대인 신뢰 사이에는 연관성이 있다. 사람들에 대한 신뢰로 인해 사법제도에 대한 신뢰가 생성된다. 구성원들이 서로를 믿는 사회에는 소수의 법률 위반자들을 처벌할 수 있는 강력한 사법제도가 있다. 로스스타인(미간행)은 러시아인들은 법을 믿지 않기 때문에 서로에 대한 신뢰 수준이 낮다고 주장한다. 하지만 내가 보기에는 반대인 것 같다. 즉 러시아인들은 서로를 잘 믿지 않기 때문에 사법제도에 힘이 없다. 사법제도를 강화해 일반적 신뢰를 상명하달로 주입하려는 시도는 대개 실패로 돌아간다.

그러나 중요한 예외가 있는데, 장기적인 빈곤과 차별은 낯선 사람들에 대한 신뢰를 철회시키는 요인이 될 수 있다. 그런 차별을 겪고 있는 집단은 법 앞의 불평등도 경험할 것이다. 경찰과 법원에 의한 차별적 대우를 겪고 있는 소수집단은 당연히 주류집단이 정의를 보장할 것으로 믿지 않을 것이다. 사법제도가 불공정하다는 뿌리 깊은 고정관념을 가진 사람들은 그런 경험을 일반화할지 모른다. 법을 비롯한 사회제도가 중립적이지 않고 여러 신뢰 수준이 낮은 사회, 이를테면 몬테그라노, 알바니아(각주 12를 보라), 보스니아, 그리고 아프리카계와 라틴계를 비롯한 미국의 소수집단 등에서 그런 현상이 일어날 만하다.[43] 대부분의 사람들은 피고인이 아닌 이상 경찰이나 법관과 접촉하는 일이 많지 않다.[44] 설령 소액재판,

---

42 신뢰를 지식 기반적인 것으로 바라보는 다른 학자들, 특히 다스굽타(1988년 53쪽), 하딘(1995년 8–9쪽), 미츠탈(1996년 121–123쪽) 등은 신뢰가 평판을 기반으로 하고 있다고 주장한다.
43 설득력 있는 논리이긴 해도 이것을 검증할 만한 일련의 자료가 없다.
44 일반사회조사에 의하면 백인의 11퍼센트와 흑인의 16퍼센트가 체포된 경험이 있다고 한다.

교통범칙금 납부, 이혼소송, 중재재판 같은 비교적 일상적인 사법제도를 경험한다 해도 그것이 개인의 전반적인 세계관을 형성하지는 않는다. 몇 차례의 청문회에 참석하고 여러 번 서류를 분실하고 법원 직원의 고질적인 무관심에 실망하면서도(사법제도는 원래 그렇다) 우리 부부가 마침내 진입로 부실공사에 따른 보상을 받았을 때 느낀 유일한 감정은 안도감이었다. 다행스럽게도 사법제도를 직접 경험해본 그 과정은 우리 부부의 다른 사람에 대한 신뢰에 영향을 미치지 않았다.

만일 법원이, 아니 좀더 일반적으로 정부가 어떤 형태의 신뢰를 만들 수 있다고 한다면 그것은 전략적 신뢰일 것이다. 빌은 제인이 작업을 제대로 진행할 것으로 확신해야 페인트칠을 맡길 것이다. 전략적 신뢰는 동기보다 계약준수 여부에 더 많이 의존한다. 빌이 제인에게 속을 가능성을 우려하는 까닭은 무엇일까? 제인의 약속 이행 가능성이 불확실하기 때문일 것이다. 대부분이 잘 알고 있거나 믿을 만한 상대와 거래하고 싶겠지만, 한 사회의 사법제도가 구매자와 판매자 사이의 원만한 거래처럼 효율적으로 작동할 수도 있다. 여기서 알 수 있는 사실은 법원, 좀더 일반적으로 말해 정부의 역할이 공정한 대우를 보장하고 불만을 해소하는 것이라는 점이다(레비 1998년).

정부에 대한 신뢰는 정부가 얼마나 제대로 기능하는지, 그리고 정부의 정책과 권력자들을 좋아하는지 여부에 달려 있다. 정부에 대한 신뢰는 전략적 신뢰와 아주 흡사하다. 이 때문에 정부에 대한 신뢰가 대인 신뢰를 생산하지 못하는 것이고, 전자와 후자는 매우 다르다(5장을 보라). 비슷한 이유 때문에 제도개혁을 통해서도 사람들에 대한 신뢰가 생성되지 않는다. 퍼트넘(1993년)의 표현에 따르면 신뢰는 '민주주의를 만드는 것'이 아니라 '민주주의가 작동하도록 만드는 것'이다. 실제로 어떤 나라가 민주화를 겪을 때 (적어도 단기적으로는) 국민들의 대인 신뢰 수준은 낮아질지 모른다. 민주화를 통한 개혁과정은 대대적인 변화와 함께 통제경제에서 자유시장경제로의 전환에 따라 경제적 불평등과 불신을 가중시킬지 모른다(8장을 보라). 민주주의 사회에 살고 있다고 남을 더 믿는 것은 아니다. 오히려 남을 믿는 사람들로 인해 민주주의 사회가 더 잘 작동한다. 그들은 관료제와 사법제도의 효율성을 높이고 부패 축소에 힘을 보탠다(퍼트넘 1993년 115쪽 참고). 대인 신뢰 수준이 높은 나라의 국민들은 그렇지 않은 나라의 국민들보다 사법제도에 대한 신뢰가 높다. 하지만 사법제도에 대한 신뢰 수준이 높다고 해서 대인 신뢰 수준이 높지는 않다. 이렇게 볼 때 법을 신뢰하는 까닭은 동료시민들의 적절한 처신을 강제하는 강력한 사법적 집행력이 필요하다고 생각하지 않기 때문이다.

대인 신뢰가 정부에 대한 신뢰로는 이어지지 않지만 더 나은 정부로는 이어지는 듯하다(퍼트넘 1991년 101쪽 · 113쪽 · 115쪽). 미국(양질의 정보가 수집 가능한 유일한 나라)의 경우 대인 신뢰는 의회에서 중요한 법률이 더 쉽게 합의되고 제정될 가능성으로 이어진다. 신뢰 수준이 높은 국가일수록 상대적으로 불우한 사람들에 대한 관심과 배려의 정도가 크다(로스스타인 2000년 참고). 그런 나라일수록 부의 재분배가 이뤄질 가능성이 더 높다. 자원이 공평하게 배분될수록 타인에 대한 신뢰 수준이 높아지고, 타인에 대한 신뢰 수준이 높아질수록 자원배분이 훨씬 더 공평해진다. 개인적으로나 전체적인 차원에서 신뢰는 여러 가지 긍정적 효과를 일으킨다. 물론 그렇다고 신뢰가 강력한 정부의 대안이 될 수는 없다. 구성원들이 서로를 신뢰하는 사회는 결코 무정부상태에 이바지하는 일이 없다. 오히려 신뢰 수준이 높은 사회가 능동적 국가의 도덕적 토대를 제공한다.

정부와 신뢰가 전혀 관계없는 건 아니다. 정부가 신뢰를 생산하지는 못해도 깨뜨릴 수는 있다. 8장에서 논의할 국가별 패턴은 대체로 공산주의 지배 경험이 없는 나라에 적용된다. 구 공산권 국가들에게는 대부분의 연관성이 적용되지 않는다. 수십 년 동안의 억압적 정치체제가 신뢰를 파괴해버렸다. 그런 나라들에서는 경제적 불평등과 신뢰 사이의 관계가 사실상 뒤바뀌어 있다. 즉 경제적 불평등이 가장 심한 나라가 신뢰 수준이 가장 높다. 지나치게 강력한 국가권력은 신뢰함양에 필수요소인 사람들 사이의 유대감을 파괴할 수 있다.

복습

신뢰는 유형에 따라 집단행동 문제해결에 기여하는 방식이 다르다. 지식 기반적 신뢰는 소규모 문제해결에 유용하다. 이런 신뢰는 불우이웃 성금으로 얼마나 내야 하는지를 결정할 때 도움을 줄 수 있다. 당신은 성금을 내는 이웃들의 모습을 관찰할 수 있다. 처음부터 당신은 이웃 한 사람 한 사람이 성금을 많이 혹은 적게 내는지를 추측할 수 있다(일단 성금을 낸다면). 그리고 아주 세심한 사람이라면 교회에 얼마나 많은 헌금을 내야 하는지도 알고 있다(일단 헌금을 낸다면). 그러나 미국암협회나 지역 공영 텔레비전 방송국이 재정적 어려움에 빠지지 않도록 기부금을 내야 하는지 여부와 관련해서는 확실히 판단할 방법이 없다.[45]

---

45 막연한 추이를 따르는 것은 바람직하지 않다. 내가 사는 곳의 지역신문인 〈워싱턴포스트〉는 공영텔

지식 기반적 신뢰는 지붕 수리업자 결정에 도움을 줄 수 있다. 또한 연구자들이 집단행동 실험을 설계할 때도 도움이 된다. 연구자들은 다른 사람의 선호에 관한 정보량을 제어할 수 있고, 심지어 한 개인이 신뢰형 혹은 불신형 인간인지를 조작할 수도 있기 때문이다(도이치 1958년·1960년). 심지어 한 실험결과 조사에서는 신뢰를 '위험한 상황에서 자신이 바라는 불확실한 목표를 달성하기 위해 다른 개인의 의사소통 행위에 기대는 것'으로 규정했다(기핀 1967년 105쪽).

시민참여(퍼트넘 1993년·1995년a)와 국회에서의 타협(우슬러너 1993년) 같은 대규모 집단행동 문제해결을 위해서는 타인에 대한 지식 기반적 신뢰가 아니라 일반적 신뢰에 의존해야 한다. 집단행동 문제해결 과정에는 아마도 어떤 도덕적 선善이 존재하는 것 같다(퍼트넘 1993년 88쪽·180쪽). 그리고 도덕적 선을 성취하는 방법도 도덕적이다(퍼트넘 1993년 169쪽). 반면 레비(1998년 81쪽)의 주장에 의하면 지식 기반적 신뢰는 "규범적으로 선이나 악도 아니고, 미덕이나 부도덕도 아니다."

레비의 주장이 옳다면 예를 들어 지붕 수리업자 선택방법을 그렇게 고민하는 이유가 궁금할 만하다. 아마 그런 방법은 더 많은 정보를 확보한 소비자가 되는 지침의 맥락 안에서 유용할 것이다. 지식 기반적 신뢰는 게임이론에서의 몇 가지 흥미로운 실험결과를 제공해주기도 한다. 실험

레비전 방송국인 WETA를 돕기 위한 지역모금운동이 아주 미미한 규모에서 시작되었다고 보도했다. 그 모금운동이 막을 내릴 때까지, 그러니까 WETA의 모금운동이 기록적인 성과를 올렸다는 점을 우리가 알 때까지 다른 언론사들은 산발적인 수준의 보도를 했으며 쓸 만한 정보가 담겨 있지도 않았다. 이런 경험 때문에 WETA가 곤경에 처할 가능성을 우려했을 법한 사람들이 앞으로 다른 모금운동에 참여할 가능성에 영향을 미칠까?

결과에 따르면 행위자들 사이의 의사소통은 여러 측면에서 지식 기반적 신뢰 구축에 도움이 될 수 있고, 반대로 그것은 집단행동 문제(사람들이 공익에 얼마나 기꺼이 기여할 것인가) 해결에 도움이 될 수 있다. 그러나 실험 상황에서 벗어나 현실적인 집단행동 문제해결을 위해 나서는 사람은 거의 없는 듯하다. 의사소통 문제의 극복이 그토록 어려운 것이라면 지식 기반적 신뢰는 과연 어떻게 더 폭넓은 규모의 집단행동 문제를 해결할 수 있는 것일까?

타인에 대한 믿음이 집단행동 문제해결에 어떻게 도움이 되는지를 탐색하는 과정에서 잘못된 유형의 신뢰에 집중하고 있는 건지도 모른다. 내가 보기에 다양한 범주의 집단행동 문제해결의 열쇠이자 사람들이 머리를 맞대고 합리적으로 판단하는 환경조성의 열쇠는 바로 도덕적 신뢰이다. 심지어 실험상황에서도 지식 기반적 신뢰에 비해 도덕적 신뢰의 영향력이 클 때가 많고, 과감하게 표현하자면 대체로 크다(다음을 보라: 로터 1971년·1980년, 야미기시 1986년·1988년, 라이츠먼 1991년, 야미기시와 야미기시 1994년). 도덕적 신뢰는 타인에 대한 공통의 관심과 가치를 가리키는 메시지이다. 도덕적 신뢰는 비록 보양식처럼 즉각적인 보상은 못해주어도 여러 개의 잠긴 문을 열어젖힌다.

PART 3

신뢰 측정하기

루시 그래서 나는 아무도 믿지 않아.

라이너스 나도 못 믿어?

루시 내가 그 담요를 던져버려도 된다면 너를 믿어주지.

라이너스는 자기가 늘 꼭 쥐고 있는 안전담요를 내던진다.

라이너스 (찰리 브라운에게) 우리 누나는 내 키가 2미터 40센티미터인 줄
    알아.

　－연재만화 〈피너츠Peanuts〉[46]

　신뢰에 다양한 차원이 있다면 개별적 신뢰와 일반적 신뢰는 분석적 측
면뿐 아니라 경험적 측면에서도 서로 구별되어야 한다. 일반적 신뢰가 하
나의 가치라면 그것은 안정적이어야 한다. 이 장에서는 대담한 이론적 주

---

[46] 아이들의 일상생활을 다룬 연재만화. 라이너스는 루시의 남동생이고 찰리 브라운이 주인공이다.

장을 펼치는 대신 몇 가지 방법론적 쟁점에 대해 다룰 것이다. 우선 일반적 신뢰와 개별적 신뢰의 척도를 논의할 것이다. 이어서 신뢰가 분명 하나의 가치임을 입증하는 과정에서의 방법론적 쟁점에 관해 살펴볼 것이다.

신뢰가 도덕적 관심을 반영하는 게 사실이라면 신뢰는 시간이 흘러도 변하지 않을 것이다. 결국 사람들은 신뢰를 단순히 일상적인 경험이 반영되는 것이 아닌 일반적인 것으로 여길 것이다. 그 결과 신뢰는 적어도 대다수의 정치적·사회적 태도만큼 안정적이다. 그리고 흔히 신뢰에 관한 '생각을 구두로 표현'할 때의 신뢰는 일반적 차원을 가리킨다. 나는 전형적인 신뢰 설문에 관해 표명된 몇 가지 의구심에도 주목한다. 쉽게 사라지지 않는 방법론적 문제들이 있긴 해도 그다지 심각한 것은 아니다.

2장에서 소개한 퓨 리서치센터의 1996년 필라델피아 신뢰 및 시민참여조사만큼 신뢰에 관해 다양한 질문을 던지는 조사는 드물다. 그런 조사에서 수집된 자료는 일반적 신뢰와 개별적 신뢰가 타인에 대한 믿음을 구성하는 별개의 요소라는 내 주장을 검증할 수 있는 바탕이 된다. 사회적 신뢰 질문이 포함된 조사 대부분은 일반적 신뢰만을 전제로 한 형식을 사용할 것이다.[47] 퓨 리서치센터의 자료는 다양한 질문을 통해 일반적 신뢰에 (아주 가까이) 접근할 수 있다는 내 주장을 뒷받침해준다. 나는 몇몇 전국조사(최소한 1996년 이전에 미국선거연구에서 실시한 조사들)에 포함된 질문을 이용해 개별적 신뢰를 측정하는 대안을 제시할 것이다.

다른 장들과 마찬가지로 3장에서도 기술적 문제는 되도록 표와 각주에서만 다루려고 노력했다. 그러나 3장은 측정과 관련한 쟁점이 중심을 이

---

[47] 하지만 정부에 대한 신뢰를 묻는 질문은 비교적 쉽게 찾아볼 수 있다.

루므로 아마도 그다지 재미있지는 않을 것이다. 심장이 약한 사람이나 나를 (전략적으로) 믿는 사람들은 곧장 4장으로 넘어가기 바란다.

일반적 신뢰와 개별적 신뢰

모리스 로젠버그Morris Rosenberg(1956년)는 오늘날 수많은 조사에 쓰이는 전형적인 대인 신뢰 질문('일반적으로 당신은 대부분의 사람들이 믿을 만하다고 생각합니까? 아니면 사람들을 상대할 때 되도록 조심해야 한다고 생각합니까?')을 고안했다. 내가 2장에서 지적했듯이 '대부분의 사람들'을 믿는다는 것은 낯선 사람들을 믿는다는 뜻이다. 만일 잘 모르는 사람들이나 또는 잘 안다고 여기는 사람들(자신과 비슷한 사람들)만 신뢰한다면 개별적 신뢰에 입각한 것이다.

만일 신뢰를 단일 개념으로 생각한다면 경험을 바탕으로 신뢰하는 방식에 관한 주장을 펼칠 때 이 전형적인 질문을 사용할 수 있을 것이다(오페 1997년 17쪽). 하지만 이것은 분석적으로나 경험적 측면에서 이치에 맞지 않는다. 특정 집단에 대한 신뢰 조사는 드물다. 그 예외가 바로 퓨 리서치센터의 1996년 필라델피아 신뢰 및 시민참여조사이다. 2장에서 살펴봤듯이 이 조사에는 신뢰에 관한 여러 가지 질문이 포함되어 있고, 보편적 개념의 타인(전형적인 질문), 낯선 사람(예를 들면 길거리 행인), 가족, 친구, 직장동료, 같은 교회의 신자, 동호회원, 공무원과 여러 단계의 정부 등에 대한 신뢰의 지표 16개가 제시되어 있다.

만일 일반적 신뢰와 개별적 신뢰가 분석적·경험적 측면에서 서로 별개라면 두 신뢰의 영역 또한 서로 다를 것이다. 인자분석의 자료정리 기법을 통해 16개 신뢰 질문의 기본구조를 확정할 수 있다. 좀더 구체적으로 말하면 나는 이 다양한 질문에 신뢰의 세 가지 차원(타인에 대한 신뢰뿐 아니라 전형적인 질문이 포함된 일반적 신뢰 인자, 잘 아는 사람들과 자기 가족을 강조하는 개별적 신뢰 인자, 정부에 대한 신뢰 인자)이 반영될 것으로 추측한다. 그들을 잘 알든 모르든 지도자들에 대한 믿음은 타인에 대한 믿음과는 다르다(5장을 보라).

내가 발견한 사실은 다음과 같다(〈표 3-1〉). 인자분석에 따르면 내가 예측한 바와 같이 세 가지 서로 다른 차원이 존재한다.[48] 그리고 세 가지 차원은 각각 낯선 사람들, 친구와 가족, 정부에 대한 신뢰를 나타낸다. 낯선 사람들 차원에서 적재값(loading, 인자적재값을 가리키는 말. 인자적재값은 변수들과 인자 간의 상관계수를 의미하며 이 값이 클수록 그 인자의 성향이 강하다는 뜻-역자)이 가장 큰 변수는 길거리에서 만나는 행인이다. 그 다음에 전형적인 대인 신뢰 질문이 위치하고, 그 뒤가 가게 점원이다. 이 차원의 적재값이 가장 높은 점에는 낯선 사람들을 믿는 것과 관계있는 전형적인 질문과 마찬가지로 우리가 전혀 모르는 사람들이 반영되어 있다. 친구와 가족 차원은 직장동료, 직장상사, 교회 신자나 동호회원, 가족, 소방대 순으로 변수의 적재값이 높다. 이웃도 적재값이 높은데 이웃은 낯선 사람들 차원과도 잘 어울린다. 왜냐하면 잘 아는 이웃도 있고 그렇지 않은 이웃도 있기 때문이다.[49] 따라서 이웃에 대한 신뢰는 친구들(약간 높은 적재값)에

---

[48] 각 차원은 자료구조가 허용하는 만큼 인자의 독립성을 부여하는 직각회전방식인 배리맥스 기준을 사용해 회전시켰다.

[49] 제프리 몬다크가 내게 말했듯이 이 질문은 응답자에 따라 편차가 너무 커 일반적 신뢰나 개별적 신뢰의 이상적인 척도로는 미흡할 수 있다.

<표 3-1> 퓨 리서치센터의 1996년 필라델피아 신뢰 및 시민참여조사에 대한 신뢰 척도 인자분석

신뢰 척도	낯선 사람들을 믿는다	친구와 가족을 믿는다	정부를 믿는다
길거리에서 만난 행인을 믿는다	.484	-.245	-.309
대부분의 사람들은 믿을 만하다	.446	-.224	-.134
가게 점원을 믿는다	.430	-.391	-.231
이웃을 믿는다	.414	-.481	.195
직장동료를 믿는다	.157	-.619	-.203
상사를 믿는다	.071	-.589	-.236
같은 교회 신자를 믿는다	.159	-.576	-.157
동호회원을 믿는다	.328	-.534	-.104
가족을 믿는다	.129	-.391	.011
소방대를 믿는다	.117	-.318	.142
학교를 믿는다	.148	-.306	-.339
시정부를 믿는다	.215	-.208	-.631
주정부를 믿는다	.065	-.147	-.706
연방정부를 믿는다	.061	-.077	-.741
남이 나를 믿는다	.137	-.240	-.122
같은 연령의 사람들을 믿는다[a]	.029	-.035	.025

각 인자적재값은 배리맥스 기준으로 회전시킨 것이다.
a 이 질문은 자신과 같은 연령의 사람들을 믿기가 쉬운지 더 어려운지에 관한 것이다.

대한 믿음과 낯선 사람들(약간 낮은 적재값)에 대한 믿음이 뒤섞인 것이다.

이 인자와의 상관계수가 가장 높은 것은 익히 잘 아는 사람들인 직장동료, 그리고 같은 교회 신자나 동호회원이다. 가족의 상관계수는 조금 낮은데, 가족은 모든 이에게 특별한 존재이므로 당연하다고 볼 수 있다.[50] 얼핏 정부 인자에 속할 것으로 보이는 소방대의 적재값은 다소 놀랍다. 하지만

---

50 변화량이 작을수록 상관계수가 낮아진다.

공무원이 아닌 자원봉사자로 구성된 소방대가 많다. 사람들은 소방관들, 특히 의용소방대원들을 서비스 제공자들과는 다른 존재로 간주하는 것인지도 모른다. 그래서 소방대는 아주 특별하게도 낯선 사람들 인자가 아닌 친구와 가족 차원에 등장한다. 친구와 가족 차원은 대체로 개별적 신뢰를 나타내는 듯하다.

친구와 가족 인자에 대한 음의 적재값은 낯선 사람들 차원에서의 양의 적재값과 비교할 때 특별히 중요할 게 없다. 음의 적재값 의미가 낯선 사람들을 신뢰하는 사람들이 친구와 가족을 믿지 않는다거나, 친구와 가족을 신뢰하는 사람들이 낯선 사람들을 믿지 않는다는 말이 아니다. 오히려 정반대이다. '대부분의 사람들은 믿을 만하다'라고 생각하는 사람들은 모든 구체적인 신뢰 질문에서 친구와 가족, 낯선 사람들, 정부에 대해 비교적 높은 신뢰 수준을 보여준다. 일반적 신뢰와 개별적 신뢰의 인자 점수의 상관계수(.386)는 높지는 않아도 어쨌든 양이다.[51]

두 차원의 차이는 신뢰형 인간과 불신형 인간의 격차가 친구와 가족 경우보다는 낯선 사람들 경우에 훨씬 크다는 점이다. 일반적 신뢰에 입각한 사람들은 모든 사람을 믿는 반면 개별적 신뢰에 입각한 사람들은 잘 아는 사람만 믿는다. 내가 자료에서 발견한 패턴이 2장에서 제시한 이론적 주장(낯선 사람들에 대한 신뢰는 자신이 처한 삶의 환경이 아닌 낙관적 세계관에 영향을 받는다)을 반영한다는 점을 4장에서 증명할 것이다. 친구와 가족에 대한 신뢰는 경험에 훨씬 많이 의존한다.

이미 가정한 대로 세 번째 차원이 존재하는데 이 인자는 정부에 대한

---

[51] 인자 점수는 인자적재값에 의해 커지는 복합변수이다.

신뢰를 나타낸다. 연방정부의 적재값이 가장 높고 주정부나 시정부와의 상관계수는 약간 낮다. 공립학교의 적재값은 훨씬 낮은데 아마도 교육제도의 독특한 지위를 반영하는 듯하다.[52] 정부 차원은 나머지 2개의 인자와 다른데, 즉 정부 차원은 낯선 사람들 인자나 친구와 가족 인자와의 상관계수 모두가 낮다.[53] 끝으로 2개의 신뢰 질문('남이 나를 믿는가?' '같은 연령의 사람들을 믿는가?')은 어떤 인자에도 속하지 않는다.[54]

우리는 분석적으로나 경험적으로 일반적 신뢰와 개별적 신뢰를 구별할 수 있다. 전형적인 대인 신뢰 질문은 일반적 신뢰, 즉 낯선 사람들에 대한 신뢰의 훌륭한 척도로 활용된다. 전형적인 대인 신뢰 질문과 낯선 사람들 인자 점수의 단순상관계수는 .69이다.

하지만 개별적 신뢰를 측정하기는 비교적 어렵다. 조사 대부분에 친구와 가족 간 신뢰에 대한 질문이 없다. 그래서 나는 대안 전략을 제안해본다. 그 대안 전략은 신뢰 자체를 측정하는 건 아니지만 개별적 신뢰의 논리에 근거한다. 그리고 대다수 미국선거연구에서 통용되는 자료를 이용한다. 개별적 신뢰에 입각한 사람들은 자신과 같은 부류의 사람들만 믿는

---

52 어린 자녀를 둔 부모들은 그렇지 않은 부모들보다 학교제도를 약간 더 지지한다(p〈.005). 그리고 공립학교는 부모들에게 확실히 더 각별하게 다가간다. 조사에서 각 단계의 정부는 학교와 달리 특별한 고객집단이 없다. 조사결과 학교는 모든 단계의 정부보다 훨씬 인기가 좋다.

53 상관계수는 각각 .167과 .164이다.

54 사람들은 자기보다 나이가 많거나 적은 사람을 믿을지 말지를 걱정하지 않을 것이다. 적어도 오늘날은 그렇다. 1960년대 후반과 1970년대 초반에는 젊은이들 사이에서 서른 살 이상의 사람들을 믿지 말라는 얘기가 있었다. 젊은이들은 아직도 나이가 같은 사람들을 더 믿는 경향이 있다(r=-.261). 그러나 사람들은 나이가 다른 사람들을 믿는 문제와 낯선 사람들을 믿는 문제를 연관시키지 않는다. 나이가 다른 사람들을 믿는 것과 전형적인 질문 사이의 상관계수는 -.003이고, 길거리에서 마주치는 행인을 믿는 것과의 상관계수는 .004이다. 그리고 상호주의가 중요한 역할을 한다는 징후도 거의 없다. 즉 남이 나를 신뢰한다고 생각해서 낯선 사람들이나 친구와 가족을 더 믿을 가능성은 높지 않다.

다. 그러므로 개별적 신뢰에 입각한 흑인은 흑인을 더 편하게 여기고 백인에 대해서는 더 부정적으로 바라본다. 반대의 경우도 마찬가지 역학이 작용한다. 즉 개별적 신뢰에 입각한 백인은 흑인보다는 같은 백인에게 더 긍정적이다. 미국선거연구에서는 응답자들에게 각 집단을 0(매우 부정적)에서 98(매우 긍정적)까지의 감정온도 위에 배치하도록 요청하는 경우가 많다. 그런 식의 평가는 신뢰를 측정하지는 않아도 자신과 같은 사람들, 그리고 자신과 같지 않은 사람들에 대한 인식의 훌륭한 지표를 제공한다.

1992년 미국선거연구를 통해 나는 내집단과 외집단에 대한 개별적 신뢰 척도를 만들었다. 나는 인구통계학적 정보를 바탕으로 온도 점수를 결정했다. 대상 집단은 아시아계 미국인, 흑인, 백인, 라틴계 미국인, 남부인, 천주교도, 유대인 등이다.[55] 응답자들을 각 집단에 속하는 사람과 그렇지 않은 사람으로 분류했다. 모든 응답자들에게는 각각 2개의 점수가 부여된다. 하나는 내집단을 어떻게 평가하는지에 관한 것이고 다른 하나는 외집단을 얼마나 높이 평가하는가에 관한 것이다. 개별적 신뢰 점수는 내집단이나 외집단에 대한 평균조정 온도등급이다.[56] 개별적 신뢰에 입각한 사람들은 내집단에 대해서는 매우 긍정적인 평가를 내리는 한편 다른 집단은 부정적으로 평가할 것이다. 그러므로 내집단에 대한 긍정적 점수와 외집난에 내한 부정적 짐수는 개별적 신뢰, 즉 '대부분의 사람들'이 아

---

55 남성 동성애자, 합법 이민자, 불법 이민자 등에 관한 온도도 있지만 응답자들이 그런 범주에 해당하는지 여부를 확정할 방법이 없다. 나는 정치적 내집단과 외집단(빈민, 자유주의자, 보수주의자, 노조원, 여권신장론자, 근본주의자)에 대한 개별적 신뢰의 척도도 만들었다(우슬러너 1998년a를 보라).

56 나는 응답자가 좋아하는(혹은 싫어하는) 집단에 너무 치우치지 않도록 각 응답자의 점수에서 각 집단의 평균을 빼는 방법으로 점수를 조정했다.

닌 자신과 같은 사람들에 대한 믿음이 반영되어 있다.

모든 연도에서 온도를 이용할 수는 없다. 설령 이용 가능한 연도에서도 모든 집단이 포함되지는 않는다. 그래서 여러 조사에서 흔히 포함시키는 집단들(흑인, 백인, 남부인, 천주교도, 유대인)만 이용하는 측정법을 고안했다. 그렇지만 축소된 목록과 확대된 목록의 상관관계가 거의 완벽하게 들어맞는다. 7개 집단을 이용한 1992년 내집단 척도는 축소된 목록과의 상관계수가 .999인 반면(표본에 포함된 아시아계 미국인이나 라틴계 미국인의 수가 아주 적기 때문이다) 외집단 목록과의 상관계수는 .966이다.

퓨 리서치센터의 1996년 필라델피아 신뢰 및 시민참여조사 척도의 사례와 마찬가지로 내집단을 긍정적으로 바라보는 사람들은 외집단도 좋아하는 경향이 있다.[57] 그러나 7장에서 살펴보겠지만 그 2개 척도의 시민참여에 대한 결과는 아주 다르다. 내집단을 좋아하는 사람들은 신뢰에서 비롯된 시민참여(봉사활동, 기부행위, 배심원활동)를 멀리하는 경향이 있다. 반면 외집단을 긍정적으로 평가하는 사람들은 공동체 사안에 비교적 열심히 참여하는 경향이 있다.[58]

신뢰의 안정성

신뢰가 하나의 가치라면 시간이 지나도 변하지 않아야 한다. 가치는 영

---

57 상관계수는 .522이다.

58 2개의 척도는 대인 신뢰와의 상관관계가 아주 높지는 않다. 내집단에 관한 점수가 높은 사람들은 남을 약간 덜 믿지만($r=-.134$), 신뢰와 외집단 평가 사이에는 상관관계가 거의 없다($r=.004$). 다른 해의 경우 외집단 평가는 일반적 신뢰와 더 높은 상관관계를 보인다. 패턴은 다음과 같다(모든 기입사항은 피어슨 상관계수이고, 1972년과 1976년 점수에는 더 짧은 목록이 쓰인다).

속적이기 때문이다. 반면 '단순한' 선호는 영속적이지 않다. 극단적으로 말하면 하루는 딸기 아이스크림이 좋고 다음날은 커피 아이스크림이 좋을 수 있다. 민주당이 집권할 때는 정부를 믿지만 공화당이 집권하면 정부가 싫을 수 있다. A라는 정책을 지지하다가 새로운 정보를 입수하면 마음을 바꿔 B라는 정책을 지지할 수 있다.

하지만 마음에 자리 잡은 핵심가치는 쉽게 변하지 않는다. 평일에는 하느님을 믿다가 주말에는 믿지 않는 사람을 상상하기란 어렵다(비록 그렇게 보일지라도). 어떤 날은 자신과 같지 않은 사람들을 우호적으로 대하다가 또 어떤 날은 까다롭게 대할 가능성은 낮다. 가치와 선호의 차이점 하나는 가치는 뿌리가 깊고 튼튼하다(따라서 영속성이 있다)는 사실이다. 우리가 갖고 있는 대부분의 정치적·사회적 태도는 비교적 쉽게 변한다(컨버스 1964년). 그러나 가치는 쉽게 변하지 않는다. 물론 가치도 변하기는 하지만 선호보다는 훨씬 안정적이다. 그렇다면 신뢰는 얼마나 안정적일까? 만일 신뢰가 시간의 흐름에 저항하지 않는다면 우리는 그것을 가치로 부르지 말아야 한다.

신뢰의 안정성을 살펴보기 위해서는 패널자료(동일한 사람들을 대상으로 시간의 흐름에 따라 반복적으로 조사한 자료-역주)가 필요하다. 몇 년 동안의 변화를 비교할 수 있는 2개의 자료가 있다.[59] 첫 번째 자료는 1972년,

---

59 1996년 미국선거연구에서는 선거 이전과 이후 조사 모두에서 신뢰에 관한 질문을 던졌다. 하지만 두 조사 사이의 시간적 간격은 아주 짧다(불과 2개월). 그리고 두 번째 조사는 질문 순서 효과에 의해 '오염된' 듯한데 신뢰 점유율이 38.7퍼센트에서 50.8퍼센트로 크게 증가했기 때문이다. 선거 이전 질문에서는 앞에 지출 우선순위에 관한 일련의 질문이 등장하는 반면 이후에서는 앞에 봉사활동에 관한 질문이 나온다.

1974년, 1976년에 실시한 미국선거연구 패널이다. 두 번째 자료는 1965년, 1973년, 1982년에 실시한 니미-제닝스 청소년-학부모 사회화패널연구이다. 두 조사 모두 아주 장기간에 걸쳐 신뢰에 대한 태도와 그 밖의 여러 문제를 파고들고 있다. 미국선거연구 패널은 1972년부터 1976년까지, 즉 4년 동안의 태도를 비교할 수 있는 자료이다. 니미-제닝스 연구는 조사기간이 무려 17년으로, 청소년과 학부모 모두에 관한 자료가 포함되어 있다. 니미-제닝스 연구는 부모의 가치관이 자녀에 미치는 영향을 검토하는 데 도움이 된다(4장과 5장을 보라).

그런데 2개의 연구에는 서로 비슷한 결함이 있다. 2개의 연구 모두 전 인구 대비 신뢰형 인간의 점유율을 과대평가한다(상당 수준 과대평가할 때도 있다). 반면 일반사회조사에는 대부분의 다른 연구에 비해 논리적으로 일관성을 갖춘(혹은 거의 그런 수준의) 신뢰 척도가 있다.[60] 일반사회조사의 추이에 따르면, 1960년의 시민문화조사와 1960년대의 미국선거연구에서 측정한 높은 수치의 대인 신뢰에 비해 1970년대의 대인 신뢰는 급격히 감소했다(1장과 퍼트넘 1995년a 참고).

니미-제닝스 조사에서는 다른 조사들에 비해 더 높은 대인 신뢰 수준

---

60 1972년과 1974년의 경우 미국선거연구 패널자료는 일반사회조사의 추이에 근접한다(1972년에는 2.5 퍼센트, 1974년에는 4.6퍼센트 감소). 하지만 1976년 미국선거연구 표본패널에 따르면, 미국인의 59퍼센트가 '대부분의 사람들은 믿을 만하다'라고 생각한다. 이것은 1960년의 시민문화조사 이후 가장 높은 수치이다. 1976년 표본패널의 남을 믿는 정도는 일반사회조사 응답자들보다 약 13퍼센트 높다. 패널응답자들만이 아니라 1976년 미국선거연구 전체를 보면 격차는 크게 감소한다. 1976년 미국선거연구에서는 52.8퍼센트가 대부분의 사람들은 믿을 만하다고 응답했다. 일반사회조사와는 6.7퍼센트의 차이가 난다. 모든 표에서 나는 개별 조사의 수치 대신 패널의 수치를 사용했다. 반면 니미-제닝스 조사의 경우 이 장에서 제시한 자료는 사례수를 최대화하기 위해 부모를 대상으로 한 조사와 자녀를 대상으로 한 조사에서 따로 뽑았다.

을 보여주는데 격차가 적게는 17.5퍼센트, 많게는 30퍼센트이다.[61] 1976년 미국선거연구 조사에서도 여느 해의 일반사회조사나 심지어 미국선거연구의 1972년이나 1974년 조사보다 대인 신뢰 수준이 아주 높다. 이런 차이는 미국선거연구 패널을 해석할 때 조금 유의해야 하고 니미-제닝스 패널을 통해 어떤 결론을 내릴 때 더 조심해야 한다는 점을 암시한다. 그러나 미국선거연구 패널과 니미-제닝스 조사는 확보한 유일한 패널로서, 비록 변화의 방향과 관련해 얼마나 도움이 될지는 미지수지만 변화를 형성하는 요소파악에는 활용할 수 있다.

안정성 여부를 결정하는 간단한 기준은 없다. 나는 세 가지 직접적인 척도를 사용한다. 첫째는 일정 시간대에서 다음 시간대까지 동일한 답변을 내놓는 사람들의 비율이다. 남을 믿는 사람이든 아니든 응답자의 몇 퍼센트가 시간이 지나도 일정한 답변을 내놓는가? 둘째, 시간대에 대한 선형관계는 어떠한가? 나는 순서자료에 대한 선형상관계수인 타우-비와

---

61 1965년, 아직 미국 사회의 신뢰는 비교적 높았다(1964년과 1966년 미국선거연구 결과를 평균한 54.1퍼센트였다). 그러나 니미-제닝스 조사의 부모 표본에 따르면 72.6퍼센트가 남을 잘 믿는다. 전자와 약 20퍼센트 차이가 난다. 고등학생의 약 65퍼센트가 대부분의 사람들은 믿을 만하다고 대답했다. 이 수치는 미국선거연구 추정치와 비슷하다. 1968년 미국선거연구는 1965년의 고등학생들에 대한 집단평균을 계산하기 위해 충분한 응답자를 확보한 최초의 조사이다(N=62). 1968년 미국선거연구에 따르면 젊은이들의 67.2퍼센트가 남을 잘 믿는 경향을 보였다. 그러므로 격차는 2.5퍼센트에 불과하다. 격차는 시간이 지나도 줄어들지 않는다. 1973년 니미-제닝스 조사자료에 포함된 성인의 68.1퍼센트가 남을 잘 믿는 사람들이었고, 일반사회조사에서는 47.4퍼센트였다. 어린이들의 경우 격차는 17.5퍼센트까지 커진다. 니미-제닝스 조사에서는 59.5퍼센트, 일반사회조사에서는 42퍼센트가 남을 잘 믿는 경향을 보인다. 1980년대까지 차이는 약 30퍼센트이다. 니미-제닝스 자료에서 어린이들의 신뢰 경향은 약간 증가하는 듯하다. 반대로 1980년대 초반의 일반사회조사 표본에서는 불과 33.7퍼센트만 신뢰 경향을 보인다. 1973년에 비해 8.3퍼센트 하락했다. 그리고 신뢰 수준이 상당히 하락한 부모들의 경우에도 22퍼센트가 차이난다.

그것의 명목상 대응물인 파이를 활용한다. 타우-비는 관찰결과의 '일치함'과 '불일치함' 사이의, 혹은 더 직접적으로 말하면 일관성 있는 사람들과 그렇지 않은 사람들 간의 차이를 측정하기 때문에 특히 유용하다.

가치변화에도 불구하고 절대적 일관성을 너무 많이 기대하는 것일지 모르기 때문에 나는 세 번째 척도인 곡선형 상관계수인 감마와 그것의 명목상 대응물인 율스 큐를 사용한다.[62] 타우-비는 모든 사람이 일관성을 지킬 때(즉 시간이 지나도 타인을 신뢰하는 사람은 신뢰하는 사람으로, 그렇지 않은 사람은 신뢰하지 않는 사람으로 남아 있을 때)만 1.0이다. 한편 감마는 대다수 사람들이 일관성을 지키고 모든 변화가 동일한 방향으로 진행될 때 1.0의 값을 얻을 수 있다. 〈표 3-2〉와 〈표 3-3〉에는 이들 세 가지 척도(일관성 비율, 타우-비, 감마)가 나온다. 세 가지 척도는 모두 안정성의 간단한 지표이다. 나는 검증-재검증 신뢰성 상관계수(test-retest reliability correlation, 정확한 통계 용어는 아니다-역주) 같은 한층 복잡한 척도를 사용할 수도 있지만 해석이 만만치 않고 내가 제시할 결론이 바뀌지도 않을 것이다.[63]

미국선거연구 패널과 니미-제닝스 패널에서 나는 정치적 · 사회적 성향과 관계있고 각 조사의 3개 기간 모두에 포함된 변수를 선택했다. 몇몇 사례에서 나는—단 두 번만 포함시켰지만—특히 태도의 안정성 연구와 관계 깊은 질문을 선택했다. 나는 각 조사에서 여러 가지 쟁점과 가치를

---

[62] 신뢰 같은 이분법적 문제의 경우 타우-비는 파이로, 감마는 율스 큐로 환원된다. 혼동을 피하기 위해 나는 모든 상관계수를 타우-비나 감마로 지칭한다.
[63] 내가 계산한 검증-재검증 신뢰성 상관계수는 일률적으로 타우-비보다 높고 감마보다 낮은데 대체로 감마에 가깝다.

찾으려고 애쓴 결과 결국 찾아냈다. 덕분에 아주 안정적이어야 하는 태도와 비교적 변동폭이 클 법한 태도 모두를 포함할 수 있었다.

가장 고착화된 것은 흔히 부모로부터 배우는 태도, 즉 당파심 같은 일체감과 뿌리 깊은 도덕적 신조이다. 종교적 원칙에 입각한 경우가 많은 개인의 핵심가치는 변하기가 어렵다. 최근까지 당파심은 신념에 기초한 이상과 다름없는 거의 영속적이고 '세습적'인 것이었다(캠벨 외 1960년). 그런데 당파심이 1950년대와 1960년대처럼 여전히 안정적인 것인가에 대해서는 논쟁이 활발하다(특히 다음을 보라: 니미 1980년, 밀러와 생크스 1996년). 논쟁에서의 결론이 무엇이든간에 정당 소속감은 여전히 다른 사회적·정치적 태도보다 시간적인 일관성을 보인다. 핵심가치와 일체감 다음에는 카민스Carmines와 스팀슨Stimson(1989년)이 '수월한' 쟁점으로 부른 것이 있다. 그것은 뿌리 깊은 이상에 좌우되는 공공정책적 입장이다. 대표적인 사례로는 인종, 낙태, 일상생활에서의 도덕성 등에 대한 태도를 들 수 있다. 만일 남을 신뢰하는 것이 하나의 가치라면 그것은 고도의 일관성을 지녀야 한다. 즉 종교적 가치만큼 아주 높지는 않아도 다른 수월한 쟁점에 필적할 만한 일관성이 있어야 한다.

신뢰는 시간의 흐름에 따라 쉽게 변하거나 불안정한 정치제도에 대한 감정, 개인 효능감, 혹은 단순한 정책 선호도보다 일관성이 있어야 한다(컨버스 1964년). 미국선거연구 패널의 경우 1972년에는 24퍼센트가 이념적 일체감을 전혀 선택하지 않았고, 1974년 조사에서는 2년 전 이념적 일체감을 선택하지 않은 사람들의 63퍼센트가 입장을 바꿨다(3점 만점 방식의 평가에서). 반면 1972년 응답자의 2퍼센트만이 정당 소속감을 갖지 않던 것이 2년 뒤에는 19퍼센트가 태도를 바꿨다(3점 만점 방식의 평가에서).

둘째, 내가 선택한 몇몇 질문은 뿌리 깊은 핵심가치와는 무관한 것이다. 1972년 선거 이전 조사에서는 불과 패널 응답자의 2퍼센트만이 정부가 옳은 일을 할 것으로 믿는가에 관해 아무런 의견이 없었다. 그러나 정부에 대한 신뢰는 그리 안정적이지 않을 때가 많다. 즉 1972년부터 1974년 사이에 43퍼센트가 마음을 바꿨다(3점 만점 방식의 평가에서). 정부에 대한 신뢰에는 국가의 현재 상황과 집권세력의 인기가 반영되므로 뿌리 깊은 핵심가치와는 무관하다(4장을 보라). 따라서 정부에 대한 신뢰는 상당한 수준의 등락을 보일 것이다.

미국선거연구 패널의 결과는 〈표 3–2〉에, 니미–제닝스 패널의 결과는 〈표 3–3〉에 나온다(후자의 경우 부모에 대한 결과는 보통 글씨체로, 아이들에 대한 결과는 우사체로 표시되어 있다). 〈표 3–2〉와 〈표 3–3〉 모두에서 설문 조사에 사용된 질문은 패널의 전체 범위(1972년부터 1976년)에 걸쳐 감마값 순서에 따라 기입되어 있다. 앞서 언급했듯이 나는 여러 범주의 자료를 양분하거나 기껏해야 3점 만점 방식으로 간추렸다. 모든 통계결과는 각 비교 질문에 대해 완전한 자료가 갖춰진 응답자만 근거로 삼았다.[64]

미국선거연구 패널의 경우 대인 신뢰의 안정적 성향을 강력하게 뒷받침하는 증거가 드러난다. 17개의 질문 가운데 사회적 신뢰는 전반적인 안정성 측면에서 4위를 차지한다. 패널의 3개 시점 모두에서 응답자의 약 75퍼센트가 동일한 입장을 취한다. 정당 소속감, 낙태의 허용 상황, 삶의 주체적 운영 가능성 여부 같은 문제는 대체로 동의 백분율이 높다. 신

---

64 따라서 1972년에는 신뢰 성향을 보였고 1974년에는 질문에 응답하지 않다가 1976년에는 불신 성향을 보인 사람은 1972–1974–1976년 비교에서는 백분율(과 상관계수)에 포함되겠지만, 1972–1974년이나 1974–1976년 비교에서는 포함되지 않을 것이다.

뢰는 적어도 삶의 주체적 운영에 대한 낙관적 세계관만큼 안정적인 듯하다. 신뢰는 계획의 전반적인 실현 가능성 여부보다 순위가 높다. 그리고 타인에 대한 신뢰는 내적 효능감과 정부의 국정운영에 대한 평가뿐만 아니라 민권과 여권(둘 다 1970년대 급격히 대두된 문제이다)에 대한 태도보다도 순위가 높다. 타인에 대한 신뢰는 정부와 이념, 그리고 연방정부의 고용보장과 피고인의 권리 같은 비교적 구체적인 쟁점보다 순위가 훨씬 높다.

확실히 신뢰의 타우-비 값은 적당히 높은 수준이고(.462에서 .521 사이) 이념과 여권신장의 타우-비 값과 비슷하다. 그러나 감마값은 아주 높다. 1974년과 1976년 사이에 곡선형 상관계수는 .826으로 삶의 주체적 운영 가능성 여부와 거의 같고, 가장 안정적인 항목인 정당 소속감과 가까운 거리에 있다. 미국선거연구 패널에서 시간에 따른 변화는 전혀 임의적이지 않다. 안정성 백분율과 타우-비 같은 보수적인 척도를 사용해도 대인 신뢰는 소수의 질문을 제외하고는 순위가 매우 높다. 대인 신뢰는 정당 소속감의 전통적 패턴, 세계관, 뿌리 깊은 도덕관(마리화나 합법화, 낙태 허용 상황)과 한 덩어리를 이룬다.

처음부터 일반적 신뢰는 뿌리 깊고 안정적인 가치라는 개념을 뒷받침하는 강력한 증거가 있다. 추가적인 증거로는 엘리자베스 스미스Elizabeth Smith(1999년a 20쪽)가 1996년의 봄과 가을에 389명의 10학년 학생들을 대상으로 조사한 것, 신뢰에 관한 2000년 미국선거연구 예비조사, 그리고 1998년의 미국선거연구 패널이다. 스미스에 따르면 신뢰의 '안정성 계수' (.82이다) '통제위치' '자아상', 정치적 효능감, 정치적 지식, 정치적 논의, 시민적 의무, 정치적 신뢰 등의 안정성 계수보다 더 높다. 1998-2000년 미국선거연구 패널에서는 79.2퍼센트가 신뢰에 관해 일관성 있는 답변을

안정성	백분율			타우			감마		
	72-74	74-76	72-76	72-74	74-76	72-76	72-74	74-76	72-76
정당 소속감[a]	81.4	81.5	79.9	.747	.747	.725	.918	.914	.902
마리화나 합법화에 찬성한다[a]			71.0			.569			.795
내가 원하는 대로 삶을 운영할 수 있다	81.7	82.3	81.1	.461	.462	.416	.824	.830	.790
사람들에 대한 신뢰	73.1	76.1	73.4	.462	.521	.473	.762	.826	.784
언제 낙태를 허용할 것인가[b]			80.1			.558			.738
민권운동의 속도가 너무 빠르다		63.0			.469			.707	
나 같은 사람들은 발언권이 없다		72.0			.400			.706	
공무원들은 무신경하다	70.5	70.9	69.5	.415	.413	.393	.710	.707	.685
투표는 영향을 미치는 유일한 방법이다	70.3	73.1	69.8	.453	.401	.390	.757	.695	.679
정치는 너무 복잡하다	76.2	75.0	72.9	.408	.456	.356	.735	.780	.671
여성의 동등한 권리에 찬성한다[a]	63.3	68.6	61.5	.482	.531	.437	.686	.741	.633
국회의원들은 무능력하다	71.2	74.1	69.8	.371	.408	.322	.673	.734	.621
계획은 대체로 실현된다	71.4	69.9	67.3	.398	.427	.346	.688	.723	.619
정부에 대한 신뢰[a]	57.5	70.2	56.9	.353	.406	.334	.624	.697	.602
이념[a]	63.1	62.4	62.0	.515	.553	.463	.632	.661	.596
연방정부는 일자리를 보장한다[a]	57.6	56.6	56.1	.366	.384	.385	.535	.569	.568
피고인의 권리[a]	55.8	56.7	56.1	.331	.368	.370	.557	.548	.552

* 굵은 글씨체는 쉽게 알아보도록 한 것으로 대인 신뢰에 대한 각각의 값을 가리킨다.
a 3점 만점 방식으로 다시 코드화했다
b 간추린 범주에 기초한 안정성 백분율

내놓았다(타우-비=.590, 감마=.882, N=260).

그런데 내가 예상했듯이 이들 조사에서 드러난 훨씬 더 높은 신뢰 수준을 감안할 때 니미-제닝스 자료의 경우 결과를 뒷받침하는 근거가 다소 애매한 듯하다. 부모의 경우 신뢰는 1965-1982년 감마를 기준으로 13개 질문 중에서 6위를 차지한다. 자녀의 경우 신뢰의 1965-1982년 감마는

〈표 3-3〉 니미-제닝스 질문에 대한 자녀와 부모 패널의 태도 안정성[a]

안정성	백분율			타우			감마		
	65-73	73-82	65-82	65-73	73-82	65-82	65-73	73-82	65-82
근본주의 교파	91.0	90.3	90.3	.819	.806	.809	.981	.979	.982
	85.8	*86.3*	*82.0*	*.714*	*.712*	*.636*	*.953*	*.948*	*.914*
정당 소속감[b]	81.2	83.6	80.2	.717	.772	.700	.902	.938	.902
	61.3	*69.3*	*60.2*	*.421*	*.558*	*.381*	*.626*	*.766*	*.589*
성경의 해석[c]	93.2	93.4	92.6	.576	.576	.529	.826	.822	.776
	89.5	*89.3*	*89.5*	*.453*	*.587*	*.410*	*.728*	*.841*	*.672*
종교의식 참석 빈도	62.3	63.4	60.1	.592	.633	.557	.775	.811	.743
	37.7	*53.8*	*42.2*	*.301*	*.527*	*.285*	*.489*	*.691*	*.446*
공산주의자도 공직을 맡도록 허용해야 한다	69.5	76.8	71.8	.366	.523	.391	.680	.829	.711
	63.6	*77.8*	*64.6*	*.335*	*.536*	*.333*	*.651*	*.847*	*.635*
사람들에 대한 신뢰	**73.8**	**74.1**	**71.7**	**.403**	**.449**	**.388**	**.725**	**.763**	**.708**
	66.6	***71.8***	***63.9***	***.308***	***.419***	***.228***	***.580***	***.722***	***.453***
이념[a]		64.7			.483			.693	
		51.6			*.320*			*.472*	
나 같은 사람들은 발언권이 없다	72.2	70.6	69.6	.243	.327	.271	.551	.631	.596
		73.1			*.270*			*.578*	
투표는 영향을 미치는 유일한 방법이다	67.7	67.0	63.1	.359	.340	.289	.640	.683	.554
	66.2	*70.4*	*68.5*	*.251*	*.365*	*.310*	*.501*	*.660*	*.593*
계획은 대체로 실현된다	69.7	75.8	67.9	.316	.371	.261	.615	.712	.544
	67.5	*74.7*	*67.7*	*.237*	*.371*	*.215*	*.489*	*.707*	*.466*
내가 원하는 대로 삶을 운영할 수 있다	64.5	68.5	64.7	.290	.370	.286	.540	.653	.532
	59.0	*65.6*	*59.6*	*.164*	*.306*	*.180*	*.326*	*.561*	*.354*
좀처럼 마음을 바꾸지 않는다	75.8	73.4	69.8	.374	.328	.214	.712	.648	.473
	72.2	*76.8*	*74.0*	*.178*	*.322*	*.193*	*.439*	*.673*	*.480*
공무원들은 대개 부정직하다	46.8	48.4	47.0	.238	.273	.239	.364	.419	.435
	44.2	*52.9*	*43.9*	*.169*	*.244*	*.139*	*.280*	*.399*	*.233*
정부는 소수집단을 도와야 한다[c]		47.4			.272			.413	
		28.7			*.287*			*.435*	
정부에 대한 신뢰[a]	47.3	60.0	44.8	.192	.334	.196	.331	.558	.356
	40.0	*54.7*	*29.9*	*.137*	*.276*	*.141*	*.239*	*.481*	*.257*
피고인의 권리[a]		50.1			.183			.305	
		42.9			*.243*			*.397*	
여성의 동등한 권리에 찬성한다[a]		32.2			.094			.163	
		63.7			*.333*			*.599*	

* 굵은 글씨체는 쉽게 알아보도록 한 것으로, 대인 신뢰에 대한 각각의 값을 가리킨다.
a 부모는 보통 글씨체, 자녀는 우사체
b 3점 만점 방식으로 다시 코드했다
c 간추린 범주에 기초한 안정성 백분율

모든 질문 중에서 최하위 중의 하나다(신뢰 밑에 위치한 항목은 4개에 불과하다). 그러나 이것은 신뢰가 불안정하다는 증거가 되기 어렵다. 1965-1982년의 신뢰에 대한 상관계수(타우-비와 감마 모두)는 1965-1973년이나 1973-1982년의 상관계수보다 눈에 띄게 낮다. 나머지 질문들에 대한 타우-비와 감마 모두(특히 감마)는 높은 편이다. 그리고 니미-제닝스 질문에는 미국선거연구 질문보다 훨씬 '수월한' 쟁점이 포함되어 있다.

부모의 경우 신뢰보다 순위가 높은 5개 항목 가운데 3개는 종교적 가치와 관련된 것이다(근본주의 교파에 속하는가, 성경을 하느님의 진짜 말씀으로 해석하는가, 종교의식에 얼마나 자주 참석하는가). 네 번째는 공산주의자도 공직을 맡도록 허용해야 하는가 여부이다. 그리고 다섯 번째는 정당 소속감이다. 모든 항목이 근본적인 가치나 개인적 정체성(정당 귀속감)과 관계가 있다.

니미-제닝스 조사에서 타인에 대한 신뢰는 상관계수가 매우 높고, 적어도 자기 삶의 환경에 대한 평가(계획이 대체로 실현된다, 원하는 대로 내 삶을 운영할 수 있다), 자기 통제감(좀처럼 마음을 바꾸지 않는다), 정부에 대한 평가(대부분의 공무원들은 부정직하다), 정책적인 쟁점(피고인의 권리와 여성의 동등한 권리) 등과 동일한 수준의 안정적인 백분율을 보여준다. 전체적인 패턴은 미국선거연구 패널과 흡사하다. 신뢰는 가장 안정적인 가치는 아니지만 다른 대다수 질문보다 순위가 높다.

아이들은 부모에 비해 안정성이 훨씬 낮다. 특히 1965년과 1982년의 신뢰에 대한 태도를 비교하면 더욱 그렇다. 이것은 혹시 아이들이 '성장'하면서 자기만의 가치를 갖게 된 결과일까? 반드시 그런 것은 아니다. 왜냐하면 신뢰에 대해 부모와 동일한 태도를 보인 자녀의 비율이 시간이 흘러도 거의 바뀌지 않기 때문이다(1965년 60.9퍼센트, 1973년 60.8퍼센트,

1982년 60.1퍼센트). 1960년대에 고등학생이었던 1982년의 성인들은 그들의 부모가 비교적 젊을 때인 1965년에 보여준 신뢰에 대한 안정성보다 훨씬 낮다. 이것은 젊은이들이 나이가 들수록 점점 안정성을 잃어갔다는 점을 암시한다.

생활주기 차원에서의 설명을 대체하는 가장 그럴 듯한 것은 세대적 차원에서의 설명일 것이다. 전자를 완전히 배제하는 것은 아니지만 세대적 차원의 설명이 효과적이라고 생각한다. 1960년대의 고등학생들은 (전기) 베이비붐 세대로 자리 잡았다. 6장에서 살펴보겠지만 다른 연령집단들은 1970년대에 남을 점점 덜 믿게 되었고, 1980년대에도 사정은 마찬가지다. 베이비붐 세대는 1970년대 초반에 갑자기 남을 덜 믿지만, 1980년대에는 남을 가장 믿는 연령집단으로 자리잡았다. 베이비붐 세대는 성인이 될 무렵에 일어난 민권운동과 베트남 전쟁 같은 사회적 요인에 크게 영향을 받았다(6장을 보라).[65]

1960년대와 1970년대, 그리고 1980년대 초반은 베이비붐 세대에게 가치변화의 시기였다. 1972년과 1974년 사이에 베이비붐 세대의 33퍼센트가 신뢰에 대한 입장을 바꿨고, 나머지 세대의 25.5퍼센트가 태도를 바꿨다. 1974년에서 1976년 사이에는 전자의 30.6퍼센트, 후자의 22.2퍼센트가 신뢰에 대한 입장을 바꿨다. 베이비붐 세대와 그 이전 세대의 경우

---

65 6장에서 나는 민권운동과 베트남 전쟁에 대한 태도가 1972-1974-1976년 미국선거연구 패널 모두에서 신뢰의 변화를 초래하는 데 핵심적인 역할을 했음을 보여줄 것이다. 양자의 관계는 베이비붐 세대가 나머지 세대의 경우보다 밀접했다. 베이비붐 세대의 경우 1972년에서 1976년까지 신뢰의 변화와 베트남 전쟁에 대한 태도 사이의 단순 상관계수는 -.158이고 나머지 세대는 .011이다. 신뢰의 변화와 흑인에 대한 감정온도의 상관계수는 베이비붐 세대의 경우는 .103이고 나머지 세대는 .011임을 보여준다.

〈표 3-4〉 1972-1974-1976년 미국선거연구 패널에서의 집단별 대인 신뢰 안정성

	백분율	타우-비	감마
1972-1974년 베이비붐 이전 세대	74.6	.490	.791
전기 베이비붐 세대	66.9	.347	.626
1974-1976년 베이비붐 이전 세대	77.8	.554	.855
전기 베이비붐 세대	69.4	.383	.676
1972-1974-1976년 베이비붐 이전 세대	74.1	.483	.792
전기 베이비붐 세대	70.0	.417	.732

는 미국선거연구 패널과 니미-제닝스 자료에서 아주 뚜렷하게 드러나지는 않아도 동일한 패턴을 보인다. 베이비붐 세대는 시종일관 나머지 세대들보다 신뢰에 대한 반응이 안정적이지 않다.[66]

베이비붐 세대에 대한 니미-제닝스 자료와 미국선거연구 패널은 꼼꼼한 검증이 필요하다. 〈표3-4〉에서 알 수 있듯이 베이비붐 세대는 여러 가지 가치나 쟁점에서 부모 세대와는 다른 태도를 보였다. 심지어 정당 소속감도 1965년에서 1982년 사이에 안정성이 급격히 감소한다. 1982년 표본에서 일관성 있게 신뢰 경향을 보인 사람들(63.9퍼센트)은 정당 소속감이 확고부동한 사람들(60.2퍼센트)보다 약간 많은 정도이다. 그리고 신뢰에 대해 부모와 마찬가지의 답변을 내놓은 아이들의 얼핏 낮아 보이는 비율은 (약 60퍼센트) 부모와 동일한 정도의 정당 소속감을 느끼는 베이비붐 세대

---

66 1972년에서 1974년까지의 변화차이는 p⟨.01에서, 1974년에서 1976년까지의 변화차이는 p⟨.005에서 의미가 있다. 미국선거연구 패널에서 베이비붐 세대의 평균 감마값은 .678인 반면 나머지 세대의 평균 감마값은 .812이다. 베이비붐 세대는 68.8퍼센트가 일관적이고 그 이전 세대는 76.5퍼센트가 일관적이었다.

의 비율보다 그다지 낮지 않다(카민스·매키버·스팀슨 1987년 참고).[67]

대다수 사람들의 대인적인 신뢰는 뿌리 깊은 가치와 마찬가지로 영속적이다. 대다수 사람들은 단기간에 염세주의자에서 신뢰 지향적인 사람으로 변하지 않는다. 사실 장기적으로도 대부분의 사람들에게 그런 변화가 없다. 만일 일반적 신뢰가 경험의 요약본이라면 오직 신뢰 지향적인 사람들만 만나거나 오로지 불신 지향적인 사람들만 만나지 않는 이상 패널 전체에서 신뢰의 변화폭이 더 클 것이다. 최근 들어 대중들 사이에서 균열양상이 나타나고 있고, 신뢰 지향적인 사람들과 불신 지향적인 사람들로 골고루 나뉠 때도 있다. 따라서 대다수 사람들이 주로 자신과 비슷한 사람들과 교류할 가능성(신뢰 지향적 혹은 불신 지향적인 사람들끼리 접촉할 가능성)은 낮다.

지금까지 살펴본 자료(특히 1972-1974-1976년 미국선거연구 패널과 니미-제닝스 연구의 부모 표본)에서 드러난 신뢰의 인상적인 안정성은 신뢰가 영속적 가치임을 암시한다. 특히 당대 지도자들에 대한 경험이 반영되게 마련인 정부에 대한 신뢰와는 달리 타인에 대한 신뢰는 전반적으로 변화를 꺼리는 듯하다. 그리고 비교적 큰 변화(예를 들면 니미-제닝스 자료를 통해 확인한 전기 베이비붐 세대의 사례)의 원인은 일상생활의 우발적인 사건이 아니라 베트남 전쟁이나 민권운동 같은 사회적 충돌이었다(6장을 보라).

---

67 1965년에는 68.5퍼센트의 부모와 자녀가 정당 소속감을 공유했다. 1982년의 비율은 63.8퍼센트였다. 그러나 1973년에는 불과 58.5퍼센트만 당파적 일체감을 공유했다. 이것은 대인 신뢰에 관한 모든 수치보다 낮은 수준이다. 베이비붐 세대의 경우 오직 핵심적인 종교적 가치에 관해서만 아주 강한 연속성을 보인다. 베이비붐 세대는 모든 종류의 쟁점에 관해 이전 세대보다 일관성이 낮다. 따라서 전체적으로 신뢰에 관한 베이비붐 세대의 일관성은 그리 낮지 않은 듯하다.

개별적 신뢰는 일반적 신뢰만큼 그리 안정적이지 않다. 미국선거연구 패널의 1972년에서 1976년 사이의 내집단 신뢰 상관계수는 .449이다 (1974년의 지표는 이용하지 못했다). 외집단 신뢰 상관계수는 상대적으로 변화가 커서 .383이다. 이것은 부정확한 측정 혹은 외집단에 대한 시간에 따른 태도변화, 아니면 둘 다를 반영하는 것 같다(백인은 흑인을 1972년보다 1976년에 11퍼센트 정도 부정적으로 평가했다). 전체적으로 대중들은 자신이 소속된 집단에 점점 더 공감하는 한편 외집단을 점점 더 부정적으로 평가하게 되었다.[68] 1970년대의 치열한 사회적 충돌을 감안할 때 이처럼 높은 (선형)상관계수는 이해할 만하다. 내가 개인적 경험에 더 많이 의존하는 신뢰 유형에 관해 추측했던 것처럼 이때의 상관계수는 대인 신뢰에서 확인할 수 있는 상관계수만큼 높지는 않다.

질문의 신뢰성

우리는 일반적 신뢰와 개별적 신뢰 모두를 측정할 수 있다. 두 가지 신뢰는 동일한 것이 아니다. 그리고 일반적 신뢰는 매우 안정적으로 개별적 신뢰에 비해 훨씬 더 안정적이다. 개별적 신뢰 척도에는 두 가지 문제가 있다. 첫째, 개별적 신뢰 척도에는 신뢰라는 용어가 전혀 쓰이지 않을 때가 많다. 둘째, 개별적 신뢰 척도가 모든 조사에 포함되지는 않는다. 일반적 신뢰 질문에도 문제가 있다. 일반적 신뢰에 관한 질문은 너무 많이 쓰

---

[68] 내집단 신뢰 평균은 −.513에서 −.153으로 증가했다. 외집단 신뢰 평균은 −.036에서 −.254로 감소했다.

이는데, 적어도 잘못된 맥락에서 쓰이는 경우가 많다.

스미스(1997년)는 일련의 일반사회조사에서 신뢰 질문에 대한 응답이 질문의 위치에 영향을 받는다고 주장한다. 여러 해에 걸쳐 실시된 일반사회조사의 대부분은 최소한 2개의 형식을 갖춘다. 첫 번째 형식에서는 행복감, 직업 만족도, 성공의 방법, 2개의 성도덕 항목 등에 관한 몇 가지 질문 다음에 배치된다. 두 번째 형식에서는 정치적 이념, 소득격차 해소, 이혼법, 마리화나 합법화, 범죄에 대한 태도 등에 관한 질문 다음에 나온다. 당연히 첫 번째보다 두 번째 형식의 조사에서 응답자의 신뢰 수준이 낮다. 스미스에 따르면 첫 번째 형식으로 측정된 신뢰 수준은 두 번째보다 7.7퍼센트가 높다. 그가 보기에 신뢰 질문에는 "아마 개개인 인생 전체의 경험에 바탕을 둔, 폭넓은 차원의 사람들에 대한 세계적 평가"가 필요하고, "그런 방대하고 인지적 정보검색을 기반으로 한 판단과정은 어렵고 가변성이 있다."(스미스 1997년 174쪽)

신뢰 질문은 믿을 만한 것일까? '가변성 있는' 척도를 너무 믿지는 말아야 한다는 스미스의 경고에 귀기울여야 할까? 스미스의 관찰결과는 확실히 옳지만 신뢰 질문을 활용할 때의 위험성에 대해서는 과장한 듯하다. 물론 미국 사회의 신뢰 수준을 과대평가한 듯한 조사결과는 조심할 필요가 있다. 그러나 해석상의 실수를 많이 저지를 것이라는 증거는 없다. 스미스의 두 가지 시계열은 모두 감소추이를 보인다. 1996년, 두 가지 시계열은 점점 수렴한다(스미스 1997년 177쪽). '과대평가된' 시계열은 1973년에서 1996년 사이에 28퍼센트 내려가고, '과소평가된' 시계열은 1975년부터 1996년까지 24퍼센트 떨어진다. 질문의 위치를 근거로 판단하면 1972년과 1976년 미국선거연구 척도는 과대평가된 듯하다(슈만과 프레서

1978년을 보라).[69]

정치적·사회적 격변에 따른 4년의 시간차이와 질문순서에 의한 맥락 차이에도 불구하고 1972년과 1976년의 신뢰 항목은 서로 밀접한 상관관계가 있었다.[70] 1996년 선거 이전과 이후 미국선거연구 표본은 시간간격이 훨씬 작은 수준인 몇 달에 불과했다. 선거 이전 조사에서는 39퍼센트가 신뢰 지향적인 사람들로 나타났는데 1995년과 1996년에 실시된 다른 3개의 조사결과와 크게 다르지 않았다. 선거 이후 조사의 질문에 대한 답변을 보면 응답자의 51퍼센트가 '대부분의 사람들은 믿을 만하다'라고 생각했다. 선거 이전 조사에서는 신뢰 질문 앞에 지출 우선순위와 연방정부 신뢰 수준에 관한 항목이 배치되었고, 이후에는 정치적 효능감과 봉사활동 여부에 관한 질문이 자리했다. 이것은 선거 이전 조사에서는 후광효과가 있었지만 이후에서는 후광효과가 없었음을 뜻한다. 그래도 탄탄한 안정성에는 변함이 없다.[71]

나는 1996년 미국선거연구의 1개 신뢰 질문만 필요하다. 따라서 선거 이전 항목을 쓰는 것이 이치에 맞다. 그러나 만일 2개를 써야 한다면 잘못된 추론을 너무 많이 하지 않을까 우려된다. 그러므로 이런 문제를 의식하

---

69 앞서 살펴본 다른 조사(1976년과 1996년 미국선거연구와 니미-제닝스 조사)들을 통해 알 수 있듯이 낙관론과 자기통제감에 관한 질문 뒤에 신뢰에 관한 질문이 나오면 신뢰 수준이 너무 높게 나오는 경향이 있다. 낙관론이나 자기통제감 질문에 긍정적으로 답변하면 타인을 믿는다고 대답할 가능성이 더 높을 것이다. 낙관론 질문은 '허위의 긍정적' 답변을 유도할지 모른다. 1972년 미국선거연구 조사에서는 신뢰 질문 앞에 정부에 대한 신뢰와 도덕성, 경제사정에 대한 질문이 있었다. 따라서 낙관론의 '기분 호전' 효과의 영향을 받지 않을 것이다. 1976년 미국선거연구의 신뢰 질문 앞에는 낙관론과 정치적 효능감에 관한 질문이 배치되었다.

70 타우-비=.473, 감마=.784.

71 타우-비=.588, 감마=.895.

고 조심해야 한다. 그렇다고 두려움에 사로잡힐 필요는 없다. 일반사회조사와 비슷한 추이를 보이는 다른 연구들이 있기 때문이다(각주 60을 보라).

로젠버그(1956년) 이후 신뢰 문제와 씨름하는 대다수 연구자들은 그의 '염세증' 등급이나 약간 변형한 것을 사용한다(다음을 보라: 브렘과 란 1997년, 스미스 1997년, 스톨 1998년b). 이 등급에는 대부분의 사람들이 공정한가 아니면 상대를 이용하려고 하는가, 그리고 대부분의 사람들이 남에게 도움이 되는가 아니면 자기만을 생각하는가에 관한 질문뿐 아니라 전형적인 신뢰 설문도 포함되어 있다. 이 등급의 기본원리는 동일한 개념의 여러 가지 지표들이 통계학적 신뢰성을 향상시킨다는 점이다.

비록 세 가지 항목이 합리적인 속성의 1차원 등급을 지속적으로 형성해도 이런 측정전략에는 여섯 가지 근본적인 문제가 있다.[72] 첫째, 사람들이 남에게 도움이 될 것이라는 말은 자신이 남을 믿는다는 말과 동일한 게 아니다. 빌은 다른 사람을 신뢰하지 않는다. 하지만 제인이 다른 사람에게 도움 될 만한 사람으로 생각할 수는 있다. 세상을 비관적으로 보는 사람도 남이 자신을 도울 것으로 생각할 수 있다. 1972-1998년 일반사

---

72 1972-1998년 일반사회조사에서의 신뢰와 유용성 사이의 상관계수는 .377(타우-비)과 .673(감마)이다. 신뢰와 공정성 사이의 상관계수는 .424(타우-비)와 .766(감마)이다. 공정성과 유용성의 경우 상관계수는 .445(타우-비), .757(감마)이다. 미국선거연구에는 1964년, 1966년, 1968년, 1972년, 1974년, 1976년, 1992년, 1996년, 1998년에 각각 신뢰 질문이 포함되었다. 그러나 1972년과 1996년에는 공정성 질문은 포함되지만 유용성 질문은 배제되었고, 반대로 1964년, 1968년, 1972년, 1992년에는 유용성 질문은 포함되고 공정성 질문은 배제되었다. 그럼에도 불구하고 미국선거연구 상관계수는 시종일관 비교적 높다(감마는 .808~ .875). 그리고 1971년과 1978년에 실시된 미국생활수준 조사의 상관계수도 비교적 높다(.772~ .855). 그래도 1972년 미국선거연구에서는 사람들을 믿지 못한다는 응답자의 23.4퍼센트가 사람들이 대체로 도움이 될 것이라고 대답했다. 그리고 사람들을 믿지 못한다는 응답자의 37.4퍼센트가 대부분의 사람들이 공정할 것이라고 대답했다.

회조사 표본 가운데 37퍼센트의 응답자는 사람들을 신뢰하지 않는다. 하지만 그 37퍼센트는 사람들이 남을 도울 것이라고 생각한다. 일반사회조사 시계열 전체를 살펴보면 사람들을 신뢰한다는 응답자(41.6퍼센트)보다 사람들이 남을 도울 것으로 여기는 응답자(54.2퍼센트)가 많다.

둘째, 공정성이란 개념이 너무 애매할 수 있다. 다른 사람이 공정하다고 생각하는 사람들이 비교적 많지는 않아도 남을 믿지 않는 사람들의 43.5퍼센트가 대부분의 사람들은 공정할 것이라고 생각한다(상대를 이용하려고 애쓸 것으로 생각하지 않는다). 세 가지 질문의 감마값은 높겠지만, 그것은 동일한 대상을 측정하는 것이 아니다.[73]

두 번째 문제의 핵심은 다음과 같다. 사람들이 당신을 도와줄 것이라고 말하기 위해 굳이 그들이 당신과 가치를 공유한다고 말할 필요는 없다. 그러나 그들이 공정하다고 말하기 위해서는 그들에 관해 더 많은 정보, 즉 그들의 가치에 관해 한층 세부적인 정보를 알아야 한다. 신뢰를 논하고 연구하려면 신뢰의 '완전한' 척도를 고수해야 한다.

셋째, 세 가지 질문의 시간적 추이가 동일하지 않다. 그러므로 신뢰의 감소에 대한 우려가 곧장 유용성 감소에 대한 우려를 의미하는 게 아니다. 1960년 이후의 신뢰와 시간 사이의 상관계수는 −.862이다. 비록 덜 급격해도 공정성도 감소했다(r=.534). 그러나 유용성은 거의 떨어지지 않았다(r=−.221).[74] 그리고 시간적 추이를 볼 때 신뢰와 공정성 사이의 상관계수(r=.652)는 높지만 유용성과 신뢰 사이의 상관계수(r=.146), 유용성과 공정성 사이의

---

[73] 세 가지 질문 사이의 대체로 강력한 연관성 패턴은 5장을 참고하라.
[74] 시간과 유용성 회귀에서의 b는 통계학적으로 무의미하다(t=−1.068이다).

상관계수(r=.132)는 낮다. 넷째, 공정성과 유용성 모두 사람들에 대한 신뢰보다 안정성이 낮을 것이라는 몇 가지 증거가 있다(〈표3-5〉를 보라).[75]

다섯째, 신뢰는 유용성이나 심지어 공정성보다도 자신과 같지 않은 사람들에게 다가가는 경우에 더 중요할 것이다. 그리고 실제로 그렇다. 1996년 일반사회조사는 봉사활동에 나설 것인지 여부와 어떤 단체에서 봉사활동 할 것인지를 물었다. 15개 유형의 단체와 4개의 약식 척도에서 신뢰와 봉사활동의 상관계수는 7개 단체와 4개의 약식 지표에서 공정성과 봉사활동의 상관계수보다 높았다.[76]

신뢰와 공정성이라는 두 가지 척도는 2개 단체의 경우 상관계수가 비슷했고, 5개 단체의 경우에는 둘 다 큰 영향을 미치지 않았으며, 공정성은 단 1개 단체(종교적 봉사활동)의 경우에만 상관계수가 더 높았다. 15개 유형의 봉사활동 중 5개의 경우 남이 도움이 될 것이라고 생각하는 사람들은 비교적 자기 공동체 일에 참여할 가능성이 낮다. 단 2개 단체(종교와 교육)의 경우에만 유용성과 시민참여 사이에 상관관계가 있다. 따라서 신뢰는 공정성이나 유용성보다 시민참여와의 상관관계가 크다.

---

[75] 1972-1974-1976년 미국선거연구에서는 유용성이나 공정성에 관한 척도가 쓰이지 않는다. 그러나 니미-제닝스 사회화 연구에는 유용성에 대한 3개 시점에 걸친 부모와 자녀에 관한 자료, 그리고 3개 시점에 걸친 부모와 2개 기간에 걸친 자녀에 대한 공정성 척도가 있다. 그러나 여기에는 유의해야 할 중요한 점이 있다. 이들 조사는 남의 유용성보다 공정성을 기대하는 사람들이 더 많다는 점을 보여준다. 이것은 다른 조사들과는 정반대의 결과이다. 그리고 공정성에 관한 부모의 안정성은—다름 아니라 그 표본의 압도적 다수(1965년에 86퍼센트, 1973년에 81퍼센트)가 대부분의 사람들이 공정할 것으로 여기기 때문에—높을 것이다. 그럼에도 불구하고 타우-비와 감마 모두 신뢰의 경우가 공정성—특히 유용성 경우—보다 더 높고 때로는 상당히 높다(〈표3-5〉를 보라).

[76] 약식 척도는 2개의 임시변수와 2개의 총계이다. 나는 봉사활동에 나설 것인지 여부와 비종교단체에서의 봉사활동 여부를 묻기 위해 임시변수를 구성했다. 총계도 봉사활동과 세속단체에 대한 것이다.

<표 3-5> 니미-제닝스 부모-자녀 표본에서의 염세증 척도 안정성

		신뢰	공정성	유용성
자녀 1965-1973년	타우-비	.308	.266	.223
	감마	.580	.562	.437
자녀 1973-1982년	타우-비	.419	.302	.264
	감마	.722	.600	.505
자녀 1965-1982년	타우-비	.228	.174	.181
	감마	.453	.399	.367
부모 1965-1973년	타우-비	.403	.411	.373
	감마	.725	.818	.707
부모 1973-1982년	타우-비	.449		.456
	감마	.763		.757
부모 1965-1982년	타우-비	.388		.340
	감마	.708		.665

따라서 등급을 사용하면 신뢰와 참여 사이의 일부 관계가 모호해질지 모른다. 나는 인자분석을 통해 염세증 등급을 마련했다. 그러나 신뢰는 19개 비교항목 중 9개에서 봉사활동과의 상관계수가 복합등급보다 더 크다. 전체적인 메시지는 다음과 같다. 전형적인 신뢰 설문이 일반적 신뢰를 제대로 측정하는 것 같기 때문에 굳이 그것을 필요 이상으로 복잡하게 만들 필요가 없다.

이런 주의사항은 퍼트넘이 사용한 디디비 니덤 생활방식조사에서의 대체적인 신뢰 척도인 '대부분의 사람들은 정직하다'에도 적용된다. 퍼트넘 (2000년 135-136쪽)의 주장대로 만일 우리가 신뢰성 인식에 관심이 있다면 정직성 척도는 효과가 있을 것이다. 그러나 이것은 내 주요 관심사가 아니고, 정직성과 신뢰가 서로 연관은 있겠지만 과연 동일한 것인지는 전혀 확실치가 않다. 1972년 미국선거연구에서 '대부분의 사람들은 기본적으로 정직하다'는 점의 동의 여부를 묻자 86.4퍼센트가 그렇다고 답했다. 반면 '대부분의 사람들은 믿을 만하다'라는 응답자는 46.7퍼센트에 불과했다. 정직성과 신뢰라는 두 가지 척도가 연관되어 있는 것은 분명하지만 상관관계가 그다지 밀접하지는 않다.[77] '대부분의 사람들이 부정직하다'고 생각하는 거의 모든 사람들이 '사람을 상대할 때 되도록 조심해야 한다'라고 말한다. 그러나 '대부분의 사람들은 정직하다'고 말하는 사람들의 절반 정도만 낯선 사람들을 믿는 경향이 있다. 신뢰는 신뢰일 뿐이다. 유용성도 공정성도 아니고, 심지어 정직성도 아니다.

끝으로 그리고 가장 결정적인 점은 신뢰, 공정성, 유용성 등에 관한 자유해답식 질문을 하면 사람들이 서로 다른 의미의 답변을 내놓는다는 증거가 있다. 2000년 미국선거연구 예비조사는 부표본副標本의 응답자들에게 염세증 등급에 따른 각 질문에 대한 답변을 '구두로 표현'해 달라고 요구했다. 나는 응답자의 답변을 '개인적 경험, 전반적 세계관, 해당사항 없음' 등으로 분류해 코드화했다.[78] 일반적 신뢰 질문에 대해 개인적 경험에

77 타우-시=.345, 감마=.617. 정직성 척도는 5점 리커트 척도이지만, 나는 이것을 양분했고 중간 부분의 응답자(7.4퍼센트)는 누락값으로 코드화했다. 상관계수는 정직성에 대한 전체 5점 만점 방식으로 산출된다. 양분척도의 경우 파이는 .311이고 율스 큐는 .847이다. 퍼트넘은 1975–1998년 디디비 니덤 생활방식조사 자료를 자신의 웹사이트 http://www.bowlingalone.com에 올려뒀다. 나는 그 자료를 내려받은 뒤 각 연도의 평균값을 구했다. 정직성의 인식과 신뢰 사이의 시간적 상관관계는 .453에 불과하다.
78 내가 자료를 이용할 수 있었던 것은 미국선거연구팀의 도널드 카인더, 낸시 번스, 팻 루에바노, 그리고 특히 애슐리 그로스 덕분이다. 미국선거연구팀은 질문을 제대로 이해한 응답자와 그렇지 않은 응답자 수와 함께 그들이 '구두로 표현'한 답변내용의 사본을 보내줬다. 나는 그것을 코드화했고, 미국선거연구팀은 내가 코드화한 자료를 미국선거연구의 정규 예비조사 자료에 통합했다. 그러므로 답변내용을 보고 응답자를 확인할 수는 없다.

근거를 둔 답변의 한 예를 보자.

> 기본적으로 사람들, 그러니까 내 밑에서 일하는 사람들을 믿을 수 없다. 그 사람들은 날마다 규칙준수 같은 사소한 것까지 지시하지 않으면 안 된다.

다음과 같은 답변도 있다.

> 크게 볼 때 대부분의 사람들은 믿을 만하다고 말할 수 있다. 내가 일을 맡긴 사람들의 행동, 그리고 얼마나 자주 그 일이 잘못되는지, 얼마나 자주 약속이 어긋나는지를 생각해보면 된다. 95퍼센트는 약속을 지킨다.

이번에는 응답자의 전반적 세계관이 반영된 의견이다.

> 아직도 사람들을 긍정적으로 본다. 우선 사람을 신뢰해야 한다.

전반적 세계관이 투영된 또 하나의 답변이다.

> 사람들을 상대할 때 되도록 조심해야 한다. 사실 많은 사람들이 자기만을 생각하고, 하나만 오직 하나만 추구한다. 그것이 그들이 이익을 꾀하는 방법이다.

나머지 응답자들은 질문내용을 그대로 되풀이할 뿐 특별한 의견을 드러내지 않았다.

정리하자면 응답자 중 147명이 신뢰에 관해, 117명이 공정성에 관해,

138명이 유용성에 관해 '구두로 표현'했다. 즉 세 가지 염세증 척도는 서로 큰 차이가 있음을 알 수 있다(〈표3-6〉을 보라). 응답자의 58퍼센트가 신뢰 질문에 대해 '일반적' 반응을 내놓았고, 불과 22.5퍼센트만이 자신의 경험을 근거로 답변했다. 반면 유용성 질문에 대해서는 29퍼센트가 일반적 반응을 보였고, 45퍼센트는 남이 자신을 도와준 구체적 사례를 언급했다. 신뢰 질문은 대체로 사회에 대한 일반적 평가를 유도하는 반면 유용성 질문은 다음과 같이 구체적 사건을 떠올리게 한다.

일반적으로 사람들은 다른 사람에게 도움이 되려고 애쓴다. 보통사람들, 그러니까 짐을 잔뜩 들고 있을 때 문을 열어주는 사람들, 식료품점에서 잡지 못하는 물건을 꺼내주는 그런 보통사람들을 생각해보면 알 수 있다.

공정성 질문은 신뢰 질문과 유용성 질문의 중간지대이다. 공정성 질문에 대해 일반적 반응을 내놓은 응답자는 43.6퍼센트이고 경험을 언급한 응답자는 34.2퍼센트이며, 22.2퍼센트는 아무런 의견을 내놓지 않았다. 아무런 의견을 내지 않은 응답자를 배제하면 결과는 더 뚜렷해진다. 즉 신뢰 질문에 관해 뚜렷한 의견을 표시한 사람들의 72퍼센트가 일반적 측면에서 '구두로 표현'했고, 공정성 질문과 유용성 질문에 대해서는 각각 56퍼센트와 39퍼센트가 그렇게 했다. 즉 사람들은 신뢰, 유용성, 공정성을 다르게 바라본다. 사람들은 신뢰에 대해 개인적 경험의 관점보다는 대체로 일반적 혹은 도덕적 측면에서 생각한다. 그리고 이런 패턴은 다른 여러 곳에서도 찾아볼 수 있다. 다른 사람을 믿지 않는 사람들이 개인적 경험에 의존하는 정도는 믿는 사람들에 비해 약간 높을 뿐이다(30퍼센트 대

〈표 3-6〉 신뢰, 공정성, 유용성에 관해 '구두로 표현하기'

염세증 척도	응답률	응답률(보정)
신뢰	일반적: 57.8	일반적: 72.0
	의견 없음: 19.7	경험: 28.0
	경험: 22.5	
공정성	일반적: 43.6	일반적: 56.0
	의견 없음: 22.2	경험: 44.0
	경험: 34.2	
유용성	일반적: 29.0	일반적: 39.2
	의견 없음: 26.0	경험 60.8
	경험: 44.9	

26퍼센트). 이 정도 차이는 통계학적으로 의미가 없다.[79]

앞으로의 과제

신뢰 질문순서로 인한 문제해결에 간단한 방법이 있다. 그것은 여러 가지 조사를 활용함으로써 부적절한 추론의 위험을 줄이는 것이다. 일반사회조사(혹은 다른 조사들)에 전혀 문제가 없어도 나는 이 전략을 선택할 것이다. 조사마다 신뢰의 뿌리와 결과 같은 신뢰의 다양한 측면을 건드린

---

[79] 미국선거연구에서는 '구두로 표현하기' 질문을 던진 동일한 표본에게 일반적 신뢰 질문을 던지지 않았다. 하지만 1998년에 '구두로 표현하기' 표본의 거의 대다수는 그 질문에 대답했다. 패널 전체의 안정성을 고려할 때(79퍼센트, 앞의 내용을 보라) 이 비교는 이해할 만하다. '무응답'을 제외하면 1998년 조사에서 신뢰와 사용된 주장의 유형 사이의 상관계수는 파이=-.047, 율스 큐=-.106이다('무응답'의 경우 타우-시와 감마는 각각 -.055와 -.111이다).

다. 이보다 더 일반적인 전략은 고안해낸 하나의 주제를 단일한 데이터베이스에서 검증하는 것이다. 그러나 하나의 조사로는 내가 신뢰에 관해 제시하려는 많은 질문의 답을 구하기가 어렵다. 그러므로 불만스러워도 참을 수밖에 없다.

내가 검토하는 각 조사에는 내가 들려줄 더 큰 이야기의 약간 다른 변형이 담겨 있다. 그러나 그것은 결국 모여 자기 삶을 통제할 수 있다고 믿는, 따뜻한 세상에 살고 있다는, 삶의 경험보다는 이런 긍정적 세계관을 바탕으로 남을 신뢰하는, 다양성과 민권을 중시하면서도 공동 문화를 존중하는, 다른 사람들과 함께 하는 시민생활에 기꺼이 참여하는 낙관론자인 신뢰형 인간의 초상을 이룬다.

4장에서는 신뢰의 뿌리를 파헤쳐볼 것이다. 우리가 갖고 있는 가치도 각자의 성향이 근본이 된다. 그리고 신뢰 관련 자료의 신뢰성에 대한 확신과 3장에서 고안한 척도를 바탕으로 도덕적(일반적) 신뢰를 고수하는 사람들과 지식 기반적(개별적) 신뢰를 고수하는 사람들을 움직이는 동인을 제시할 것이다.

PART 4

신뢰의 뿌리

그녀의 낙천성은 '폴리아나Pollyanna'의 영향일 거예요. 아니면 언제나 그녀를 위해 노래할 시간이 있는 듯한 어머니의 딸이기 때문일지 모르죠. 혹은 늘 노래를 부르고 있었던 것 같은 아버지의 영향일 수도 있어요.

−워싱턴 교외에 거주하는 캐럴 에하드의 낙천성에 관해[80]

증권회사인 스미스 바니의 텔레비전 광고는 '우리는 신뢰의 본능을 타고나지 않았습니다. 신뢰는 습득해야 하는 것입니다'라고 경고한다. 실적이 증권회사에 대한 신뢰 문제의 열쇠일지는 몰라도 넓은 의미의 낯선 사람들을 믿는 까닭을 이해할 수 있는 열쇠는 아니다. 광고에서처럼 우리가

---

[80] 핀켈(1996년 27쪽)의 책에서 인용. 캐럴 에하드에 대한 폭넓은 논의는 본문에서 이어질 내용을 참고하라. 《폴리아나》는 1913년에 발표한 앨리너 호지먼 포터Eleanor Hodgman Porter의 소설이다. 폴리아나는 어린 소녀로 한없이 낙천적이고, '재미있는 게임'을 통해 언제나 적들을 타인을 믿는 사람으로 변신시키고, 세상의 잘못된 모든 점을 고친다.

타인을 믿는 본능을 타고나지 않았을지는 몰라도 그런 경향은 아주 어릴 때부터 형성된다. 에릭 에릭슨Erik Erikson(1963년 249쪽)에 의하면 "아주 이른 유아기 때 비롯된 모자 관계의 질에 따라 신뢰의 양이 좌우된다. 어머니는 자녀의 신뢰감을 창출한다."

스미스 바니와 에릭슨의 의견은 다른 게 아니다. 단지 각기 다른 유형의 신뢰에 관해 말하는 것뿐이다. 증권회사에 대한 확신은 경험에 바탕을 둔 전략적 신뢰이다. 새로운 증거는 증권회사의 신뢰성에 대해 다른 결론을 초래할 수 있다. 반면 에릭슨의 타인에 대한 믿음은 쉽게 변하지 않는 일반적 신뢰이다. 남을 믿는 경향은 어릴 때부터 생긴다. 일반적 신뢰는 아주 어릴 때부터 부모로부터 배우는 낙관적 세계관에서 비롯된다. 우리는 특정인, 특정 집단, 심지어 '대부분의 사람들'에 관한 새로운 정보를 알게 돼도 쉽사리 신뢰를 저버리고 불신을 선택하지 않는다. 삶의 역사가 일반적 신뢰를 만들어내지만 전자가 후자의 중심적인 결정요인은 아니다. 신뢰는 배워야 하는 것이지 획득하는 것이 아니다.

일반적 신뢰에는 세상에 대한 시각이 반영돼 있고, 이것은 시간이 흘러도 잘 변하지 않는다. 20년 동안의 역사적 격변기(1960년대와 1970년대)를 거치면서도 대략 3분의 2의 젊은이들과 부모 세대의 70퍼센트 이상이 기존 신뢰관을 유지했다(3장을 보라). 에릭슨의 주장처럼 아주 어릴 때 부모로부터 신뢰를 배운다면 신뢰의 높은 안정성은 당연한 현상으로 볼 수 있다.

이 장에서는 일반적 신뢰가 대개 객관적 삶의 환경보다는 낙관적 세계관에 근거하고 있다는, 그리고 낙관론과 신뢰는 개념이 같은 2개의 이름이 아니라는 증거를 제시할 것이다. 아울러 신뢰는 부모의 타인에 대한 신뢰 정도, 좀더 폭넓게 말하면 가정환경의 자애로움에 좌우된다는 점도 보여줄 것이다(랜션 1975년 참고). 내집단과 외집단을 향한 태도는 개별적 신뢰의 핵심이면서 일반적 신뢰 형성에도 영향을 미친다.

자신의 생각만이 진리이고 타인의 생각은 틀렸을 뿐 아니라 위험하고 심지어 이단적이라고 간주하는 사람들은 낯선 사람들을 믿지 않는다. 따라서 종교적 근본주의자들은 자기와 같은 부류의 사람들만 믿을 가능성이 높다. 또한 일반적 신뢰는 각 개인의 사회적 연결망의 폭과 관계있다는 몇 가지 증거도 있다. 그러나 시민단체에 참여하도록 유도함으로써 서로를 더 믿는 세상을 만들어낼 수는 없다. 단체활동이 신뢰를 구축한다는 증거가 희박하기 때문이다. 오히려 신뢰가 단체활동을 촉진한다는 증거는 있다. 남을 믿는 사람들일수록 공동체 일에 더 적극적으로 참여한다(5장을 보라).

타인에 대한 신뢰는 아주 이른 시기에 자리잡는다. 하지만 부모의 영향이 절대적이지는 않다. 단언할 만큼의 충분한 자료가 없기 때문에 남을 믿는 성향이 어릴 적에 얼마나 많이 형성되는지 말하기는 어렵다. 그리고 신뢰는 시간의 흐름에 따라 변한다. 그러므로 타인에 대한 신뢰는 어릴 때 배운 여러 가치와 성장해서 품게 되는 이상의 혼합물이라는 것이 내놓을 수 있는 가장 과감한 주장이다

신뢰에 대한 이론적 기반을 다진 뒤에는 자료분석이 필요하다. 그러나 내 주장을 검증하고 다른 명제들을 반박하기 위해서는 1개 이상의 관련조사가 필요하다. 그래서 나는 다양한 조사검토 후 5개의 일반적 신뢰 방정식과 2개의 개별적 신뢰 방정식을 추정할 것이다. 내가 검토하는 조사들로는 일반사회조사(특히 1987년 표본), 1972년과 1992년 미국선거연구, 1996년 퓨 리서치센터의 필라델피아 신뢰 및 시민참여조사, 1965년 니

미-제닝스 청소년-학부모 사회화 연구, 1978년 서베이 리서치센터의 생활수준조사, 1971년 볼티모어와 디트로이트에서 실시한 서베이 리서치센터의 경제적 동기 · 가치 · 주관적 복지에 관한 예비조사 등이다.

앞으로 분석하게 될 각 조사에는 특유의 장점과 약점이 있다. 1972-1998년 일반사회조사 누적 파일에는 일반적 신뢰에 대한 최장기간의 연속 시계열이 담겨 있다. 그러나 내가 신뢰를 염두에 두고 배치한 다른 가치들(반 권위주의와 개인 효능감)에 관한 좋은 질문이 포함된 1987년의 것을 제외한 일반사회조사에는 낙관론에 관한 최적의 질문이 없다. 1992년 미국선거연구, 1996년 퓨 리서치센터 조사, 니미-제닝스 사회화 연구 등은 일반적 신뢰와 개별적 신뢰 사이의 관계를 탐구하는 데 도움이 된다. 1992년 미국선거연구는 사회적 유대관계뿐 아니라 반 권위주의적 가치와 평등주의적 가치를 탐구할 때도 도움이 된다.

퓨 리서치센터 조사는 낙관론에 대한 척도 부분은 취약하지만 효능감 같은 심리학적 개념과 사회적 연결망과 신뢰의 관련성 검증에는 거의 최고 수준의 척도가 포함되어 있다. 퓨 리서치센터 조사에는 부모의 경험에 관한 질문도 포함되어 있는데, 불행히도 그런 질문들은 응답자의 청소년기에 대한 회상에 의존하는 간접적인 척도이다. 니미-제닝스 사회화 연구는 청소년의 가치와 부모의 가치를 관련지어 분석할 수 있는 유일한 조사이다.

끝으로 복지예비조사는 지금까지 극소수 연구자들만 활용해온 숨은 보석이다. 이 소중한 조사에는 일반적 신뢰 질문 외에 다양한 낙관론 척도와 다수의 경제적 복지지표가 포함되어 있다. 복지예비조사는 전반적 낙관론이 경제적 성공이라는 객관적 척도보다 신뢰 형성에 기여 정도가 훨씬 크다는 내 명제를 검증하는 훌륭한 시금석이다. 그리고 복지예비조사는 1972년 미국선거연구와 1978년 생활수준조사와 더불어 신뢰와 낙관론이 사실상 동일한 것이라는 주장을 검증할 만한 자료를 제공한다.

앞으로 수행할 자료분석은 라벨Ravel(프랑스 작곡가–역주)의 〈볼레로〉를 연상시킨다. 그것은 성가실 정도로 끊임없이 반복되는 듯한 북소리이다. 그러나 하나를 분석하고 또 다음을 분석하는 과정에서 요점이 점점 분명해진다. 또한 '정부에 대한 신뢰가 사람들에 대한 신뢰를 결정한다'라거나 '적어도 한 형태의 단체활동이 일반적 신뢰에 의미심장한 영향을 미친다'와 같이 처음에 내린 몇 가지 결론은 점점 희미해질 것이다. 그리고 자료분석이 절정에 이르는 과정에서 낙관론의 중요성, 부모의 사회화의 역할, 일반적 신뢰와 개별적 신뢰 사이의 현저한 차이 같은 몇 가지 결론이 부각될 것이다.

심하다 싶을 정도로 되풀이되는 자료분석에는 나름 장점도 있다. 반복적인 자료분석은 정말 중요한 것과 단지 특정 표본이나 특정화된 모형에 근거하는 것의 식별에 도움이 된다(랜도 1965년 44–45쪽 참고). 그러나 반복은 지겨움이 따를 수 있다. 그 때문에 개별 조사에 집중하는 대신 일단의 변수에 초점을 맞출 것이다.

4장의 뼈대는 특정 조사에서 드러난 신뢰의 동력이 아니다. 신뢰를 움직이는 동력이 무엇인가에 대한 문제는 개별 조사에 포함된 질문에 크게 좌우된다. 중점을 두고자 하는 부분은 그림이 더 크다. 즉 신뢰의 지속적이고 효과적인 가늠자에는 어떤 변수가 있고 또 어떤 변수가 그렇지 않은 가늠자인지에 주목한다.

다음 세 가지 조사에 대해서는 약간의 설명이 필요하다. 즉 1971년 복지예비조사에는 객관적 혹은 주관적 요인 중 무엇이 신뢰에 중요한 역할을 하는지를 검증할 만한 분명한 기준이 제시되어 있고, 1965년 니미-제닝스 조사의 고등학생 표본은 부모로부터 자녀에게 신뢰가 이전되는 과정을 파악할 수 있는 훌륭한 통로이며, 1996년 퓨 리서치센터 조사는 일반적 신뢰와 개별적 신뢰를 명확하게 비교할 수 있다는 장점이 있다. 하지만 전체적으로 내 기본적인 개념을 고려하는 이상적인 여론조사는 없다. 따라서 나는 더 큰 그림에, 다시 말해 대부분의 경우에 가장 중요한 것에 초점을 맞춘다.

내가 주목하는 것은 일반적 신뢰를 고수하는 사람들과 타인을 믿지 않는 사람들 및 개별적 신뢰를 고수하는 사람들 사이의 차이이다. 양자의 차이는 경험이 아니라 세계관에서 비롯된다. 증권회사 스미스 바니의 광고는 전략적 신뢰에 관한 것일 뿐이다. '어떤 증권회사(나 주택 공사업자)가 더 믿을 만한가?'라는 도덕적 내용은 전혀 포함되지 않은 경험적 질문이다.

특정 유형의 신뢰에 집착하는 데 따른 부작용도 있을 것이다. 즉 맹목적인 낙관론자는 자신과 거래하는 증권회사를 너무 믿을 수 있고, 철저한 비관론자는 증권시장과 증권업자를 아예 믿지 않을 수 있다. 그런데 반대의 경우는 아닌 듯하다. 특정 증권업자와의 경험이 불쾌했다고 해서 모든 증권업자들, 심지어 모든 사람들을 나쁜 인간으로 여기게 될 가능성은 낮다. 반복해서 사기당하면 이전보다 비관적으로 변할 수는 있다. 그러나 개인의 세계관이 바뀌기까지는 얼마나 많은 부정적 경험이 필요한지 모른다. 그리고 내가 아는 한 전략적 신뢰의 반복적인 붕괴 문제를 다룬 조사가 없기 때문에 그것을 확인할 수도 없는 듯하다.

신뢰와 낙관론

일반적 신뢰에 입각한 사람들은 세상을 무한한 기회가 열린 살 만한 곳으로 여긴다. 그들은 대다수 사람들이 이념은 달라도 근본가치는 동일하다고 생각한다(로젠버그 1956년 694쪽). 그리고 대다수 사람들에게는 남을 이용하려는 경향이 없다고 생각한다. 그러므로 그들은 사람들을 되도록 좋게 바라보고 잘 모르는 사람들도 신뢰한다. 타인을 믿는 사람들은 세상의 잘못된 점을 고칠 수 있고, 세상을 더 좋은 곳으로 만들 수 있다고 믿는다. 그리고 이 '유능한 시민'은 시민생활에 능동적으로 참여한다.

타인을 믿는 사람의 전형인 캐럴 에하드의 사례를 살펴보자.

> 그녀가 가장 좋아하는 영화 가운데 하나는 〈오클라호마!〉이다. "그녀가 말하기를 그가 나타나며 부르는 첫 번째 노래가 바로 〈오, 아름다운 아침〉이기 때문이다." 그녀는 봉사활동을 한다. 그녀는 투표를 한다. 그녀는 유년단 선생님이다. 그녀는 축구팀 코치이다. 그녀는 시간제로 미취학아동들에게 재주넘기를 가르친다……. 그녀는 사람들이 저지를 수 있는 악행과 인간의 옹졸함을 알고 있지만…… 되도록 모든 것을 긍정적으로 보는 경향이 있다.

물론 캐럴 에하드는 옵티미스트 클럽의 회원이다(핀켈 1996년 10-11쪽).

밴필드가 소개한 몬테그라노 주민들처럼 타인을 믿지 않는 사람들은 에하드의 세계관과는 정반대이다. 그들은 세상을 비열하고 위험한 곳으로 간주한다. 몬테그라노 주민들은 '도처에 재난의 위협이 있고', 가족의 안전을 지키는 유일한 방법은 이방인들을 믿는 것이 아니라 '단기간의 물질적 이익'을 추구하는 것이다(밴필드 1958년 110쪽). '가족이라는 작은 울타리 밖의 모든 사람은 최소 잠재적인 경쟁자이고, 따라서 잠재적인 적이다'(밴필드 1958년 110-111쪽).

타인을 믿지 않는 사람들은 남에게 이용당할까봐, 갖고 있는 얼마 안 되는 것을 빼앗길까봐 걱정한다. 그들의 관심사와 가치는 자신을 둘러싼 작은 울타리 밖의 사람들과 전혀 다르다. 경계를 늦추는 순간 자신을 이용할지 모르는 외부인들과의 협조는 위험한 짓이다. 그들은 낯선 사람들을 불편해한다. 대인 신뢰 연구의 선구자 로젠버그(1956년)는 그런 사람들을 '염세주의자들'로 불렀다.

캐럴 에하드 같은 낙관론자들은 공동체적 사안에 참여할 의무감을 느끼고 낯선 사람들과의 경험을 시야를 넓히는 기회로 받아들이다. 반면 비관론자들은 자신이 속한 공동체로 숨어든다. 그들은 외부인을 적으로 바라본다. 다른 사람들에 대해 자신을 위협하는 존재로 받아들이는 사람들은 권위적인 태도를 지닐 수 있다(아도르노 외 1964년). 자신을 밑바닥으로 내팽개친 부패한 사회와 싸우는 유일한 방법은 자신이 꼭대기에 위치한 권위주의적인 세상이다. 그들에게는 민주주의적·평등주의적 가치는 소용없다. 그런 가치로는 강자와 약자 사이의 불균형을 해소할 수 없다고 보기 때문이다. 그 대신 다른 사람의 이상보다 나의 이상을 우위에 두는 질서정연한 사회를 필요로 한다.

낙관론에는 다양한 측면이 있다. 낙관적 전망을 구성하는 4개 가운데 2개의 구성요소(미래는 과거보다 나을 것이라는 견해와 우리를 둘러싼 환경을 더 좋게 만들 수 있다는 믿음)가 핵심을 이룬다. 나머지 2개의 구성요소는 개인적 행복감과 상호 협조적인 공동체의식이다.

신뢰로 귀결되는 낙관론은 단기간의 기대에 좌우되지 않는다. 낙관론자는 단순히 오늘보다 내일이 나을 것으로 기대하지 않는다. 매일매일이 전날보다 더 나아야 한다. 이것은 비현실적인 생각으로 보일 수 있다. 세상이 늘 뜻대로 움직이지는 않기 때문이다. 그래도 나쁜 날은 예외적인 날이어야 한다. 그런데 단순히 내년 경기가 좋아질 것으로 기대한대서 남을 더 믿게 되는 건 아니다. 왜냐하면 경기는 필연적으로 좋을 때와 나쁠 때가 있게 마련이기 때문이다. 만일 신뢰가 단기간의 경제적 전망에 따라 변한다면 비교적 짧은 기간에 등락을 거듭할 것이다. 따라서 그것은 안정적 가치가 아니다. 일반적 신뢰의 기반인 낙관론은 세상이 올바른 길로 가고 있고 앞으로 더 좋아질 것이라는 굳건한 인식이 반영되어 있다(란과 트랜수 1998년 참고).

비관론자는 경제부문과 그 밖의 생활수준 척도에서 발생하는 일시적인 호재를 무시한다.[81] 마틴 셀리그먼(1991년 4-5쪽)의 주장에 따르면 낙관론자는 "패배를 단지 일시적인 후퇴로 여기고, 패배의 원인은 그 하나의 사례에 국한된 것으로 본다." 낙관론자인 캐럴 에하드는 언제나 컵에 물이 반이나 남았다고, 세차게 휘몰아치는 비도 땅에 영양분을 준다고 생각한다(핀켈 1996년 10쪽). 셀리그먼(1991년 4쪽·44쪽)에 의하면 비관론자는 "나쁜 사건은 오랫동안 이어질 것이고 자신의 모든 일을 가로막을 것이며 끈질기게 삶에 부정적인 영향을 미칠 것이라고 믿는 경향이 있다." 전형적인 비관론자는 《아기 곰 푸》에 나오는 당나귀 이요르이다. 이요르는 모든 사물의 어두운 면만 본다. 비관론자에게는 심지어 맑은 날도 폭풍 전

---

81 이런 척도에는 더 깨끗한 환경 같은 척도뿐 아니라 전쟁과 평화 같은 쟁점도 포함된다.

의 고요일 뿐이다. 늘 쾌활한 피글렛이 이요르에게 "좋은 아침이야"라고
인사하자 이요르는 "아침이 좋아본들 무슨 소용이야"라고 대꾸한다(밀른
1954년 84쪽).

　자신감도 미래에 대한 기대만큼 중요한 요소이다. 낙관론자가 내일은
오늘보다 나을 것으로 믿는 것은 더 나은 내일을 만들 수 있다는 자신감
이 있기 때문이다. 낙관론자는 자기 운명의 주인이다. 마틴 셀리그먼
(1991년 5쪽)의 지적대로 "나쁜 상황에 직면할 경우 낙관론자들은 그것을
도전으로 인식하고 더 열심히 노력한다." 비관론자들은 자기 스스로 세
상을 통제할 수 있다고 생각하지 않는다. 그들은 최악의 결과를 예상하고
최악의 상황이 영원히 지속될 것으로 믿는다. 밴필드가 소개한 몬테그라
노 주민들과 알바니아의 일부 농촌 주민들(펠레즈 1998년)은 그런 숙명론
을 공유한다.[82] 낙관론자가 스스로 세상을 바꿀 힘이 있다고 믿는 것처럼
비관론자는 자신의 통제력을 벗어난 어두운 미래를 바라본다. 비관론자
는 자신의 비참한 운명을 사악한 힘(낯선 사람들) 탓으로 돌리고 싶을지 모
른다(로젠버그 1956년 694쪽, 밴필드 1958년 11쪽, 브렘과 란 1997년 1010쪽).
자기 운명에서 벗어날 방도를 찾지 못하는 비관론자는 타인을 부정적인
고정관념으로 바라보고 남이 과분한 대접을 받는다는 음모론적 시각을
지닐 가능성이 높다.[83] 비록 자신의 운명을 바꿀 가능성은 희박해도 비관
론자에게는 여전히 자신이 '압제자'로 여기는 집단을 공격하고 싶은 마음
이 있을 것이다.

---

[82] 알바니아 농민들 사례는 2장의 각주 12 참조.
[83] 마틴 셀리그먼(1991년 4쪽·49쪽)은 비관론자에 대해서 다른 설명을 내놓는다. 그는 비관론자를 자존
감이 부족해 일이 잘못 풀릴 때 스스로를 탓하는 사람으로 간주한다.

몬테그라노 주민들 사례에서 확인했듯이 비관론자들은 낯선 사람들을 두려워하고 자기 가족만 챙긴다. 그들은 세상이 지금보다 좋았고 사람들이 서로를 더 존중했던 옛 시절을 동경한다. 그들은 사람들이 이면의 동기 없이도 선행을 할 수 있다고 생각하지 않는다. 그들은 자신이 남긴 얼마 안 되는 것(가족과 특히 자녀)을 더 큰 범위의 사회를 지배하는 이단적 관념으로부터 보호하려고 한다. 그들은 가족을 가난으로 몰아넣고 미래에 대한 희망을 빼앗은 사악한 힘과 같은 늪에 아이들이 빠지지 않도록 하기 위해서는 부모의 권위와 전통적 가치에 대한 존경심이 필요하다고 생각한다(로젠버그 1956년 695쪽, 아도르노 외 1964년 255쪽). 이것은 자신의 통제력에서 벗어나 있고 늘 적대적인 세상에서 기댈 수 있는 유일한 보호막이다.

반면 낙관론자들은 타인의 삶에 영향을 미칠 수 있다고 믿는다. 그들은 다른 사람 심지어 낯선 사람들도 집단적 노력에 기꺼이 동참할 의욕이 있다고 생각한다. 그런 적극적인 의욕은 사회적·정치적 활동가들(특히 선거를 통해 원하는 후보자를 공직에 진출시키려는 사람들과 노숙자 쉼터에서 봉사 활동 하는 사람들)에게는 꼭 필요한 것이다. 타인에게 어떤 영향을 미칠 수 있다는 신념은 세상이 더 나아질 수 있다는 생각과 밀접하게 연결되어 있다. 사실 항로를 바꿀 기회를 갖는 것만으로도 일반적 신뢰를 북돋울 수 있는 것 같다. 최근의 몇몇 대선기간에 타인에 대한 신뢰가 증가한 것은 선거가 국가가 새로운 방향으로 나아갈 가능성을 제시하기 때문으로 볼 수 있다(6장과 란, 브렘, 칼슨 1997년을 보라).

비관론자들은 늘 임시변통에 골몰한다. 상황이 좋을 때도 자신의 경제 상황을 걱정한다. 따라서 그들은 물질적 성공에 집착한다(란과 트랜수 1998년). 낙관론자들은 일이 잘못될 가능성을 염려하거나 다른 사람의 동기를 의심할 이유가 그다지 많지 않다. 그들은 특별한 호의에 힘입어야만 성공할 수 있다고 생각하지 않는다.

미국인들의 낙관론

내가 이 책에서 펼치고 있는 이론적 주장은 일반적인 성격을 갖고 있지만 낙관론의 핵심적인 2개의 구성요소는 미국 문화의 중요한 부분이다. 신뢰는 미국 문화에서 특히 두드러진 현상이기 때문이다. 미국은 심각한 계급적 분열이 없는 개인주의자들의 나라이다(솜바르트 1976년). 미국으로 건너온 이민자들의 민족적 구성과 종교는 다양하다. 그런 다양성 때문에 어떤 집단도 주도권을 갖지 못했다. 그러므로 미국 사회는 개인주의적 특징을 지니게 되었고 그것은 지금도 마찬가지이다. 각 개인은 다른 모든 개인에게 동등한 가치를 지닌 존재이고, 어느 한 집단도 다른 집단보다 특혜를 누릴 수 없고 모두가 자기 운명의 주인이다(하르츠 1955년). 무제한적인 개인주의는 사람들로 하여금 자기만을 생각하고 타인과의 협력을 기피하는 분위기를 조성할지 모른다. 그러나 미국인들은 그런 개인주의를 올바르게 이해되는 이기심, 토크빌이 미국인 특유의 이상이라고 주장한 것으로 누그러뜨린다. 개인주의는 미국의 정치와 사회에서 아주 중요한 요소로서, 도덕적 신뢰와 아주 비슷한 듯하다.[84]

---

84 올바르게 이해되는 이기심의 원형인 이른바 '통나무 굴리기(logrolling, 의회에서의 투표거래를 가리키는 용어-역주)'(사피어 1993년 419쪽), 그리고 콜리Collie(1988년)가 요약한 입법부의 보편주의에 관한 방대한 연구를 참고하라. 라이커Riker와 브램스Brams(1973년 1235쪽)는 대부분 미국식 통나무 굴리기를 언급하지만 영국에서도 '통나무 굴리기'가 통용된다는 점을 지적한다.

한 나라의 국민으로서 미국인들은 예나 지금이나 낙관론자들이다. 진보주의 이론가인 허버트 크롤리Herbert Croly(1965년 3쪽)는 '아메리칸 드림'을 다음과 같이 적절히 표현했다.

우리나라는 시민들의 상상 속에서 약속의 땅으로 자리잡고 있다. 미국인들은 어쨌든 언젠가는 다른 나라 사람들이 겪은 것보다 더 좋은 일이 미국에 일어날 것으로 믿는다……. 미래는 개인적으로나 집단적으로 미국인들에게 과거나 현재보다 더 나을 것이다.

헨리 스틸 코메이저(1950년 5쪽)는 "역사상 미국만큼 성공한 나라는 없었고, 모든 미국인이 그 점을 알고 있었다"라고 주장했다.

미국 역사에서는 대체로 내일은 오늘보다 나을 것이라는 믿음이 주류를 이뤘다. 1930년대부터 1960년대까지 실시한 여론조사에서 미국인들은 자식 세대의 삶이 더 나아질 것이라는 믿음을 드러냈다(우슬러너 1993년 76쪽). 그런 신념은 미국 문화의 본질적인 요소이다. 즉 그것은 이민자들을 황금 포장된 거리가 있는 땅으로 안내한 약속이었다. 데이비드 파터David Potter(1954년)는 미국인들을 '넉넉한 사람들'로 불렀다.

주변 환경에 대한 통제감도 미국적 가치의 핵심이다. 〈이코노미스트〉(1987년 12월)는 그런 통제감을 내일은 오늘보다 나을 것이라는 보편적인 믿음과 연결시켰다.

미국에서는 항상 필요가 아니라 낙관론이 발명의 어머니였다. 인종적 편견이나 인간의 달 착륙 같은 모든 문제는 거기에 창의력과 돈을 투입하는 한 언제나 해법이 있었다.

〈이코노미스트〉의 주장처럼 두 가지 가치는 서로 밀접하게 연관되어 있다. 사람들이 낙관적인 자세를 갖는 데는 더 나은 내일을 만들 수 있다는 믿음도 일부분 작용한다(셀리그먼 1991년 4-5쪽). 비관론자들은 운명을 슬프게 바라볼 뿐 더 좋은 날을 기대하지 않는다. 그들은 애초부터 세상은 자신에게 불리한 곳으로 자신이 어떻게 해볼 도리가 없는 곳이라고 믿는다.

개인의 행복과 우호적 환경

2개의 낙관론의 핵심적인 구성요소는 주로 더 넓은 범위의 사회를 염두에 둔 삶에 대한 평가, 즉 카인더와 키위트(1979년)가 '사회 지향적' 기대라 부른 개념에 근거한다. 이런 기대는 개인적으로 얼마나 행복하게 살고 있는지에 크게 영향받지 않는다.[85] 하지만 자기 스스로를 어떻게 느끼는지와 자신이 남과 어떤 관계를 맺는지를 따로 분리해놓고 생각할 수는 없다. 개인적 삶이 행복한 사람들은 낯선 사람들에 대해 긍정적인 태도를 갖기 쉽다. 따라서 개인적 감정은 더 일반적인 낙관론으로 바뀔 가능성이 있다.

자신에 대한 긍정적인 태도가 더 넓은 범위의 사회에 관한 호의적인 전제로 전환되는 까닭에 관해 합의된 의견은 없다. '상향식' 설명은 개인적

---

[85] 오스트레일리아 국립대학교의 리처드 에커슬리 덕분에 이 점에 주목하게 되었다.

삶의 객관적 요인(결혼생활, 직업, 소득, 건강 등에 대한 만족도)과 긍정적 세계관 사이의 관계에 주목한다. '하향식' 이론은 긍정적으로 사고하는 경향의 사람들일수록 자신의 일상생활이 잘 진행되고 있다고 말할 것으로 본다(파이스트 외 1995년 139–141쪽).

상향식 접근법은 개인적 삶의 객관적 요인, 즉 '경험의 요약본'을 강조한다. 하트(1988년 187쪽), 실버(1989년 275쪽), 애덤 셀리그먼(1997년 52쪽) 등은 친구 사이의 밀접한 유대관계가 낯선 사람들에 대한 신뢰의 본보기 역할을 한다고 주장한다. 경제력·인간관계·사회계층 측면에서 풍요로운 삶을 누리는 사람들은 스스로를 더 뿌듯해하고 삶을 더 긍정적으로 바라볼 것이다(로젠버그 1956년 694쪽, 브래드번과 놀[보조] 1969년 130쪽·144쪽·174–177쪽, 캠벨 1981년 217–218쪽, 디너 1984년, 파이스트 외 1985년 146쪽).

분명 일부 상황에서는 개인적 경험이 일반적 신뢰에 큰 영향을 미칠 수 있다. 이웃에게 일어날지 모르는 범죄를 우려하는 사람들, 특히 자신의 안전을 걱정하는 사람들은 낯선 사람들을 믿지 않을 가능성이 높다(브렘과 란 1997년 1009쪽·1016쪽) 그리고 미국의 흑인사회처럼 오랫동안 차별을 당한 집단도 미래를 낙관적으로 바라볼 만한 객관적 이유가 더 많은 집단보다 낯선 사람들을 쉽게 믿지 않는 경향이 있다. 그러나 이런 상향식 접근법은 도덕적 신뢰가 아닌 전략적 신뢰의 기초이다.

도덕적 신뢰와 일반적 신뢰에는 개인적 인생사보다 유년기 사회화의 의미가 더 중요한 하향식 접근법이 어울린다(디너 1984년 556쪽, 파이스트 외 1995년 139쪽, 브렘과 란 1997년 1009–1010쪽). 스스로를 긍정적으로 평가하는 사람들은 다른 사람도 긍정적으로 바라본다.

낙관론과 신뢰는 전염성이 있다. 밴필드가 언급한 몬테그라노나 오늘날의 보스니아와 알바니아 같은 곳에서 일상적인 투쟁을 벌이며 살다 보면 낙관론과 신뢰가 무너질 수 있듯이 우호적인 환경에서 살다 보면 낙관론과 신뢰가 생길 수 있다. 환경은 다음 두 가지를 포함해 네 가지 방식으로 신뢰를 결정할 수 있다. 첫째, 믿음이 넘치는 환경에서 살면 남을 더 믿게 될 가능성이 있다. 둘째, 정부에 대한 신뢰가 타인에 대한 신뢰로 연결될지 모른다

주변의 대다수 사람들이 남을 믿으면 당신도 남을 믿게 될 것이다. 이것은 '워비곤 호수 효과'(Lake Wobegon effect, 자신이 타인들보다 낫다고, 즉 평균 이상이라고 생각하는 오류- 역주)이다. 신뢰가 넘치는 공동체에 속한 모든 사람들은 타인에 대한 신뢰 수준이 전국 평균보다 높다고 생각한다.[86] 퍼트넘(1993년 111쪽, 2000년)은 이런 전염효과에는 삶의 경험이 반영된다고 주장한다. 즉 우리는 마주치는 사람들이 믿을 만한 존재인지를 판단함으로써 타인에 대한 신뢰 여부를 결정한다.

우리는 개인적 지식을 바탕으로 사람들에 대한 신뢰 여부를 결정하는 것일까? 오페(1997년 22쪽)는 다음과 같이 주장한다. "아마 개인적 친숙함을 바탕으로 신뢰를 생성하는 구식 메커니즘에만 의존하는 태도는 대안적 신뢰 생성 메커니즘이 없는 상태에서 여러 상호 협력 기회를 포기하도록 유도하기 때문에 전혀 효과가 없다." 그라노베터(1973년 1374쪽)는 가족이나 친구들과의 '강한'(혹은 끈끈한) 유대는 일반적 신뢰를 구축할 수

---

86 워비곤 호수는 개리슨 케일러가 진행하는 미국의 라디오 프로그램 〈프레이리 홈 컴패니언〉에 나오는 가상 마을이다. 워비곤 호수에서는 '모든 아이들이 평균 이상이다.'

없는 반면 낯선 사람들과의 '느슨한' 유대만이 그렇게 할 수 있다고 주장한다.

맥락효과에 대한 하향식 접근법에서는 타인에 대한 신뢰는 단순히 다른 사람의 성향에 대한 전략적 반응이 아니라고 주장한다. 신뢰가 넘치는 공동체로부터 듣는 유쾌한 소식은 비관론자들의 울음을 밀어낸다. 밥 크래칫 같은 사람들만 사는 세상에서 스크루지는 끝까지 염세주의자로 남기 어려울 것이고, 테레사 수녀 같은 사람을 제외하고는 몬테그라노로 이주한 뒤 타인에 대한 신뢰를 잃지 않는 사람은 없을 것이다(스톨 1999년b). 진화론적 게임이론의 모형(특히 벤더와 스위스탁 1997년을 보라)에 따르면 대다수 구성원들이 남을 믿는 사회에서는 결국 믿지 않는 소수의 구성원들이 밀려날 것이라고 한다(반대의 경우도 마찬가지이다). 그리고 이것은 단지 남을 믿지 않는 사람들(이런 사람들은 결국 남을 잘 믿는 '호인들'을 이용해 잇속을 챙길지 모른다)의 전략적 반응이 아니다. 남을 믿든 안 믿든 한 사회의 소수는 설득당하거나 사회적 압력을 받음으로써 다수의 가치관을 수용하게 된다.

신뢰의 나머지 기반들

평등주의와 종교적 믿음도 신뢰를 결정하는 과정에서 핵심적인 역할을 한다. 평등주의에는 여러 가지 의미가 있다. 그중에서도 중요한 두 가지는 사회적 평등주의와 경제적 평등주의이다. 사회적 평등주의는 만인의 동등한 대우를 강조한다. 사람은 누구나 기본적으로 존중받을 자격이 있다. 사람들이 서로를 사회적으로 동등한 존재로 바라볼 때 서로를 편하게 느끼고 낯선 사람들을 믿을 가능성과 협동을 촉진하는 사회적 유대관계가 형성될 가능성이 더 높다(브라이스 1916년 813쪽). 경제적 평등주의도 중요한데, 만일 자신이 남보다 우월하다고 생각하면 남을 믿어야 할 필요성을 느끼지 않을 것이다(2장을 보라). 즉 경제적 서열화가 정당하다고 생각하면 당신보다 경제적 서열이 낮은 사람들을 믿을 필요가 없다. 나중에 자세히 논의하겠지만 미국에서는 경제적 불평등이 심화됨에 따라 신뢰가 감소했고(6장을 보라), 신뢰 수준은 평등한 사회에서 더 높다(8장을 보라). 여기서는 평등주의적 가치에 초점을 맞추겠다.

대인 신뢰를 결정하는 또 다른 가치는 바로 종교이다. 종교와 신뢰의 관계는 다소 불편하다. 사람들에 대한 믿음과 절대자에 대한 믿음은 둘 다 시민참여를 촉진한다. 신앙을 가진 사람들은 봉사활동 같은 시민적 사안에 적극적으로 참여한다(호지킨슨·와이츠만·커시 1990년 203쪽, 우스나우 1991년, 버바·슐로츠만·브래디 1995년, 우슬러너 1998년b). 신앙은 물질적 가치보다 남을 돕는 문제에 더 관심을 기울이도록 유도한다(로키치 1973년 128쪽, 해리스 1994년). 종교적 전통에서는 특히 교인들이 가난한 사람들에게 아낌없이 베풀도록 가르친다(난·캐스터나키스·와인버그 1993년 37쪽). 예수는 가난하고 배고픈 자들을 먹였고, 사제와 수녀는 청빈을 서약하고 가난한 시골에서 포교에 나서며, 유대인 단체는 형편이 어려운 사람들을 돕기 위한 모금활동에 적극적이다. 미국 봉사활동의 거의 절반은 종교단체가 담당하고 있다. 그리고 미국인들은 다른 서구국가 사람들에 비해 종교단체 활동에 적극적이기 때문에 자발적 단체에도 더 많이 참여한다(그릴리 1997년 590쪽).

토크빌(1945년 126쪽)은 종교적 믿음을 '올바르게 이해되는 이기심'(내가 말하는 일반적 신뢰와 비슷한 개념)의 토대로 간주한다. 12세기 유대인 현자인 모세 벤 마이모니데스Moses ben Maimonides(1979년 89-93쪽)는 낯선 사람들에 대한 신뢰와 종교적 가치를 연결하는 자선활동의 서열을 정했다. 자신이 모르는 사람, 따라서 자신과 비슷하지 않을 수 있는 사람에게 익명으로 베푸는 것을 윗부분에 놓았다.[87] 그리고 교회와 유대교 예배당은 1950년대와 1960년대 서로 다른 인종 사이에 다리를 놓은 민권운동에서 중요한 역할을 맡았다. 신앙을 가진 사람들은 낙관론자일 가능성이 많고(시한과 크롤 1990년, 라슨 · 밀라노 · 배리 1996년), 낙관론은 일반적 신뢰의 증가로 이어질 것이다(실제로 이어진다).

반면 종교적 가치는 낯선 사람들이나 신앙이 없는 사람들을 멀리하고 그들과 담을 쌓는 경향을 낳기도 한다. 퍼트넘(1993년 107쪽)은 종교를 사회적 신뢰의 토대 가운데 하나가 아니라 사회적 신뢰의 대체수단으로 바라본다. 자기가 믿는 종교에 커다란 일체감을 느끼는 사람은 그 종교를 믿지 않는 사람을 의심의 눈초리로 바라볼 수 있다. 종교적 근본주의자들은 외부인을 이단자로 여길 것이다. 그들은 성경을 하느님의 진짜 말씀으로 믿고, 인간이 원죄를 타고났다는 것을 성경의 핵심 교리라고 주장한다. 이런 인간관은 타인에 대한 신뢰의 기저를 이루는 낙관론과 배치된다(쇤펠드 1978년 61쪽, 스미스 1997년 189쪽 참고). 근본주의자들은 구원받지 못한 '죄인들'과의 접촉을 피하고 자기들끼리의 공동체에 은거한다. 건국 이후 줄곧 그들은 이민과 이민자의 권리를 제한하려는 '토착민' 단체에서

---

[87] 맨 위쪽은 가난한 사람에게 일거리를 제공하는, 즉 그 사람과 거래하는 것이다. 이 부분의 자료는 리처드 F. 윈터Richard F. Winters 덕분에 구할 수 있었다.

적극적으로 활동했다. 최근 들어 그들은 공립학교에 다시 종교적 관습과 가르침을 도입하고 과학 교육과정에서 진화론 대신 창조론을 내세우려는 투쟁을 이끌고 있다. 그들은 믿지 않는 사람들이 자신의 기본적인 권리를 부정할까봐 걱정한다. 그들의 시민생활 참여공간은 자기가 속해 있는 종교 단체에 국한된다(우슬러너 1999년c, 우스나우 1999년).

자유주의적이면서 주류를 이루고 있는 신교도 교파 사람들은 근본주의 자들보다는 일반적 신뢰에 입각할 가능성이 높다(쇤펠드 1978년 64쪽).[88] 지난 몇 십 년 동안 주류 교파 신자들은 줄고 근본주의자들은 크게 늘어 났다(메이어 1993년 34-35쪽). 과거에는 신앙심이 낯선 사람들에 대한 신 뢰를 촉진시키기도 했지만 지금은 자신과 믿음이 다른 사람들에 대해서 는 부정적인 시각과 연결되는 듯하다.

일부 종교, 특히 가톨릭교는 고유의 위계질서에 따른 권력구조를 갖고 있다. 이 점은 퍼트넘(1993년 107쪽)이 종교(적어도 이탈리아에서의 종교)를 사회적 신뢰의 대체수단으로 간주하는 중요한 이유이기도 하다. 위계질 서는 신뢰와 서로 조화되지 않는다는 점 외에 주변환경을 통제할 수 있다 는 개인의 자신감과도 어울리지 않는다. 따라서 퍼트넘의 주장은 근본주 의적 신교도들뿐 아니라 가톨릭교도들도 주류의 신교도들에 비해 일반적 신뢰에 입각할 가능성이 낮다는 점을 암시한다.

신뢰는 타인과의 개인적 경험(단체활동과 비공식적인 사교활동)과 정부에 대한 신뢰에 영향받을 수 있다(2장을 보라). 이 장에서는 검토하는 모형에 단체활동, 비공식적인 사교활동, 정부에 대한 신뢰 같은 세 가지 척도를

---

[88] 쇤펠드가 말하는 근본주의 집단은 침례파이고, 주류 교파는 감독파, 장로파, 조합파, 유일교파 등이다.

이용 가능할 때마다 포함시키고 있다. 하지만 타인과의 공식적 · 비공식적 경험과 정부에 대한 신뢰와 연관된 쟁점들은 간략하게 논의하기에는 너무나 중요하다. 그 쟁점들은 다음 장에서 상세히 다룰 것이다.

신뢰의 인구통계학

비록 신뢰에 직접 초점을 맞추어 진행하지 않는 경우가 많아 항상 직접적인 비교가 이뤄지지는 않았지만, 이전 조사에서는 대체로 인구통계학적 변수가 신뢰의 효과적인 가늠자였다. 대신 종속변수는 공정성 · 유용성 질문이 포함된 로젠버그의 '염세증' 등급일 때가 많다(3장을 보라). 그럼에도 불구하고 이들 변수의 논리(와 결과)는 비슷해야 한다.

만일 신뢰에 삶의 경험이 반영된다면 살면서 겪는 불쾌한 사건으로 인해 사람들에 대한 신뢰가 떨어진다고 예측할 수 있다. 하지만 그렇다는 결론을 내릴 만한 증거가 희박하다. 가정생활이 행복하지 않다고 사람들에 대한 신뢰가 약화되는 것도 아니다. 이혼 경험이 있는 사람들, 현재 이혼 중인 사람들, 부모가 이혼한 사람들이 현재 결혼한 상태이거나 부모가 이혼하지 않은 사람들에 비해 타인을 덜 믿는 것도 아니다(브렘과 란 1997년 1012-1013쪽, 스미스 1997년 189쪽, 스톨 1998년b).

일반사회조사 시계열에서는 가정생활 만족도와 신뢰 사이의 적당한 상관관계수가 드러나지만(감마=.168), 다변량 분석에서는 그런 상관관계가 사라진다. 브렘과 란(1997년 1016쪽)에 따르면 절도 경험이 있는 사람들은 남을 덜 믿는다(스미스 1997년 189쪽 참고). 그러나 내가 진행한 다변량 분석에서는 개인적인 범죄 피해 경험도 특별한 영향을 미치지 않는다. 하지만 자기 가정과 이웃의 안전에 대한 인식은 낯선 사람들에 대한 신뢰의 중요한 가늠자 역할을 한다.

퍼트넘(2000년 140-141쪽)은 대도시 주민보다 소도시 주민이 남을 더 믿는다고 주장한다. 퍼트넘이 보기에 그것은 모두가 낯선 사람이고 서로의 이름조차 모르는 대도시보다는 소도시에서 서로를 더 잘 알고 있기 때문이다. 그러나 퍼트넘의 주장은 대도시 생활의 비사교성을 과대평가한 것이다. 물론 대도시 주민은 소도시보다 사람들을 덜 믿는다. 즉 1972-1996년 표본에서 인구 1만 명 이하 소도시 주민의 43퍼센트가 남을 믿는 반면, 인구 100만 명 이상 대도시 주민은 불과 37퍼센트만 남을 믿는다(p<.0001). 그러나 이 차이는 대도시와 소도시의 서로 다른 구조 때문이다. 대도시에는 아프리카계 미국인들이 더 많이 거주하는데, 그들은 백인들에 비해 남에 대한 신뢰 수준이 아주 낮다. 백인 경우만 살펴보면 대도시의 사정이 달라진다. 즉 대도시에 사는 백인의 45.2퍼센트가 남을 믿고, 소도시에 사는 백인은 44.7퍼센트가 남을 믿는다. 도시 규모로 인한 차이는 거의 없다. 신뢰와 도시 규모 사이의 상관계수는 백인의 경우 -.026이고, 전체 응답자 경우에는 -.051이다.

이렇게 볼 때 개인의 현재 경험은 과거 경험보다 덜 중요한 것 같다. 예측과 달리 개인이 갖고 있는 가치에는 현재의 거주지역이 아니라 과거의 성장환경이 반영된 듯하다. 만일 자녀가 타인을 믿기를 바란다면 대도시 근교로 이사 가기 바란다. 1992년 미국선거연구에 따르면 대도시 근교처럼 교육수준이 높은 지역은 전체 주민의 54퍼센트가 타인을 믿는 반면 다른 곳에서 성장한 뒤 그곳에 살고 있는 주민은 44퍼센트만 타인을 믿는다. 소도시 출신(39퍼센트)과 농촌 출신(41퍼센트)은 다른 사람을 신뢰하는

비율이 낮다.[89]

1960년대와 1970년대 미국 텔레비전 연속극 〈디 앤디 그리피스 쇼*The Andy Griffith Show*〉에 나오는 메이베리 같은 작은 마을을 떠올려보자. 메이베리 마을에서 보안관은 모두의 친구이고, 비 아주머니는 마을 전체를 돌본다. 반면 그곳은 낯선 사람들을 미심쩍은 눈으로 바라보는 개별적 신뢰의 온상이다. 자신과 같지 않은 사람들에게 비교적 관대한 대도시에서 성장한 사람들에 비해 시골과 농촌에서 자란 사람들은 개별적 신뢰에 입각할 가능성이 상당히 높다. 메이베리 사람들은 남을 믿는 것처럼 보일 때가 많지만 실상은 그렇지 않았다. 즉 도시 출신의 한 야바위꾼이 더 살가운 분위기를 찾아 메이베리로 이주해 왔는데 마을 사람들은 아무도 그를 믿지 않았다.[90] 대도시 생활은 다른 사람을 경계하도록 유도하지 않는다. 그것은 아마 주변에 낯선 사람들이 너무 많기 때문일 것이다. 희박한 이 변량관계는 다변량 검증에서 더 이상 영향을 미치지 않으므로 앞으로의 평가에서는 이 척도를 배제할 것이다.

퍼트넘(1995년a)은 대인 신뢰가 사회경제적 지위의 영향으로 계층화된다고 주장한다(패터슨 1999년 참고). 사회경제적 지위가 높은 사람들, 즉 소득과 학력 수준이 높은 사람들은 남을 믿을 여유가 더 많다(스미스 1997년 189쪽 참고). 만일 상대를 믿을 만하다고 '판단'했으나 그것이 틀릴 경

---

89 내가 2장에서 언급했듯이 퍼트넘(2000년 138쪽)의 견해와 배치된다. 그와 나의 의견이 다른 몇 가지 원인은 그가 디디비 니덤 생활방식조사에 의존한 점에서 비롯된 듯하다. 디디비 니덤 생활방식조사에는 신뢰에 관한 질문 대신 정직성에 관한 질문이 있는데, 신뢰와 정직성은 다르다(3장을 보라).
90 이 대목(과 어느 남자가 그곳의 민속음악을 기록하기 위해 마을을 방문하지만 보안관인 앤디 그리피스는 그 남자를 사기꾼으로 의심한 대목)은 제프리 몬다크 덕분에 알게 되었다.

우 사회경제적 지위가 높은 사람들은 그렇지 못한 사람들에 비해 잘못된 판단에 따른 손실을 더 쉽게 흡수할 수 있다. 교육은 대인 신뢰의 강력한 가늠자일 뿐 아니라 여러 경우 가장 중요한 결정요인이다. 그리고 교육의 효과는 단순 선형관계를 보이지 않는다. 즉 대학 교육은 고등 교육보다 훨씬 많은 신뢰를 초래하고, 고등 교육은 초등 교육보다 훨씬 더 중요하다(퍼트넘 1995년a). 그러나 소득은 앞으로 제시할 일반적 신뢰나 개별적 신뢰의 모든 추정에서 의미가 없다. 이것은 교육이 계급이나 지위 같은 단순한 척도의 수준을 넘어선다는 점을 암시한다.

사회경제적 지위가 확실히 중요한 역할을 하는 경우가 하나 있다. 2장에서 지적했듯이 흑인은 백인보다 사람들에 대한 신뢰 수준이 아주 낮다. 인종은 일반적 신뢰와 개별적 신뢰 모두의 가장 강력한 결정요인 가운데 하나이다. 흑인들은 개인적으로 성공을 거둬도 사람들에 대한 낮은 신뢰 수준이 크게 호전되지 않는다. 또한 그들은 백인에 비해 소득의 신뢰 수준에 미치는 영향력이 작다. 그리고 교육은 주로 백인에게만 신뢰 수준을 높이는 효과가 있다. 인종은 신뢰에 가장 큰 영향을 주는 삶의 경험이다. 그리고 앞으로 살펴보겠지만 흑인 외에 아시아계 미국인도 백인에 비해 대인 신뢰 수준이 낮다(적어도 일부 조사에서는).

신뢰에 영향을 미치는 그밖의 중요한 인구통계학적 변수는 연령이다. 퍼트넘(1995년a, 1996년, 2000년 140-141쪽)은 1920년대와 1930년대 세대는 남을 믿었고 그 이후의 세대들은 점점 남을 덜 믿는 경향이 있다고 주장한다. 텔레비전을 보면서 성장한 세대들(전기와 후기 베이비붐 세대)은 이전 세대보다 남을 덜 신뢰하지만, 1960년대와 1970년대에 태어난 세대들에 비해서는 신뢰 수준이 높다(브렘과 란 1997년, 스미스 1997년 189쪽).

그런데 1980년대 후반부터 지금까지는 상대적으로 젊은 세대일수록 타인에 대한 신뢰 수준이 낮아지는 현상이 다소 완화되었다. 예를 들어 전기 베이비붐 세대는 남을 가장 믿지 않는 세대였다가 가장 믿는 세대로 변신했다. 타인에 대한 신뢰 수준은 연령에 따라 선형적 감소를 보이는 것은 아니지만 가장 젊은 연령집단의 신뢰 수준이 가장 낮기 때문에 단순한 설명도 충분히 가능하다.

젊은이들은 나이 든 사람들에 비해 타인을 덜 믿는데(그리고 중년의 전기 베이비붐 세대에 비해 타인을 훨씬 덜 믿지만) 젊은이들의 염세증을 초래한 원흉이 텔레비전은 아니다. 나는 다른 책(우슬러너 1998년b)에서도 텔레비전의 책임을 묻지 않았다. 그리고 이 부분을 여기서 자세히 다루기는 곤란하다. 간략히 말하자면 텔레비전은 시청자들에게 세상이 비열하고 난폭한 곳으로 생각하도록 유혹하지 않는다. 대신 사람들은 '텔레비전 세계'와 '현실 세계'를 구별할 줄 아는 듯하다(거브너 외 1980년). 미래에 대한 낙관론을 통계모형에 적용해보면 텔레비전 시청이 (시민참여뿐 아니라) 신뢰에 미치는 영향은 텔레비전 프로에 상관없이 사라진다(우슬러너 1998년b).

이처럼 오랫동안 텔레비전과 씨름했기 때문에 지금 여기서 다시 텔레비전을 논할 생각은 없다. 그리고 텔레비전 관련 질문은 단지 산발적으로, 그리고 일부 표본에서만 던지기 때문에 텔레비전 효과와 관련해서는 더 이상 왈가왈부할 여지가 없는 듯하다. 따라서 나는 일방적으로 승리를 선언하고 퇴각하겠다(30여 년 전에 상원의원 조지 에이컨이 베트남 전쟁에 관해 그렇게 했듯이).

내가 몇몇 모형에 포함시킨 또 하나의 대중매체는 신문이다. 퍼트넘 (1996년)은 신뢰와 신문 읽기 사이에는 강력한 양의 상관관계가 있다고 주장한다. 그러나 나는 신문을 읽는다고 낯선 사람들에 대한 믿음이 생성된다고는 생각지 않는다(하지만 브렘과 란 1997년 1009쪽을 보라). 신문 읽기는 공동체와 세상에 대한 관심을 드러내는 신호로 볼 수 있다. 세상 돌아가는 일을 간추려 알고 싶다면 텔레비전 뉴스만으로 충분하다. 그러나 자신이 속한 공동체뿐 아니라 더 넓은 세상에 관한 정보, 요컨대 낯선 사람들에 대한 정보를 습득하려면 신문을 읽을 필요가 있다.

신뢰, 사회적 연결망, 양육방식

대인 신뢰는 언제, 어떻게 배우는 것일까? 신뢰의 전략적 관점에서 말하자면 우리는 살아가면서 끊임없이 누구를 믿거나 믿지 말아야 할지를 결정해야 한다. 신뢰는 우리의 경험을 반영한다. 그리고 확실히 경험은 단지 어제 일뿐 아니라 인생사 전체에 걸친다. 그러므로 우리는 각자 경험에 따른 고유의 성향을 지니게 된다(하딘 1992년 155쪽). 그러나 그런 성향은 바뀔 수 있고, 우리는 신뢰하는 법을 배울 수 있다. 토크빌과 퍼트넘을 비롯한 그의 지지자들이 볼 때 신뢰는 사회적 상호작용을 통해 발달한다. 전략적 신뢰는 배워야 하는 것이다. 다른 사람들에 관한 정보가 없으면 그들을 믿을 만한 근거도 없다.

5장에서는 신뢰와 사회적 연결망 사이의 연결고리를 상세히 설명하고 비판을 가할 것이다. 아울러 신뢰와 시민참여 사이의 인과관계 연결고리도 자세히 살펴보겠다(신뢰와 시민참여는 서로 인과관계가 있을까, 아니면 서로 호혜적인 관계일까?). 그리고 신뢰와 사회적 연결망의 관계에 대해 검토할 것이다. 그러나 여기서는 시민참여와 사회적 연결망이 대인 신뢰를 예측할 수 있는 지표인지 아닌지를 확인하는 데 만족하겠다.

자발적 단체에 참여하는 사람들은 이미 일반적 신뢰를 갖고 있다. 신뢰를 포함한 여러 가치들은 대체로 어린 시절 가정생활에서 배운다(에릭슨 1963년 249쪽, 뉴턴 1997년 579쪽 참고). 우스나우(1997년 16쪽)가 심층면접을 통해 연구한 바에 따르면 "성인이 되어 시민단체에서 활동함으로써 타인에 대한 신뢰에 영향을 받은 응답자는 드물었다. 대신 응답자들은 자신의 태도를 어려서부터 늘 지니고 있던 것, 어릴 때 습득한 특징으로 설명했다."

자녀의 성장을 도와주는 양육적인 부모 밑에서 자란 아이들은 스스로를 긍정적으로 바라보고, 덕분에 "다른 사람과의 교류에서 이기적 관점을 최소화할 수 있다."(스토브 1979년 111쪽) 반면 엄격하거나 무관심한 부모를 둔 아이들은 낯선 사람들을 경계한다. 부모는 자녀에게 가치를 말로만 가르치는 게 아니다. 자녀들은 살아 있는 사례를 보고 배운다. 즉 남을 믿고, 남에게 관대하며, 공동체 일에 참여하는 부모는 자녀를 신뢰의 길로 인도하는 역할모델이다.

신뢰와 세대를 관련지을 만한 증거는 거의 드문 편이다. 니미-제닝스 패널을 제외하면 렌션Renshon(1975년)이 1970년대 초반에 조사한 대학생과 학부모의 소규모 표본이 유일한 증거이다. 렌션(1975년 76쪽)은 부모의 대인 신뢰가 자녀들의 대인 신뢰에 가장 강력한 결정요인이라는 점을 발견했다. 그리고 마틴 셀리그먼(1991년 127쪽)은 "설명방식, 즉 세상을 낙관적으로 설명하는가, 아니면 비관적으로 설명하는가는 어릴 적에 자리 잡는다. 그것은 이미 여덟 살쯤 구체적인 형태를 갖춘다"라고 주장한다. 행복감을 느끼는 성인들에게는 지난 시절 사랑을 쏟아부은 자애로운 부모들이 있게 마련이다(코스너 · 프란츠 · 와인버거 1990년 713쪽, 포페노 1994년

99쪽). 부모의 자녀 양육방식은 (심지어 다섯 살 때의 양육방식도) 자녀가 최소한 중년기 초반이 될 때까지는 영향을 미친다. 부모가 자녀를 따뜻하고 인자하게 대하면 자녀는 스스로를 긍정적으로 바라보고 남에게 공감할 줄 알고 관대하며 친절한 사람으로 자란다(코스너 외 1990년 711-712쪽, 파셀과 메나한 1993년, 스미스 1999년b). 부모와 자녀가 많은 시간을 함께 보내고, 자녀 스스로 사고하도록 격려하며 양육적인 환경을 조성해주면 자녀는 어려서나 커서나 대체로 자신이 속한 공동체에서 더 적극적인 역할을 수행하는 경향이 있다. 즉 가난한 사람을 돕고 민권운동에 능동적으로 참여할 가능성이 높다. 덕분에 사람들에게 친근하고 협조적인 존재로 평가받는다(로젠한 1969년, 호프만 1975년 608쪽, 스토브 1979년 101-109쪽).

나는 앞으로 분석을 통해 시민참여와 신뢰 사이의 연결고리가 약하다는 점과 부모의 영향이 일반적 신뢰의 중요한 결정요인이라는 점을 입증할 것이다. 안타깝게도 부모의 영향을 측정한 자료는 많지 않다. 즉 신뢰가 주로 가정에서 습득된다고 확증할 만한 증거가 없다. 그리고 부모의 가치에 관한 단 하나의 유익한 자료는 3개 기간에 걸쳐 두 집단 모두 대인 신뢰 수준이 너무 높다는 점이 걸리는 니미-제닝스 부모 자녀 패널이다. 그럼에도 불구하고 나는 현재의 경험보다는 과거의 사회화 과정에 근거한 설명을 뒷받침하는 자료에 의존할 것이다.

그러므로 일반적 신뢰와 개별적 신뢰에 대해 추정하게 될 모형들은 세계관이 가치를 형성하는 양상에 초점이 맞춰져 있다. 나는 낙관론 척도(미래에 대한 기대, 자기 통제감, 반권위주의, 개인적인 행복, 개인적인 환경에서의 신뢰 수준)가 가장 강력한 영향을 미칠 것으로 추측한다. 평등주의적·종교적 가치가 신뢰 형성과정에서 중요하듯이 연령, 교육 수준, 인종 같은 몇몇 인구통계학적 요소도 중요할 것이다. 아울러 부모에 의한 사회화도 영향을 미칠 것으로 기대한다. 반면 경험과 관계있는 대다수 변수(소득, 재산 같은 객관적 복리 척도)는 특별한 영향을 미치지 않을 것 같다. 개인적인 인생사(행복 또는 불행한 결혼생활이나 이혼 경험 등)는 어떤 유형의 신뢰에도 영향을 미치지 못할 것이다. 디너, 서, 오이시(1997년) 등도 낙관론과 자존감의 복합지표인 사회적 복리가 개인 소득이나 소득변화에 의해 결정되지 않는다고 주장한다. 신뢰는 자발적 단체의 가입 여부나 심지어 더 적극적인 형태의 시민참여(봉사활동이나 자선활동)에 좌우되지 않는다. 5장에서 연립방정식 모형을 추정할 때 입증하겠지만 인과관계 방향은 오히려 신뢰에서 시민참여 쪽으로 향한다.

추측건대 일반적 신뢰를 촉진하는 요인들은 개별적 신뢰의 감소를 초래할 것 같다. 개별적 신뢰를 고수하는 사람들은 원래 자신에게 불리한 세상이라고, 자신에게는 환경을 통제할 능력이 없다고 믿는 염세주의자들일 것이고, 개인적 삶이 행복하지 않을 것이며, 심지어 권위주의적·반평등주의적 가치를 표명할 것이다. 또한 그들은 사회적인 고립감을 느낄 수 있다. 이웃들과 대화도 나누지 않고 도움을 구할 사회적 연결망도 없을 것이다. 개별적 신뢰를 고수하는 사람들은 특히 종교적 근본주의자일 가능성이 높고, 종교가 인생에서 중요한 요소라고 말할 가능성도 높다. 그리고 부모가 낯선 사람들을 믿지 말라고 했을 가능성도 높다(스톨 1998년a·1998년b 참고). 개별적 신뢰를 고수하는 사람들은 학력이 낮고 소수집단 구성원이거나(자신과 같은 부류만 믿을 만한 이유가 충분하다) 비교적 젊을 가능성이 높다.

끝으로 일반적 신뢰와 개별적 신뢰 사이에는 어떤 연결고리가 있을 것으로 보인다. 일반적 신뢰에 입각한 사람들은 비교적 내집단에 경도되지 않고 외집단에 우호적이다. 앞으로 가능하다면 전형적인 일반적 신뢰 질문과 개별적 신뢰 질문이라는 두 구성요소 사이의 관계를 검증할 것이다.

신뢰가 곧 낙관론일까?

일부 평론가들은 낙관론을 통한 신뢰 예측을 화씨온도계 눈금으로 섭씨온도를 예측하는 것에 비유한다. 낙관론과 신뢰는 동일한 현상을 가리키는 2개의 용어일 뿐이다. 그러므로 만일 내가 낙관론이 일반적 신뢰의 가장 강력한 결정요인이라는 점을 발견해도(실제로 발견하지만) 전혀 놀라운 일이 아닐 것이다. 따라서 일반적 신뢰와 개별적 신뢰 모형을 추정하기 위해서는 먼저 신뢰와 낙관론의 비밀을 이해해야 한다.

낙관론과 신뢰는 서로 밀접하게 관련되어 있지만 동일한 것은 아니다. 비관론자는 다른 사람을 믿지 않게 마련이다(물론 예외는 있다). 그러나 운명을 스스로 개척할 수 있으므로 내일은 오늘보다 나을 것이라고 믿는 낙관론자이면서도 다른 사람을 믿지 않을 수 있다. 나와 남이 서로 협조적인 행태를 보인다고 기대하지 않는 사람도 낙관론자일 수 있다. 그리고 몇 가지 조사에 따르면 첫째 낙관론자이면서 남을 믿지 않는 사람들의 수가 상당히 많고(반면 비관론자이면서 남을 믿는 사람은 드물다), 둘째 낙관론자이면서 남을 믿지 않는 사람들은—낙관론자이면서 남을 믿는 사람들과 마찬가지로—자신의 운명을 통제할 수 있다고 생각한다. 만일 낙관론과 신뢰의 기본적 개념이 동일하다면 자신이 미래의 주인으로 자부하면서 남을 믿지 않는 사람들은 존재하지 않을 것이다. 그러므로 낙관론과 신뢰는 같은 개념은 아니어도 신뢰 밑바탕에는 긍정적 세계관이 깔려 있다.

1978년 생활수준조사, 1972년 미국선거연구, 1971년 복지예비조사 등은 이와 같은 관점을 뒷받침해준다. 각 조사에서 나는 장기적인 미래(최소한 향후 5년)에 관한 기대에 대해 양분척도로 대인 신뢰를 교차 분석함으로써 낙관론과 신뢰의 통합척도를 고안했다. 각 조사에서 비관론자이면서 타인을 신뢰하는 사람들은 4개 유형 중 규모가 가장 작았다. 대부분의 척도에 대해 낙관론자이면서 타인을 신뢰하는 사람들의 효능감과 운명을 통제할 수 있다는 자신감 순위가 가장 높았다. 비관론자이면서 남을 믿지 않는 사람들은 순위가 가장 낮았다. 비관론자이면서 남을 믿는 사람들은 낙관론자이면서 남을 믿지 않는 사람들보다 대체로 자신감이 높았다. 만일 신뢰와 낙관론이 동일하다면 양자 사이의 이토록 분명하면서도 단조로운 관계가 드러나지 않았을 것이다. 만일 그다지 낙관적이지도 남을 믿지도 않는 중간 유형이 단 1개밖에 없다면 비관론자이면서 남을 믿는 사람들과 낙관론자이면서 남을 믿지 않는 사람들은 비슷하게 답변했을 것이다.

이 실험 결과는 〈표 4-1〉에 나온다. 각 조사에서 비관론자이면서 남을 믿는 사람들이 가장 적었고, 대체로 아주 낮은 수준이었다. 1978년 생활수준조사의 경우 비관론자이면서 남을 믿는 사람들보다 낙관론자이면서 남을 믿는 사람들이 2.5배 많았다. 1972년 미국선거연구 경우에는 2배 이상 많았다. 1971년 복지예비조사 경우에만 차이가 비교적 적은 편이었다.[91] 세 가지 조사 모두에서 효능감과 통제력 같은 여러 척도에 걸쳐 낙관론자들은—다른 사람에 대한 신뢰 여부와 무관하게—비관론자들보

---

[91] 1971년 복지예비조사에서는 비관론자이면서 남을 믿는 사람들과 낙관론자이면서 남을 믿는 사람들의 비율은 1.3 대 1이었다.

⟨표 4-1⟩ 신뢰와 낙관론

	낙관론자이면서 남을 믿는 사람들	비관론자이면서 남을 믿는 사람들	낙관론자이면서 남을 믿지 않는 사람들	비관론자이면서 남을 믿지 않는 사람들
1978년 생활수준조사 응답자 비율	34.6	13.2	29.7	22.5
계획이 예상대로 실현될 것이다	62.1	58.7	51.6	41.4
바라는 대로 삶을 운영할 수 있다	92.2	88.3	83.2	74.6
행복하다	52.7	40.0	40.5	31.7
하는 일이 자랑스럽다	84.4	74.9	79.6	69.6
1972년 미국선거연구 응답자 비율	33.6	15.2	28.5	22.8
계획이 대체로 실현된다	64.7	53.2	46.2	34.4
자기 삶을 운영할 수 있다	89.7	83.9	66.8	56.9
행복감을 느낀다	40.8	38.1	29.1	19.8
최근의 성과가 자랑스럽다	79.7	69.4	69.2	60.4
운명이 소득을 결정한다	24.0	36.1	42.4	47.7
근면이 성공의 열쇠이다	71.8	71.5	64.0	55.2
평범한 시민이 정부를 운영한다	67.8	45.8	43.5	30.7
평균: 인구통계학적 내집단	1.843	−.787	5.355	6.451
평균: 인구통계학적 외집단	−.420	−3.290	−3.490	−5.443
1971년 복지예비조사 응답자 비율	26.6	20.1	28.0	25.2
가족이 충분히 편안하다	55.0	49.1	38.2	27.8
자기 운명을 통제할 수 있다	85.4	74.6	74.4	70.8
부모가 가난하다a	2.974	2.867	2.774	2.705
적절한 연줄이 있어야 한다	3.331	3.017	3.051	2.886

a 이 말에 동의할수록 점수가 낮다. 5점 만점 방식

다 자신감이 컸다.

세 가지 조사에서 낙관론자이면서 남을 믿는 사람들은 자신의 계획이 예상대로 실현될 것이며, 자기가 바라는 대로 삶을 운영할 수 있고, 행복하고, 하는 일이 자랑스럽고, 자기 가족이 편하게 지내며, 자신의 운명을 통제할 수 있고, 근면이 성공의 열쇠이고, '적절한' 연줄 없이도 원하는 바를 달성할 수 있고, 정부는 소수 엘리트가 아닌 평범한 시민들이 운영한다고 믿는다. 각 조사에서 비관론자이면서 남을 믿지 않는 사람들은 순위가 가장 낮다. 대다수 척도의 경우 비관론자이면서 남을 믿는 사람들은 낙관론자이면서 남을 믿는 사람들보다 순위가 낮지만, 낙관론자이면서 남을 믿지 않는 사람들보다는 높다. 낙관론자이면서 남을 믿는 사람들은 네 유형 중 외집단을 가장 긍정적으로 평가한다(1972년 미국선거연구에서). 비관론자이면서 남을 믿지 않는 사람들은 4개 유형 중에서 외집단을 가장 부정적으로 평가하고, 비관론자이면서 남을 믿는 사람들과 낙관론자이면서 남을 믿지 않는 사람들이 중간에 위치한다. 한편 내집단에 대한 평가는 사정이 다르다. 낙관론자이면서 남을 믿는 사람들은 낙관론자 혹은 비관론자이면서 남을 믿지 않는 사람들만큼은 아니어도 비관론자이면서 남을 믿는 사람들보다 내집단에 편중된 시각을 보인다.

이 실험에서는 신뢰와 낙관론이 단순히 동일한 현상을 가리키는 서로 다른 이름이 아니라는 점을 알 수 있다. 모든 조사에서 낙관론자이면서 남을 믿지 않는 사람들은 비관론자이면서 남을 믿지 않는 사람들보다 환경에 대한 통제 가능성을 더 확신하지만 낙관론자이면서 남을 믿는 사람들보다는 정도가 낮다. 그러므로 신뢰 모형에 낙관론 척도를 포함하는 것은 중복 위험성이 없다. 하지만 이것은 낙관론과 신뢰가 어떤 관계인가에 대한 문제를 해결하지 못한다. 다른 평론가들은 신뢰와 낙관론이 동일한 것이 아닐지 모른다고, 내가 인과관계 순서를 잘못 파악하고 있다고 본다.[92] 그들은 낙관론은 신뢰로 이어지지 않고, 신뢰가 낙관론을 생산한다

---

92 이들 평론가의 첫 번째 그룹에는 내 동료인 데니스 청Dennis Chong과 로버트 퍼트넘뿐 아니라 캐럴

고 본다. 이것 역시 고려해야 할 중요한 문제이다. 나는 신뢰, 낙관론, 시민참여 등의 연립방정식 모형을 추정할 것이다. 나는 낙관론이 신뢰를 형성하고 신뢰가 낙관론을 결정한다는 점을 인정한다. 낙관론과 신뢰는 서로에게 영향을 미치지만, 낙관론이 신뢰에 미치는 영향은 신뢰가 낙관론에 미치는 영향의 2배쯤 된다.

그렇다면 낙관론의 뿌리는 무엇일까? 이것은 논의 범위에서 벗어난 질문이다. 물론 5장에서 일반사회조사에서 쓰인 최적의 낙관론 척도(보통사람의 삶이 점점 나빠지는가 그렇지 않은가?)를 포함하는 연립방정식 모형을 추정하지만 말이다. 1972–1996년 일반사회조사를 이용하는 모형에 따르면 개인의 삶에 대한 만족은 그보다 더 보편적인 낙관론과 통한다. 삶을 즐겁게 느끼는 사람들, 자신의 경제상황이 남보다 낫다고 말하는 사람들, 직업에 만족하는 사람들은 '보통사람의 삶이 점점 나빠지고 있다'는데 동의하지 않을 가능성이 아주 높다. 종교적 근본주의자들은 젊은이들과 마찬가지로 상대적으로 비관론자일 가능성이 높다.

타인을 믿는 사람들은 상대적으로 낙관적이다. 낙관론이 신뢰 형성에 기여하는 바보다 신뢰가 낙관론 형성에 기여하는 바가 더 클까? 그렇지 않다. 낙관론이 신뢰에 미치는 영향은 신뢰가 낙관론에 미치는 영향보다 2배 크다(5장의 〈표 5-2〉를 보라). 낙관론과 통제력에 대한 다른 척도는 개인적 경험이 반영될지 모르기 때문에 인생사와 일반적 신뢰를 연결하는 간접적인 경로가 있을 수 있다. 6장에서는 미국인들이 미래를 점점 비관적으로 전망함에 따라 미국 사회의 종합적인 신뢰 수준이 떨어졌다는 점,

---

솔탄도 포함된다. 로버트 퍼트넘은 두 번째 그룹의 유일한 아주 중요한 구성원이다.

그리고 신뢰 감소와 비관론의 증가 현상은 미국의 소득불평등에 기인한다는 점을 입증할 것이다.

일반적 신뢰 형성에 관계하는 것은 무엇인가?

나는 낙관론의 다양한 척도가 낯선 사람들을 신뢰하도록 이끄는 과정을 보여주기 위해, 그리고 인생사가 사람들에 대한 믿음을 결정하는 과정에서 비교적 작은 역할을 수행한다는 점의 예증을 위해 일반적 신뢰에 대한 일련의 모형을 추정한다. 나는 여러 조사에서 사용된 전형적인 신뢰 설문을 바탕으로 4개의 모형을 제시한다. 그런 다음 1996년 퓨 리서치센터 조사의 낯선 사람 인자 모형을 추정함으로써 낯선 사람들에 대한 신뢰가 대인 신뢰라는 점을 재확인하고, 미국선거연구와 니미-제닝스 사회화 연구의 개별적 신뢰 모형을 위한 무대를 마련한다.

이 장에서 나는 두 가지 분석기법, 즉 일반적 신뢰의 전형적인 양분척도에 대한 프로빗 분석과 퓨 리서치센터 조사의 인자 점수와 1992년 미국선거연구의 개별적 신뢰의 인터벌 척도에 대한 최소제곱회귀분석을 통해 모형을 추정한다.[93] 회귀계수와 달리 프로빗 계수에는 사전해석事前解釋이 없다. 따라서 나는 로젠스톤Rosenstone과 한센Hansen(1993년)이 독립변수의 '효과'로 부르는 것(가늠자의 최대값과 최소값에서 추산한 확률의 차이-역자)을 사용함으로써 나머지 독립변수들이 각자의 '자연' 값natural values을 갖도록 했다.

---

[93] 이분산異分散의 증거가 있는 경우에는 프로빗 분석과 회귀분석에 대해 강건표준오차를 사용했다.

여러 개의 모형에서 우리가 보지 못하는 바는 아마도 보는 바만큼 인상적인 사실일 것이다. 나는 주로 낙관론과 통제력의 다양한 척도에 집중한다. 각 모형에서 나는 소득, 결혼과 주택 소유 여부, 성별, 범죄 피해 여부, 지인들과의 접촉 빈도 같은 삶의 경험에 대한 여러 가지 척도의 영향을 검증했다. 대부분의 경우 이런 삶의 경험은 의미가 없다. 가끔 다른 변수들에 교란효과를 미쳤고, 때로는 그 변수들에 대한 누락값이 많이 있었다. 따라서 그 변수들이 교란효과를 지니지 않을 경우 의미가 없다는 점을 보여주기 위해 그것들을 모형에서 제거하기로 결정했다. 내가 추정하는 모형은 이미 아주 복잡해 우리의 관심을 끌기에 충분한 정도 이상의 변수를 가지고 있다.

흔히 정부에 대한 신뢰는 의미가 없는 것으로 드러나 그럴 경우 탈락시켰다. 다른 인구통계학적 변수들은 대체로 의미가 있다(인종, 교육, 연령 등은 특히 중요하다). 1971년 복지예비조사에 기초한 모형에서는 여러 개의 사소한 변수들을 포함함으로써 어떻게 낙관론 척도가 신뢰를 형성하고 그보다 객관적인 척도는 그렇지 않은지를 입증할 것이다.

〈표 4-2〉〈표 4-3〉〈표 4-4〉〈표 4-5〉에는 각각 1987년 일반사회조사, 1992년 미국선거연구, 1971년 복지예비조사, 1965년 니미-제닝스 조사 등의 프로빗 결과가 제시되어 있다. 퓨 리서치센터 조사에서의 일반적 신뢰와 개별적 신뢰에 대한 추정결과는 〈표 4-6〉, 1992년 미국선거연구에서의 개별적 신뢰에 대한 추정결과는 〈표 4-7〉에 나온다. 1965년 니미-제닝스 조사에서의 개별적 신뢰에 대한 모형은 〈표 4-8〉에 제시되어 있다.

낙관론, 통제력, 반권위주의 척도가 신뢰에 미치는 영향은 크다. 우선

〈표 4-2〉1987년 일반사회조사의 신뢰 프로빗 분석

독립변수	계수	표준오차	최우추정량 (MLE)/ 표준오차	효과a
맥락적 신뢰	1.242**	.507	2.452	.189
다음 세대에는 삶이 나아질 것이다	.138***	.050	2.757	.175
공무원들은 일반인에게 무신경하다	-.352****	.098	-3.580	.225
과학을 신뢰한다	.203***	.077	2.650	.131
친구관계에 만족한다	.086**	.037	2.321	.163
적절/성공한 사람을 알고 있어야 한다	-.150***	.054	2.796	-.194
동기부여에는 보수차이가 필요하다	-.097**	.055	1.764	-.072
사람들은 더 많은 연봉을 받기 위해 학위를 딴다	-.074**	.041	1.831	-.094
근본주의자(교회에서 활동한다)	-.081***	.031	-2.656	-.159
전문직 단체에서 활동한다	.142**	.072	1.962	.092
밤에 동네를 걸어다니기가 겁난다	-.216**	.091	-2.380	-.069
어머니 교육 수준	.027**	.015	1.806	.103
대학 교육	.012**	.006	1.834	.023
연령	.017****	.003	5.410	.309
흑인	-.583****	.115	-5.086	-.191
상수	-2.398****	.436	-5.495	

추정 R²=.351 -2*로그 우도비=1132.704 N=1006
정확예측률(Percent Predicted Correctly, 프로빗 모형과 널 모형이 응답자의 몇
퍼센트를 정확히 예측하는가를 가리키는 말-역자): 프로빗 모형: 70.5 널 모형: 54.1.
****p<.0001 ***p<.01 **p<.05
a 연령의 경우 최대값 75에서, 어머니 교육기간의 경우 최소값 8년에서 계산한 효과

낙관론 척도를 살펴보자. 지금 세대보다 다음 세대에 삶이 나아질 것으로 기대하는 사람은 타인을 믿을 가능성이 18퍼센트 높다(1987년 일반사회조사). 1992년 미국선거연구에서 20년 후 생활 수준이 나아질 것으로 기대하는 사람은 타인을 믿을 가능성이 전자보다 조금 낮다(.104). 그리고 (현

재를 근심하는 대신) 미래를 내다보는 사람은 타인을 믿을 가능성이 9퍼센트 높다(1971년 복지예비조사). 삶이 자신의 예상대로 전개될 것이라고 생각하는 고등학생이 일반적 신뢰를 고수할 가능성은 13퍼센트 높고, 개별적 신뢰를 고수할 가능성은 낮다(니미-제닝스 조사). 전체적으로 볼 때 낙관론자들은 비관론자들에 비해 타인을 믿을 가능성이 약 12퍼센트 높다.

낙관론에 관한 일반적 척도보다는 통제력에 관한 척도가 더 많아 그런 척도의 영향은 더 다양하다. 강력한 영향을 미치는 척도 가운데 하나는 일반사회조사에서 쓰인 과학에 대한 확신이다. 그것은 미래를 바라보는 기대에 대한 간단한 척도이지만 미국 특유의 낙관론과 관계가 깊은 미국적 이상을 반영한다. 미국인들은 예부터 실용과학을 중시해왔다. 미국인들의 창의성은 여러 가지 문제해결에 도움이 되었다. 미국인들은 사색가였고, 아마추어 과학자였으며, 운명을 통제할 가능성을 확장해주는 기술발전을 중시했다(라이트 1957년 226쪽, 라폴레트 1990년 127쪽, 우슬러너 1993년 71~72쪽). 그러므로 과학에 대한 확신은 열심히 노력하면 우리의 문제를 해결할 수 있다는 낙관적 믿음을 반영하는 것이다. 그리고 과학에 대해 확신하는 사람들이 타인을 믿을 가능성은 13퍼센트 높다(1987년 일반사회조사).

개인적 통제력같이 한층 직접적인 척도는 훨씬 큰 영향을 미친다. 스스로 노력하는 대신 적절한 사람과 알고 지내야 출세할 수 있다고 생각하는 사람들은 타인을 믿을 가능성이 비교적 낮다.[94] 자신이 불리한 운명을 타고났다고 생각하는 사람들은 타인을 믿지 않을 가능성이 20퍼센트 이상 높다. 개별적 신뢰를 고수하는 젊은이들은 대체로 불리한 운명을 타고났

---

94 격차는 1987년 일반사회조사와 1971년 복지예비조사에서 각각 19퍼센트와 8퍼센트였다.

〈표 4-3〉 1992년 미국선거연구의 신뢰 프로빗 분석[a]

독립변수	계수	표준오차	최우추정량/표준오차	효과
내집단 신뢰	-.007***	.002	-3.286	-.273
외집단 신뢰	.001	.003	.260	.025
정부에 대한 신뢰	.110****	.030	3.644	.218
20년 후 생활수준이 향상될 것이다	.077****	.019	4.170	.104
호기심 많은/예의 바른 아이가 좋다	.087****	.020	4.400	.118
생각이 깊은/얌전한 아이가 좋다	.082****	.020	4.046	.110
불평등을 걱정하지 않는 편이 낫다	-.038*	.025	-1.519	-.051
정치적 발언권이 없다	-.055**	.025	-2.228	-.074
대화하는 이웃의 숫자	.065***	.019	3.379	.110
신문을 읽는 빈도	.030**	.012	2.607	.072
자택 소유 여부	.169**	.077	2.180	.056
연령	.008****	.002	3.527	.144
고등학교 교육	.053****	.014	3.527	.191
대학 교육	.062****	.011	5.585	.354
흑인	-.554****	.118	-4.695	-.182
상수	-.583*	.280	-2.085	

추정 R^2=.305 -2* 로그 우도비=2019.082 N=1728
정확예측률: 프로빗 모형: 70.0 널 모형: 54.5
****$p < .0001$ ***$p < .01$ **$p < .05$ *$p < .10$
a 연령의 경우 최대값 75에서 계산한 효과

다고 생각할 가능성이 훨씬 더 높다(니미-제닝스 조사).[95]

젊은이들의 경우에는 통제력 척도가 특히 중요한 의미를 지닌다. 렌션 (1975년 76쪽)에 따르면 젊은이들이 삶의 형성 과정에서 갖는 자율권의 양

___

95 비교적 자주 쓰이지 않는 척도의 하나인 '가난한 사람들은 성공할 가능성이 낮은가 그렇지 않은가' 의 효과는 -.076에 불과하다(1971년 복지예비조사). '내면의 정치적 효능감' 같은 전형적인 척도 가운데 하나(나 같은 사람들은 정치적 발언권이 없다)도 마찬가지이다.

〈표 4-4〉 1971년 복지예비조사의 신뢰 프로빗 분석[a]

독립변수	계수	표준오차	최우추정량/표준오차	효과
미래에 관해 생각한다	.069 **	.038	1.821	.090
만족감을 주는 직업을 원한다	.141 ***	.049	2.878	.233
불리한 운명을 타고났다	-.170 ***	.064	-2.653	-.211
적절한 연줄이 있어야 한다	-.060 *	.039	-1.551	-.077
가난한 사람들은 성공할 가능성이 낮다	-.059 *	.038	-1.521	-.076
가족이 충분히 편안하다	.060 *	.039	1.534	.079
경제적 상태에 만족한다	-.005	.047	-.111	-.010
현재를 위한 지출/미래를 위한 저축	-.099 ***	.037	-2.629	-.128
일자리를 잃을까 봐 늘 걱정한다	-.003	.047	-.068	-.004
가족소득	-.000	.000	-.235	-.024
자택 대 임대주택	-.095	.174	-.544	-.031
저축금, 적립금, 증권	.105	.060	1.753	.134
연금 가입	.005 **	.049	.101	-.008
1970년 실업상태에 있었다	-.135	.207	-.651	-.040
부모는 늘 가난하다	-.115	.119	-.963	-.074
정기적으로 부채를 상환한다	-.001	.039	-.026	-.001
흑인	-.257	.245	-1.048	-.083
교육	.150	.047	3.194	.386
연령	.042 ***	.014	2.975	.470
상수	-2.130 ***	.950	-2.242	

추정 R²=.352 -2* 로그 우도비=417.298 N=368
정확예측률: 프로빗 모형: 67.1 널 모형: 53.5
***p⟨.01 **p⟨.05 *p⟨.10
a 연령의 경우 최대값 56에서, 부모 가난의 경우 2에서 4 사이
가족 소득의 경우 6천 달러에서 2만 2천 달러 사이에서 계산한 효과

〈표 4-5〉 니미-제닝스 부모 · 자녀 패널(1965년 자녀 표본)의 신뢰 프로빗 분석

독립변수	계수	표준오차	최우추정량/ 표준오차	효과
부모의 신뢰	.259**	.114	2.274	.089
자신에 대한 가족의 의사결정에 영향을 준다	.173**	.094	1.845	.120
자신의 친구/활동들(을) 결정할 수 있다	.116**	.054	2.125	.078
부모: 아이들과 의견이 다를 때가 있다	.144*	.111	1.300	.048
내집단 신뢰	-.002	.004	-.478	-.035
외집단 신뢰	.012***	.004	3.331	.357
교사들은 불공정하다	.317***	.105	-3.003	-.109
삶은 내가 바라는 대로 진행될 것이다	.372****	.107	3.466	.125
흑인	-.607***	.197	-3.077	-.218
성별	-.299***	.103	-2.895	-.101
상수	.358	.226	1.581	

추정 R^2=.281 −2* 로그 우도비=839.521 N=711
정확예측률: 프로빗 모형: 69.1 널 모형: 64.5
***p<.01 **p<.05 *p<.10

은 부모의 대인 신뢰가 아이들의 대인 신뢰를 결정하는 것만큼 중요한 요인이다. 니미-제닝스 조사에서 자기 가족의 의사결정에 영향을 미칠 수 있다고 생각하는 고등학생들은 타인을 믿을 가능성이 12퍼센트 높다. 친구를 스스로 선택하는 아이들은 타인을 믿을 가능성이 8퍼센트 높고, 자유롭게 부모의견에 반대하는 아이들은 다른 사람을 믿을 가능성이 5퍼센트 높다.[96] 교사들이 불공정하고 무난한 학교생활이 자신의 통제력 범위를 뛰어넘는다고 여기는 아이들은 타인을 믿을 가능성이 11퍼센트 낮다. 통제력 척도는 평균적으로 10퍼센트 이상의 영향력을 갖는다.

---

[96] 조사에서 반대 여부를 확인해준 것은 아이들이 아니라 부모들이다.

〈표 4-6〉 1996년 퓨 리서치센터가 실시한 필라델피아 신뢰 및 시민참여조사에 대한 낯선 사람과 친구/가족 인자의 회귀분석

	낯선 사람 인자		친구/가족 인자	
	계수	t값	계수	t값
소득	.014	.984	-.010	-.583
연령	.012****	6.000	-.008***	-3.178
흑인	-.137**	-2.317	.741****	10.613
교육	.057****	3.696	-.043***	-2.354
이웃과 대화를 나눈다	.085**	1.900	-.105**	-1.962
도와줄 사람이 있다	.090***	2.327	-.177****	-3.863
의지할 사람이 있다	.005	.353	-.044***	-2.572
함께 일할 이웃이 있다	.059***	2.333	-.021	-.687
공동체에 영향력을 행사할 수 있다	.078***	2.717	-.004	-.115
부모가 남을 믿지 말라고 했다	-.061***	-2.823	.064***	2.506
부모가 범죄 피해를 당한 적 있다	-.022	-.462	.096**	1.724
밤에 집이 안전하다	.067*	1.551	-.228****	-4.444
밤에 동네를 마음 놓고 다닌다	.168****	4.401	-.001	-.017
상수	.041	.224	-.044	-.203

낯선 사람 인자의 경우: R^2=.270 보정 R^2=.256 추정표준오차(S.E.E)=.564 N=703
친구/가족 인자의 경우: R^2=.329 보정 R^2=.317 추정표준오차=.669 N=703
****p<.0001 ***p<.01 **p<.05 *p<.10

통제력 척도와 연관성이 밀접한 것이 권위주의 척도와 개별적 신뢰 척도이다. 자기 인생을 통제할 수 있다는 생각과 대다수 사람들은 불순한 동기를 갖고 있고 아주 사소한 이유로도 나를 짓밟을 것이라는 믿음 사이에는 미세한 차이밖에 없다. 1987년 일반사회조사에서는 더 많은 보수를 받아야만 일을 더 열심히 할 것인지, 그리고 더 많은 연봉을 받기 위해서만 높은 학위를 따려고 하는지를 물었다. 2개의 질문은 권위주의적 성격의 특징인 냉소적 인간관을 반영한다(2개의 질문은 타인에 대한 비교적 낮은

신뢰 수준을 겨냥한 것이다).[97] 이와 비슷한 질문은 만족감을 주는 직업과 단지 보수가 많은 직업 중에서 무엇을 원하는가이다. 그리고 만족감을 주는 지위를 바란다는 사람들은 타인을 믿을 가능성이 약 25퍼센트 높다. 이 척도는 그 방정식에서 연령이나 교육 같은 척도보다도 영향력이 강력하다.

끝으로 권위주의적 성향의 사람들은 자신을 이용하려는 사람들을 용인하지 말아야 한다고 생각한다. 그들은 설령 세상이 원래 불리한 곳이어도 자녀들에게는 우리가 소중히 여기는 가치를 존중하도록 가르치고 이단적인 사상을 물리치도록 도와야 한다고 생각한다. 따라서 우리는 아이들이 질서와 규칙을 따르도록, 그리고 대안적 세계관에 빠질 유혹을 이겨내도록 타이른다. 그러므로 권위주의자들은 자녀들이 호기심이 아닌 훌륭한 예절을 갖추기를 바라고, 깊이 있는 사고력보다는 얌전한 행실을 갖추기를 원한다(아도르노 외 1964년 255년). 반면 권위주의에 반대하는 부모들은 낯선 사람들을 새로운 사상의 원천으로 여기는, 호기심 많고 생각이 깊은 아이를 선호한다. 이상 5개 척도에서 권위주의자들은 타인을 신뢰할 가능성이 13퍼센트 낮다.[98]

나는 1992년 미국선거연구와 1965년 니미-제닝스 조사의 내집단과 외집단 신뢰 척도의 측정값만 계산할 수 있었다. 예외가 있긴 해도 그 척도들은 대체로 일반적 신뢰의 강력한 결정요인이다. 고등학생들의 경우 외집단

---

97 효과는 각각 −.072와 −.094였다.

98 아이들이 호기심 또는 깊은 사고력을 갖추기를 바라는 사람들은 타인을 믿을 가능성이 각각 7퍼센트와 9퍼센트 높다(1992년 미국선거연구). 자녀가 독립적이기보다 순종적이기를 원하는 부모는 개별적 신뢰를 고수할 가능성이 있다(1992년 미국선거연구). 정부가 부패했다고 믿는 사람은 개별적 신뢰를 고수할 가능성이 훨씬 높다(1992년 미국선거연구).

〈표 4-7〉 1992년 미국선거연구에 대한 개별적 신뢰 복합척도 회귀

독립변수	계수	표준오차	t값
근본주의자	2.259 **	.991	2.279
종교가 중요하다	3.18 ***	1.092	2.948
가톨릭교	5.597 ****	.920	6.086
자녀: 독립적 대 순종적	-.377 **	.218	-1.729
불평등은 문제가 아니다	1.110 ****	.313	3.546
공무원들은 부패했다	.852 ***	.310	2.749
가족 소득	-.062	.071	-.865
인플레이션 현상이 악화/호전될 것이다	1.044 **	.442	2.360
20년 후에 생활수준이 개선될 것이다	.205	.216	.948
대학 교육	-.090 *	.057	-1.591
흑인	10.379 ****	1.221	8.502
아시아계	15.140 ****	3.654	4.143
맥락적 신뢰	-14.731 ****	4.255	-3.462
상수	5.380 *	3.295	1.632

R^2=.153 보정 R^2=.145 추정표준오차=14.416 N=1425
****p<.0001 ***p<.01 **p<.05

을 향한 태도는 일반적 신뢰의 가장 강력한 가늠자이다. 자신과 같지 않은 사람들을 매우 긍정적으로 바라보는 고등학생들은 부정적으로 바라보는 고등학생들에 비해 타인을 신뢰할 가능성이 36퍼센트 높다. 그러나 내집단을 향한 태도는 일반적 신뢰에 특별히 의미 있는 영향을 미치지 않는다.

어른들의 경우는 정반대이다. 외집단에 대한 태도는 일반적 신뢰에 영향을 주지 않는 반면 내집단에 대한 태도는 대인 신뢰의 두 번째로 강력한 가늠자이다(첫 번째는 대학 교육이다). 내집단을 매우 긍정적 시선으로 바라보는 성인들은 자신이 속한 집단을 매우 부정적으로 여기는 성인들에 비해 대인 신뢰 가능성이 27퍼센트 더 낮다.

<표 4-8> 1965년 니마-제닝스 사회화 연구의 청소년 표본에 대한 개별적 신뢰 복합척도 회귀

독립변수	계수	표준오차	t값
부모의 개별적 신뢰	.235 ****	.039	−6.008
아버지와 얼마나 가까운가	−2.049 **	.980	−2.091
아버지 교육수준	−.057 **	.032	−1.791
부모가 근본주의자인가	5.115 ****	1.337	3.825
성경은 하느님의 진짜 말씀이다	.327 **	.108	2.101
친구가 나와 반대 인종이다	−4.388 ***	1.354	−3.242
모든 나라의 정부는	.673 **	.341	1.976
미국 정부를 본받아야 한다			
삶은 내가 바라는 대로 이뤄질 것이다	−2.817 **	1.330	−2.118
대체로 운이 좋다	−5.151 ***	2.149	−2.397
상수	15.474 ****	3.495	4.427

R²=.200 보정 R²=.187 추정표준오차=.15.272 N=561
****p⟨.0001 ***p⟨.01 **p⟨.05

　　결론적으로 고등학생들의 경우에는 자신과 같지 않은 사람들을 바라보는 관점이, 그리고 성인들 경우에는 자신이 속한 집단에 대한 애착이 가장 중요하다. 그러므로 젊은 사람들일수록 자신과 같지 않은 사람들에 대한 관점에 따라 대인 신뢰에 영향이 미치는 것은 당연하다. 이것이 바로 낯선 사람들에 대한 신뢰의 기초이다.

　　민족적 · 종교적 애착이 미치는 영향은 나이를 먹을수록 강력하다. 따라서 태도의 고착화 정도가 인생 후반기의 신뢰 수준을 결정한다. 1987년 일반사회조사에서 알 수 있듯이 어른들 경우에는 내집단에 대한 애착이 중요한 의미를 지닌다. 자기가 다니는 교회에서 적극적으로 활동하는 근본주의자들은 (극단적으로 대비되는 자유주의 성향의 기독교인에 비해) 타인을 신뢰할 가능성이 16퍼센트 낮다. 개별적 신뢰를 고수하는 사람들은 평균적으로 낯선 사람들을 믿을 가능성이 17퍼센트 낮다. 이렇듯 종교적 근본주의는 개별적 신뢰의 핵심적인 결정요인이다.[99]

여러 조사에서 확인되듯이 이 4개의 변수(일반적 낙관론, 통제감, 권위주의, 개별적 신뢰)는 대인 신뢰의 가장 강력하면서도 일관적인 가늠자이다. 그밖에 중요한 변수들도 있는 듯하다. 1987년 일반사회조사에서는 '워비곤 호수 효과'가 드러난다. 대인 신뢰 수준이 가장 높은 주(미네소타주)에 거주하는 사람은 가장 낮은 주(미시시피주)에 거주하는 사람에 비해 남을 믿을 가능성이 19퍼센트 높다.[100] 단 하나의 조사, 즉 1992년 미국선거연구에만 평등주의적 신념에 관한 적절한 질문이 포함되어 있다. 그리고 평등주의적 신념은 일반적 신뢰에는 그다지 큰 영향을 미치지 않지만 개별적 신뢰에는 큰 영향을 미친다.

내가 검토한 모든 조사에서 신뢰에 중요한 영향을 주는 시민참여 척도는 딱 하나이다(1987년 일반사회조사에 포함된 전문직 단체에서의 활동).[101] 그 계수조차 그 모형의 15개 계수 순위에서 12위에 불과하다. 신뢰를 생산하는 과정에서 비공식적인 사회적 연결망의 역할을 보여주는 결과는 역할이

---

99 근본주의자들과 종교를 중시하는 사람들은 개별적 신뢰를 고수할 가능성이 아주 높다(1992년 미국선거연구). 부모가 근본주의자인 젊은이들, 성경이 하느님의 진짜 말씀이라고 믿는 젊은이들, 다른 나라들이 미국을 본받아야 한다고 생각하는 젊은이들은 모두 개별적 신뢰를 고수할 가능성이 높다. 반면 친구들 중에 반대 인종이 있는 젊은이들은 개별적 신뢰를 고수할 가능성이 낮다(니미-제닝스 조사).
100 1992년 미국선거연구에 따르면 맥락적 신뢰는 일반적 신뢰가 아닌 개별적 신뢰에 영향을 미치는 요소이다. 일반사회조사 자료를 이용한 다른 추정에 따르면 맥락은 강력한 효과를 갖고 있다. 따라서 개인의 사회적 환경이 상당히 중요하다고 주장할 만한 듯하다. 일반사회조사에서 드러난 맥락적 신뢰의 중요성은 1972-1996년 일반사회조사 데이터베이스를 바탕으로 한 주 차원 추정의 더 높은 정확성을 반영할지 모른다. 주 차원의 코드를 제공해준 로버트 퍼트넘에게 감사한다.
101 1987년 일반사회조사에는 단순한 단체활동을 뛰어넘는 활동의 적극성을 보여줌으로써 이 문제와 근본주의자들의 적극성 문제를 설명할 수 있는 측정기준이 있다.

클 때도 있고 그렇지 않을 때도 있다. 즉 1992년 미국선거연구와 1996년 퓨 리서치센터 조사에 따르면 여러 이웃들과 대화를 나누는 사람들은 비교적 타인을 믿는다. 그리고 단일방정식 모형에서는 사회생활에 대한 만족도와 일반적 신뢰 사이의 인과관계 방향을 산출하기가 어렵다. 5장에서는 인과관계 방향을 알아내기 위해 연립방정식을 추정할 것이다.[102] 정부에 대한 신뢰도 사정이 비슷하다. 정부에 대한 신뢰는 몇몇 조사에서는 강력한 영향을 미치지만 다른 조사에서는 그렇지 않다. 이 문제는 5장에서 다시 다룰 것이다.[103]

일반적 신뢰와 실생활

신뢰의 인구통계학적 요소는 주로 방정식에 포함된 여러 가지 사회적 유대관계나 가치와 관련되어 있기 때문에 조사마다 결과가 다르다. 모든 인구통계학적 변수 중에서 가장 일관적으로 영향력이 큰 것은 연령이다.[104]

---

102 그러나 자신의 사회적 범위(1987년 일반사회조사에서는 자신을 도와줄 사람들과 친구들, 1996년 퓨 리서치센터 조사에서는 자신이 속한 공동체)에 대한 만족도의 경우가 가장 관계가 깊다. 신문을 읽는 행위가 신뢰를 구축한다는 증거는 중간 수준이다. 1992년 미국선거연구에서 신문 읽기의 효과는 중간 수준이다(.072). 그러나 1987년 일반사회조사(혹은 5장에서 검토할 일반사회조사 전체 표본)에서나 고등학생들에게는 그런 효과가 나타나지 않는다.

103 정부에 대한 신뢰는 1987년 일반사회조사와 1992년 미국선거연구에서는 중요한 의미를 지니지만 니미-제닝스 조사, 퓨 리서치센터 조사, 일반사회조사 전체 표본 등에서는 그다지 의미가 없다.

104 1987년 일반사회조사에서 75세 사람들은 18세에 비해 타인 신뢰 가능성이 31퍼센트 높다. 1992년 미국선거연구에서 연령이 신뢰에 미친 영향은 1987년 일반사회조사의 절반에 불과하다. 그러나 19세부터 56세까지 조사한 복지예비조사에서는 훨씬 큰 영향(.470)을 보여준다. 그리고 연령은 퓨 리서치센터 조사에서 일반적 신뢰의 가장 강력한 가늠자이다(비록 연령이 개별적 신뢰에 미치는 영향은 그다지 강력하지 않고, 〈표 4-7〉의 1992년 미국선거연구의 개별적 신뢰의 복합척도에서는 특별한 의미가 없지만).

연령이 신뢰에 미치는 영향은 익히 아는 사실이고, 부분적으로는 대인 신뢰의 뚜렷한 감소추이와도 관계가 있다. 즉 타인을 믿는 비교적 나이 많은 '오랜 시민세대long civic generation'가 세상을 떠나고 타인을 그다지 믿지 않는 비교적 적은 나이의 사람들이 그 자리를 차지한다(퍼트넘 1995년 a, 2000년 140쪽).

각 조사에서는 대체로 인종의 강력한 영향이 드러난다.[105] 인종은 1992년 미국선거연구의 복합척도와 퓨 리서치센터 조사 모두에서 개별적 신뢰의 가장 강력한 결정요인이다.[106] 아프리카계 미국인들은 대다수 흑인들은 믿을 만해도 백인에 대해서는 훨씬 더 경계한다. 그리고 최소한 1992년 미국선거연구에 따르면 아시아계 미국인들도 개별적 신뢰를 고수할 가능성이 높다(〈표 4-7〉).

연령과 인종 외에 대부분의 추정에서 큰 영향을 미치는 유일한 인구통계학적 변수는 교육이다(퍼트넘 1995a년, 브렘과 란 1997년). 그러나 교육은 다른 변수들에 비해 일관성이 부족하다. 교육은 낙관론, 통제력, 권위주의 등과 밀접한 관계를 맺고 있기 때문에 영향이 클 때도 있고 그렇지 않을 때도 있다. 때로는 대학 교육이 고등 교육보다 훨씬 중요하지만 때로는 그렇지 않을 때도 있다.[107]

---

105 흑인들은 백인들에 비해 남을 덜 믿는다. 1987년 일반사회조사에 따르면 9퍼센트(5장에 나오는 더 큰 표본에서는 7퍼센트), 복지예비조사에 따르면 8퍼센트(의미 있는 수치는 아니다) 정도 남을 덜 믿는다. 그러나 1992년 미국선거연구와 니미-제닝스 조사에서는 흑인과 백인의 차이가 훨씬 크다(각각 18퍼센트와 22퍼센트).

106 니미-제닝스 조사에 따르면 인종은 일반적 신뢰의 강력한 가늠자이지만 개별적 신뢰 척도에 대해서는 그다지 의미가 없다.

107 1992년 미국선거연구에 따르면 대학 교육과 고등 교육 모두가 중요하지만 대학 교육(.354)이 고등

여러 추정에서 가장 주목할 만한 점은 실생활 경험이 일반적 신뢰에 거의 영향을 미치지 못한다는 사실이다(인종은 별도). 성별은 딱 한 가지 방정식에서만 의미가 있다(일반적 신뢰에 대한 니미-제닝스 조사). 그리고 모든 종류의 현실적 자원은 영향이 거의 없다. 1992년 미국선거연구에 따르면 자택 소유는 적당한 수준의 영향만 미친다. 가족 소득이 의미 있는 가늠자로 드러난 추정은 1개도 없다. 나는 가족 소득을 퓨 리서치센터 조사와 1992년 미국선거연구 조사에서의 일반적 신뢰와 개별적 신뢰 방정식에 포함시켰지만 둘 다 의미 있는 영향을 미치지 않았다. 기존에 갖고 있던 인식과는 달리 '실생활 경험'에 좌우되는 신뢰 척도는 없다(인종과 교육 제외).

1971년 복지예비조사는 객관적인 삶의 환경이 아닌 낙관론이 일반적 신뢰를 좌우한다는 내 주장을 검증하기에 아주 적합한 자료이다. 이 조사에는 복지의 객관적 척도와 주관적 척도 모두와 관련된 여러 가지 질문이 포함되어 있다. 복지예비조사의 경우 나는 낙관론, 통제력, 권위주의 등의 5개 척도, 낙관론과 객관적 지위를 결합한 3개 지표, 사람들이 얼마나 경제적 안정을 누리고 있는지를 반영하는 10개의 변수를 사용한다. 그리고 방정식에서 $p < .10$ 혹은 그 이상에서 의미 있는 낙관론의 5개 척도를 포함시켰다. 약간 임시방편적이긴 해도 조사에서 이용할 수 있는 낙관론

교육(.191)에 비해 2배의 영향력이 있다. 1987년 일반사회조사에 따르면 대학 교육만이 중요한데 영향이 그다지 크지 않다(.023). 그리고 복지예비조사에서는 교육의 철저한 선형적 효과가 드러나긴 해도 '대학 교육'이 특별히 두드러지지는 않는다. 하지만 교육은 강력한 영향을 미친다(.386). 퓨 리서치센터 조사에서도 선형적 효과가 드러난다. 교육 수준이 높을수록 일반적 신뢰를 고수할 가능성이 높고 개별적 신뢰를 고수할 가능성이 낮다. 5장에서 일반사회조사 전체 표본을 분석한 결과에 따르면 고등 교육과 대학 교육 모두 의미 있는 영향을 미치지 않는다. 1987년 일반사회조사의 경우에는 응답자 어머니의 교육 수준이 중요하다. 그것은 응답자의 대학교 재학연수보다 5배의 영향을 미친다(.103).

지표는 약 30개이고, 지표를 선택하는 분명한 기준은 없다. 나는 이미 낙관론, 통제력, 권위주의 등의 척도를 요약해뒀다(미래를 내다보는가 아니면 현재만 생각하는가, 불리한 운명을 타고났다고 생각하는가, 적절한 연줄을 잡아야만 성공할 수 있는가, 가난한 사람들은 성공할 가능성이 낮은가, 만족도가 높은 직업을 원하는가).

여러 개의 이용 가능한 객관적인 경제상황 척도가 있는데 그 중에서도 가장 '명백한' 척도를 선택했다. 객관적 척도 대부분은 의미가 없고 자신의 경제적 상태에 대한 전반적인 만족도, 가족 소득, 실업이나 실업 우려, 자택 소유 여부, 연금 가입, 부채상환, 가난한 부모 등의 척도도 의미가 없다. 그래도 산발적이나마 몇 가지 의미 있는 관계가 있다. 즉 미래를 위해 돈을 저축하는 사람들은 다른 사람을 믿을 가능성이 더 높다. 생활 수준에 만족한다는 사람과 주식이나 은행예금을 보유한 사람도 마찬가지이다.

종합하면 주관적 척도는 객관적 척도보다 더 중요하다. 전체적으로 볼 때 매우 낙관적인 사람(만족도 높은 직업을 원하는 사람, 미래를 긍정적으로 생각하는 사람, 운·연줄·현재의 경제상황 등에 얽매이지 않고 삶을 개척할 수 있다고 믿는 사람)은 매우 비관적인 사람에 비해 타인을 신뢰할 가능성이 36퍼센트 더 높다. 매우 부유한 사람(비교적 가족 소득이 높은 사람, 자택 보유자, 은행예금이 있고 부채 없이 연금제도를 이용하는 사람, 부모가 부자인 사람, 해고되었거나 해고될 걱정이 없는 사람)은 그렇지 못한 사람에 비해 타인을 신뢰할 가능성이 2퍼센트 더 낮다. 개인의 현실적 자원이 아니라 개인의 세계관이 다른 사람에 대한 신뢰를 결정하는 게 분명하다. 복지의 객관적 척도 중 의미 있는 것은 단 1개이지만 주관적 지표 중에는 5개가 의미 있다. 전체적으로 객관적 척도가 신뢰에 미치는 순효과純效果는 없다.

범죄에 대한 공포와 실제로 그에 대처하는 방식에도 비슷한 역학이 작용한다. 5장에서 검토할 더 큰 표본이나 1987년 일반사회조사에서는 범죄 피해가 중요하지 않았다. 낙관론과 통제력의 척도가 방정식에 포함될 경우 강도와 절도를 당한 경험은 중요했다(하지만 브렘과 란 1997년 참고). 퓨 리서치센터 조사에서는 범죄 피해가 일반적 신뢰나 개별적 신뢰에 영향을 미치지 않았지만, 범죄 피해를 입었던 부모를 둔 사람들은 친구와 가족에게 의지할 가능성이 더 높았다(그러나 그런 사람들이 낯선 사람들을 덜 믿지는 않았다). 범죄에 대한 공포는 개별적 신뢰와 일반적 신뢰 모두에 영향을 미친다(1987년 일반사회조사와 퓨 리서치센터 조사).

일반적 신뢰가 낙관적 세계관을 반영한다는 내 주장을 강력히 뒷받침해주는 증거가 있다. 타인을 믿는 사람들은 앞으로 형편이 점점 나아질 것이며, 자신이 그렇게 할 수 있고, 자기와 배경이 다른 사람들도 진보를 향한 필연적인 행진의 밑바탕인 가치를 공유할 것이라고 확신한다. 남을 믿는 사람들은 남을 믿는 세상에 살고 있다. 이것은 기본적으로 그들 주변세상이 호의적인 곳이기 때문보다는 낙관론과 신뢰가 전염성이 있기 때문이다.

낙관론과 신뢰는 일찌감치 자리잡는다. 어릴 적의 가정생활은 각자의 신뢰관에 큰 영향을 미친다. 니미-제닝스 조사에서 타인을 믿는 부모를 둔 고등학생들은 낯선 사람을 믿을 가능성이 9퍼센트 높다. 퓨 리서치센터 조사에서 알 수 있듯이, 만일 부모가 자녀에게 남을 믿지 말라고 주의를 줬다면 자녀는 일반적 신뢰보다 개별적 신뢰를 고수할 가능성이 높다.

가장 중요한 결과는 니미-제닝스 조사에서 드러난다. 앞서 나는 주변환경에 대한 개인의 통제력에 관한 4개의 척도가 갖고 있는 중간 수준의 영향을 언급한 바 있다. 부모의 신뢰와 더불어 4개의 척도는 서로 합쳐져 남을 믿는 아이를 만들어낸다. 남을 믿는 부모 슬하에서 자라고, 가족의 의사결정에 영향을 미칠 수 있고, 자기 친구를 결정할 수 있고, 부모의 의견에 기꺼이 반대할 수 있는 자녀는 남을 믿을 가능성이 높다(.767). 남을 믿지 않는 부모 슬하에서 자라고, 가족의 의사결정에 영향을 주지 못하고, 부모의 의견에 감히 반대하지 못하는 자녀는 남을 믿을 가능성이 낮다(.428). 전자와 후자의 차이는 .339이다.

마찬가지로 교사들이 대체로 공정하다고 여기는 낙관적 성향의 학생은 낯선 사람들을 신뢰할 가능성이 높은 반면(.759), 교사들이 불공정하다고 생각하는 비관적 성향의 학생은 다른 사람을 신뢰할 가능성이 낮다(.532). 양자의 차이는 .227이다.

정리하자면 부모의 영향이 긍정적으로 작용한 낙관적 성향의 자녀는 타인을 믿을 가능성이 높은 반면(.857) 부정적으로 작용한 비관적 성향의 자녀는 타인을 믿을 가능성이 낮다(.296). 양자의 차이는 .561이다. 낙관론의 각 요소(자녀 자신의 세계관이든 부모에게 물려받은 세계관이든)는 누적적인 듯하다. 그러므로 부모의 마음이 따뜻할수록 그 자녀는 남을 더 믿는 사람으로 성장한다.

6장에서 입증하겠지만 17년 뒤에 30대 중반에 접어든 사람들의 경우 신뢰를 결정하는 대다수 요인들은 현재의 가치나 삶의 경험이 아니다. 여러해 전에 그들과 부모가 갖고 있던 가치와 이상이 미치는 영향이 가장 크다.

다른 사람에 대한 신뢰를 예측할 수 있는 변수는 많다. 하지만 여러 조사에 따르면 단지 몇 개의 변수만이 보통 수준 이상의 영향력을 행사한다. 인종, 연령, 교육은 언제나 중요한 의미를 갖는다. 아프리카계 미국인뿐 아니라 아시아계 미국인도 개별적 신뢰를 고수하는 경향이 있다(1992년 미국선거연구, 야미기시와 야미기시 1994년 참고). 세 가지 변수 외에 낙관론의 세 가지 구성요소(미래에 대한 기대감, 운명을 통제할 수 있다는 자신감, 반권위주의적 가치)도 영향을 미친다. 양육적인 가정이 시발점이라는 증거도 있다. 여러 다양한 지표와 조사에서 알 수 있듯이 내일은 오늘보다 낫다는 기대감과 자기 힘으로 오늘보다 나은 내일을 만들 수 있다는 생각은 타인에 대한 신뢰에 강력한 영향을 미친다.

물론 인과관계 사슬이 반대로 작용할 가능성도 있다. 낙관적인 사람들이 타인을 신뢰하지 않을 수도 있겠지만, 주변에 믿을 만한 사람들이 많으면 미래를 낙관적으로 바라볼 가능성이 높다.[108] 이것은 삶의 경험을 강조하는 전략적 신뢰관을 연상시킨다. 5장에서 추정할 1972-1994년 일반사회조사의 연립방정식 모형에는 이런 관점을 뒷받침하는 증거가 일부 있어도 내가 주장하는 일반적 신뢰의 틀을 지지하는 증거가 더 많다. 낙관론이 신뢰에 미치는 영향은 신뢰가 낙관론에 미치는 영향보다 2배 정도 크다. 이제 일반적 신뢰와 개별적 신뢰를 비교해보자.

퓨 리서치센터 조사에서 확인할 수 있듯이 개별적 신뢰에 입각한 사람들은 일반적 신뢰에 입각한 사람들과 좌우대칭을 이룬다(〈표 4-6〉). 후자에는 백인, 고령자, 고학력자 등이 속한다. 그들은 사람들이 서로 협력해 집단행동 문제를 해결할 수 있는 공동체의 일원임을 자부한다. 그들은 자신과 이웃을 믿고, 다른 사람을 믿도록 가르치는 부모 밑에서 자랐다. 개별적 신뢰에 입각한 사람들은 흑인, 저연령자, 저학력자 등이다. 그들은

---

108 로버트 퍼트넘이 사적인 대화에서 내게 이 점을 여러 차례 지적했다.

자신의 안전을 염려하고, 사회적 지원을 받지 못했으며, 타인을 의심하는 부모 슬하에서 자란 사람일 가능성이 높다. 일반적 신뢰를 고수하는 사람들의 예측값과 개별적 신뢰를 고수하는 사람들의 예측값 사이의 상관계수는 −.822이다.[109]

다시 강조하지만 삶의 경험은 전형적인 3개의 인구통계학적 변수(연령, 인종, 교육)보다 중요치 않은 듯하다. 결혼 여부, 부모의 이혼 경험, 범죄 피해 경험, 고용상태 같은 개인의 인생사는 개별적 신뢰나 일반적 신뢰 모두와 무관하다(니미−제닝스 표본에서 아버지의 교육 수준은 예외). 공동체에서의 다양한 활동(노숙자 지원, 주민자치회 참석, 공무원 면담, 노동조합활동, 문제해결을 위한 직장동료와의 협력 등)도 마찬가지이다. 그리고 정부에 대한 신뢰에도 영향을 미치지 못한다. 맥락도 중요하다. 즉 일반적 신뢰를 고수하는 사람들을 찾아보기 힘든 주에 거주하는 사람은 타인을 믿지 않을 가능성이 있다.

일반적 신뢰를 고수하는 사람들은 자기 삶을 통제할 수 있다고 자부하는 낙관론자들이다. 개별적 신뢰를 고수하는 사람들은 남이 내 운명을 좌우한다고 생각하는 비관론자들이다. 그리고 이 때문에 그들은 낯선 사람들과의 접촉을 피한다(5장을 보라).

신뢰의 유형

이 장의 결론은 간단하다. 남을 신뢰하려는 의향에는 낙관론과 통제감

---

[109] 이것은 2개의 인자 점수 사이의 상관계수보다 꽤 높은 수치이다.

이 반영되어 있다. 다른 사람을 믿는 데는 삶의 경험보다는 어렸을 때 배운 바가 반영되어 있다. 8개의 개별적인 추정을 통해 이 점이 충분히 입증되었다.

이 장에는 여러 가지 조사결과가 다소 복잡하게 나열되어 있다. 그래서 〈표 4-9〉에 가장 중요한 가늠자들의 영향을 정리해뒀다. 일반적 신뢰와 개별적 신뢰에 가장 강력한 영향을 미치는 것은 낙관론, 통제감, 권위주의적 가치 등이다. 결혼 여부, 부모의 이혼, 소득, 범죄 피해 같은 개인적 경험은 대인 신뢰 형성 과정에서 아주 제한적인 영향을 미칠 뿐이다. 하지만 자기 집과 동네가 안전하다는 믿음 같은 일부 개인적 경험은 비교적 중요한 영향을 미친다. 교육은 확실히 삶의 경험을 반영한다. 비록 다른 요소의 대용물이겠지만(6장을 보라) 연령도 삶의 경험을 반영한다. 그리고 인종도 삶의 경험을 반영한다(순진하고 낙관적인 흑인일수록 백인을 믿을 가능성이 높다).

이런 인구통계학적 요소 외에 사람들이 서로를 신뢰하도록 이끄는 것은 통제감과 특히 장기적 미래에 대한 낙관론이다. 비록 조사에 따라 다르고 간혹 다소 영향력이 클 때도 있지만 기본적으로 정부에 대한 신뢰는 대인 신뢰에 의미 있는 영향을 미치지 않는다. 그리고 시민참여는 일관성 있게 신뢰를 향상시키는 역할을 하는 것 같지 않다.

비공식적인 사회적 연결망은 신뢰에 다소 큰 영향을 미친다. 자신을 도와줄 사람이 있고, 대화를 나눌 이웃이 있고, 친구관계에 만족하는 사람들은 비교적 타인을 믿을 가능성이 높다. 그러나 인과관계 방향은 불분명하다. 남을 믿는 사람들이 원래부터 촘촘한 사회적 연결망을 갖추고 있을 수 있으니까 말이다. 스톨(1998년b)은 '자기선택효과'(시민참여로 이어지고 다시 신뢰의 증가로 이어지는 인과관계 사슬이 시작되기 위해서는 신뢰가 필요하

〈표 4-9〉 일반적·개별적 신뢰에 관한 조사결과 요약

가늠자	전반적인 영향
낙관론	낙관론자들은 일반적 신뢰를 고수할 가능성이 더 높고 개별적 신뢰를 고수할 가능성이 더 낮다.
통제감(운이 좋다는 자신감, 권위주의적 태도, 자신의 행동과 친구를 결정할 수 있는, 가족의 의사결정에 영향을 미칠 수 있는, 교사를 불공정한 존재로 바라보는, 대부분의 사람들이 이기적이라고 생각하는 아이)	자기 삶을 통제할 수 있다고 생각하는 사람들은 일반적 신뢰를 고수할 가능성이 높고 개별적 신뢰를 고수할 가능성은 낮다.
내집단 유대	근본주의자들은 개별적 신뢰를 고수할 가능성이 더 높다. 적극적인 근본주의자들은 일반적 신뢰를 고수할 가능성이 더 낮다. 내집단 신뢰는 어른들 경우에는 일반적 신뢰를 형성하지만 아이들 경우에는 형성하지 않는다.
외집단 유대	외집단 신뢰는 아이들 경우에는 일반적 신뢰에 영향을 주지만 어른들 경우에는 영향을 주지 않는다. 반대 인종의 친구가 있는 아이들은 개별적 신뢰를 고수할 가능성이 더 낮다.
인종	아프리카계 미국인은 일반적 신뢰를 고수할 가능성이 더 낮고 개별적 신뢰를 고수할 가능성이 더 높다.
교육	고학력자(특히 대졸자)는 일반적 신뢰를 고수할 가능성이 더 높고 개별적 신뢰를 고수할 가능성이 더 낮다
연령	저연령자는 남을 믿을 가능성이 더 낮고 개별적 신뢰를 고수할 가능성이 더 높다.
소득/경제적 자원	신뢰의 가늠자로서 의미가 거의 없다.

가늠자	전반적인 영향
개인적 인생사	본인의 이혼, 부모의 이혼, 절도 피해 등은 신뢰에 영향을 주지 않는다. 동네가 안전하다는 인식은 신뢰에 영향을 미친다.
부모의 영향	일반적 신뢰와 개별적 신뢰 모두에 큰 영향을 준다. 부모의 일반적 신뢰와 개별적 신뢰 모두는 자녀에게 직접적인 영향을 미치고, 부모의 양육방식과 부모와 자녀 간의 밀접한 관계는 자녀에게 간접적인 영향을 미친다.
정부에 대한 신뢰	일반적 신뢰에 의미 있는 영향을 미칠 때도 있고 그렇지 않을 때도 있다.
단체활동	전문직 단체에서 적극적으로 활동하는 경우에만 의미 있는 영향을 미친다.
비공식적 사회생활	대체로 일반적 신뢰에 의미 있는 영향을 주지 않는다. 한편 퓨 리서치센터 조사에서는 일반적 신뢰와 개별적 신뢰에 비교적 큰 영향을 주는 것으로 드러났다.

다)를 언급한다. 5장에서는 공적 단체와 사적 단체를 대상으로 이 점을 강력히 주장할 것이다. 신뢰를 조직 밖으로 확산시키려면 일단 조직 안에 도입해야 하는 것일까? 만일 당신이 염세주의자들로 이뤄진 모임에서 활동하다가 그 모임을 자발적 단체로 전환시키면 어떤 일이 벌어질까? 5장에서는 정부에 대한 신뢰가 그대로 일반적 신뢰로 이전될 것인지도 검토해보겠다.

자발적 단체로 바뀌어도 회원들은 여전히 개별적 신뢰를 고수할(남이 내 삶을 통제한다고 믿는 비관론자) 가능성이 높을 것이다. 낯선 사람들이 위험하다고 바라보는 비관론자는 설령 시민단체에서 활동해도 그 단체에만 집중할 것이다. 시민참여와 선행에 이르는 길의 개척은 일반적 신뢰를 고수하는 사람들 몫이다. 그 이유는 5장에서 확인하게 될 것이다.

PART 5

신뢰와 경험

당신이 지금 말하고 있는 것은 어떤 사람들의 모임인가에 달린 문제 같아 보인다. 개인생활이나 직장생활에서 나는 어떤 믿음을 가지는 경향이 있다. 그런데 정치적 쟁점에서는 그렇지 않은 것 같다.

대다수 사람들은 믿을 만하다. 모두는 아니지만 어쨌든 대다수 사람들은 믿을 수 있다. 인생 경험이 풍부한 사람들 중에 지금까지 살면서 누군가를 믿었지만 배신당한 사람들은 소수에 불과하다.

다른 사람들에게 지나친 친밀감을 가진 채 그들을 믿고 희생하다가 갑자기 배신당할 수 있는데, 그 친밀감은 아픈 경험을 결코 잊지 못할 만큼 진지한 것이었다. 과거는 과거이고 오늘을 위해 살아야 한다. 물론 그 경험을 결코 잊지 못하겠지만 거기에 얽매이면 해가 된다.

예를 들어 한번쯤은 몇 달 동안 집세를 내지 않는 임차인 때문에 난감했던 경험이 있어도 다들 대다수 사람들이 믿을 만하다고 생각한다. 집세를 내지 않은 임차인은 오늘 퇴거통지서를 받았다. 하지만 다들 집세를 꼬박꼬박 낼 것이다.

─2000년 미국선거연구 예비조사 응답자들의 '구두 답변'

1960년대와 1990년대 사이에 미국 사회에서 신뢰가 약 60퍼센트에서 약 30퍼센트로 급격히 감소한 현상이 개탄스럽다면 당연히 대인 신뢰를 회복시키기 위한 방도에 대한 고민이 따라야 할 것이다. 낙관론, 자기통제감, 적절한 양육 등에는 신뢰 재구축 방법에 관한 힌트가 많지 않다. 솔직히 낙관론을 어떻게 주입할 수 있고, 어떻게 인위적으로 부모가 자녀를 더 잘 키우도록 유도할 수 있겠는가?

그러나 사회공학에 큰 기대를 걸어도 될 만한 대인 신뢰를 향한 두 가지 통로가 있다는 주장이 있다. 하나는 공식적 · 비공식적 사교활동이고 다른 하나는 정부이다. 퍼트넘(1993년 · 2000년)을 비롯한 몇몇 학자들은 친구나 이웃과 접촉할수록 타인을 더 믿게 된다고 주장한다. 그리고 레비(1998년), 로스스타인(2000년), 스톨(1999년a)을 비롯한 학자들은 국정운영이 모범적일수록 대인 신뢰가 증가한다고 주장한다(2장을 보라). 하지만 지금까지의 증거를 종합하면 경험(다른 사람이나 정부를 상대로 한 개인의 경험)이 일반적 신뢰에 미치는 영향은 매우 미약하다. 정부에 대한 신뢰 감소가 실제로 대인 신뢰의 감소현상을 초래했다고 주장하는 학자들은 거의 없다(비록 정부가 신뢰를 회복시킬 수 있다고 주장하는 학자들은 많지만). 그러나 시민참여의 역할을 중시하는 학자들은 신뢰 감소현상을 사회생활의 위축현상과 관련짓는다(특히 퍼트넘 1995년a 참고). 이 장에서는 한 걸음 물러나 이 두 가지 문제를 깊이 살펴볼 것이다.

퍼트넘(1993년 180쪽)과 스톨(1998년b 507쪽)은 타인을 믿는 사람들은 단체활동 가능성이 높다고 주장한다(우슬러너 1998년a, 1998년b 참고). 그러나 브렘과 란(1997년 1017쪽), 그리고 샤Shah(1998년 488쪽)는 단체활동이 신뢰에 미치는 영향은 타인에 대한 신뢰가 시민참여에 미치는 영향보다 훨씬 크다고 주장한다.[110] 그런데 이들의 주장은 증거가 충분치 않고 타인과의 접촉이 신뢰를 생산할 수 있다는 주장에는 의심을 품을 만한 이유가 있다.

퍼트넘의 주장에는 2개의 핵심적인 가정이 자리잡고 있다. 첫번째 가정은 사회적 유대와 신뢰 사이의 관계는 호혜적이라는 것이다. 하지만 내가 보기에 퍼트넘이 말한 신뢰, 시민참여, 비공식적인 사회적 연결망의 '선순환'은 기껏해야 '선화살'(일단 연관성이 있다고 가정할 때 인과관계는 시민참여→신뢰가 아니라 신뢰→시민참여로 이어진다)에 불과하다. 사람들을 인위적으로 특정 모임에 가입시킨다고 이전보다 타인 신뢰 가능성이 높아질 것으로 기대할 수는 없다. 뉴턴(1997년 577쪽)이 주장하듯이 "애초에 신뢰가 없으면 사회적 연결망이 어떤 식으로 형성되는지 알기가 어렵다."(우스나우 1997년 29쪽과 스톨 1998년b 참고) 두 번째 가정은 일반적으로 인과관계 화살이 어딘가로 향한다는 점이다. 어떤 사회적 유대는 일반적 신뢰가 아닌 개별적 신뢰를 강화할지 모른다. 그러나 공식적이든 비공

---

[110] 퍼트넘과 마찬가지로 샤도 디디비 니덤 생활방식조사 자료를 사용한다. 따라서 그도 정직을 신뢰의 대용물로 삼는다. 이 척도를 사용하는 데 따른 난점에 관한 논의는 3장을 참고하라.

식적이든 대부분의 경우 사회적 연결망은 도덕과 무관한 영역이다. 사회적 연결망은 신뢰를 소비도 생산도 하지 않는다.

신뢰가 시민참여로 이어진다는 주장을 뒷받침해주는 좀더 그럴 듯한 근거가 있다. 4장에 등장한 캐럴 에하드의 이야기는 '낙관론에서 시민참여'로의 인과관계 화살에 관한 것이다. 낙관적 세계관이 있으면 일반적 신뢰를 고수하고, 낯선 사람들을 믿으면 기꺼이 그들과 함께 시민활동에 참여한다는 것이다. 남에게 베푸는 사람들은 이미 타인을 믿는 사람들이다. 그들은 선행을 통해 '따뜻한 빛'이라는 추가 효용을 얻는데 그 추가 화폐는 이미 타인에 대한 믿음을 갖고 있는 사람들만 쓸 수 있는 것이다.

퍼트넘(1993년 115쪽)은 이탈리아 북부 지방의 신뢰 증가현상을 남부 지방에 비해 많이 생겨난 합창단, 축구단, 야생조류 관찰모임 등과 관련짓는다. 또한 초창기 저서(퍼트넘 1995년a)에서는 미국의 볼링 동호회와 자발적 단체에 초점을 맞춘다. 그의 좀더 포괄적인 연구(퍼트넘 2000년)에는 정치적 참여, 노동조합, 교회, 유대교 예배당 등에서의 활동, 종교의식 참석, 봉사활동, 자선활동, 헌혈, 다양한 형태의 비공식적인 사회적 유대관계(술집과 식당 출입, 이웃 방문, 가족과의 저녁식사, 카드놀이) 등이 포함된다. 퍼트넘이 말하려는 요점은 간단하다. 즉 시민 공동체는 여러 형태의 자발적 단체, 시민활동, 비공식적 사회활동 등으로 구성된다. 여기서 중요한 것은 단체의 유형(퍼트넘 1993년 90쪽, 월러백과 셀 2000년 32쪽)이 아니라 단체의 숫자(퍼트넘 1993년 90쪽)이다. 신뢰는 마치 만병통치약인 것 같다. 여러 가지 다양한, 그리고 아주 부담스럽지는 않은 활동이 일반적 신뢰를 생산할 수 있다.

일반적 신뢰의 구축과정에서 상대적으로 중요한 역할을 하는 몇 가지

활동이 있다. 공식적인 단체에서의 활동은 비공식적인 사교보다 일반적 신뢰의 향상에 도움이 된다. 왜냐하면 공식적인 단체에서의 활동은 사람들과의 교류와 노력이 필요하기 때문이다(퍼트넘 2000년). 정기적인 회의를 개최하는 단체는 '단순히' 가입비를 받고 회원증을 발급하는 모임에 비해 신뢰향상에 도움이 된다(퍼트넘 1995년). 그리고 배경이 다양한 회원들로 구성된 '가교적 단체'는 동질적인 회원들로 이뤄진 단체에 비해 신뢰향상 측면에서 더 낮다(퍼트넘 1993년 93쪽). 마피아와 이탈리아 가톨릭 교회 같은 위계적인 조직의 상명하복식 분위기는 대중참여를 가로막는 요소로 작용할 수 있다(퍼트넘 1993년 111쪽·175쪽). 반대로 민주적으로 운영되는 수평적인 조직은 시민참여를 촉진한다. 사회적 차이를 초월한 단체가 신뢰향상 측면에서 가장 적당하겠지만, 모든 수평적 단체와 심지어 비공식적인 사교활동도 시민 공동체 창출에 도움이 될 것이다(퍼트넘 1993년 175쪽, 퍼트넘 2000년 21쪽, 3장과 6장).

정부에 대한 신뢰가 타인에 대한 신뢰에 영향을 미칠지도 모른다. 레인 (1959년 165-166쪽)은 정부에 대한 신뢰를 사람들에 대한 신뢰와 동일한 관점의 일부로 간주한다. 타인을 믿는 사람은 사회적 접촉이 많은 사교적인 사람이고, 자기 공동체를 좋아하는 사람은 민주주의 체제의 유능한 시민이다. 그는 자신의 사회적 환경과 적절한 관계를 맺고 있다. 그는 남과 협조적인 관계를 유지한다. 또한 대립정신이 아니라 협력정신에서 정치적 목적을 추구한다.

퍼트넘(1993년)은 사람들에 대한 신뢰가 사회적 협력(정부가 제대로 작동하고 그 반대급부로 국민에게 신뢰받는 데 필수적인 요소이다)의 생산에 도움이 된다고 주장한다.

다른 학자들은 좀더 복잡한 역학에 주목한다. 즉 국가가 국민의 권리를 확대함으로써, 상대적 약자들을 위한 사회안전망을 제공함으로써, 사람들 사이의 계약을 강제함으로써 신뢰를 구축할 수 있다는 것이다(레비 1996년·1998년). 그런 모든 경우에 정부는 서로 다투는 개인과 집단 사이의 완충장치와 중재자 역할을 맡고, 그렇게 함으로써 모두가 공평하게 대우받는다는 확신을 심어준다(레비 1996년·1998년, 오페 1996년 33쪽). 브렘과 란(1997년 1008쪽)은 대인 신뢰와 민주주의 제도 사이의 상관관계로부터 민주주의 국가일수록 대인 신뢰 수준이 높다는 결론을 이끌어낸다(잉글하트 1997년 6장도 보라). 레비(1996년)와 마찬가지로 브렘과 란도 민주적 정부가 일반적 신뢰 조성에 도움이 될 수 있고, 그렇게 조성된 대인 신뢰 덕분에 국민은 정부를 더 믿게 된다고 주장한다. 스톨(1999년b 9쪽)은 신뢰와 정부, 특히 지방정부 사이의 연결고리를 다음과 같이 상세히 설명한다.

정치인이 시민을 진지하게 대우한다고, 시민의 말에 귀 기울인다고, 시민을 존중한다고 생각하는 사람들은 다른 사람, 즉 일반적인 사람들에 대한 믿음을 가질지 모른다. 정치인이 공정하고 정직하고 민감하게 행동한다고 느끼는 사람들은 남을 더 믿을 것이다. 확실히 지방정치나 정치의 현실 및 평가와 일반적 신뢰 사이에는 어떤 관계가 있는 것 같다.

하지만 나는 이런 연결고리에 대해 회의적이다. 대다수 형태의 사회적 유대관계는 자신과 같지 않은 사람들과의 접촉 기회를 제공하지 않고, 자신의 가치를 바꿀 만큼 충분한 시간을 시민단체에 투자하는 사람은 거의 없다. 물론 봉사활동과 자선활동 같은 일부 활동은 자신과 같지 않은 사람들과 접촉할 기회를 제공한다. 그런 활동의 밑바탕에는 우리에게는 도덕적 공동체에 속한 모든 사람들에 대한 책임이 있다는 윤리적 이상이 있다. 그 외 대다수 형태의 시민활동은 자신과 같지 않은 사람들에 대한 신뢰를 생산하지 않는다(생산할 수도 없다). 아는 사람들에 대한 신뢰와 모르는 사람들에 대한 신뢰 사이의 연결고리는 아주 약하다.

정부에 대한 신뢰는 사람들에 대한 신뢰에 비해 일시적이다(3장을 보라). 그러나 두 유형의 신뢰를 연결해주는 몇몇 증거가 있으므로 그 연결고리를 감안하는 것이 중요하다. 지금까지 드러난 대부분의 증거에 따르면 정부에 대한 신뢰는 대인 신뢰에 좌우된다고 볼 수 있다. 대인 신뢰가 정부에 대한 신뢰에 좌우되는 것이 아니다. 그러므로 남을 믿는 사람들은 그런 믿음을 정치영역에까지 확대할 것이다(브렘과 란 1997년, 브렘 · 란 · 칼슨 1999년). 하지만 정부에 대한 신뢰와 대인 신뢰 사이의 호혜적 관계를 보여주는 증거도 있다(버거와 브렘 1997년). 그러나 내가 보기에 두 신뢰의 토대는 각각 다르다. 정부에 대한 신뢰는 뿌리 깊은 가치보다는 당대 지도자들에 대한 평가에 달려 있다.

수다쟁이들과 왕초들

퍼트넘은 사회적 접촉이 사회적 신뢰를 낳는다고 주장한다. 그리고 그는 사회생활의 두 가지 측면을 가리키는, 이디시어 표현인 수다쟁이들과 왕초들을 구분한다(퍼트넘 2000년 93–94쪽). 여기서 수다는 친구와 잡담하면서 가벼운 마음으로 시간을 보내는 행동이다. 왕초는 모임에 참가하고 공동체 사업을 추진하고 성금을 기부하고 정치상황을 주시함으로써 "어

떤 일을 해낸다."(퍼트넘 2000년 93-94쪽)[111]

퍼트넘(2000년 2장·3장·4장·6장)이 추산한 바에 따르면 21세기 전후로 미국에는 수다쟁이들과 왕초들이 예전보다 줄어들었다. 요즘 들어 친구와 어울리고, 가족과 함께 밥을 먹고, 카드놀이를 하고, 이웃이나 친척을 방문하고, 교회나 유대교 예배당에 출석하고, 동호회 모임에 참석하고, 각종 단체에서 활동하고, 학교운영위원회에 참가하고, 투표권을 행사하고, 정치집회에 참석하고, 언론인과 정치인에게 편지를 보내고, 청원서에 서명하는 빈도가 줄어들었다. 퍼트넘(2000년 291쪽)은 이처럼 사회활동이 줄어든 것은 사회적 신뢰의 감소현상과 밀접한 관계가 있다고 주장한다. 비록 무엇이 원인이고 결과인지는 정확히 알 수 없지만 자신이 속한 공동체 안의 다른 사람으로부터 멀어지는 현상은 분명해 보인다. 지금 우리는 '집에만 있는 사람들' 나라에 살고 있고 다른 사람을 아주 소중한 존재로 여기지 않는다.

퍼트넘이 보여준 점은 공식·비공식적 사회생활과 정치적 참여 수준이 높은 나라일수록 신뢰 수준도 높다는 사실이다. 그러나 그런 모든 활동의 추이가 서로 밀접하게 관련되어 있는지—그리고 훨씬 더 중요한 점이지만—개인적 차원에서 수다쟁이나 왕초가 되는 것과 대인 신뢰 사이에 어떤 관계가 있는지는 확실치 않다.

사회생활의 감소현상이 신뢰의 감소현상과 동일한 추이를 따르는지 여

---

111 왕초는 어떤 일을 해내지만 단순히 자신이 속한 공동체 일에 관여하는 사람이라기보다는 '활동가'에 가깝다. 로스텐Rosten(1968년 216쪽)은 "'왕초'를 조정하고 개선시키고 연결하는 사람, 기적 같은 일을 하는 수완가, 즉 "두목"'으로 정의한다. 확실히 사람들에 대한 공동체 지도자의 신뢰 여부는 공동체 구성원들의 신뢰 여부와는 다른 문제이다.

부는 7장에서 다루기로 하겠다(힌트: 따르지 않는다). 첫째, 나는 개인적 차원의 유대관계를 검토한다. 내가 살펴보는 몇 개의 분석에 대해서만 표를 제시할 것이다. 이 책의 주제는 신뢰이지 단체활동이나 봉사활동 같은 신뢰에 따른 결과가 아니다. 그러므로 신뢰의 결과에 대한 표를 제시하면 각각의 독립변수를 움직이는 동력에 대한 독자들의 흥미를 자극할 것이다. 하지만 그렇게 되면 이 책의 주제인 신뢰에서 동떨어질 수 있다. 따라서 내가 선택한 몇 개의 표와는 별도로 신뢰의 결과를, 그리고 타인에 대한 믿음이 신뢰의 결과에 영향을 미치는 방식을 글로 설명할 것이다. 이 책의 부록에는 모형의 다른 가능자를 열거해뒀다.

개인적 차원의 유대관계가 생긴다는 점을 의심할 만한 몇 가지 이유가 있다. 가장 중요한 점은 사회적 유대관계의 대부분은 자기와 아주 비슷한 사람들과의 접촉을 수반한다는 점이다. 종교행사에 참석할 때 동일한 이상을 믿는 사람들과 어울린다. 시민단체에 참여할 때도 관심사가 비슷한 사람들을 만난다. 정치적 사안에서도 비슷한 이념을 가진 같은 정당을 지지하는 사람들과 협조한다. 우리는 잘 아는 사람들과 수다를 떨게 마련이다. 그러므로 자신과 비슷한 사람들에 대한 신뢰가 자신과 같지 않은 사람들에 대한 신뢰로 어떻게 전환되는지 확실하지 않다.

둘째, 현실적으로 지금보다 남을 더 믿게 될 만큼 충분한 시간을 사교활동이나 단체활동에 투자하기는 어렵다. 셋째, 모든 형태의 사교활동이 신뢰를 조성하지는 않는다. 대체로 정치적인 행동을 취하는 목적은 서로의 공통점을 찾기 위해서가 아니라 상대방을 누르기 위해서이다. 정치적 행동이 활성화되려면 당연히 어느 정도 건전한 불신이 있어야 한다(바버 1983년 166쪽 · 169쪽, 하딘 2000년 223쪽).

알다시피 근본주의자들은 일반적 신뢰보다는 개별적 신뢰를 고수할 가능성이 높다. 따라서 종교적 헌신이 언제나 동포들에 대한 신뢰로 이어지는 것은 아니다. 민족단체에서 활동하면 내집단에 대한 유대감은 강화되고 자신과 같지 않은 사람들을 더 깐깐하게 바라보게 될 것이다.

사회적 상호작용이 신뢰로 이어지는가?

사회적 유대관계가 신뢰에 미치는 영향에 관한 추론은 많아도 사회적 유대관계가 원인이고 신뢰가 결과인지 아니면 그 반대인지를 분석한 연구는 드물다.[112] 퍼트넘(1995년a, 1995년b), 브렘과 란(1997년), 스톨(1998년a, 1998년b) 등은 시민단체에서 활동하는 사람들이 집에만 머무는 사람들에 비해 타인을 더 믿는다고 주장한다(하지만 다미코 · 콘웨이 · 다미코 2000년 344-346쪽을 보라). 퍼트넘(1993년 180쪽, 2000년 137쪽)은 신뢰와 사회적 유대관계가 '선순환'을 이룬다고 주장한다. 즉 타인을 믿는 사람들이 단체에 가입해 활동하고 사회생활을 통해 다른 사람에 대한 신뢰가 증가한다는 것이다. 그러나 퍼트넘은 이 주장을 검증하지 않았다. 대신 브렘과 란(1997년)이 1972-1996년 일반사회조사 자료를 분석함으로써 퍼트넘의 주장을 입증한다. 그들의 분석에 따르면 다른 사람에 대한 믿음이 단체활

---

[112] 토칼Torcal과 몬테로Montero(1999년)에 따르면 스페인인의 경우 타인을 신뢰하는 사람들은 자발적 단체에 가입할 가능성이 높다. 월러백과 셀(2000년)도 노르웨이인을 대상으로 한 연구에서 동일한 관계를 발견했다. 그리고 45개국의 9만 2천 명을 조사한 세계가치조사의 첫 번째 2개 기간을 화이틀리Whiteley(1999년)가 검토한 바에 따르면, 여러 단체에서 활동하는 사람일수록 남을 더 믿는다고 한다. 또한 미국인, 프랑스인, 영국인, 이탈리아인 등을 개별적으로 분석한 결과 단체활동이 신뢰에 미치는 영향은 크다(독일 제외).

동으로 이어질 가능성보다는 시민참여가 신뢰를 생산할 가능성이 훨씬 더 높다.

　미국, 독일, 스웨덴에서 단체활동을 하는 사람들(과 그렇지 않은 일부 사람들)을 대상으로 스톨이 진행한 조사에서는 각각의 단체에서 얼마나 오래 활동했는지를 물었다. 그 결과 단체활동 자체와 활동기간은 타인에 대한 신뢰 수준에 영향을 미치지 않았다. 그러므로 단체활동을 하는 사람들과 그렇지 않은 사람들의 타인에 대한 신뢰 차이는 '자기 선택'에 기인하는 것으로 볼 수 있다. 그녀는 남을 믿는 사람들이 단체에서 활동하지만 단체활동을 한다고 남을 더 믿게 되는 것은 아니라고 주장한다.

　이상은 아주 중요한 의미의 연구들이다. 그러나 시민참여가 대인 신뢰를 향상시키는지의 여부에 대한 만족스런 해답을 제시하는 연구는 하나도 없다. 만일 인과관계 화살이 양쪽 모두를 향할 수 있다면 퍼트넘과 스톨처럼 단 하나의 방향에서만 영향을 검증하는 단순한 모형을 추정하지 말아야 한다.[113] '선순환' 가설을 검증하기 위해서는 양쪽 모두로 향하는 연결고리를 검증할 만한 만족스런 기법이 필요하다. 그리고 그것은 연립방정식 모형을 만드는 기법을 뜻한다. 그보다 단순한 통계학적 기법을 통한 추정(최소제곱회귀분석 같은)은 잘못된 결론으로 이어질지 모른다.

　브렘과 란은 시민참여, 사람들에 대한 신뢰, 정부에 대한 신뢰 등으로 이어지는 관계를 고려한 복수방정식 모형을 추정한다. 그러나 그들 분석에는 2개의 서로 다른 문제가 있다. 첫째, 그들이 사용한 일반적 신뢰의

---

113 퍼트넘(2000년)은 신뢰와 사회적 상호작용 사이의 연관성을 전혀 검증하지 않은 채 2개를 모두 포함하는 종합등급만 고안했다.

척도는 공정성과 유용성에 대한 인식도 포함한다(3장을 보라). 둘째, 더 중요한 점으로 통계학적 모형에서 이끌어낼 수 있는 결론은 거기에 무엇을 집어넣는가에 크게 좌우된다. 그리고 그들이 추정한 모형은 낙관론 척도와 통제감 척도 부분이 아주 취약하다. 그보다 더 정교한 모형에서도 시민참여 척도가 여전히 중요한 요소로 작용할지의 여부는 전혀 확실하지 않다.

나는 다양한 유형의 공식적·비공식적 유대를 조사해 그것을 신뢰와 연결시켜 연립방정식을 통해 원인과 결과를 확인함으로써 신뢰와 사회적 유대관계에 관한 주장을 좀더 포괄적으로 검증할 것이다(모형에 포함된 변수 목록은 부록 A를 보라).[114]

우리는 단체활동과 신뢰 사이의 연관성에 대해서 적잖이 알고 있다. 하지만 수다쟁이와 타인을 신뢰하는 사람이 되는 것 사이의 연관성에 관해서는, 혹은 봉사활동과 자선활동처럼 자신과 같지 않은 사람들과 단단히 연결시키는 행동들 사이의 연관성에 관해서는 잘 모른다. 그런 식의 '가교적 활동'이 낯선 사람들에 대한 신뢰를 향상시킬지 모른다고 추측할 만한 데는 충분한 이유가 있다. 반면 나와 아주 비슷한 사람들(내가 속한 모임, 특히 사교모임의 구성원들)과의 '유대'가 낯선 사람들을 신뢰할 가능성을 높여줄 것으로 생각할 만한 이유는 많지 않다.

어떤 형태의 수다는 낯선 사람들에 대한 신뢰가 아니라 불신을 키울지 모른다. 퍼트넘(2000년 101쪽)은 미국인들이 과거에 비해 동네 술집을 이용하는 빈도가 낮아졌다고, "〈치어스〉에 나오는 '누구나 당신 이름을 아

---

[114] 이변량관계가 미약한 수준일 때는 더 정교한 모형을 추정하지 않았다.

는' 동네 술집이 사라지고 있다"라고 주장한다.[115] 그런데 오하이오주 클리블랜드 경찰청 소속 존 카민스키 경사처럼 다른 시각을 갖고 있는 사람도 있다(버터필드 1996년).

> 카민스키가 1960년대 강력반에서 활동하기 시작했을 때 가장 흔한 살인사건은 술집에서 발생했다. 당시 클리블랜드 모든 거리마다 술집이 있었는데, 클리블랜드시의 철강공장과 자동차공장에서 일하던 사람들은 시가 전차를 타고 출근했고, 퇴근길에는 술집에서 맥주를 마셨다. 어떤 술집에서는 늘 똑같은 일이 벌어졌다. 옆자리 단골손님, 즉 보통은 친구에게 욕을 퍼붓는다. 그러면 상대방은 곧장 칼이나 총을 꺼내 둘 중 하나가 죽는다. 그걸로 끝이다. 그런 공장과 술집, 생활방식은 이제 거의 사라졌다. 올해 예순다섯 살로 30년 동안 살인사건을 담당해온 카민스키 경사는 이렇게 말했다. "마지막 술집싸움이 언제였는지 기억도 안 납니다."

모든 술집이 〈치어스〉에 나오는 곳처럼 넉넉한 사교성이나 영국 선술집의 훈훈한 우정을 보여주지는 않는다.

퍼트넘과 카민스키 경사는 동네 술집의 사교적 함의를 과장하는 것일지 모르지만, 카민스키 경사의 주장을 뒷받침하는 증거가 더 많다. 사실 1974–1996년 일반사회조사에 따르면 술집 출입과 다른 사람을 믿는 것 간에 양의 상관관계는 그다지 높지 않다. 매일 술집에 들르는 사람들은

---

115 〈치어스〉는 1980년대 미국에서 방송된 같은 제목의 텔레비전 프로그램에 나오는 보스턴의 가상 술집이다.

그렇지 않은 사람들에 비해 절도나 강도 피해 가능성이 2배 높고, 이런저런 사유로 경찰에 체포될 가능성은 약 6배 높다.[116] 요컨대 술집에서는 함부로 지갑을 탁자 위에 올려두지 말아야 한다.[117]

퍼트넘(2000년)이 언급한 다른 형태의 사교활동도 사정이 크게 좋지는 않다. 물론 외식을 할 때는 수다를 떨겠지만, 외식하는 사람들이 집에서 식사하는 사람들보다 타인을 더 믿는 것은 아니다.[118] 빙고게임장에서 시간을 보내는 것도 신뢰에 영향을 미치지 않는다.[119] 포커와 피너클 같은 매우 사교적인 게임을 비롯한 여러 가지 카드놀이도 신뢰로 이어지지 않는다. 카드놀이를 하는 사람들은 이웃(자신과 카드놀이를 하는 상대방)을 더 믿을 뿐 낯선 사람들까지 믿지는 않는다.[120]

---

116 술집 이용과 타인을 믿는 것 사이의 단순상관계수는 다음과 같다. 타우-시=.057, 감마=.098, N=9285. 거의 매일 술집에 가는 사람들의 4.9퍼센트는 작년에 강도를 당한 적이 있는 반면 전혀 가지 않는 사람들의 2.2퍼센트만이 작년에 강도를 당한 적이 있다(타우-시=.021, 감마=.112). 거의 매일 술집에 가는 사람들의 12.3퍼센트가 집에 절도 경험이 있는 반면 전혀 가지 않는 사람들은 6.1퍼센트만이 그런 경험이 있다(타우-시=.030, 감마=.098). 거의 매일 술집을 이용하는 사람들의 34퍼센트가 경찰에 체포된 경험이 있는 반면 전혀 이용하지 않는 사람들의 체포 경험은 6퍼센트이다(타우-시=.173, 감마=.424). 이것은 한 가지 조사에 국한되는 결과가 아니다. 1968년 서베이 리서치센터의 소득동태 패널연구에서도 술집 이용 빈도와 신뢰의 3등분 척도('극소수만 믿는다' '일부를 믿는다' '대부분을 믿는다') 사이의 상관계수는 다음과 같다. 타우-시=.020, 감마=.036.
117 남이 잃어버린 지갑을 돌려주는 것은 흔히 서로 믿는 공동체의 지표로 간주된다. 낵과 키퍼(1997년)를 보라.
118 1988년 일반사회조사에서의 상관계수는 다음과 같다. 타우-비=.022, 감마=.056. 스웨덴인을 표본으로 삼은 비슷한 조사결과는 로스스타인(2000년)을 참고하라.
119 1972년 미국선거연구에서의 빙고게임과 신뢰 사이의 단순이변량관계는 미미한 수준이다(파이=-.010, 율스 큐=-.027). 다변량 분석에서 타인을 신뢰하는 사람들은 빙고게임을 즐길 가능성이 약간 낮지만(약 12퍼센트 정도, p<.10) 빙고게임은 신뢰에 영향을 미치지 않는다. 사실 호혜적 인과관계가 배제된 게임 모형의 프로빗 분석에 따를 경우 빙고게임을 아주 좋아하는 사람들은 다른 사람을 덜 믿을 가능성이 높을지 모른다는 몇몇 증거가 있다(이것은 연립방정식 추정에 근거한 합리적인 추론이다).
120 1996년 퓨 리서치센터 조사에 따르면 카드놀이를 하는 사람들은 더 사교적이지도 타인을 더 믿지

한 가지 그럴 듯한 예외가 있다. 브리지게임을 하는 사람들은 그렇지 않은 사람들에 비해 타인을 훨씬 더 믿고(73퍼센트 대 44퍼센트), 브리지게임을 하면 타인에 대한 신뢰가 눈에 띄게 증가한다. 브리지게임을 통해 직접적인 사교범위 밖의 사람들과 교류하기 때문일까? 꼭 그렇지만은 않다. '사교적인' 브리지게임 동호회에서는 정치를 비롯해 온갖 주제에 관한 다양한 대화가 이뤄진다. 그러나 브리지게임 동호회는 이미 서로를 잘 알고 대체로 생각이 비슷한 회원들로 이뤄져 있다. 반면 '진지한' 모임은 더 다양한 회원들로 구성되지만 생각이 모두가 한결같기 때문에 만나서 하는 일이라고는 오직 브리지게임뿐이다(에릭슨과 노산추크 1990년, 스코트와 가드비 1992년). 그러므로 이 그럴 듯한 예외는 설득력이 부족하다.

여러 가지 사회적 교류(친구나 부모와의 왕래, 이웃과 대화)도 신뢰와의 상관관계가 그다지 높지 않다. 타인을 믿는 사람들이 많은 이웃과 대화를 나눌 가능성은 더 높지만, 절친한 친구를 자주 만나거나 부모나 친척과

도 않는다고 한다. 카드놀이를 하는 사람들의 50퍼센트가 이웃들과 교제하고 있고, 하지 않는 사람들의 47퍼센트가 이웃들과 교제하고 있다(타우-비=.022, 감마=.044). 그리고 카드놀이를 하는 사람들의 41퍼센트가 대부분의 사람들은 믿을 만하다고 생각하고, 하지 않는 사람들의 45퍼센트가 그렇다고 생각한다(타우-비=-.034, 감마=-.071쪽). 다변량 분석에서도 상관관계가 더 커지지는 않는다. 포커게임을 즐기는 사람들은 다른 사람을 약간 더 믿지만(1972년 미국선거연구에 따르면 52퍼센트 대 48퍼센트), 이 미약한 수준의 상관관계도 다변량 방정식에서는 사라진다. 피너클게임을 즐기는 사람들은 다른 사람을 더 믿지만(1972년 미국선거연구에 따르면 56퍼센트 대 45퍼센트), 이 상관관계 역시 다변량 방정식에서는 사라진다. 2000년에 실시된 사회적 자본 벤치마크 조사에 따르면 이웃에 대한 신뢰는 카드놀이의 의미 있는 가늠자이지만(p<.05에서), 일반적 신뢰는 그렇지 않다. 이런 결과는 연령, 성별, 소득, 교육, 인종(흑인), 통근거리, 주당 근로시간, 텔레비전 시청시간, 인터넷 이용시간, 가사담당 여부, 자녀수, 종교의식 참석 빈도, 공동체 거주기간, 친구의 수 같은 가늠자를 갖춘 카드놀이 빈도의 토빗 분석에서 나온 것이다. 사회적 자본 벤치마크 조사는 하버드 대학교의 로버트 퍼트넘이 의뢰한 것이고, 3,003명의 전국 표본, 그리고 그것과 별개인 2만 6,230명의 41개 공동체 표본을 갖고 있다. 자세한 내용은 http://www.ropercenter.uconn.edu에서 확인할 수 있다.

많은 시간을 보낼 가능성은 더 낮다는 몇몇 증거가 있다.[121] 타인을 신뢰하는 사람들이 행진, 스포츠행사, 미술전시회 등에 자주 참석할 가능성, 직장동료와 많은 시간을 보내거나 공공장소에서 친구와 어울릴 가능성, 인터넷 대화방에서 오랜 시간을 보내거나 단체운동을 오래 즐길 가능성이 더 높지는 않다. 그들보다는 자기가 아는 이웃을 믿는 사람들이 자주 행진에 참가하거나 단체운동을 즐길 가능성이 더 높다. 그러나 전반적으로 사람들과 어울리는 중요한 이유는 타인을 신뢰해서가 아니라 친구가 많기 때문이다. 염세주의자들에게도 친구는 있다.[122]

신뢰와 단체활동

수다가 신뢰에 의존한다거나 그리고 더 중요한 점으로 수다가 신뢰를 생산할 수 있다는 증거는 희박하다. 그렇다면 모임을 통한 사회적 상호작용의 경우는 어떨까? 퍼트넘(1993년 115쪽)은 다른 사람을 신뢰하는 데 보탬이 되는 모임의 한 유형으로 합창단을 거론한다. 1993년 일반사회조사에서는 음악을 연주하는지, 춤을 추는지, 연극공연에 참가하는지 등을 물었다(퍼트넘이 언급한 합창단 활동에 아주 근접한 질문이다). 누가 노래를 부를까? 답은 고전음악을 좋아하는 젊은 독신자들이다. 합창단은 연애 모임

---

121 1974–1996년 일반사회조사에 따르면 타인을 믿는 사람들은 자기 부모(감마=−.048)나 친척(감마=−.075)과 왕래할 가능성이 약간 더 낮다. 1986년 일반사회조사에 따르면 그들은 매일 친한 친구들(감마=−.127)과 만나거나 가장 친한 친구들(감마=−.096)과 자주 접촉할 가능성도 더 낮은 편이다. 반면 이웃들과 교류할 가능성은 더 높다(퓨 리서치센터 조사 경우에는 율스 큐=.122, 1992년 미국선거연구 경우에는 감마=.162).
122 이것은 사회적 자본 벤치마크 조사의 결과이다. 각 척도는 사람들이 과거에 어떤 행동을 한 횟수이다.

이다. 합창단은 신뢰를 생성하지도 의존하지도 않는다.[123]

증거를 좀더 폭넓게 살펴보자. 첫째, 나는 신뢰가 시민참여를 형성하는지의 여부를 살펴본 뒤 단체활동이 신뢰로 이어지는지의 여부를 검토할 것이다.[124] 다양한 조사에 포함된 자발적 단체의 유형뿐 아니라 봉사활동과 자선활동을 할 수 있는 여러 가지 현장을 검토한다. 나는 내가 〈표 5-1〉에 정리해둔 다양한 형태의 시민참여에 대한 단일방정식 모형을 추정했다.[125] 각 조사에서 드러난 전반적 패턴을 바탕으로 각각의 현장을 높은 신뢰, 보통 신뢰, 효과 없음, 음의 효과, 절반의 효과 등을 반영하는 것으로 분류했다.[126]

자세한 내용과 각 형태의 사교활동에 사용된 토빗 모형은 각주 120을 보라. 내가 사용하는 척도는 행진·스포츠행사·미술행사 등에 참가하기, 친척집 방문하기, 친구들을 집에 초대하기, 공공장소에서 친구와 만나기, 직장동료의 수, 소속된 운동 동호회의 수, 즐겨 찾는 인터넷 토론방 수 등이다. 일반적 신뢰는 퇴근 후 친구와 얼마나 자주 어울리는가에 대한 의미 있는 긍정적인 척도이다(p<.05). 그러나 이 계수는 신뢰의 영차상관계수 -.005와 모순된다. 신뢰는 교류하는 친구수의 의미 있는 가늠자가 아니다. 의미 있는 가늠자는 행복, 교회나 유대교 예배당에 출석하기, 흑인(-), **성별(남성), 소득, 독신자, 은퇴자,** 연령, 교육, 자녀수, 종교의식 참석 빈도, 공동체 거주기간, 자택 소유 여부 등이다. 우사체는 p<.001에서 의미 있는 계수를, 굵은 글씨체는 p<.05에서 의미 있는 계수를 가리킨다. 나머지 계수는 의미가 없다.

123 고소득의 젊은 독신자들은 공연에 참가할 가능성이 더 높다. 흑인도 마찬가지이다. 오페라, 브로드웨이 뮤지컬, 재즈, 라틴, 뉴에이지, 올디스, 레게, 현대 로큰롤, 빅밴드, 블루그래스, 블루스, 포크, 복음성가, 경음악, 랩, 헤비메탈 등을 포함하는 어떤 음악적 취향도 공연에 영향을 미치지 않았다. 컨트리 음악의 경우 약간의 부정적인 영향이 있었지만 그것도 다변량 분석에서는 사라졌다.

124 이 문제는 사실 신뢰의 결과를 논의하는 7장에서 다루는 편이 더 적합하지만 앞서 논의한 점을 감안할 때 여기서 제시하는 주장의 흐름에 더 어울린다.

125 내가 사용한 조사는 여러 해에 실시된 일반사회조사, 1996년 기부 및 봉사활동조사, 1996년 퓨 리서치센터 조사, 1972년과 1996년 미국선거연구 등이다. 기부와 봉사를 위한 현장, 그리고 자발적 단체에서의 활동에 대해 나는 신뢰, 전형적인 인구통계학적 변수(고등학교와 대학 교육, 소득, 연령, 성별, 인종, 결혼 여부, 가사활동), 다양한 조사에서 활용할 수 있는 시민참여 관련 가늠자(종교적 근본주의, 부모의 봉사활동 여부, 효능감) 등을 통해 참여를 예측하는 프로빗 분석을 시도했다. 나는 각 연도의 일반사회조사를 독립적인 표본으로 처리했다. 내가 약 1만 4천 개 사례에 걸친 하나의 방정식을 가동할 때 모든 변수는 의미가 매우 높다.

126 높은 신뢰 활동은 일반적으로 상관계수가 p<.01 혹은 그 이상에서 의미가 있다(모두 편측검증). 보통

어떤 경우에는 단체에서 활동하는 사람, 자원봉사자, 성금 기부자 등은 그렇지 않은 사람에 비해 타인을 더 믿는다. 그러나 많은 경우에 전자가 후자보다 타인을 더 믿는 것도 아니고 가끔은 후자보다 덜 믿는 경우도 있다. 타인을 가장 믿는 사람들은 문화단체와 교육단체에서 활동하는 사람들이고, 노동조합과 종교단체에서 활동하는 사람들이 가장 믿지 않는다. 시민활동과 정치활동에 참여하는 사람들은 상대적으로 다른 사람을 더 믿지 않는다. 그리고 가장 놀라운 점은 우애조합원들의 타인에 대한 신뢰 수준이 중간 정도라는 사실이다. 과거에 로터리 클럽, 슈라인 회, 무스, 오드 펠로스 독립공제회, 엘크스 자선보호회 같은 단체는 여러 가지 선행으로 유명했다(퍼트넘 1993년 115쪽, 퍼트넘 2000년 20쪽 · 117쪽).

하킴과 미첼(1995년 F4, 퍼트넘 2000년 참고)에 따르면 오늘날 그런 단체들이 사라진 점은 "공동체와 동료애에 관한 현대적인 개념이 존재하지 않는 서로 반목하는 미국 사회"를 반영한다. 우애조합원들은 비회원들에 비해 자발적인 봉사활동에 나설 가능성이 많다.[127] 그렇다고 그들이 비회원들에 비해 사람들을 더 믿는 것은 아니다(특히 연령 같은 변수들을 제외하고

신뢰는 일반적으로 상관계수가 최소한 $p<.05$에서 의미 있고, 상관계수가 무의미한 경우는 비교적 드물다. 효과 없음의 경우에는 대다수 추정계수가 $p<.10$에서도 의미가 없다. 음의 효과의 경우 대부분의 상관계수는 최소한 $p<.10$에서 의미 있다. 그리고 절반의 효과는 의미 있는 양의 상관계수와 의미 있는 음의 상관계수가 혼재한다. 조사에 사용된 질문은 각 범위에 포함되는 것인지 아닌지를 파악하기 어렵다. 일반사회조사에서는 봉사단체의 회원인지를 묻지만 각 범위에 포함될 법한 사례를 제시하지 않는다. 1972년 미국선거연구에서는 시민단체 회원인지를 물었고, 1996년 미국선거연구에서는 각 모임이 하는 일과 그 모임의 가입조건을 상세히 설명하지 않은 채 지역모임과 이웃모임을 제시했다. 1996년 기부 및 봉사활동조사와 1996년 일반사회조사 모두 사적 단체와 공적 단체에 시간과 돈을 할애하는지를 물었다. 그러나 전체적으로 대부분의 현장은 자세한 설명이 필요치 않다.
127 이것은 1996년 미국선거연구와 1996년 기부 및 봉사활동조사의 결과이다. 우애조합원들은 특히 건강, 복지, 오락, 문화 등의 분야에서 봉사활동에 참여할 가능성이 높다.

<표 5-1> 시민참여와 신뢰 사이의 연결고리

봉사활동과 자선활동[a]			
높은 신뢰	보통 신뢰	효과 없음	절반의 효과
미술과 문화 관련 현장 교육 관련 현장	보건/병원 관련 현장 복지사업 관련 현장 청소년 관련 현장	비공식적 · 사적 오락 관련 현장 직무와 관련된 정치 및 환경 관련 현장 시민단체	종교 관련 현장

단체활동[b]			
높은 신뢰	보통 신뢰	효과 없음	절반의 효과
사업 및 직업 관련 현장 문화 및 예술 관련 현장 사교활동 관련 현장	봉사단체 · 스포츠 관련 현장 자립 관련 현장 여성 관련 현장 교육 관련 현장 정치 관련 현장 우애 관련 현장[c] 남성회 및 여성회[c]	노동조합 · 취미 관련 현장 이웃주민 관련 현장 농업 관련 현장 청소년 관련 현장 시민단체, 민족단체	종교 관련 현장 재향군인회

a 자료출처: 1996년 일반사회조사, 1996년 기부 및 봉사활동조사, 1996년 퓨 리서치센터 조사
b 자료출처: 1972년 1996년 미국선거연구, 1996년 기부 및 봉사활동조사, 1975년, 1978년, 1980년, 1983년,
1984년, 1986년, 1987년, 1988년, 1989년, 1990년, 1991년, 1993년, 1994년 일반사회조사
c 일반적으로 미미한 수준의 양의 효과를 미치는데 대부분이 통계학적 의미의 경계선에 있다.

판단할 경우). 사교활동이 그렇듯이 시민단체에 참여하도록 유도하기 위해
서 반드시 신뢰가 필요한 것은 아니다.

일단 단체에 소속되면 다른 사람을 더 믿게 될까? 나는 먼저 퍼트넘,
브렘과 란이 검토한 일반사회조사에 주목한다. 연립방정식 모형은 <표
5-2>에 제시해뒀다.[128] 이 모형은 신뢰, 종교성이 배제된 자발적 단체에

---

128 모형은 3단계최소제곱법을 이용해 추정한 것이다.

서의 활동, 미래에 대한 낙관론 사이의 호혜적 인과관계를 검증하는 것이다. 나는 종교성이 배제된 단체에 초점을 맞춘다. 왜냐하면 사람들의 종교단체 활동에는 다른 동기가 있게 마련이기 때문이다. 종교단체는 일반적 신뢰가 아니라 개별적 신뢰를 고수하는 사람들에게 적당한 활동무대일지 모른다. 또한 노동조합은 자발적으로 가입하는 경우가 드물기 때문에 계산에서 배제했다.

연립추정을 통해 나는 호혜적 인과관계를 살펴볼 수 있었다. 자발적 단체에 가입해 활동하는 것은 신뢰를 생산할까 아니면 소비할까? 생산도 하고 소비도 할까? 아니면 생산도 소비도 하지 않을까? 신뢰는 미래에 대한 낙관론에 좌우될까 아니면 신뢰가 낙관론으로 이어질까?

신뢰 모형은 4장에서 언급한 모형과 비슷하고 결과도 비슷하다. 서로 다른 점은 내가 신뢰 모형에 비종교단체에서의 활동을 포함시킨 것이다. 그리고 신뢰는 단체가입 모형에도 포함된다.[129] 신뢰는 모든 변수 중에서 단체가입에 가장 큰 영향을 미친다. 타인에 대한 믿음을 갖고 있는 사람들은 레인이 얘기한 '사교적인' 남녀들이다. 그들은 공동체에서 능동적으로 활동한다. 그러나 시민참여는 신뢰의 증가로 이어지지 않는다. 간단히 말해 단체활동은 신뢰에 영향을 미치지 않는다.[130] 신뢰는 시민단체에서 습득한 경험이 아니라 낙관적 세계관을 반영한다(4장을 보라). 〈표 5-2〉에 나오는

---

129 단체활동 방정식에는 여러 가지 전형적인 가늠자가 포함되어 있다(퍼트넘 1995년a와 브렘과 란 1997년을 보라). 고학력자(특히 대학 졸업자), 지역적 기반이 강한 사람(어릴 적부터 같은 도시에 살고 있는 사람), 장시간 일하는 매우 바쁜 사람은 모두 자발적 단체에서 활동할 가능성이 더 높다. 그리고 종교의식에 참석하는 사람도 비종교단체에 가입해 활동할 가능성이 있다.
130 비종교단체 활동에 대한 계수는 −.001이고 표준오차는 기울기 크기의 29배이다. 연령과 성별 같은 다른 전형적 가늠자는 의미가 없어 생략되었다.

〈표 5-2〉 일반사회조사의 3단계최소제곱법 추정 결과

	계수	표준오차	t값
비종교단체 활동(노동조합 제외)	모형 카이제곱 =591.677 (RMSE=1.706)		
신뢰	1.583 ****	.175	9.055
종교의식 참석 빈도	.062 ****	.011	5.451
고등 교육	.044 ****	.012	3.619
대학 교육	.084 ****	.010	8.531
지난주의 근무시간	.005 ***	.002	2.492
어릴 적부터 같은 도시에 거주하고 있다	.130 **	.058	2.227
가족 소득	.004	.014	.270
상수	-.799 ****	.189	-4.218
신뢰	모형 카이제곱 =588.887 (RMSE=.623)		
친구관계에 만족한다	016 ***	.005	3.220
대다수 사람들의 형편이 나빠진다	-1.026 ****	.167	-6.158
과학에 대한 믿음	.031 **	.015	1.996
비종교단체에 가입해 활동한다	-.001	.029	-.023
(노동조합 제외)			
흑인	-.071 ***	.027	-2.673
연령	.005 ****	.001	6.133
야간에 동네 다니기가 위험하다	-.038 ***	.014	-2.696
고등 교육	.010 **	.004	2.237
대학 교육	.009 **	.004	2.253
맥락적 신뢰	.257 ****	.066	3.870
상수	.811 ****	.131	6.211
대다수 사람들의 형편이 나빠진다	모형 카이제곱 =279.313 (RMSE=.505)		
신뢰	-.554 ****	.063	-8.830
연령	.002 ***	.001	3.157
삶이 재미있다, 아니다 지루하다	.030 ***	.011	2.704
고등 교육	.002	.004	.503
대학 교육	.000	.003	.000
직장일이나 가사일에 만족한다	-.013 **	.007	-2.000
상대적 경제상황	-.016 **	.007	-2.223
가족 소득	-.002	.002	-.878
근본주의	.013 **	.007	1.901
상수	.812 ****	.057	14.266

**** p<.0001 *** p<.01 ** p<.05 * p<.10 N=3389

결과는 자기선택 명제(시민생활과 신뢰 사이에 연관성이 있다면 그것은 '선순환'이 아니라 신뢰에서 출발해 참여 쪽으로 향하는 '선화살'에 의한 것이다)를 뒷받침한다. 즉 시민단체에서 활동해도 타인을 더 믿게 되지는 않을 것이다.

이 표에는 또 다른 메시지도 담겨 있다. 신뢰와 낙관론 사이의 관계는 일방적이지 않고 호혜적이다. 즉 낙관론의 증가가 신뢰의 증가로 이어지고, 타인을 믿는 성향의 사람은 더 낙관적인 태도를 갖는다. 그런데 인과관계의 연결방식이 완전히 분명하게 드러나지는 않는다. 즉 봉사활동과 자선활동에 관한 논의에서 짐작할 수 있듯이 남을 믿는 사람들이 선행을 함으로써 더 낙관적인 태도를 가질 수 있는 것이다. 인과관계의 논리가 어떻든간에 낙관론이 신뢰에 미치는 영향은 신뢰가 낙관론에 미치는 영향보다 훨씬 강력하다. 낙관론이 신뢰에 미치는 효과는 신뢰가 낙관론에 미치는 것의 2배 이상이다.

신뢰의 생산과 소비

타인을 믿는 사람들은 많은 단체에 속해 있다(월러백과 셀 2000년). 하지만 나는 어떤 단체 구성원들은 다른 단체 구성원들에 비해 다른 사람을 더 신뢰한다고 주장해왔고, 그것을 뒷받침하는 자료를 〈표 5-1〉에 제시해뒀다. 설령 인과관계 화살이 한쪽 방향으로만 날아간다고 가정해도(신뢰→시민참여) 모든 형태의 참여가 신뢰에 좌우되는 것은 아니다. 이질적인 사람들로 이뤄진 단체 구성원들은 다른 사람을 신뢰할 가능성이 높다(스톨 1998년b 516쪽 참고). 종교단체는 기본적으로 다른 사람을 돕는 감정과 관계있을지 모르지만, 근본주의 교파 사람들은 일반적 신뢰가 아닌 개별적 신뢰를 고수할 가능성이 높다. 독특한 정체성을 강조하는 집단(민족단체와 재향군인회)의 회원들도 자신과 같지 않은 사람들을 믿지 않을 가능성이 높다. 그리고 결과를 알 수 없는 단체도 있을 수 있다. 예를 들어 합창단 같은 동호회는 그저 노래 부르는 데만 관심 있는 사람들만 모여 있을 수 있다. 그리고 2장에서 주장했듯이 봉사활동이나 자선활동 같은 비교적 부담스런 형태의 시민참여는 신뢰를 소비할 가능성과 생산할 가능성 모두 더 높을 것이다.

이제 퍼즐조각을 한데 모아 어떤 형태의 시민참여가 신뢰를 생산할 수 있는지, 그리고 어떤 방식의 시민참여가 신뢰에 의존하는지에 관한 포괄적인 모형을 검증할 것이다. 1996년 미국선거연구에는 단체와 비공식 참여에 대한 최상의 척도가 포함되어 있다. 1996년 미국선거연구는 응답자들에게 청년, 노인, 여성, 동호인, 자립을 모색하는 사람 등을 겨냥한 단체뿐 아니라 종교적·정치적·문화적·전문직 단체를 망라한 20가지 형태의 자발적 단체에 참여하고 있는지를 물었다. 비록 사업, 취미, 민족, 교육 등과 관련된 단체에 대해서만 응답자의 4퍼센트 정도가 2개 이상을 선택했지만, 응답자들은 각 종류마다 4개의 단체까지 대답할 수 있었다(단지 '예'나 '아니오'로 대답하는 일반사회조사를 비롯한 대다수 조사와 달리). 미국선거연구 때는 이웃과의 대화와 종교의식 참석 여부뿐 아니라 봉사활동이나 자선활동에 관한 질문도 던졌다. 전체적으로 시민참여의 척도는 24개이다. 나는 어떤 형태의 시민참여가 신뢰에 영향을 미치는지 파악하기 위해 24개 척도 모두를 '매우 사실적인' 모형에서 사용했다. 그런 다음 시민참여의 지표 24개와 4장에서 언급한 일련의 가늠자를 사용해 프로빗 모형을 추정한 결과가 〈표 5-3〉이다.

〈표 5-3〉1996년 미국선거연구[a]에서의 단체활동이 신뢰에 미치는 영향

독립변수	계수	표준오차
사업단체 활동	.158 ***	.062
문화단체 활동	.252 **	.109
아동단체 활동	.094 *	.056
자선활동	.184 *	.114
종교의식 참석	.152 *	.107
민족단체 활동	-.293 **	.106
예술단체 활동	.022	.122
연장자단체 활동	.020	.106
노동조합 활동	-.024	.087
재향군인회 활동	.127	.102
교회단체 활동	-.019	.092
무교회주의 활동	.008	.076
동호회 활동	.039	.070
우애조합 활동	.147	.127
구호단체 활동	.014	.088
교육단체 활동	.061	.086
자립단체 활동	.127	.184
정치단체 활동	.023	.098
정당/후보자단체 활동	-.216	.202
시민단체 활동	-.103	.197
여성단체 활동	.136	.430
기타 단체활동	.064	.119
봉사활동시간	-.010	.088
대화를 나누는 이웃의 수	.026	.031

추정 R^2=.353 -2* 로그 우도비=1394.330 N=1233
정확예측률: 프로빗 모형: 71.7 널 모형: 60.2
***p<.01 **p<.05 *p<.10
a 사업단체, 동호회, 교육단체 등의 경우에는 0과 2 사이에서, 나머지 경우에는 0과 1 사이에서 계산한 효과

〈표 5-3〉에서 알 수 있는 중요한 사실은 타인에 대한 신뢰 향상으로 이어지는 시민참여의 형태가 아주 드물다는 점이다. 총 24개의 시민참여 척도 가운데 5개(사업단체, 문화단체, 아동단체, 자선활동, 종교의식 참석)만 신뢰 향상에 뚜렷한 영향을 미친다. 그리고 5개 척도 중에서 3개는 .10이라는 관대한 유의수준에서 유의미성 검증을 통과할 뿐이다. 민족 관련 단체에서 활동하면 다른 사람에 대한 신뢰가 감소한다. 시민참여의 그 외의 모든 척도(교육단체, 자립단체, 여성단체, 연장자단체, 동호회, 우애조합, 재향군인회, 정치단체, 종교단체, 이웃과의 대화 등)는 신뢰의 향상을 초래하지 않는다.

　그런데 이런 분석은 신뢰가 모든 형태의 시민참여를 형성하는 상황을 허용하지 않기 때문에 부분적인 사실만을 이야기하는 것으로 볼 수 있다. 신뢰와 모든 형태의 시민참여 사이의 호혜적 인과관계를 검증하는 완전모형에는 25개의 방정식이 필요하기 때문에(즉 〈표 5-3〉의 각 변수마다 1개의 방정식을, 그리고 신뢰에 또 1개의 방정식을 배당해야 한다) 이런 분석은 중요한 가지치기 기능을 수행한다고 볼 수 있다. 하지만 이것은 좋게 봐서 다루기 힘들고 해석하기 어려울 것이다. 나쁘게 보면 작업 전체가 내파內破하고 말 것이다.[131]

　〈표 5-3〉의 모형은 프로빗에서 신뢰의 의미 있는 가늠자를 제외한 모든 것을 배제했음을 암시한다. 실제로 나는 그렇게 했고, 자선활동과 봉사활동뿐 아니라 사업단체 활동, 민족단체 활동, 문화단체 활동, 교회단체 활동 등에 대한 3단계최소제곱법 모형을 추정했다. 교회단체와 봉사활동은 〈표 5-3〉 모형에서는 의미가 없지만 이론적으로 중요하기 때문에 연립방정식 추정에 포함시켰다. 봉사활동은 다른 사람에 대한 헌신을 반

---

131 문제는 과소식별일 것이다.

영한다. 그리고 종교활동은 개별적 신뢰를 강화할지 모른다.[132] 결과적으로 모형에는 사업단체, 아동단체, 민족단체, 문화단체, 봉사활동, 자선활동, 신뢰 등의 8개 방정식이 등장한다. 신뢰가 시민참여에 미치는 영향과 시민참여가 신뢰에 미치는 영향은 〈표 5-4〉에 제시되어 있다.[133]

결과는 놀랍다. 신뢰는 자선활동과 봉사활동뿐 아니라 사업단체 활동과 문화단체 활동에 강력한 영향을 미친다. 신뢰는 봉사활동의 가장 강력한 가늠자로서, 두 번째 강력한 이웃과 알고 지내며 대화를 나누는 것보다 약 2배의 영향력이 있다.[134] 교회단체 활동을 제외하면 신뢰는 자선활동에 가장 큰 영향을 미치는 변수이다(가족 소득을 가볍게 능가한다). 그리고 신뢰는 사업단체 활동에 가장 큰 영향을 미치는 변수이고, 문화단체 활동에는 두 번째로 큰 영향을 미친다(첫번째는 유대인). 그러나 신뢰가 항상 강력하게 영향을 미치는 것은 아니다. 즉 신뢰는 민족단체 활동에는 미미하게 양의 효과를 미치지만 교회단체 활동이나 아동단체 활동에는

---

[132] 종교의식에 참석하는 빈도와 성경이 하느님의 진짜 말씀이라고 믿는가의 여부는 〈표 5-3〉의 추정에서 볼 때 일반적 신뢰를 형성한다.

[133] 문화단체 활동의 경우 모형에 포함된 다른 변수들은 더미 변수(유대인), **가족 소득, 자유주의자, 연령, 성별**, 도시 거주자 등이다. 교회단체 활동의 경우 다른 변수들은 *기도 횟수, 성경 읽기 빈도, 더미 변수(가톨릭 신자), 연령, 가족 소득, 자유주의자(음의 계수)*, **공동체 거주기간**, 더미 변수(유대인) 등이다. 사업단체 활동 방정식에 포함된 변수들은 자영업자, 가족 소득, **더미 변수(유대인), 주당 근로시간, 다른 사람의 믿음이 나와 비슷하다고 말한다, 이웃과 알고 지내며 대화를 나눈다** 등이다. 아동단체 활동 방정식에는 연령, *6-9세의 자녀수, 기혼자, 전기 베이비붐 세대(1945-1955년 출생)*, **교회단체 활동**, 가족 소득, 다른 사람을 돕는 일에 참여하는 것이 중요한가, 다른 사람의 믿음이 나와 비슷하다고 말한다 등의 변수가 포함된다. 민족단체 활동의 경우에는 인종, **이웃과 알고 지내고 대화를 나눈다, 성별**, 가족 소득, 내집단 신뢰, 교육 등의 변수를 들 수 있다. 자선활동의 경우에는 *교회단체 활동, 가족 소득,* **신문 읽기 빈도, 이웃과 알고 지내며 대화를 나눈다, 다른 사람의 믿음이 나와 비슷하다고 말한다**, 사업단체 활동(p<.05에서의 유의미성에 대한 전통적인 양측검증에 부합하는 음의 계수) 같은 가늠자가 포함된다. 봉사활동의 경우에는 *이웃과 알고 지내고 대화를 나눈다, 다른 사람의 복지를 고려해야 한다고 말한다*, **더미 변**

218

전혀 영향을 미치지 않는다.[135]

신뢰는 자신이 속한 공동체에 대한 가장 큰 헌신을 의미하는 행동(성금 기부, 특히 시간할애)에 가장 중요한 영향을 미친다. 신뢰의 영향력이 큰 사업단체와 전문직 단체는 집단과 집단의 연결다리를 놓는 데 도움이 된다. 사업단체와 전문직 단체를 통한 교제관계는 전통적으로 백인 남성이 지배하는 사회에서 여성과 소수집단에 특히 중요할 수 있다. 문화단체는 타민족의 음악·예술·연극에 대한 이해도를 높이는 분위기를 조성할 수 있다. 교회단체, 아동단체, 민족단체는 문화와 문화를 잇는 다리를 놓을 가능성이 더 낮다. 그런 단체들의 구성원들은 주로 자신과 비슷하고 이미 알고 있는 사람들과 접촉하게 마련이기 때문이다.

시민참여는 신뢰를 촉진할까? 단체활동은 단체 성격에 상관없이 신뢰를 증가시키지 않는다. 나는 1996년 미국선거연구에 거명된 20가지 유형의 단체에서 시작해 더 복잡한 분석을 위해 6개를 제외한 모든 유형의 단체를 추정했다. 그 중에서 호혜적 인과관계 검증을 통과한 것은 1개도 없

수(유대인), 가족 소득, 사업단체 활동, 연령 등의 가능자가 포함된다. 신뢰의 방정식에는 *인구통계학적 외집단에 대한 신뢰*, *'나 같은 사람들은 정치적 발언권이 없다'*(음의 계수), **전통적인 가족의 가치를 더 강조하면 문제가 줄어들 것이다**, 인구통계학적 내집단 신뢰(음의 계수), 더미 변수(후기 베이비붐 세대) 등이 포함된다. 우사체는 p〈.001에서 의미 있는 계수를, 굵은 글씨체는 p〈.05에서 의미 있는 계수를, 밑줄은 p〈10에서 의미 있는 계수를 가리키고, 다른 계수들은 의미가 없다.

134 영향은 회귀계수에 독립변수의 범위를 곱한 것이다. 신뢰가 봉사활동에 미치는 영향은 다름 아닌 회귀계수의 값(.410)인 반면 이웃과의 대화가 봉사활동에 미치는 영향은 .061(계수) 곱하기 범위(4), 즉 .244이다.

135 교회단체 활동은 대체로 기도 횟수와 성경 읽기 빈도에 좌우된다(기도 횟수와 성경 읽기 빈도는 불신과 약간 관계있다). 그리고 아동단체에 참여하는 사람들은 슬하에 6–9세의 자녀를 많이 두고 있다. 즉 어린 자녀가 있는 성인들의 55퍼센트가 아동단체에 참여하는 반면 어린 자녀가 없는 성인들의 15퍼센트가 아동단체에 참여하고 있다. 그러므로 부모들은 자기 자녀들, 그리고 친구와 이웃의 자녀들과 상호작용한다. 이것은 확실히 가치 있는 일이지만 일반적 신뢰를 강화하는 다리를 놓는 것은 아니다.

다. 교회단체 활동은 타인에 대한 신뢰를 오히려 감소시킨다. 아동단체에서의 활동도 신뢰를 떨어뜨리는 듯하다. 물론 당장은 이 점을 설명하기 어렵고, 음의 계수를 너무 신뢰하지 않으려고 조심하고 있지만 말이다.[136]

거의 모든 유형의 공식적 · 비공식적인 사회적 접촉에 대해 신뢰는 원인도 결과도 아니다. 사람들은 도덕적 자원에 의지하지 않고서도 사회적 유대를 형성할 수 있다. 사람들의 시민단체 가입 동기는 그곳에 친구들이 있고, 경력에 도움이 될 만한 사람을 만나기 위해서, 자녀들의 활동을 돕기 위해서이다(우스나우 1998년 29쪽). 전혀 나무랄 일이 아니다. 고전음악을 좋아하는 젊은이들이 관심이 비슷한 미래의 배우자를 만나기 위해 함께 어울리는 것은 좋은 일이다. 야생조류 관찰자들이 함께 진귀한 새를 구경하는 것은 좋은 일이다. 볼링 동호회 회원들이 서로의 기량을 겨루는 것 역시 좋은 일이다. 하지만 그런 활동을 시민사회의 중추로 간주해서는 안 된다. 서로 믿는 사회에는 많은 단체가 존재한다는 특징이 있을지 모르지만 전체주의로 흘러가는 사회에도 여러 단체가 우후죽순처럼 생길 수 있다(버먼 1997년 565-566쪽).

선행과 신뢰

그런데 시민참여가 신뢰를 촉진할 때도 있다. 성금 기부와 시간할애는 선행한다는 느낌인 '따뜻한 빛'을 창출한다. 사실 봉사활동, 특히 자선활

---

136 양측검증에서 계수는 p<.10에서만 의미가 있고, 양의 기울기를 기대하는 편측검증에서는 계수의 의미가 없을 것이다.

〈표 5-4〉 신뢰와 시민참여의 호혜적 효과, 1996년 미국선거연구: 3단계최소제곱법 추정

	계수	표준오차	t값
신뢰에 미치는 효과			
사업단체 활동	.076	.091	.838
아동단체 활동	-.155	.088	-1.763
민족단체 활동	-.088	.247	-.354
문화단체 활동	-.049	.168	-.296
교회단체 활동	-.435****	.130	-3.358
자선활동	.669****	.200	3.342
봉사활동	.505***	.163	3.090
신뢰가 미치는 효과			
사업단체 활동	.554****	.117	4.733
문화단체 활동	.287****	.073	3.919
교회단체 활동	.109	.088	1.232
아동단체 활동	.056	.130	.430
민족단체 활동	.064*	.048	1.339
자선활동	.278****	.072	3.851
봉사활동	.410****	.100	4.113
방정식	RMSE	카이제곱	N
신뢰	.590	175.183	998
사업단체 활동	.681	145.672	998
문화단체 활동	.409	98.094	998
교회단체 활동	.476	246.222	998
아동단체 활동	.639	103.058	998
민족단체 활동	.251	28.067	998
자선활동	.388	236.095	998
봉사활동	.502	109.390	998

****p<.0001 ***p<.01 **p<.05 *p<.10

동의 경우 남을 돕는 행위가 신뢰에 미치는 영향은 신뢰가 선행에 미치는 영향보다 컸다. 자원봉사자들은 '틀림없이 여러 번 들은 말이겠지만, 지금 나는 내가 주는 것보다 훨씬 많은 것을 얻습니다'라고 말한다(볼스 1996년 B4). 그리고 실제 그렇다는 증거가 있다. 봉사활동이 신뢰에 미치는 영향은 신뢰가 봉사활동에 미치는 것보다 20퍼센트 크다. 그리고 자선활동이 신뢰에 미치는 영향은 신뢰가 자선활동에 미치는 것의 약 2.5배이다. 시간할애와 성금 기부의 영향력이 이토록 강력해도 신뢰의 가장 중요한 결정요인은 아니다. 반면 신뢰는 선행으로 이어지는 인자 가운데 최상위권을 차지한다. 그러므로 자선활동을 하지 않아도 타인을 신뢰할 수는 있지만 사람들을 선행으로 이끌기 위해서는 신뢰가 필요하다.

그러나 선행은 착한 사마리아인들에게 여러 차례 반복해서 보답한다. 1996년 기부 및 봉사활동조사에 따르면, 남을 믿는 사람들은 그렇지 않은 사람들에 비해 약 2배의 봉사활동 기회(1.606 대 .856)와 자선활동 기회(2.015 대 1.221)를 갖는다고 한다. 8개 이상의 단체에서 활동하는 자원봉사자들은 남을 신뢰할 가능성이 2배 높고(64퍼센트 대 34퍼센트), 7개 이상의 개별적 자선활동을 하는 사람들은 남을 신뢰할 가능성이 2배 이상 높다(68퍼센트 대 30퍼센트).[137] 만일 내게 신뢰의 기본적인 척도가 있다면 나는 자원봉사자들과 기부자들이 남에게 베풀지 않는 사람들보다 더 높은 점수를 기록할 것으로 예상할 것이다. 퓨 리서치센터 조사의 낯선 사람 인자는 정확히 그런 유형의 척도를 제공하는데, 그것에 따르면 비종교단체 소속으로 봉사활동을

---

137 4개의 상관계수 모두 $p < .0001$ 혹은 그 이상에서 의미 있다. 이런 경향은 비록 정도는 덜하지만 1996년 일반사회조사에서도 되풀이된다.

하지 않는 사람들은 신뢰의 표준점수가 -.123이고, 다섯 유형 이상의 단체에 소속돼 남에게 베푸는 사람들은 평균점수가 .187이다(p<.008).

결론적으로 시민참여는 신뢰를 생산할 수 없는 듯하고, 원래부터 타인에 대한 신뢰가 있는 경우에만 신뢰가 생산되는 듯하다. 콩 심은 데 콩 나고 팥 심은 데 팥 나는 법이다. 다시 말해 억지로 노숙자 쉼터에서 봉사활동하고 병원에서 환자를 돌보게 한들 스크루지를 밥 크래칫으로 변신시킬 수는 없다. 메릴랜드주의 한 여고생은 졸업 필수과목인 '봉사학습'에 대해 이렇게 말했다. "학교에서 억지로 시키니까 하는데 거기서 많은 것을 얻지는 못해요."(클라우드 1997년 76쪽)

신뢰의 양을 늘리기 위해서 신뢰가 필요하다는 점을 감안할 때(타인에 대한 믿음이 사회적이든 아니든 진정한 형태의 자본임을 감안할 때) 한 가지 이상한 게 있다. 시간할애는 단순히 성금 기부보다 부담스런 행동이다. 그런데도 시간할애보다 성금 기부가 훨씬 더 크게 보답받는 이유는 무엇일까?

우선 나는 1996년 미국선거연구를 바탕으로 한 추정에 틀림없이 이상한 점이 있다고 생각했고, 1996년 기부 및 봉사활동조사에 근거한 상대적으로 단순한 또 하나의 연립방정식 모형을 만들었다. 단 3개의 방정식만 갖춘 그 모형은 〈표 5-5〉에 제시되어 있다. 이번에도 신뢰는 봉사활동과 자선활동 모두의 가장 강력한 가늠자이다. 신뢰는 개인의 사교방식(친척이나 노숙자 같은 특정인들을 돕는가의 여부와 어렸을 때 학생회에, 혹은 부모나 가족과 함께 봉사활동에 얼마나 적극적으로 참여했는가)도 압도한다. 그러나 봉사활동을 통한 따뜻한 빛은 없고, 자선활동을 통한 두둑한 보상은 있다.[138]

---

138 회귀분석에 따르면 타인을 믿는 사람은 시간할애 가능성이 65퍼센트 더 높다. 그리고 성금 기부 가

〈표 5-5〉1996년 기부 및 봉사활동조사에 근거한 3단계최소제곱법 추정

	계수	표준오차	t값
신뢰	모형 카이제곱=207.717	(RMSE=.494)	
대학 교육	.100 ****	.026	3.799
흑인	-.209 ****	.033	-6.232
스페인계	-.071 ***	.028	-2.504
연령	-.001 *	.001	-1.569
미래에 대한 우려	.005	.010	.488
침례교도	-.108 ****	.025	-4.237
미국 태생의 부모	.035 ***	.014	2.448
연방정부에 대한 신뢰	.033 ***	.011	3.131
봉사활동	-.136	.153	-.887
자선활동	.431 **	.194	2.221
부모나 가족과 함께 봉사한 경험	.016	.025	.646
상수	.254 ****	.073	3.481
봉사활동	모형 카이제곱=466.903	(RMSE=.503)	
신뢰	.648 ****	.129	5.016
대학 교육	.047 *	.032	1.488
어릴 때의 학생회 활동 경험	.049 **	.028	1.742
침례교도	.064 **	.036	1.789
종교의식 참석	.061 ****	.012	4.941
부모나 가족과 함께 봉사한 경험	.139 ****	.022	6.474
직장동료들과 어울린다	.027 **	.012	2.266
교회 친구와 어울린다	.041 ***	.013	3.224
운동을 통해 친구와 어울린다	.025 ***	.010	2.362
성별	.041 **	.022	1.891
친척을 도운 경험	.196 ****	.025	7.730
노숙자를 도운 경험	.047 **	.028	1.651
상수	.275 ***	.087	3.166

	계수	표준오차	t값
자선활동	모형 카이제곱=354.513	(RMSE=.455)	
신뢰	.520 ****	.088	5.936
고등 교육	.140 ****	.041	3.427
대학 교육	.146 ***	.047	3.125
가족 소득	.010 ****	.002	4.592
종교의식 참석	.056 ****	.009	6.059
부모나 가족과 함께 봉사한 경험	.067 ****	.018	3.699
연령	.002 ****	.001	4.061
교회 친구와 어울린다	.032 ****	.009	3.501
친척을 도운 경험	.113 ****	.020	5.693
상수	.283 ****	.063	4.521

****p<.0001 ***p<.01 **p<.05 *p<.10. N=1714

이런 난점을 쉽게 극복할 만한 방법은 없지만 추측건대 자신과 같은 부류의 사람들과 함께 봉사활동에 나설 가능성이 더 높다는 점에 주목해야 할 듯하다. 심지어 종교적 성격의 봉사활동은 차치하더라도 자신과 비슷한 사람들, 그러니까 학교 친구들 혹은 자녀가 속한 집단 구성원들과 함께 시간을 보낼 가능성이 높을지 모른다. 사라 모슬Sara Mosle(2000년 25쪽)은 다음과 같이 썼다.

흔히 봉사활동으로 통하는 많은 활동이 그저 '양육'이라는 말로 불린다. 자

능성이 52퍼센트 더 높다. 이처럼 신뢰는 성금 기부 가능성을 24퍼센트 높이는 효과가 있는 남을 도운 경험, 소득, 종교의식 참석, 주별 참석 등보다 더 큰 영향을 미친다. 봉사활동과 신뢰는 작은 음의 상관관계를 보이는데 그다지 의미 없는 수준이다. 반면 자선활동은 신뢰를 43퍼센트 증가시킨다. 이 모형에서 볼 때 신뢰가 자선활동에 미치는 영향은 자선활동이 신뢰에 미치는 영향보다 크지만, 자선활동이 신뢰에 미치는 영향은 봉사활동의 영향보다는 크다.

녀 학교의 일을 돕거나 자녀가 속한 축구부를 지도하는 부모를 떠올리면 쉽게 이해할 수 있을 것이다. 결국 이미 자원을 보유한 부모의 자녀가 가장 이득을 본다.

우리의 자선적 지평은 이보다 넓어질 수 있다. 신문을 통해 먼 곳의 가난한 사람들에 관한 기사를 읽거나 텔레비전에서 비슷한 보도를 접할 수 있다. 우리는 폭풍우나 지진 같은 자연재해의 피해자들을 돕는다. 그러나 그런 재해현장에서 봉사활동에 나설 가능성보다는 노숙자 쉼터에 기부할 가능성이 더 높다. 흔히 사람들은 성금 기부를 결정할 때 '가치 있는 명분'도 중시하지만 무엇보다 가장 편리한 기회, 그러니까 이미 알고 있는 사람들과 함께 할 수 있는 기회에 시간을 할애할 것이다. 아주 예외적인 경우를 제외하면 자선활동에 나서다 보면 최소한 계층적인 측면에서 자신과 같지 않은 사람들을 돕는 경우가 있게 마련이다. 봉사활동은 자선활동보다 더 부담스러울 때조차 낯선 사람들에 대한 지평을 넓혀주지 않을지 모른다. 이와 같은 주장이 옳다면 자녀들과 이웃들에게 시간을 할애할 때보다 낯선 사람들에게 기부금을 줄 때 따뜻한 빛을 더 많이 느끼는 것은 당연하다.[139]

내 주장을 뒷받침하는 부수적인 증거와 좀더 직접적인 증거가 있다. 1996년 퓨 리서치센터 조사에 따르면 일반적 신뢰와 개별적 신뢰를 고수하는 사람들 모두가 학교에서, 환경단체를 위해, 청소년단체와 함께, 연장자단체를 위해 봉사활동에 나설 가능성이 더 높다. 예술단체와 병원 자

---

[139] 사회적 자본에 관한 세미나에 참여한 3명의 대학원생(킴벌리 퀼, 세바스티안 가뇽—메시어, 랜디 맥스)은 대안적 설명을 내놓았다. 즉 자원봉사할 때는 불쾌한 경험을 겪을 수 있지만 기부할 때는 대인 접촉이 없기 때문에 불쾌한 경험을 겪을 가능성이 훨씬 낮다는 것이다.

원봉사자들은 일반적 신뢰를 고수할 가능성이 더 높다. 그리고 종교단체를 통해 선행을 하는 사람들은 개별적 신뢰를 고수할 가능성이 상당히 더 높다. 주류를 이루는 자유주의 개신교와 가톨릭교 교회는 사회적 복지혜택을 더 넓은 범위의 공동체로 확대하려고 한다. 그러나 백인 근본주의 교회는 "사회적 복지를 사명의 필수적인 부분으로 여기지 않고, 전도활동과 자기 교회의 신도들에게 당장 필요한 것을 해결하는 데 주력한다." (그린버그 1999년 19-20쪽). 종교적 성격의 봉사활동은 더 큰 범위의 공동체와의 '느슨한' 유대 대신 자신이 아는 사람들과의 '단단한' 유대에 의존하는 경우가 많다.[140]

2000년 여름과 가을에 실시된 사회적 자본 벤치마크 조사결과에는 훨씬 강력한 증거가 있다. 이 조사에서는 자선활동을 종교적 · 비종교적으로 구분하고 봉사활동을 수혜자에 따라 구분했다. 일반적 신뢰는 종교적 기부에는 영향을 주지 않지만 비종교적 기부에는 의미 있는 영향을 미친다. 종교적 기부는 개별적 신뢰(자신과 동일한 종교를 믿는 사람들에 대한 신뢰)에서 비롯되는 반면 비종교적 기부는 그렇지 않다. 남을 믿지 않는 사람들 중 대다수가 종교적 명분이 있는 곳에는 기부한다. 자신과 동일한 부류의 사람들만 믿는 사람들과 일반적 신뢰를 고수하는 사람들의 종교적 명분에 대한 기부 가능성은 비슷하다. 하지만 타인을 신뢰하지 않는 사람들의 겨우 절반만이 비종교적 명분에 기부하는 반면 자신과 같은 종교의 신자들만 신뢰하는 사람들은 63퍼센트, 일반적 신뢰를 고수하는 사람들은 76퍼센트가 비종교적 명분에 기부한다.

---

140 물론 친구와 가족 인자에는 자신이 다니는 교회 신자도 포함된다.

마찬가지로 봉사활동을 통한 상당수의 선행은 우리와 같은 부류의 사람들에게 이득을 준다. 사람들(고학력자들)이 예술단체 활동에 시간을 할애하는 까닭은 다른 사람을 믿기 때문이 아니라 그것이 흥미를 끌기 때문이다. 종교의식 참석과 예배당 출석은 정신적 명분이 있는 곳에 시간을 할애하는 것이다. 타인을 믿는다고 해서 그렇게 되지는 않는다. 남을 신뢰해서가 아니라 자녀 때문에 청소년들을 위한 봉사활동에 나선다.

한편 어떤 봉사활동은 특히 빈민이나 노인에게, 건강관리나 질병퇴치를 위해, 시민단체를 위해 시간을 할애함으로써 도움의 손을 내민다. 다른 사람에게 손을 내미는 방식의 봉사활동은 일반적 신뢰에 좌우된다. 반면 기본적으로 자신과 종교가 같은 신자들만 신뢰하는 사람들은 다른 사람을 돕는 데 소극적이다. 그리고 자신과 민족적 배경이 동일한 사람들만 신뢰하는 사람들은 일반적 신뢰를 고수하는 사람들에 비해 거의 모든 종류의 봉사활동 가능성이 더 낮다(심지어 자신이 속한 교회 안에서도).[141]

이런 사실은 일반적 신뢰를 고수하는 사람들의 시민참여와 개별적 신뢰를 고수하는 사람들의 이탈이라는 보편적 징후를 가리키는 것일까? 아

---

141 모든 점을 상세히 설명하기에는 조사결과가 너무 많다. 나는 예술작품, 건강, 빈민과 노인, 시민단체, 종교, 청소년 등을 위한 봉사활동에 대한 동일한 프로빗 모형을 추정했다. 2개의 신뢰 척도를 비롯한 가능자들로는 연령, 성별, 가족 소득, 교육, 종교의식 참석, 교회에서의 기타 활동 참가, 자택 소유, 학생이나 가사담당자, 1일 텔레비전 시청시간, 주간 근로시간, 집에 거주하는 자녀수, 1일 통근시간, 더미 변수(흑인) 등이 포함된다. 종교가 같은 사람들에 대한 신뢰는 종교와 예술작품에 관한 봉사활동의 경우에만 참여의 증가로 이어지고, 빈민·건강·시민단체에 관한 봉사활동의 경우에는 참여의 감소로 이어진다. 일반적 신뢰는 빈민·건강·시민단체에 관한 봉사활동의 경우에만 의미가 있다. 나는 일반적 신뢰 질문과 같은 종교를 믿는 신자들에 관한 질문을 통해 전반적인 신뢰의 척도를 구축했다. 일반적 신뢰 질문에 긍정적으로 대답한 사람들, 그리고 자신과 종교가 같은 신자들을 많이 신뢰한다고 말한 사람들은 일반적 신뢰를 고수하는 사람들로 분류했다. 같은 종교를 믿는 신자들을 많이 혹은 조금 신뢰한다고 말한, 일반적 신뢰를 고수하지 않는 사람들은 개별적 신뢰를 고수하는 사람들로 분류했다. 같은 종교

니다! 개별적 신뢰를 고수하는 사람들 중 일부는 자신과 같은 부류의 사람들로 구성된 단체에는 참여할 것이다. 예를 들어 근본주의자들은 비종교적 시민단체에는 참여하지 않는다(2장을 보라). 하지만 개별적 신뢰가 이보다 더 일반적인 이탈로 이어진다는 증거는 드물다. 사회적 자본 벤치마크 조사에 따르면 자신과 같은 민족집단만 신뢰하는 사람들은 일반적 신뢰를 고수하는 사람들과 비슷한 수준인 18개 유형의 단체 가운데 17개에 참여한다. 자신과 종교가 같은 신자만 신뢰하는 사람들은 일반적 신뢰를 고수하는 사람들처럼 18개 단체 가운데 15개에서 활동한다.[142]

개별적 신뢰를 고수하는 사람들은 기본적으로 자신과 같지 않은 사람들과 엮일지도 모르는 부담스런 형태의 시민참여를 회피한다. 그들은 독자적인 자립단체, 동호회, 청소년단체 등을 형성할 수 있고 실제로 그렇게 한다. 또한 염세주의자들도 마찬가지이다. 타인을 신뢰하지 않는 사람

를 믿든 믿지 않든 아무도 신뢰하지 않는 사람들은 타인을 신뢰하지 않는 사람들로 분류했다. 일반적 신뢰를 고수하는 사람들의 87퍼센트, 개별적 신뢰 83퍼센트, 타인을 신뢰하지 않는 사람들의 72퍼센트가 종교적 명분에 성금을 기부했다. 일반적 신뢰를 고수하는 사람들의 76퍼센트, 개별적 신뢰 63퍼센트, 타인을 신뢰하지 않는 사람들의 53퍼센트가 비종교적 자선단체에 기부했다. 나는 인종이나 민족과 관련한 내집단(백인, 아시아계, 아프리카계, 라틴계) 신뢰에 대한 평균점수를 이용해 개별적 신뢰의 복잡한 척도도 마련했다. 그것은 종교가 같은 사람들에 대한 척도와 비슷하지만 범위가 다르기 때문에 일반적 신뢰의 척도를 만들 때 내집단 신뢰에 대해 '많이'나 '조금' 같은 표현을 사용했다. 그 결과 일반적 신뢰를 고수하는 사람들은—예술작품에 시간할애 하는 경우를 제외하고—종교적 성격의 현장을 비롯한 각 분야에서 봉사활동에 나설 가능성이 5-9퍼센트 높다는 점이 드러난다. 이런 각각의 차이는 p<.0001 혹은 그 이상에서 의미가 있다.

142 18개 유형의 단체는 종교단체, 스포츠 동호회, 청소년단체, 학부모-교사 단체, 재향군인회, 이웃모임, 연장자단체, 자선단체, 봉사단체, 노동조합, 전문직 단체, 민족단체, 정치단체, 문학단체, 동호회, 자립단체, 인터넷모임 등이다. 일반적 신뢰를 고수하는 사람들은 자신이 속한 민족집단 구성원들만 믿는 사람들에 비해 봉사단체 참여 가능성이 아주 약간만 높다. 그리고 그들은 자신과 신념을 공유하는 사람들만 믿는 사람들에 비해 정치단체에 참여할 가능성이 약간 높다.

들은 개별적 신뢰나 일반적 신뢰를 고수하는 사람들에 비해 참여도가 낮다.[143] 염세주의자들에게도 친구가 있다. 따라서 그들도 단체를 이룰 수 있다. 그들은 성격이 까다롭긴 해도 친구는 좋아하는 듯하다.

누군가에게 손을 내밀어 접촉하기

신뢰에 의존하는 사회적 유대와 의존하지 않는 사회적 유대 사이에 분명한 선을 그어보면 흥미로울 것 같다. 어떤 행동이 동정심에 의지한다면 그 바탕에는 신뢰가 깔려 있을 것이다. 사회적 유대가 자신의 즐거움만을 위한 것이라면 그것은 신뢰와 연결되어 있지 않을 것이다. 이상은 너무나 단순한 주장이다. 선행에는 자신과 가까운 사람들(가족과 친구)을 향한 헌신에서부터 대부분의 사람들이 공유하는 인간적 도리에 이르기까지 다른 사람에 대한 일반적 신뢰를 뛰어넘는 온갖 이유가 있다. 임의적인 선행은 신뢰를 생산하지 않을 것이다. 그것은 타인에 대한 믿음이 상호주의에 근거하지 않기 때문이다. 다른 사람에게 유익한 행위는 심지어 누가 믿을 만한 사람인지를 구별하는 훌륭한 지침이 아닐지도 모른다. 어떤 선행은 따뜻한 빛을 생산하는 반면 또 어떤 선행은 신뢰의 영역을 헤매면서 순간적으로 인간에 대한 믿음을 밝히다가 곧 사라지는 반딧불에 불과하다.

신뢰가 상호주의에 좌우되는가에 관한 문제를 직접 공략하는 몇몇 단편적인 자료가 있다. 1996년 기부 및 봉사활동조사에서는 응답자들에게

---

143 내가 신뢰의 복합척도를 단체활동과 교차분석할 때 모든 타우-시 상관계수는 .10을 넘지 않는다. 오직 자선단체, 전문직 단체, 봉사단체 등만 개별적 신뢰에 대한 타우-시가 .10을 넘는다.

어릴 적에 가족이 누군가에게 도움을 받은 경험이 있는지, 존경하는 어떤 사람이 누군가를 도와주는 모습을 본 적이 있는지를 물었다. 만일 신뢰가 상호주의와 경험에 좌우된다면 남에게 도움을 받은 경험이나 친한 사람이 누군가를 돕는 모습을 목격한 경험은 가치관에 지대한 영향을 미칠 것이다. 그러나 실상은 그렇지 않다. 어릴 적 누군가에게 도움을 받은 사람들의 38.5퍼센트가 대부분의 사람들은 믿을 만하다고 대답했고, 그런 경험이 없는 사람들의 38.3퍼센트가 그렇게 대답했다. 어릴 적 가족이 남을 도운 경험이 있는 사람들의 38.7퍼센트가 대부분의 사람들은 믿을 만하다고 대답했고, 그런 경험이 없는 사람들 중 믿을 만하다고 대답한 사람은 37.8퍼센트다. 그리고 존경하는 사람이 누군가를 돕는 모습을 목격한 사람들의 38.5퍼센트가 대부분의 사람들은 믿을 만하다고 대답했고, 그런 경험이 없는 사람들의 38.8퍼센트가 믿을 만하다고 대답했다.[144]

대부분의 경우 과거에 도움을 받은 경험이 있거나 존경하는 사람이 누군가를 돕는 모습을 지켜본 것과 현재 봉사활동에 나서는 것 사이에는 명확한 연결고리가 없다. 드물게나마 보통 수준의 상관관계가 있는 경우가 있지만, 그것은 이미 알고 있는 사람들에게 도움이 될 법한 봉사활동인 경향이 있다(청소년 관련 봉사활동과 업무를 통한 시간할애의 경우).[145]

도움의 수혜자와 신뢰 사이에는 아무런 연관성이 없다. 잘 알고 있는 이웃을 도울 수 있고 전혀 모르는 노숙자에게 얼마간의 돈을 줄 수도 있다.

---

144 '선행의 수혜자가 되는 것'의 경우 타우-비는 .002이고 감마는 .004이다. '내가 어렸을 때 가족이 누군가를 도와줬다'의 경우 타우-비는 .008이고 감마는 .020이다. '존경하는 사람이 누군가를 도와줬다'의 경우 타우-비는 −.003이고 감마는 −.006이다.
145 이 자료는 1996년 기부 및 봉사활동조사에서 나온 것이다.

어떤 경우든 그런 행동을 했다고 다른 사람들에 비해 남을 더 믿는 건 아니다. 낯선 사람들을 돕는 것이 다른 사람에 대한 신뢰를 보장하지는 않는다.

1998년 여름, 우리 가족은 델라웨어주 해안 대신 오스트레일리아로 휴가를 떠났다. 현지에 도착해 캠핑카를 빌렸다(아이스박스는 갖고 가지 않았다). 그런데 가던 도중 타이어에 바람이 빠졌다. 나는 우리가 어디쯤 와 있는지, 예비타이어가 어디에 장착되어 있는지 알지 못했다. 그때 길가의 작은 집 하나가 눈에 띄어 긴급 자동차 정비센터에 도움을 요청하는 전화를 걸기 위해 아들과 함께 그 집까지 걸어갔다. 문을 열고 나온 여주인은 낯선 억양의 미국인 아버지와 아들을 불쌍히 여겨 긴급 자동차 정비센터와 캠핑카 회사에 전화를 걸도록 해줬다. 우리는 고맙다는 인사 후 정비센터 직원들이 도착하려면 아마 1시간쯤 걸릴 것이라고 생각하면서 캠핑카로 돌아왔다.

그런데 5분 뒤 반대쪽에서 붕붕 소리를 내며 나타난 한 대의 트럭이 갑자기 속도를 줄이더니 180도 방향을 바꿔 캠핑카 앞에 멈춰 섰다. 조금 전 그 여주인과 남편이 트럭에서 내리더니 남편은 곧장 캠핑카 밑으로 들어가서 예비타이어를 찾아냈다. 그리고는 자기 트럭에서 자동차용 잭을 꺼내 타이어를 갈아 끼우기 시작했다. 그는 긴급 자동차 정비센터 직원들이 도착할 때까지(고맙게도 불과 15분 만에 나타났다) 작업을 계속했고, 우리가 다시 출발할 수 있을 때까지 자리를 지켰다. 그런 다음 부부(근처에서 교통정리를 했다)는 다시 트럭에 타 손을 흔들며 마치 고독한 보안관과 톤토처럼 떠났다.[146]

---

146 〈고독한 보안관〉은 1950년대 미국에서 방영된 아동용 텔레비전 프로그램이다. 보안관은 정체를 감

그 오스트레일리아 부부는 왜 우리를 도와줬을까? 확실히 그들은 우리에게 어떤 보상을 바라지 않았다. 사실 나는 전화요금을 주려고 했지만 그들은 사양했다. 그들이 미래의 어떤 호의를 기대했다고 볼 수도 없다. 왜냐하면 우리는 3일 뒤 미국으로 돌아올 예정이었고, 그들은 미국을 방문할 만큼 살림이 넉넉해 보이지도 않았기 때문이다. 설령 그들이 미국으로 건너온다고 해도 서로 통성명을 하지 않았기 때문에(마치 고독한 보안관처럼) 우리에게 보상받기란 어려울 것이다.

그들은 도움을 청한 우리를 외면할 수도 있었다. 그들은 단지 전화 쓰는 것만 허락했어도 따뜻한 인심을 입증할 수 있었다. 그런데도 굳이 현장까지 찾아와 도와줬고 긴급 자동차 정비센터 직원들이 도착해 타이어를 교체할 때까지 자리를 지켰다.

이상은 마치 신뢰에 관한 아주 아름다운 이야기 같을 것이다. 하지만 그렇지 않을지도 모른다. 남을 신뢰하든 하지 않든 모든 종류의 사람들은 상대의 정체를 확인할 수 있는 경우에만 그들을 기꺼이 돕는다.

기부 및 봉사활동조사와 니미-제닝스 부모 표본 모두에 따르면 일반적 신뢰에 입각한 사람들은 개인적인 대면접촉을 통한 도움이 아닌 조직적인 봉사활동을 통한 선행을 선호한다. 그리고 조직적인 봉사활동을 통한 선행은 그들의 자녀에게 큰 영향을 준다. 조직적인 봉사활동에 나서는 부모 밑에서 자란 아이들은 상대적으로 타인에 대한 신뢰 수준이 높다. 그리고 그런 영향은 오래 지속된다. 봉사활동을 한 부모의 자녀는 성인이

추기 위해 복면을 썼다. 그와 '그의 충실한 인디언 친구'인 톤토는 말을 타고 황야를 누비며 곤경에 처한 사람들을 도왔다. 그는 사람들을 도운 뒤 정체를 밝히지 않은 채 말을 타고 사라졌다.

되어서도 다른 사람에 대한 신뢰 수준이 더 높다.[147]

가족, 이웃, 노숙자, 길거리 빈민 등을 돕는 개인적 선행은 신뢰와 상관 관계가 없다.[148] 비공식적으로 남을 돕는 행위에는 당사자의 개인적 경험 이 반영된다. 즉 어릴 적에 도움을 받은 경험이 있는 사람들, 어릴 적에 존경하는 누군가가 남을 돕는 모습을 목격한 사람들은 도움이 필요한 특정인을 도울 가능성이 더 높다. 그러나 조직적인 봉사활동에 나서거나 자선단체에 기부할 가능성이 더 높지는 않다.

자기가 모르는 사람들, 앞으로도 만날 가능성이 희박한 사람들을 돕기 위해 시간이나 돈을 투자하는 데는 일반적 신뢰가 필요하다(아마토 1990년 31쪽 참고). 같은 부류의 사람들이나 적어도 정체를 확인할 수 있는 사람들을 위한 선행은 개인적 경험과 상호주의에 근거한다. 반면 정체를 확인할 수 없는 사람들을 위한 선행은 인생사가 아닌 도덕관념에 좌우된다.[149]

정체를 확인할 수 있는 사람들을 돕는 것과 자신과 동일한 부류의 사람들을 돕는 것은 반드시 같은 것은 아니지만 심리적 논리가 비슷해 보인다. 일단 수혜자들과 시선을 맞추면 그들을 일반적 의미의 낯선 사람들과는 다른 존재로 대우하는 것 같다. 남에게 도움 받았을 때의 경험을 회상하고 그만큼 따뜻하게 반응한다. 우리를 도와준 오스트레일리아인 부부

---

147 부모가 봉사활동을 하는 고등학생의 71퍼센트가 다른 사람에 대한 신뢰를 갖고 있는 반면 부모가 하지 않는 고등학생은 63퍼센트가 다른 사람을 신뢰한다(감마=.179). 17년 뒤(1982년)에 조사한 바에 따르면 과거 부모가 봉사활동 했던 성인의 70.3퍼센트가 대부분의 사람들은 믿을 만하다고 응답했고, 하지 않았던 성인의 60.3퍼센트가 대부분의 사람들은 믿을 만하다고 응답했다(감마=.220).
148 1996년 기부 및 봉사활동조사에 따르면 이런 행동은 신뢰와 상관관계가 있다(각각의 감마는 .014, − .033, −.051, −.033이다).
149 이 결과는 1996년 기부 및 봉사활동조사에 근거한 신뢰, 봉사활동, 자선활동, 노숙자 돕기, 빈민 돕

는 당시 8살짜리 아들과 함께 찾아갔을 때 동정심을 느꼈을지 모른다. 과거에 누군가가 부부의 자녀를 도와준 적이 있었을지도 모른다. 상호주의는 선행을 낳을지는 몰라도 신뢰는 낳지 않는다. 그리고 상호주의는 신뢰에서 비롯되는 선행과는 다른 종류의 선행을 낳을 것이다.

아마도 오스트레일리아인 부부처럼 남을 도와주는 사람들은 선행을 하기 때문에 틀림없이 일반적 신뢰를 고수하는 사람들이라는 성급한 결론을 내릴지 모르겠다. 하지만 그렇지 않다. 물론 그 부부에게 대부분의 사람들이 믿을 만한지를 묻지 않았고, 긍정적 인간관을 갖고 있는지 아닌지 모르지만 그들은 봉사활동을 하지 않았다. 그러나 곰곰이 생각해보니 그들이 일반적 신뢰를 고수하는 사람들이라고 추측할 만한 이유는 거의 없었다. 소도시와 농촌지역 주민들은 그런 호혜적 행동에 의존하는 것인지도 모른다. 즉 우리 가족을 도와준 그 부부는 과거에 남의 도움으로 혜택을 입은 적이 있을지 모른다. 오스트레일리아의 농촌지역 주민들은 일반적으로 도시민들보다 남을 덜 믿지만 남을 도와줄 가능성은 도시민들보다 높다(오닉스와 불런 1998년).

신뢰도 시민참여도 상호주의에 의존하지 않는다. 그리고 만일 다른 사람을 신뢰하기로 결정할 때 아는 사람들을 근거로 삼지 않는다면 모르는 사람들의 행동에 관한 소문 또한 근거로 삼지 않을 것이다. 그러므로 맥락효과는 신뢰성 추정을 대변하지 않을 것이다. 오히려 신뢰성 추정은 전염효과를 지지한다는 가정이 상당히 타당성 있어 보인다.

일반적 신뢰는 단순히 남이 얼마나 믿을 만한 사람인가에 관한 평가가

기 등에 대한 3단계최소제곱법 모형추정에서 도출된 것이다.

아니다. 그러나 일반적 신뢰는 우리의 자아상을 간추린 요약본에 그치지 않는다. 거의 모든 사람들이 자신을 믿을 만한 존재로 자부한다. 1998년 일반사회조사에서 미국인의 53퍼센트가 스스로를 '매우 믿는' 사람으로 자부했고, 39퍼센트가 '어느 정도 믿는' 사람이라고 대답했다. 퓨 리서치센터 조사에서는 응답자의 90퍼센트 이상이 '대부분의 사람들이 나를 믿는다'라고 말했다. 그러나 이처럼 긍정적인 자아상이 그대로 타인에 대한 우호적인 관점으로 이전되는 것은 아니다. '매우 믿는' 사람들의 과반수(56퍼센트)가 '사람을 상대할 때 되도록 조심해야 한다'라고 말했고, '대부분의 사람들이 나를 믿는다'라고 응답한 사람들의 과반수(51.7퍼센트)도 마찬가지 반응을 보였다.[150]

아는 사람들로부터 낯선 사람들에게로

우리가 맺고 있는 사회적 유대관계의 대부분은 신뢰에 의존하지도 신뢰를 생산하지도 않는다. 그것은 '도덕과 무관한 영역'이다. '선화살', 즉 신뢰가 사회적 유대로 이어지는 경우는 소수에 불과하고, '선순환'의 증거가 있는 경우는 극소수에 불과하다. 사회적 유대가 신뢰를 생산할 수 있을 때조차 사회적 유대가 신뢰에 의존하는 측면이 훨씬 더 크다. 대부분의 경우에 우리는 여기서(아는 사람들에 대한 신뢰) 저기로(낯선 사람들에

---

150 비교적 믿지 않는 편이라고 응답한 사람들도 이렇게 말할 가능성이 높지만 상관관계는 크지 않다(타우-시=.086, 감마=.167). 그리고 남이 자신을 믿는다고 응답한 사람들도 대부분의 사람들은 믿을 만하다고 말할 가능성이 높지만 역시 상관관계는 크지 않다(파이=.174, 율스 큐=.627).

대한 신뢰) 가지 못한다.

아는 사람들에 대한 신뢰와 낯선 사람들에 대한 일반적 신뢰 사이의 연결고리를 회의적으로 바라보는 데는 이유가 있다. 로젠블룸(1998년 48쪽)의 주장을 살펴보자.

> 단체의 유익한 조형효과가 한 영역에서 또 다른 영역으로 흘러넘친다고 말하는, 극단적으로 단순한 시민사회의 '전송벨트' 모형을 받아들이는 경향이 있다……. '전송벨트' 모형은 일반역학만큼 극단적으로 단순하다. 대면접촉을 하면서 교대근무를 하는 신용조합 안에서는 '사회적 연결망을 통해 신뢰가 이전되고 전파될 수 있다. 즉 내가 그녀를 믿고 그녀가 당신을 믿는다는 점을 보여주기 때문에 나는 당신을 믿는다'라고 말하는 것과, 하나의 사회적 영역에서 함양된 신뢰의 습관이 다른 영역의 부적합한 집단에서도 나타난다는 점을 입증하는 것은 전혀 다른 문제이다.

일본의 경우 가족에서 학교로, 학교에서 직장으로 이어지고, 직장에서 멈추는 그런 신뢰의 '전송벨트'가 있다는 증거가 존재한다. 일본에서 낯선 사람들에게는 개별적 신뢰가 전파되지 않는다. 사실 '일본인들은' 신뢰가 개인적 인연에 힘입어 형성된 '환경에서 벗어날 경우 아주 공격적이고 착취적인 방식으로 행동하는 경향이 있다.'(아이젠스태트 2000년 61쪽)

스톨(2000년 233쪽)은 시민단체가 구성원들에게만 '보편적이지 않고, 다른 환경에 적응할 수 없는' 이익을 제공함으로써 '개인적인 사회적 자본'으로 귀결된다고 주장한다.

1999년에 실시된 〈뉴욕타임스〉의 21세기 기념 조사에서는 자신이 아는 사람들이 공정한지 혹은 도움이 되는지에 관한 질문 외에 일반적 신뢰, 공정성, 유용성 질문을 던졌다. 그리고 1996년 퓨 리서치센터 조사에서는 친구와 가족이 믿을 만한 사람인가에 관한 질문을 포함해 일반적 신뢰, 공정성, 유용성 질문을 던졌다(2장과 3장을 보라). 이 두 조사는 낯선 사람들에 대한 신뢰와 아는 사람들에 관한 기대의 호혜적 효과를 검토할 수 있는 절호의 기회가 되었다. 〈뉴욕타임스〉 조사의 경우에는 일반적 신뢰, 공정성, 유용성 등의 세 가지 척도와 신뢰에 기반한 두 가지 지표에 대해, 그리고 퓨 리서치센터 조사의 경우에는 전자와 동일한 세 가지 척도와 친구와 가족에 대한 신뢰 인자에 대해 연립방정식 모형을 추정했다. 그 결과는 〈그림 5-1〉과 〈그림 5-2〉에 제시되어 있다(완전모형은 부록 A를 보라).

1999년 〈뉴욕타임스〉 조사에 대해 나는 세 가지 일반적 척도 사이의 연결고리를 억지로나마 만들어봤다. 그 결과 신뢰는 공정성과 유용성을 형성하지만 공정성과 유용성은 신뢰를 형성하지 못한다. 이런 연결고리는 아직 임의적이긴 해도 철저한 호혜적 인과관계를 인정하자 서로가 서로의 원인이 아니라는 터무니없는 결과로 이어졌다. 〈그림 5-1〉에서 알 수 있는 것은 대인 신뢰가 나머지 2개의 일반적 척도와 관계있다는 점이다(많은 연구자들이 2개의 척도를 동일한 기준의 일부로 쓰기 때문에 그리 놀라울 게 없다). 그러나 대인 신뢰는 지식 기반적 척도들과는 미약한 수준의 관계만 엿보인다.

낯선 사람들을 신뢰한다고 해서 자기가 아는 사람들이 공정하다거나 도움이 된다는 믿음이 더 강화되는 건 아니다. 우리는 모르는 사람들이 도움이 된다고(59퍼센트), 공정하다고(35퍼센트), 다른 사람을 믿는다고(40퍼센트) 말할 가능성보다 우리가 아는 사람들이 도움이 된다고(85퍼센트), 공정

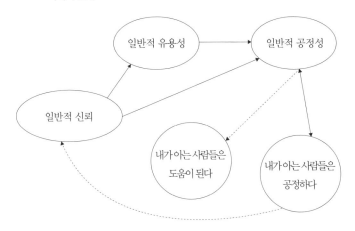

연속선은 p〈.05 혹은 그 이상에서의 통계학적 유의미성을 가리킨다. 단속선은 .10에서의 통계학적 유의미성을 가리킨다.
길고 짧은 대시가 뒤섞인 선은 p〈.10에서 의미 있는 관계('내가 아는 사람들은 도움이 된다'와 일반적 공정성 사이)와 p〈.05에서 의
미 있는 관계(일반적 공정성과 '내가 아는 사람들은 도움이 된다' 사이)를 나타낸다.

〈그림 5-2〉 1996년 퓨 리서치센터 조사의 일반적 신뢰와 전략적 신뢰의 상호작용

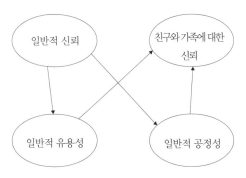

연속선은 p〈.05 혹은 그 이상에서의 통계학적 유의미성을 가리킨다. 단속선은 .10에서의 통계학적 유의미성을 나타낸다.

하다고(90퍼센트) 말할 가능성이 훨씬 높다. 하딘(2000년 80쪽)의 주장처럼 우리는 주로 믿을 만하다고 여기는 사람들과 상호작용하는 경향이 있다.[151] 이미 알고 있는 사람들을 더 신뢰하기 때문에 우리의 개인적 관계는 낯선 사람들에 대해 어떻게 생각하는지를 엿볼 수 있는 창이 되기가 어렵다. 확실히 지식 기반적 공정성과 일반적 신뢰 사이의 연관성은 아주 미약한 수준이고, 심지어 관대한 수준인 .10에서도 가까스로 의미 있을 뿐이다.

1996년 퓨 리서치센터 조사의 결과는 훨씬 더 정곡을 찌른다. 나는 단 2개의 방정식만 추정한다. 하나는 대인 신뢰 방정식이고, 다른 하나는 친구와 가족에 대한 개별적(지식 기반적) 신뢰 방정식이다. 일반적 신뢰는 일반적 유용성과 공정성을 형성한다. 일반적 공정성은 사람들이 친구와 가족을 믿을 가능성을 높여준다(일반적 신뢰는 친구와 가족을 믿을 가능성을 높여주지 않는다). 그러나 지식 기반적 신뢰에서 일반적 척도(신뢰, 공정성, 유용성)로 향하는 호혜적 관계는 존재하지 않는다. 즉 여기서 저기로 가지 못한다. 아는 사람들에 대한 신뢰를 모르는 사람들에 대한 신뢰로 이전하지 않는다. 이처럼 신뢰와 비슷한 사람들과의 교제 사이의 미약한 연관성은 더 폭넓은 유대관계의 부족에서 비롯된다.

퓨 리서치센터 조사는 어떤 영역에서의 신뢰가 다른 영역의 신뢰로 쉽게 옮겨지지 않는 이유를 보여준다. 일반적 신뢰 형성에 관계하는 가장 중요한 인자들 중에는 개인적 통제감(내가 속한 공동체에 영향을 미칠 수 있

---

151 이와 같은 비교에서 드러나는 점은 하딘이 전형적인 신뢰 설문을 우리의 개인적 지식을 반영하는 것으로 해석하는 오류를 범한다는 사실이다.

다)과 다른 사람을 믿지 말라는 부모의 경고(부록 A를 보라)가 포함되어 있다. 지원 연결망 같은 개인적 유대관계는 일반적 신뢰를 예측하는 과정에서 아무런 역할을 하지 못한다. 그러나 개인적 유대관계는 개별적 신뢰를 예측하는 과정에서는 중요한 역할을 한다. 친구와 가족에 대해 어떻게 생각하는가는 공동체에 얼마나 오래 속해 있었는가, 사람들에게 지원을 요청할 수 있다고 생각하는가, 의지할 만한 사람들이 있는가, 노동조합원인가, 비종교단체의 봉사활동에 참가한 경험이 있는가, 그리고 특히 어느 인종에 속하는가 등에 달려 있다. 개별적 신뢰는 일반적 신뢰에 비해 삶의 직접적인 경험을 훨씬 더 많이 반영한다.

이런 결과는 미국 사회에만 국한된 현상이 아니다. 깁슨(2001년 61쪽)이 러시아인들을 대상으로 연구한 결과에 따르면 낯선 사람들에 대한 신뢰와 자신의 사회적 연결망에 속한 사람들에 대한 신뢰 사이의 상관계수는 사실상 0에 가깝다. 미국인들과 마찬가지로 러시아인들도 압도적인 다수가 자신이 아는 사람들만 믿고 낯선 사람들을 믿는 사람은 소수이다.

대인 신뢰와 정부에 대한 신뢰

만일 친구들에 대한 신뢰나 상호주의가 낯선 사람들을 더 믿도록 유도하지 못한다면 정부에 대한 신뢰는 그렇게 할 수 있을까? 정부를 바라보는 시각이 낯선 사람들과의 관계형성에 영향을 미칠까? 그간 연구에 의해 충분히 입증된 미국 사회의 정부에 대한 신뢰 감소는 전반적인 대인 신뢰의 감소에 책임이 있을까?

레인(1959년 164쪽)은 '선출직 공무원들에 대한 신뢰는 인간에 대한 신뢰를 더 구체적으로 드러내는 실례로 보인다'라고 주장한다. 이 두 신뢰 사이의 연관성을 옹호하는 사람들은 정부의 긍정적인 국정운영이 정부에 대한 호감도를 높이고, 궁극적으로 국민들이 기꺼이 서로 협력하도록 유도한다고 주장한다(미츠탈 1996년 198쪽, 버거와 브렘 1997년, 브렘과 란 1997년 1008쪽, 스톨 1999년b). 국민들은 정부가 사적·공적 계약의 집행을 보장한다고 확신하면 낯선 사람들을 상대할 때 훨씬 안심할 수 있다. 분쟁해결의 중립적이고 공정한 조정자가 있다는 점을 알면 서로를 상대할 때 그리 걱정할 필요가 없는 것이다(레비 1998년). 란, 브렘, 칼슨(1997년 24쪽)은 정부를 신뢰할 경우 국민들이 정부에 영향을 미칠 수 있다고 생각할 가능성이 더 높다고 주장한다. 그렇게 효능감이 증가하면 사람들은 서로를 더 신뢰하게 될 것이다.

그러나 역사적으로 볼 때 미국인들의 효능감은 커지지 않았다. 서로에 대한 믿음이 점점 사라짐에 따라 정부에 대한 신뢰 또한 크게 줄어들었다. 1964년 약 80퍼센트의 미국인들이 연방정부가 언제나 혹은 대부분의 경우에 '올바른 일을 할 것이다'라고 생각했다. 이후 그렇게 믿는 사람들의 비율은 점점 떨어져 1994년에는 20퍼센트 정도에 불과했다(1996년에는 다시 29퍼센트 수준으로 반등). 정부가 거대한 이해관계에 의해 운영된다(1964년 31퍼센트, 1996년 72퍼센트), 정부가 세금을 낭비한다(1964년 48퍼센트, 1996년 61퍼센트), 상당수 정부 관리들이 부패해 있다(1964년 48퍼센트, 1996년 43퍼센트), 정부 관리들이 보통사람들을 배려하지 않는다(1960년 25퍼센트, 1996년 75퍼센트), '나 같은 사람들은 정치적 발언권이 없다'라고 생각하는 사람들(1960년 30퍼센트, 1996년 45퍼센트)이 크게 늘어났다.

정부에 대한 불신은 부패한 정치제도에 대한 합당한 반응이다. 50년 전쯤 어느 로비스트가 루이지애나 주지사 얼 롱에게 선거운동 당시 약속한 기업 감세안 철회를 어떻게 해명하겠냐고 물었다. 그러자 롱은 이렇게 대답했다. "유권자들 대신에 당신에게 말하겠습니다. 유권자들에게 내가 거짓말했다고 알려주세요."(리블링 1970년 41쪽에서 인용) 그로부터 몇 십 년 뒤 당시 하원의원이었던 존 브로(지금은 루이지애나주 민주당 상원의원)는 그가 얻은 표가 매수한 것일 수 있냐는 질문을 받았다. 그는 아니라고 대답했지만 다음과 같은 단서를 달았다. "빌린 것일 수는 있습니다."(바론과 우지후사 1997년 621쪽에서 인용) 그러던 중 어떤 대통령은 무단 가택침입 사건과 관련한 거짓말로 사임했고, 또 어떤 대통령은 수천 킬로미터 떨어진 곳에서 벌어진 전쟁에 관해 진실을 말하지 않은 바람에 재선의 꿈을 접어야 했다. 그 뒤에도 증세하지 않겠다는 엄숙한 맹세를 저버림으로써 패배를 맛본 대통령이 있고, 또 인턴직원과의 무분별한 행동을 둘러싼 재판에서 위증한 혐의로 탄핵 직전까지 몰린 대통령도 있었다.

불신은 국민이 정치 지도자들의 정직성을 담보하기 위한 하나의 도구이다. 그리고 일부 회의론자들은 정치 지도자들을 믿으라는 권고의 말을 대중의 정치참여를 막기 위한 전략으로 간주한다(바버 1983년 167–170쪽). 지도자들은 국민에게 크고 작은 거짓말을 한다.[152] 그들은 재선을 노리고 경제상황을 조작할지도 모른다(터프트 1978년). 따라서 국민들이 정치 지도자들을 비교적 신뢰하지 않는 것은 당연하다.

타인에 대한 신뢰 감소는 정부에 대한 신뢰 감소와 동일한 징후의 일부분일까? 집단적 차원에서 보면 타인에 대한 신뢰와 정부에 대한 신뢰는

---

[152] 큰 거짓말인지 작은 거짓말인지는 정치적 입장에 따라 달라지는 문제이다.

함께 움직인다. 이 두 가지 추이는 서로 밀접한 관계가 있다(양자의 단순상 관계수는 약 .800이다. 〈그림 5-3〉을 보라).[153] 설문조사의 답변을 분석한 브렘과 란(1997년)은 개인적 차원에서도 양자의 연결고리가 있다는 증거를 발견했다. 그들이 일반사회조사의 결과를 검토한 바에 따르면 대인 신뢰와 정부에 대한 신뢰 사이에는 호혜적인 관계가 존재한다. 정부에 대한 신뢰는 타인에 대한 신뢰 형성에 가장 중요한 인자였다. 1972-1974-1976년 미국선거연구 패널을 이용한 버거와 브렘(1997년 22쪽)의 연구에서도 동일한 결과가 나왔다.

하지만 여전히 이 두 신뢰 사이의 연관성을 의심할 만한 이유가 있다. 만일 정부에 대한 신뢰가 정치 지도자들이 보통사람들을 신경 쓰지 않는다거나 심지어 부패했다는 인식에 좌우된다면 일반적 신뢰도 마찬가지 경로를 따를 것으로 생각해야 할까? 대인 신뢰는 기본적으로 정치인을 비롯해 다른 사람이 믿을 만한 존재일 거라는 가정에 근거하지 않는다. 만일 정부에 대한 신뢰가 특정 기관과 그 기관의 실적에 대한 평가에 더 좌우된다면(시트린 1974년, 헤더링 1998년) 대인 신뢰가 정부에 대한 신뢰와 비슷한 뿌리를 갖고 있다고 생각할 만한 이유가 훨씬 더 적다.

4장에서 살펴본 분석에서는 정부에 대한 신뢰가 일반적 신뢰의 의미 있는 가늠자일 때도 있고 그렇지 않을 때도 있었다. 정부에 대한 신뢰는 일반적 낙관론에 대한 적절한 척도가 부족한 조사(미국선거연구와 기부 및

---

153 정부에 대한 신뢰 질문은 연방정부가 올바른 일을 할 것이라고 얼마나 자주 믿을 수 있는가에 관한 미국선거연구의 전형적인 질문이다. 양자의 밀접한 상관관계는 두 신뢰 항목 모두에 공통적인 시간적 추이(하향적)를 반영한다. 시계열에서 선형성분을 빼자 양자의 관계는 그다지 밀접하지 않다(r=.413).

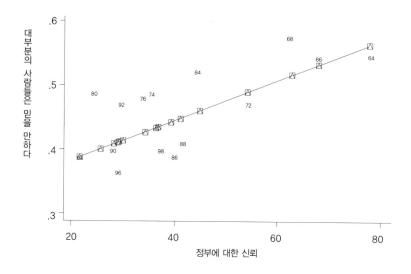

〈그림 5-3〉 1964-1998년 미국인들의 정부에 대한 신뢰와 대인 신뢰

신뢰=0.319+(0.003×정부에 대한 신뢰)
r^2=0.627 RMSE=0.041 N=16

봉사활동조사)에서는 의미 있었지만, 희망과 통제감에 대한 적절한 척도가 있는 조사(일반사회조사)에서는 그렇지 않았다. 그러므로 두 신뢰 사이의 연관성은 긍정적 감정이라는 기반이 공통적으로 반영된 것일지 모른다.

설령 그렇더라도 레인(을 비롯한 학자들)이 추측한 정도의 확실성에는 미치지 못한다. 미국(오렌 1997년 85쪽), 러시아(깁슨 2001년 64쪽), 그리고 옛 공산권 국가들(미슬러와 로즈 2001년)의 경우 개인적 차원에서 대인 신뢰와 정부에 대한 신뢰는 서로 밀접한 상관관계가 없다. 〈표 5-6〉에서 나는 이변량관계 척도를 상세히 설명해뒀다. 또한 더 전형적인 미국선거연구 질문(각주 149를 보라)을 행정부 수뇌들에 대한 신뢰를 다룬 일반사회조사 척도와 비교했다. 대인 신뢰와 정부에 대한 신뢰 사이의 상관관계는 대체로 평범한 수준이다. 미국선거연구 척도의 경우 평균 타우-시는 .117이고, 평균 감마는 .261이다. 일반사회조사 질문의 경우 평균 타우-시는 .094이고, 평균 감마는 .175이다.[154]

그렇다면 왜 다른 연구에서는 두 신뢰 사이의 호혜적 영향이 그토록 강력한 것일까? 버거와 브렘(1997년)이 살펴본 기간인 1970년대 초반과 중반이 예외적인 성격을 갖고 있기 때문이다. 워터게이트 사건과 베트남 전쟁으로 얼룩진 이 시기는 일반적으로 두 신뢰 사이의 상관계수가 높을 수밖에 없다. 1976년 미국선거연구의 상관계수(타우-시)는 .207이고 1972년 경우에는 .227로서 11개 척도에서 가장 강력한 수준으로 다른 연도에 진행된 조사의 평균치보다 2배 이상이다. 감마의 경우도 거의 동일한 패턴을 보인다(약간 덜 두드러지지만). 그리고 일반사회조사 자료에서도 동일한 패턴을 확인할 수 있다. 즉 1972-1976년의 경우 상관계수가 거의 모든 연도보다 높다. 내가 1972년부터 1976년까지의 조사를 제외하자 미국선거연구 척도의 경우 대인 신뢰와의 평균 타우-시가 31퍼센트 감소하고, 이미 낮은 수준인 일반사회조사의 경우에는 약 10퍼센트가 감소했다.

1972-1974-1976년 미국선거연구 패널에서 대인 신뢰는 정부에 대한 신뢰보다 훨씬 안정적이다. 즉 4년 동안 사람들에 대한 일반적 신뢰 수준

---

154 일반사회조사에서는 입법부에 대한 신뢰에 관해서도 묻는다. 의회에 대한 태도는 정부에 대한 일반적 신뢰 형성에 큰 역할을 하기 때문에 나는 입법부에 대한 신뢰와 대인 신뢰 사이의 상관관계도 검토했다. 평균 타우-시는 .041(1972-1976년을 제외하면 .037)이고, 평균 감마는 .084이다(1972-1976년을 제외하면 .088). 입법부에 대한 신뢰와 행정부에 대한 신뢰 사이의 종합상관계수(N=19)는 .759이다. 개인적 차원에서는 타우-시가 1974년(의회와 대통령이 불화를 빚고 있을 때)에는 .304이고 1978년에는 .485이다. 감마는 1974년에 .493이고 1978년에 .759이다.

이 동일한 응답자는 전체의 73.4퍼센트이고, 4년 동안 정부에 대한 신뢰 수준이 동일한 응답자는 전체의 56.9퍼센트이다(3장의 〈표 3-3〉을 보라). 1965년부터 1982년까지 변함없는 대인 신뢰를 보여준 젊은이들은 같은 기간 정부에 대한 신뢰가 변함없는 젊은이들보다 2배 이상 많다(니미-제닝스 청소년 표본에 따르면 전자는 63.9퍼센트이고 후자는 29.9퍼센트이다). 한편 부모들의 경우에는 17년 동안의 차이가 약간 덜하다. 즉 1965년부터 1982년까지 변함없는 대인 신뢰를 보여준 부모들은 71.7퍼센트이고, 같은 기간 정부에 대해 변함없는 신뢰를 보여준 부모들은 44.8퍼센트이다(3장의 〈표 3-3〉을 보라).

대인 신뢰는 장기적 가치인 반면 정부에 대한 신뢰는 정부의 국정운영, 특히 경제적 업적에 대한 평가가 반영된다(시트린 1974년, 립셋과 슈나이더 1983년, 헤더링턴 1998년). 사람들은 정부가 국정운영을 잘하고 있다고 생각할 때 정부를 믿는다고 말한다. 정부가 얼마나 잘하고 있는지는 비교적 단기간에 바뀔 수 있다. 1970년대 중반은 정치적 동요가 정부에 대한 신뢰를 어떻게 약화시킬 수 있는지를 보여주는 적절한 사례였다. 1972년 미국인의 57퍼센트가 연방정부가 언제나 혹은 대부분의 경우에 '올바른 일을 할 것이다'라고 대답했다. 그런데 1974년 워터게이트 사건, 베트남 전쟁, 인종 문제 등이 정국을 강타하면서 연방정부의 행동을 선의로 해석하는 사람들은 38퍼센트에 불과했다. 반면 미국선거연구 패널에 따르면 '대부분의 사람들은 믿을 만하다'라고 응답한 사람들의 비율은 거의 변하지 않았다.

이런 차이가 생기는 이유는 간단하다. 정부에 대한 평가는 구체적인 실적에 좌우된다. 즉 사람들이 대통령, 의회, 대법원 등을 얼마나 긍정적으로 바라보는가에 따라 평가가 달라진다. 그러나 정부에 대한 평가는 단지 추상적

〈표 5-6〉1964-1996년 대인 신뢰와 정부에 대한 신뢰의 상관관계

미국선거연구 설문내용a			일반사회조사 설문내용b		
출처	타우-시	감마	출처	타우-시	감마
1964년 미국선거연구	.143	.268			
1966년 미국선거연구	.160	.251			
1968년 미국선거연구	.122	.227			
1972년 미국선거연구	.227	.408			
			1973년 일반사회조사	.119	.215
1974년 미국선거연구	.220	.430			
			1975년 일반사회조사	.124	.234
1976년 미국선거연구	.207	.426	1976년 일반사회조사	.165	.313
			1978년 일반사회조사	.097	.189
			1980년 일반사회조사	.095	.175
			1983년 일반사회조사	.107	.201
			1984년 일반사회조사	.118	.213
			1986년 일반사회조사	.055	.103
1987년 일반사회조사c	.136	.252	1987년 일반사회조사	.105	.193
			1988년 일반사회조사	.071	.133
			1989년 일반사회조사	.092	.171
			1990년 일반사회조사	.127	.232
			1991년 일반사회조사	.026	.049
1992년 미국선거연구	.076	.158			
			1993년 일반사회조사	.125	.239
			1994년 일반사회조사	.075	.144
1995년 〈워싱턴포스트〉c	.046	.100			
1996년 미국선거연구					
선거 이전	.117	.244	1996년 일반사회조사	.048	.092
선거 이후	.085	.177			
1998년 미국선거연구	.098	.194	1998년 일반사회조사	.038	.075
평균	.117	.261		.094	.175
1972-1976년을 제외한 평균	.084	.208		.084	.158

a '연방정부가 올바른 일을 할 것으로 믿는가?'
b 정부 수뇌부에 대한 신뢰
c 4점 만점 방식

인 제도를 둘러싼 선호에 관한 것만이 아니다. 연방정부에 대한 신뢰에는 국가를 이끄는 사람들에 대한 평가도 반영된다. 또한 국민들이 지금 국가가 얼마나 잘 운영되고 있다고 생각하는지도 반영된다. 그러므로 정부에 대한 신뢰에는 대체로 정치계에 대한 경험과 구체적인 실적에 대한 평가가 반영된다. 그것은 부분적으로는 정부를 믿을 만한 존재로 여기는 것과도 관계가 있지만 지도자들이 본연의 책무를 얼마나 잘 수행한다고 생각하는지와의 관계가 훨씬 더 깊다. 사회적 자본 회의에 참가한 어느 학자는 이렇게 말했다. "나는 타인에 대한 신뢰가 굳건해도 지금 정부가 하고 있는 일에 동의할 수 없기 때문에 정부를 믿을 만한 이유는 전혀 없습니다."[155]

레비의 표현을 빌리자면 정부에 대한 평가는 항상 조건적이다. 그것은 정부에 대한 신뢰가 전략적 신뢰라는 의미이다.[156] 정부에 대한 신뢰는 추상적인 이념이 아니라 특정 지도자들과 기관에 대한 경험을 반영한다. 국민들은 여러 청부업자들의 실적을 판단하는 것과 동일한 방식으로 정부의 실적을 평가한다.

지도자들에 대한 기대는 간단하다. 경제를 잘 운영하고 전쟁에 말려들지 않는 것이다. 지도자들은 여론과 일치하는, 아니 최소한 지지층의 뜻에 부

---

155 이것은 2000년 4월에 코펜하겐에서 열린 사회적 자본에 관한 유럽컨소시엄정치연구워크숍에 참가한 베르겐 대학교의 퍼 셀의 말을 인용한 것이나 실제 발언내용과 다소 다를 수 있다.

156 하딘(1995년 25쪽, 2000년 221쪽)은 국민들은 정부 인사들을 신뢰할지를 결정할 만큼 개인적으로 그들을 충분히 알지 못한다고 주장한다. 그러나 대체로 다수의 미국인들은 정치 지도자들과 정치제도를 부담 없이 평가하고, 그런 판단을 바탕으로 정부에 대한 신뢰와 불신을 표현한다. 1996년 미국선거연구에서 미국인의 94퍼센트가 빌 클린턴 대통령을 좌우의 기준에서 판단했고, 불과 16퍼센트만 그를 보수주의자로 평가했다. 그리고 미국인의 91퍼센트는 공화당 대통령 후보인 밥 돌을 좌우의 기준에서 판단했고, 불과 13퍼센트만 그를 자유주의자로 평가했다. 종합하면 대다수 사람들은 정치 지도자들에 대한 판단을 내릴 수 있을 만큼의 충분한 정보를 알고 있는 듯하다.

합하는 정책을 추진해야 한다(페노 1978년, 패터슨과 칼데이라 1990년, 히빙과 티스-모스 1995년 5장, 스팀슨 외 1995년, 킴볼과 패터슨 1997년). 또한 그들은 믿을 만하다는 이미지를 쌓아야 한다. 우리는 정부의 전반적인 실적과 구체적인 의사결정을 근거로 평가를 내린다(정부의 의사결정이 마음에 드는가 그렇지 않은가). 심지어 대법원을 향한 호감은 대법원의 판결에 대한 공감을 반영한다는 증거도 있다(칼데이라 1986년). 대다수 평범한 사람들은 정부 관료들을 개인적으로 알지 못할 가능성이 높지만 그들과 그들이 일하는 기관에 관해 판단을 내릴 수 있을 만큼 충분한 정보를 갖고 있다고 생각한다.

퓨 리서치센터 조사에 따르면 정부의 특정 기관에 대한 미국인들의 평가는 상식에 가깝다고 볼 만하다. 미국인들은 우정공사, 국립공원청, 질병통제국, 국방부, 식품의약청 등을 가장 높이 평가하는 반면 주택도시개발부, 중앙정보부, 국세청 등을 가장 낮게 평가한다(베어 1998년). 가장 높은 평가는 각종 서비스를 제공하는 기관(대체로 아주 효율적이다)이나 질병과 오염으로부터 시민들을 보호하는 기관의 몫인 것 같다. 반면 미국인들은 정보기관이나 늘 부정적으로 언론에 오르내리는 기관에 대해서는 의심스런 눈빛을 보낸다. 이와 같은 미국인들의 정부기관에 대한 평가에는 모종의 사실적 근거가 있는 듯하다.

대인 신뢰와 정부에 대한 신뢰의 차이점을 입증할 수 있는 가장 좋은 방법 가운데 하나는 전자와 후자에 대한 모형을 추정한 뒤 전자의 모형이 후자를, 그리고 후자의 모형이 전자를 얼마나 잘 설명할 수 있는지를 확인하는 것이다. 1996년 미국선거연구를 바탕으로 나는 대인 신뢰를 연구하기 위해 내가 고안한 이론에 입각해, 그리고 정부에 대한 대중의 평가를 둘러싼 연구문헌에 근거해 두 신뢰의 이형異形 모형을 추정했다.[157] 그렇게 추정한 모형이 각각 〈표 5-7〉과 〈표 5-8〉이다.

대인 신뢰 모형(표 5-7)에는 장기적 낙관론, 통제감, 신앙심, 평등주의, 효능감, 전형적인 인구통계학적 요소 같은 척도뿐 아니라 개별적 신뢰의 사용 가능한 척도(백인, 아프리카계 미국인, 라틴계 미국인 등의 내집단 신뢰에서 외집단 신뢰를 뺀 것)도 포함된다.[158] 정부에 대한 신뢰 모형(표 5-8)에는 공직자(빌 클린턴과 힐러리 클린턴)와 정부기관(대법원, 의회, 의원 입후보자들)에 대한 구체적인 평가, 정부에 대한 지식(의회의 다수당이 어느 당인지 알고 있는가), 정치적 효능감, 전형적인 인구통계학적 요소 등이 포함된다. 정부에 대한 신뢰 모형에는 경제상황에 대한 장·단기적 평가도 포함되는데, 그것은 정부에 대한 감정은 정부가 지금 얼마나 일을 잘하고 있는지에 대한 평가가 반영될 수 있는 반면 일반적 신뢰의 기반인 낙관론은 그보다 장기적인 성격을 갖고 있기 때문이다.[159]

두 신뢰의 토대는 분명 다르다. 대인 신뢰 모형에서 가장 중요한 변수는 단연 개별적 신뢰이다. 외집단보다 내집단을 신뢰할수록 다른 사람들을 믿을 가능성이 낮다. 개별적 신뢰는 정부에 대한 신뢰 모형에서 반대 부호의 값을 나타낸다. 인종은 상대적으로 대인 신뢰 모형에서 훨씬 더 중요한 변수이고, 평등주의적 신념과 종교적 가치도 마찬가지이다. 효능

---

157 나는 정부에 대한 신뢰 척도를 양분했다.
158 1996년 미국선거연구에서는 단순한 온도 점수가 아닌 각 집단을 신뢰하는가에 관한 질문을 던진다.
159 정부에 대한 신뢰 모형에 대인 신뢰를 포함시키는 것과 대인 신뢰 모형에 정부에 대한 신뢰를 포함시키는 것이 합당해 보일지 모르지만 그렇게 하면 〈표 5-7〉과 〈표 5-8〉에 제시된 모형을 추정하기가 불가능해질 것이다.

<표 5-7> 정부에 대한 신뢰와 대인 신뢰 프로빗: 1996년 미국선거연구(대인 신뢰 모형)

	정부에 대한 신뢰			대인 신뢰		
	계수	표준오차	효과	계수	표준오차	효과
개별적 신뢰(내집단 신뢰에서 외집단 신뢰를 뺀 것)	.038	.036	.113	-.142****	.038	-.412
다른 사람들의 복지에 너무 많은 관심이 쏠린다	-.082**	.037	-.108	-.073**	.037	-.099
성경은 하느님의 진짜 말씀이다	-.001	.059	-.001	-.101**	.058	.069
남이 나와 동등한 기회를 가져도 상관없다	-.036	.033	-.047	-.105***	.034	-.144
앞으로 생활수준이 나아질 것이다	.232****	.045	.158	.168***	.045	.081
지난주에 신문을 읽은 날짜수	.010	.014	-.049	.042***	.014	.100
나 같은 사람들은 정치적 발언권이 없다	.153****	.032	.200	.162****	.031	.226
흑인	-.181*	.130	-.057	-.595****	.142	-.191
라틴계	-.054	.142	-.018	-.490***	.149	-.159
가족 소득	-.021***	.006	-.166	.024***	.006	.141
교육	-.011	.015	-.060	.018*	.015	.104
상수	-.583**	.286		-2.449****	.296	

정부에 대한 신뢰: 추정 R^2=.295 −2* 로그 우도비=1441.168 N=1241
대인 신뢰: 추정 R^2=.287 −2* 로그 우도비=1474.406 N=1242
정확예측률: 프로빗 모형: 70.2 널 모형: 70.1
정확예측률: 프로빗 모형: 69.8 널 모형: 60.1
****$p<.0001$ ***$p<.01$ **$p<.05$ *$p<.10$

감('나 같은 사람들은 정치적 발언권이 없다')과 통제감('다른 사람들의 복지에 너무 많은 관심이 쏠린다')만이 두 방정식에서 매우 의미 있는 변수이다.

정부에 대한 신뢰 모형에서 가장 중요한 인자는 특정 기관(대법원과 의회, 펠드먼 1983년, 럭스와 시트린 1997년, 헤더링턴 1998년 등 참고)과 특정 지도자들(빌 클린턴과 힐러리 클린턴)에 대한 평가이다. 공직 후보자들(민주당 의원 입후보자들)에 대한 감정과 정치적 지식(어느 당이 다수당인가)도 중요한 인자이다. 대인 신뢰 모형에서는 이런 인자들 모두 의미가 없다. 그 중 2개

<표 5-8> 정부에 대한 신뢰와 대인 신뢰 프로빗: 1996년 미국선거연구(정부에 대한 신뢰 모형)[a]

	정부에 대한 신뢰			대인 신뢰		
	계수	표준오차	효과	계수	표준오차	효과
빌 클린턴에 대한 감정온도	.007**	.002	.205	.001	.003	.051
힐러리 클린턴에 대한 감정온도	.006**	.003	.182	.003	.003	.097
대법원에 대한 감정온도	.010***	.003	.255	.001	.003	.041
의회에 대한 호감도	.173****	.036	.195	-.075	.032	-.042
민주당 의원 입후보자에 대한 감정온도	.005*	.003	.125	-.001	.003	.107
공화당이 다수당임을 알고 있다	.064*	.039	.074	-.023	.037	-.033
앞으로 생활수준이 나아질 것이다	.162***	.060	.093	.116**	.056	.084
작년보다 나아질 것이다	.202****	.054	.217	.114***	.047	.163
나 같은 사람들은 정치적 발언권이 없다	-.161***	.044	-.176	-.150****	.039	-.218
정치는 너무 복잡하다	-.025	.045	-.028	-.152****	.040	-.221
라틴계	-.192	.196	-.051	-.522***	.186	-.179
흑인	-.749	.192	-.174	-.550***	.172	-.189
연령	.012***	.003	.190	.007**	.003	.138
가족소득	-.012*	.009	-.078	.025***	.008	.205
상수	-1.940****	.442		-2.107****	.406	

정부에 대한 신뢰: 추정 R^2=.499 -2* 로그 우도비=810.212 N=815
대인 신뢰: 추정 R^2=.201 -2* 로그 우도비=1012.248 N=812
정확예측률: 프로빗 모형: 73.7 널 모형: 70.7
정확예측률: 프로빗 모형: 65.2 널 모형: 54.7
****p<.0001 ***p<.01 **p<.05 *p<.10
a 연령의 경우 18세와 75세 사이에서 계산한 효과

의 인자('의회를 호의적으로 평가한다'와 '어느 당이 다수당인지 알고 있다')는 반대 부호의 값을 나타낸다. 경제상황에 대한 평가는 두 신뢰 모형 모두에서 의미가 있고, 이미 예상했듯이 경제상황에 대한 개인의 단기적인 평가는 정부에 대한 신뢰에 강력한 영향을 미친다. 효능감과 각종 인구통계학적 요소 같은 척도는 두 방정식에서 의미가 있다.

대인 신뢰는 대체로 추상적인 개념(각자의 내집단과 외집단에 대한 시각, 성경의 해석, 사회적 평등주의)에 근거한다. 내 주장의 핵심을 그대로 옮기자면 다음과 같다. 신뢰는 도덕적 이상의 하나로서 낯선 사람들에 대한 믿음은 그 뿌리 깊은 가치를 반영한다. 반면 정부에 대한 신뢰는 정치 지도자들과 국가기관에 대한 만족도 평가의 요약본이다. 정부에 대한 신뢰 모형은 정치 지도자들과 국가기관에 대한 신뢰에 관해서는 아주 잘 작동하지만 대인 신뢰에 관해서는 전혀 그렇지 않다.[160]

대인 신뢰 모형의 경우 나는 개별적 신뢰, 성경의 해석, 사회적 평등주의, 인종(흑인일 경우에 대한 더미 변수), 라틴계의 일체감 등이 미치는 결합효과를 계산했다.[161] 내집단에 대한 신뢰 수준이 높고, 성경의 자유주의적 해석에 공감하고, 사회적 평등주의에 관심이 많은 사람은 외집단에 대한 신뢰 수준이 낮고, 성경을 글자 그대로 해석하고, 사회적 평등주의를 중시하지 않는 사람에 비해 타인 신뢰 가능성이 34.6퍼센트 높았다. 정부에 대한 신뢰의 복합효과는 8.8퍼센트이다.

정부에 대한 신뢰 모형도 계산결과가 인상적이다. 나는 정부에 대한 신뢰를 형성하는 6개의 제도적·개인적 변수를 사용했다. 클린턴 부부를 긍정적으로 평가하고, 대법원과 의회에 상당히 호의적이고, 어느 당이 다수당인지 알고, 민주당 입후보자들을 아주 선호하는 사람은 대통령 부부를 싫어하고, 대법원과 의회를 불신하고, 민주당 입후보자들을 좋아하지 않고, 어느 당이 다수당인지 모르는 사람에 비해 정부를 신뢰할 가능성이

---

160 정부에 대한 신뢰 모형의 경우 추정 R^2은 .499이고 대인 신뢰 모형의 경우 추정 R^2은 .201이다.
161 내가 개별적 신뢰에 대해 사용한 최소값은 −.548이었고 최대값은 2.468이었다. 그것은 각각 제5 백분위수와 제95 백분위수를 가리킨다.

74.1퍼센트 높았다. 대인 신뢰의 복합효과는 26.6퍼센트이다.[162] 이상의 결과에서 특기할 만한 점은 이런 구체적인 평가가 대인 신뢰에 측정 가능한 영향을 미친다는 점이다.

그보다 더 폭넓은 의미의 메시지는 정부에 대한 신뢰와 대인 신뢰 사이에는 큰 공통점이 없다는 사실이다. 두 신뢰가 서로의 원인이 되도록 설정한 모형을 추정해도 서로에게 영향을 주지 않았다.[163] 두 가지 질문 모두에(적어도 미국선거연구 질문 내용에) '신뢰'라는 단어가 포함되었고, 두 신뢰 모두 효능감에 좌우되었다는 점에서 이런 결과는 매우 주목할 만하다.

복습

대인 신뢰가 대체로 경험에 의존하지 않는다는 증거를 다시 한 번 확인했다. 아는 사람들도 정부도 낯선 사람들을 신뢰하도록 유도하지 못한다. 우리가 아는 사람들을 신뢰하는 까닭은 그들이 믿을 만한 존재임이 드러났기 때문이다. 우리는 정부가 일을 잘하고 나름대로 성과를 내고 대중이 좋아하는 정책을 펼칠 때 정부를 신뢰한다.

두 사례에서 알 수 있듯이 아는 사람들과 정부에 대한 신뢰를 형성하는 가장 중요한 인자는 경험이다. 하지만 낯선 사람들에 대한 신뢰는 경험을

---

162 기호는 의회를 긍정적으로 바라보는가, 민주당 입후보자들을 선호하는가, 다수당이 어느 당인지 아는가 등을 반영한 것이다. 클린턴 부부의 경우 최소값은 0이었고 최대값은 100이었다. 민주당 입후보자들의 경우에는 최소값이 15, 최대값이 85였다.
163 나는 대인 신뢰(〈표7-2〉의 모형에 나오는 변수 사용)와 정부에 대한 신뢰(〈표 7-3〉의 모형에 나오는 변수 사용) 모두를 대상으로 3단계최소제곱법 모형을 추정했고, 각 유형의 신뢰를 서로의 원인이 되도록 설정했다. 대인 신뢰는 정부에 대한 신뢰 모형에서 의미가 없었고 반대도 마찬가지였다.

바탕으로 삼지 않는다. 그러므로 이들 신뢰의 세계가 서로 보충적인 관계를 맺고 있을 뿐 무척 다르다는 점은 그리 놀랄 만한 사실이 아니다.

일반적 신뢰는 정부에 대한 신뢰보다 안정적이라는 특징도 갖고 있다. 그렇다고 일반적 신뢰가 영원히 변하지 않는다는 뜻은 아니다. 미국의 경우 대인 신뢰는 1960년의 약 60퍼센트 수준에서 1990년대의 30퍼센트 중반 수준으로 급격히 떨어졌다(이후 40퍼센트대로 다시 조금 상승). 신뢰 감소원인의 규명과정에서 이제 몇 가지 확실한 방향을 알아냈다. 그것은 바로 개인적 삶보다는 집단적 경험을 가리킨다. 6장에서는 이 부분을 살펴보겠다.

PART 6

신뢰의 안정성과 변화

최대한 조심해야 한다. 세상이 변했다. 삶의 속도가 더 빨라졌고 다들 각자의 속도로 움직인다. 우리는 마이크로소프트식 온상에서 살고 있으며 사람들은 자연히 성공을 갈망한다.

―2000년 미국선거연구 예비조사 응답자의 신뢰 질문에 대한 '구두 답변'

신뢰는 가장 안정적인 가치 가운데 하나이다. 하지만 요즘 들어 미국에서는 1960년대에 비해 신뢰가 급격히 감소했다. 6장에서는 주로 변화에 초점을 맞추지만 안정성도 살펴볼 것이다. 신뢰 수준은 전국 규모의 조사에서 신뢰 관련 질문이 최초로 등장한 1960년의 58퍼센트에서 1996년의 36퍼센트 수준으로 감소했다(이후 1998년에 약 40퍼센트 수준으로 반등). 이렇듯 어떤 중요한 변화가 진행되고 있다. 신뢰의 역학을 검토하면 협력의 가능성에 관한 몇 가지 교훈을 얻을 수 있을 것이다.

어떤 측면에서 안정성과 변화는 아주 일관적인 것일지 모른다. 퍼트넘

(1995년a · 1995년b · 2000년)은 미국 사회의 신뢰 감소이유는 세대가 바뀌면서 점점 타인에 대한 신뢰가 줄어들었기 때문이라고 주장한다. 사회 전체적인 차원에서의 신뢰 감소는 인구대체에 기인한다는 것이다. 퍼트넘의 주장을 뒷받침하는 증거가 많기는 해도 인구대체 주장은 젊은 사람들일수록 타인을 더 믿지 않는 현상을 설명하지 못한다. 그리고 다음과 같은 역경향도 설명하지 못한다. 즉 신뢰 감소현상이 시작된 세대로 일컬어지는 전기 베이비붐 세대는 1980년대 후반부터 방향을 바꿔 얼마 후에는 다른 사람을 가장 믿는 세대로 탈바꿈했다.

1970년대에는 전체적인 안정성에도 불구하고 개인적 차원에서는 일정한 신뢰의 감소현상이 있었다. 그리고 사람들은 내가 신뢰에 관해 설명하는 과정에서 암시한 바와 똑같은 방식으로 반응했다. 베트남 전쟁으로 인해 젊은 대학생들은 거리에서 "서른 살 이상은 누구도 믿지 마라"고 외쳤고, 세대 간의 호의는 상당 부분 훼손되었다. 실제로 그들은 서른 살 이상을 믿지 않았다. 베트남 전쟁은 사회가 양극단으로 분열되는 계기가 되었고, 전쟁에 반대한 사람들은 특히 타인에 대한 신뢰를 잃어버리는 경향이 있었다(바론 1990년 392쪽).

1960년대와 1970년대에는 전쟁이 사회조직에 피해를 입힌 것만큼 파괴적인 영향력의 민권운동이 부상하고 있었다. 다리를 놓는 동시에 부수는 민권운동은 사회적 신뢰 수준이 높은 시절에 시작되어 강력한 도덕적 십자군이 되었다. 청Chong(1991년 1쪽)은 그것을 '우리 시대의 전형적인 애국적 집단행동 사례'로 일컬었다.

그렇다. 민권쟁취를 위한 투쟁의 상당수가 대립적인 면모를 보였지만, 그것으로 서로 배경이 다른 사람들 사이의 연대가 구축되기도 하고 많은 사람들에게 탄탄한 신뢰의 토대를 마련해주기도 했다. 민권운동의 여파로 일부 사람들은 타인을 덜 믿게 되었지만 민권운동이 타인에 대한 신뢰에 미친 영향은 대체로 긍정적이었다. 특히 민권운동에 참가한 사람들은 인종적 경계를 초월한 연대구축, 그리고 빈곤문제 해결과 베트남 전쟁의 종식과 같은 그밖의 목표를 추진하는 데 한층 더 매진했다(데머라스, 마웰, 에이컨 1971년 5장). 그들은 타인에 대한 신뢰 수준이 높은 상태에서 민권운동에 뛰어들었고, 1970년대와 1980년대 내내 다른 사람들에 비해 '타인에 대한 신뢰 수준'이 훨씬 높은 상태를 유지했다. 1965년 조사에서 민권운동 참가자들의 79퍼센트가 '대부분의 사람들은 믿을 만하다'라고 대답한 것이 8년 뒤인 1973년에는 조금 떨어져 72퍼센트가 그렇게 대답했다. 그리고 1982년에는 다시 83퍼센트로 증가했는데 당시 전국 표본에서는 58퍼센트가 '다른 사람들은 믿을 만하다'라고 대답했다.[164]

민권운동 기간에 성인이 된 베이비붐 세대의 타인에 대한 신뢰 수준의 증가는 외집단에 대해 상대적으로 관대한 그들의 태도에 기인하는 바가 크다. 베이비붐 세대는 다른 사람을 가장 믿는 세대이자 자신이 속한 내집단에 가장 경도되지 않는 세대이기도 했다. 베트남 전쟁과 민권운동은

---

164 이 조사에서는 '사람을 상대할 때 되도록 조심해야 한다'라는 대안 질문이 제시되지 않는다. 따라서 1983년 일반사회조사의 결과는 전형적인 질문을 통해 확인할 수 있는 수준보다 높다. 민권운동 참가 자료의 출처는 위스콘신주 매디슨시에 소재한 위스콘신 대학교 사회학과의 마이클 T, N. J에이컨 데머라스 3세, 제럴드 마웰 등이 1965년 · 1973년 · 1982년에 실시한 이상주의의 역학조사이고, http://dpls.dacc.wisc.edu/Idealism에서 내려 받을 수 있다. 이 자료를 상세히 분석한 내용은 데머라스 외(1971년)를 보라. 나는 민권운동 참가자들의 신뢰 수준 변화를 찾아보려고 했으나 한쪽으로 쏠린 분포, 작은 표본, 약간 높은 수준의 패널 감소율 등 때문에 그런 추론이 매우 위험할 수 있었다. 나를 위해 이상주의 역학조사 자료를 수집해준 메건 헨리와 메릴랜드 대학교의 학부생 연구조교 프로그램에 고마움을 전한다.

신뢰에 지대한 영향을 미친 '집단기억'을 확립했다(스웨덴에 관한 비슷한 주장은 로스스타인 미간행 참고).

베트남 전쟁과 민권운동 외에 어디에나 존재하는 낙관론이라는 문제가 있다. 대인 신뢰는 낙관적 세계관을 반영하는데, 미국인들은 더 비관적으로 변함에 따라 타인을 덜 믿게 되었다. 하지만 낙관론이 모든 것을 설명하지는 않는다. 적어도 2명의 내 동료들이 지적했듯이 단지 낙관론에만 근거한 설명은 신뢰를 '사람들 머릿속에만 담겨 있는 것'으로 간주한다는 문제점이 있다. 그런 설명에 입각하면 신뢰는 하나의 가치로서, 세상을 바라보는 하나의 방식인 낙관론에 의존한다. 세계관은 부모에게 물려받은 것이다. 그렇다면 부모들은 세상을 바라보는 나름의 방식을 어디서 습득했을까? 조만간 나는 현실세계와 씨름해야 할 것 같다. 비록 타인에 대한 신뢰가 각자의 개인적 인생사나 자원을 반영하지만, 4장에서 이미 입증했듯이 집단적 차원에서 볼 때 한 사회의 신뢰 수준은 경제재의 배분상황에 달려 있다. 확실히 개인의 운명과 집단적 결과 사이에는 연관성이 있다. 신뢰는 경제적 불평등이 심화됨에 따라 감소해왔지만 전기 베이비붐 세대는 더 윤택해지고 타인에 대한 믿음이 커졌다.[165]

전기 베이비붐 세대는 처음에는 베트남 전쟁 때문에 다른 사람을 덜 믿었지만 민권운동과 미래에 대한 낙관론의 영향으로 신뢰 수준이 높아졌다. 그들은 가장 관용적인 세대이자 경제적으로 가장 성공한 세대가 되었다. 그러나 사실 그들은 소득도 공평하게 분배받았다. 제2차 세계대전 이후 세대인 그들은 부푼 희망의 시절에 성장했고, 이전 세대나 이후 세대

---

[165] 미국 각 주의 횡단면 연구에 근거한 퍼트넘의 비슷한 주장(2000년 359~360쪽)을 보라.

보다 '성공했다.' 관용적 태도에 공평한 자원배분이 더해지면서 이 세대는 나머지 세대들과 달리 동포들에 대한 신뢰를 잃지 않았다.

신뢰의 지속성

신뢰는 얼마나 안정적이고, 부모의 양육적 역할의 영향은 얼마나 지속적일까? 3개 시점에 걸쳐 부모와 자녀를 조사한 니미-제닝스 사회화 연구는 이런 문제를 검토할 수 있는 훌륭한 자료이다. 1965년에 실시된 첫 번째 조사의 대상은 고등학생들이었다. 17년이 지난 1982년 그 고등학생들은 30대 중반의 성인이 되었다. 그들의 타인에 대한 신뢰 수준은 변함이 없었을까? 3장에서 지적했듯이 1982년에 조사한 결과 응답자의 63.9퍼센트가 1965년과 마찬가지의 신뢰 수준을 유지하고 있었다. 그리고 4장에서 밝혔듯이 고등학생들의 타인에 대한 신뢰는 부모의 신뢰와 양육적인 환경 조성 여부가 반영되었다. 친구를 스스로 결정할 수 있고 가족의 의사결정에 개입할 수 있는 환경에서 자란 고등학생들일수록 타인을 믿는 경향이 높았다. 그런 고등학생들은 가끔 부모 의견에 반대할 가능성도 높았다(부모들의 전언에 따르면).

17년 뒤에도 부모의 양육적 역할은 여전히 효과가 있었다. 1982년 청소년 표본을 바탕으로 추정한 방정식에 따르면 고등학생 때 부모가 친구 결정권을 인정해준 환경에서 자란 30대 중반은 타인 신뢰 가능성이 8퍼센트 더 높았다(〈표 6-1〉을 보라). 1965년에 부모 의견에 자유롭게 반대하던 고등학생들은 타인을 신뢰할 가능성이 더 높았다. 17년 뒤인 1982년에는 그런 관계가 뒤바뀌었다. 고등학생 시절인 1965년에 부모 의견에 대체로 동의해왔던 30대 중반들은 타인 신뢰 가능성이 더 높았다. 젊은 이들은 부모로부터 자유롭기를 바란다. 그러나 만일 부모가 훌륭한 역할 모델이 되어주면 자녀가 부모 의견에 따르는 편이 부모가 자녀의 반대의 견을 수용해주는 편보다 부모로부터 자녀에게로의 가치 이전에 훨씬 더 보탬이 될지 모른다. 부모의 양육적 역할은 17년 뒤에도 여전히 중요하 지만 영향을 미치는 방식이 달라졌다. 즉 30대 중반들은 부모와 공통분 모가 있을수록 타인을 신뢰할 가능성이 더 높았다.

양육방식만큼 지속적인 영향을 주지는 않는 듯하지만 부모의 신뢰도 중 요하다. 1982년 현재 사람들을 믿는가 그렇지 않은가는 17년 전이 아닌 9년 전 부모가 타인을 믿었는가 그렇지 않았는가에 달려 있다. 9년 전, 즉 1973 년에 부모가 타인을 믿었던 30대 중반은 지금 타인 신뢰 가능성이 더 높다. 교육 수준이 부모의 신뢰가 자녀에게 간접적으로 이전되는 통로 역할을 할 지도 모른다. 1965년 당시 부모의 교육 수준은 17년이 지난 뒤에도 부모 자 신과 자녀의 신뢰 모두를 결정한다. 30대 중반 사람들이 갖고 있는 타인에 대한 신뢰의 가장 강력한 결정요인은 사실 부모의 교육 수준이다.[166]

영향력의 관점에서 볼 때 30대 중반이 갖고 있는 대인 신뢰의 또 다른 중요한 가늠자들은 1965년에 측정한 그들의 내집단과 외집단에 대한 태 도이다. 어릴 적에 형성된 외집단을 향한 관용적 태도는 어른이 되어서도 신뢰에 상당한 영향을 미친다. 반면 내집단에 대한 태도는 그리 큰 영향 을 주지 않는다.[167]

---

[166] 부모가 고학력자인 30대 중반의 성인은 부모가 저학력자인 경우보다 타인을 신뢰할 가능성이 23퍼 센트 더 높다.

[167] 이것은 4장에서 소개한 니미-제닝스 표본 결과와 일치하지만, 미국선거연구 표본의 내집단과 외집

〈표 6-1〉 1982년 니마-제닝스 부모 · 자녀 패널(자녀 표본)에서의 신뢰 프로빗 분석

	계수	표준오차	최우추정량/표준오차	효과
신뢰(1965년)	.472 ****	.109	4.339	.166
부모의 신뢰(1973년)	.284 ***	.116	2.460	.098
부모의 교육 수준(1965년)	.037 **	.019	1.939	.225
자신의 친구/활동을 결정할 수 있다	.121 **	.055	2.184	.082
부모: 아이들과 의견이 다를 때가 있다	-.237 **	.111	-2.127	-.081
내집단 신뢰(1965년)	-.001	.004	-.203	-.015
외집단 신뢰(1965년)	.007 *	.004	1.899	.213
부모가 종교의식에 참가하는 빈도(1965년)	.144 ***	.052	-2.748	.145
근본주의 교회에 다닌다(1965년)	-.178 *	.110	-1.620	-.060
삶은 내가 바라는 대로 진행될 것이다(1982년)	.387 ****	.104	3.717	.131
흑인	-.381 **	.210	-1.814	-.133
상수	-.602 *	.288	-2.092	

추정 R²=.281 -2* 로그 우도비=806.963 N=684
정확예측률: 프로빗 모형: 69.0 널 모형: 61.8
****p<.0001 ***p<.01 **p<.05 *p<.10

　　부모의 신뢰가 미치는 직접적 영향, 그리고 부모의 양육방식과 교육 수준이 미치는 간접적 영향이 전부는 아니다. 오늘날처럼 근본주의가 심각하게 대두되기 전인 1960년대에는 신앙심이 대인 신뢰를 강화했다.[168]
　　미래에 대한 낙관론은 신뢰의 핵심적인 결정요인으로 이런 사실은 4장의 1965년 니미-제닝스 청소년 표본에서도 거의 동일한 영향을 준다는

단 척도와 동일한 척도를 사용하는 추정에서는 내집단에 대한 태도가 훨씬 큰 영향을 미친다.
168 고등학생 시절인 1960년대에 부모가 규칙적으로 종교의식에 참가한 30대 중반의 성인이 남을 믿을 가능성은 15퍼센트 더 높았다. 근본주의 교회는 반대의 결과를 낳았다. 고등학생 시절 근본주의 교회에 다닌 경험이 있는 30대 중반의 성인은 남을 믿을 가능성이 6퍼센트 낮았다.

점을 밝힌 바 있다. 자신의 희망이 결실을 맺을 것이라고 말한 사람들은 타인 신뢰 가능성이 상당히 높았다. 또한 아프리카계 미국인들은 다른 사람을 믿을 가능성이 낮았다.

종합하면 인종, 현재의 낙관론 수준, 부모의 양육방식, 17년 전 습득한 가치 등은 30대 중반의 신뢰관을 엿볼 수 있는 훌륭한 가늠자이다. 가장 확실한 가늠자는 현재적인 의미가 있는 척도가 아니라 고등학생(이나 대학생) 시절에 초점을 맞춘 지표이다.[169]

본인이 1965년에 다른 사람을 믿었고, 외집단을 긍정적으로 평가했으며, 부모가 1973년에 다른 사람을 믿었던 30대 중반의 1982년 타인 신뢰 가능성은 76.9퍼센트인 반면 1965년 본인이 다른 사람을 믿지 않았고, 외집단을 부정적으로 평가했으며, 부모가 1973년에 다른 사람을 믿지 않았던 30대 중반의 1982년 타인 신뢰 가능성은 37.7퍼센트이다.[170] '신뢰' 약력에 부모가 4년제 대학교를 졸업했다는 점을 추가하면 가능성이 81.8퍼센트로 높아진다. 그리고 부모가 1965년에 적어도 매주 종교의식에 참가했다는 점을 덧붙이면 가능성은 84.8퍼센트로 높아진다.

반대로 고등학생 때인 1965년에 타인을 신뢰하지 않고 외집단을 부정적으로 바라본 30대 중반이 있다고 가정해보자. 또한 그의 부모는 7학년까지만 다녔고 1965년에 종교의식에 참가하지 않았으며 1973년에 타인을 신뢰하지 않았다고 가정해보자. 이때 그의 타인 신뢰 가능성은 20.9

---

169 〈표 6-1〉의 프로빗 모형은 응답자의 69퍼센트를 정확히 예측한다(모두가 타인을 신뢰하는 사람일 것으로 예측하는 널 모형은 61.8퍼센트를 정확히 예측한다). 이것은 아주 양호한 결과이고, 현재적인 의미의 가늠자들을 사용하는 1965년 고등학생 모형과 거의 동일한 수준이다.

170 효과의 한도는 −22.7과 25.0이다.

퍼센트에 불과할 것이다. 우호적인 가정환경에서 자라며 일찌감치 긍정적인 신뢰관을 갖춘 고등학생은 어김없이 레인이 언급한 '사교적인' 성인이 되었을 것이다.

신뢰 패턴의 변화

신뢰는 안정적이기는 하나 완전히 고정적이지는 않다. 1972-1974-1976년 미국선거연구 패널에 따르면 응답자 4분의 1 가량이 조사연도에 따라 다른 신뢰관을 드러냈고, 1965년·1973년·1982년 니미-제닝스 청소년 표본에서는 3분의 1이 약간 넘는 응답자가 조사연도에 따라 신뢰관이 달라졌다. 이미 알고 있듯이 미래에 대한 낙관론이 신뢰를 형성한다. 〈그림 6-1〉에서 알 수 있듯이 낙관론과 신뢰 추이는 일반사회조사 시계열에서 비슷한 행보를 보인다.[171]그러나 안정성에 주목하는 대신 패널연구의 큰 장점 가운데 하나를 활용하는 의미에서 시간의 흐름에 따라 신뢰관이 어떻게 바뀌는지를 살펴보겠다(우슬러너와 콘웨이 1985년 참고). 그러므로 대체로 낙관론, 교육 수준, 외집단에 대한 태도, 근본주의, 그밖의 핵심적인 지표 등에 의해 형성되는 일관적인 행위의 전형적인 패턴에 부합하지 않는 사람들에게 초점을 맞추고, 미국선거연구 패널과 니미-제닝스 청소년 표본(1973-1982년)을 바탕으로 신뢰 변화 모형을 추정할 것이다.[172]

---

171 1980년의 관찰결과는 예외적인 사례이다. 인접한 다른 연도들에 비해 신뢰가 높기 때문이다. 1976년, 1984년, 1992년에도 신뢰의 강세가 두드러지는데 모두 선거가 있던 해이다. 이 문제는 7장에서 다시 논의하겠다.

172 니미-제닝스 부모 패널을 대상으로 몇몇 모형을 추정했지만 그 모형들은 미국선거연구 패널에 비

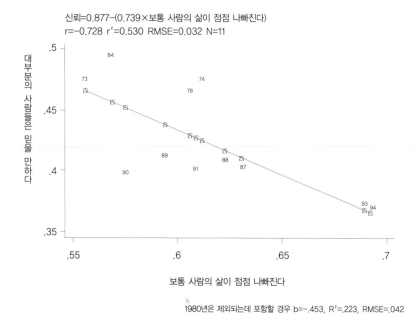

〈그림 6-1〉 일반사회조사에서의 신뢰와 낙관론 추이

신뢰=0.877-(0.739×보통 사람의 삶이 점점 나빠진다)
r=-0.728 r²=0.530 RMSE=0.032 N=11

보통 사람의 삶이 점점 나빠진다

1980년은 제외되는데 포함할 경우 b=-.453, R²=.223, RMSE=.042

내가 신뢰의 변화에 대해 추정하는 모형은 두 가지 유형의 변수에 근거한다. 첫번째 유형의 변수에는 지금까지 계속 사용해온 신뢰의 결정요인들(외집단에 대한 태도, 신앙심, 미래에 대한 낙관론)이 포함된다. 두 번째 유형의 변수로는 신뢰가 가장 급격하게 감소한 시기의 핵심적인 사건들(민권운동과 베트남 전쟁)을 들 수 있다. 예상컨대 민권운동을 호의적으로 바라보게 된 사람들은 타인 신뢰 가능성이 높을 것이고, 베트남 전쟁에 반대한 사람들은 타인 신뢰 가능성이 낮을 것이다. 종속변수는 신뢰가 변화

해 특별히 유익한 정보를 드러내지 않았다. 마찬가지로 니미-제닝스 자녀 패널의 경우 1965년부터 1973년까지의 신뢰 변화에 관해 특별히 주목할 만한 점이 없었다.

<표 6-2> 1972-1974년 미국선거연구 패널에서의 신뢰 변화[a]

	계수	표준오차	최우추정량/ 표준오차	효과
내집단 신뢰의 변화(72-76년)	-.012 **	.005	-2.281	-.329
민권운동 지도자에 대한 감정온도의 변화	.009 **	.004	2.335	.251
민권운동의 속도가 너무 빠르다	-.110 *	.068	-1.624	-.157
강제버스통학 등급	.137 ***	.058	2.354	.270
맥락적 신뢰의 변화	5.324 ***	1.772	3.005	.366
과학이 신앙심을 흔들어 놓을지 모른다	-.069 *	.043	-1.619	-.098
성별	-.389 **	.174	-2.229	-.140
상수	1.226	.449	2.731	

추정 R²=.206 −2* 로그 우도비=304.738 N=244 정확예측률: 프로빗 모형: 66.0 널 모형: 54.5
**** p⟨.01 ** p⟨.05 * p⟨.10
a 효과범위는 민권운동 지도자에 대한 감정온도의 경우 −40부터 +40까지
'민권운동의 속도가 너무 빠르다'의 경우 −2부터 +2까지 자른 것이다.

하는 방향이다(신뢰에서 불신 쪽으로, 불신에서 신뢰 쪽으로).[173] 나는 미국선거연구 패널을 이용해 1972년부터 1974년까지, 그리고 1974년부터 1976년까지의 신뢰 변화 모형을 추정하고, 니미-제닝스 청소년 패널을 이용해 1973년부터 1982년까지의 신뢰 변화 모형을 추정한다. 그 결과가 각각 〈표 6-2〉, 〈표 6-3〉, 〈표 6-4〉이다.[174]

1970년대에 일어난 신뢰의 변화는 주로 민권운동에 기인한다. 〈표 6-2〉

---

173 불신에서 신뢰로 이동한 사람들은 '1'로, 반대 방향으로 이동한 사람들은 '0'으로 코드화했다.
174 다시 한 번 환기해두는 편이 좋겠다. 미국선거연구 패널과 니미-제닝스 패널은 대인 신뢰의 감소를 초래하는 요인 확인에 도움이 되지 않는다. 니미-제닝스 패널에서는 시간이 흘러도 신뢰는 감소하지 않았고, 미국선거연구 패널에서는 오히려 타인에 대한 신뢰가 증가했다. 그러나 두 가지 패널은 1970년대와 1980년대에 나타난 신뢰 패턴의 변화를 초래한 요인을 통찰할 수 있는 기회는 될 수 있다. 아울러 미국선거연구 패널과 니미-제닝스 패널에는 낙관론을 측정하는 적절한 척도가 없다. 따라서 내가 이 표본들을 분석하는 과정에서 미래에 대한 기대의 역할을 과소평가했을 수 있다.

의 모형에는 1972년부터 1974년까지 일어난 신뢰의 변화에 두드러진 영향을 미친 7개 변수가 제시되어 있는데 그 중 4개의 변수는 직·간접적으로 민권운동에서 비롯되었다. 맥락적 신뢰의 변화를 제외하면 신뢰의 변화를 초래한 가장 강력한 결정요인은 내집단 신뢰의 변화, 민권운동 지도자들에 대한 감정온도의 변화, 민권운동 발전에 대한 평가의 변화, 강제버스통학을 바라보는 시각 등이다.

이전보다 내집단에 덜 치우치고, 민권운동 지도자들을 더 호의적으로 평가하고, 민권운동의 속도가 너무 빠르다고 말할 가능성이 줄어들었고, 흑백통합을 위한 강제버스통학을 지지한 사람들은 과거에 비해 타인을 신뢰할 가능성이 더 컸다. 민권운동과 지도자들을 더 호의적으로 바라보고, 내집단에 덜 치우치고, 강제버스통학을 지지한 사람은 일반적 신뢰 쪽으로 방향을 잡을 가능성이 아주 높았다. 그런 사람이 신뢰가 증가하는 쪽으로 방향을 잡을 확률은 96.8퍼센트이다. 내집단에 더 치우치고, 민권운동을 덜 지지하고, 강제버스통학에 반대한 사람들은 일반적 신뢰를 저버리게 될 가능성이 아주 높았다(일반적 신뢰를 고수할 가능성은 15.2퍼센트).

민권운동 외에 근본주의적 가치도 신뢰감소를 초래한 증거가 있다. 과학이 자신의 종교적 신념을 뒤흔들어 놓을지 모른다고 가정하는 사람은 일반적 신뢰를 저버릴 가능성이 높았다.[175]

민권운동은 국가의 도덕적 역량에 활기를 불어넣었다. 민권운동이 단지 수백 년의 차별에 맞선 아프리카계 미국인들의 항의에 불과했다면 성공하

---

[175] 〈표 6-2〉에 따르면 이 경우의 영향은 10퍼센트이다. 또한 성별도 의미가 있고 강력한 영향을 미친다. 이유는 분명치 않지만 남자들이 다른 사람을 덜 믿게 되었다.

〈표 6-3〉1974-1976년 미국선거연구 패널에서의 신뢰 변화[a]

	계수	표준오차	최우추정량/ 표준오차	효과
내집단 신뢰의 변화(72-76년)	-.012 **	.006	-1.860	-.207
외집단 신뢰의 변화(72-76년)	.018 ***	.007	2.359	.277
미국의 베트남 전쟁 개입에 반대한다(1976년)	-.107 **	.050	-2.133	-.139
군대에 대한 감정온도의 변화(74-76년)	.012 ***	.005	2.353	.223
맥락적 신뢰의 변화(74-76년)	6.501 ***	2.113	3.077	.432
밤거리를 안심하고 걷는다(1976년)	.384 **	.203	1.887	.127
종교의식 참석 빈도 변화(74-76년)	-.137 *	.093	1.478	-.136
성별	.446 **	.198	2.254	.146
상수	-.574	.416	-1.378	

추정 R^2=.334 -2* 로그 우도비=243.116 N=213
정확예측률: 프로빗 모형: 70.4 널 모형: 64.3
***p<.01 **p<.05 *p<.10
a 효과범위는 군대에 대한 감정온도의 변화(1974-1976년)의 경우 -30부터 +30까지, 종교의식
참석 빈도 변화(1974-1976년)의 경우 -2부터 +1까지 자른 것이다.

지 못했을 것이다. 그리고 1960년대에 법과 사람들의 행동 변화로 이어진 광범위한 지지를 얻지도 못했을 것이고, 단연코 흑인과 백인을 연결하는 다리를 놓지 못했을 것이다. 어떤 사회운동이나 자발적 단체도 겉모습은 달라도 여러 가치를 공유하는 집단 간의 신뢰 조성 메시지를 그토록 신랄하게 던지지 못했다. 정리하자면 미국인들은 1972년부터 1974년 사이에 민권운동을 약간 더 지지함으로써 일반적 신뢰 고수 쪽으로 방향을 잡은 사람이 저버리는 쪽으로 방향을 잡은 사람보다 약간 더 많아졌다.[176]

---

176 내집단을 더 신뢰하는 쪽으로 방향을 잡은 그리 크지 않은 규모의 흐름(.054), 민권운동 지도자들을 더 지지하는 쪽으로 방향을 잡은 소규모의 흐름(전체 범위 145, 평균 1.198), 민권운동의 더 빠른 진전에 찬성하는 쪽으로 방향을 잡은 약간의 흐름(8점 만점 방식으로 .165).

〈표 6-4〉 1973-1982년 니마-제닝스 부모·자녀 패널(자녀 표본)에서의 신뢰 변화 ª

	계수	표준오차	최우추정량/표준오차	효과
미국의 베트남 전쟁 개입은 정당하다(1973년)	-.431 **	.239	-1.804	-.141
흑인에 대한 감정온도의 변화(65-82년)	.008 **	.005	1.738	.374
요즘이 생애 최고의 시기이다(1982년)	.721 ***	.305	2.366	.235
기업에 대한 감정온도의 변화(73-82년)	.029 ****	.007	4.041	.565
반대 인종의 친구가 있다(1965년)	.520 **	.258	2.015	.162
상수	-.293	.315	-.930	

추정 R²=.382 -2* 로그 우도비=170.314 N=151
정확예측률: 프로빗 모형: 72.2 널 모형: 58.9
****p<.0001 ***p<.01 **p<.05
a 기업에 대한 감정온도 변화의 경우 효과범위는 -30부터 +30까지 자른 것이다.

1970년대 중반 미국인의 정치생활에서 민권운동의 비중이 줄어들었다. 베트남 전쟁, 워터게이트 사건, 석유 위기 같은 대형사건이 민권운동을 밀어내고 국가적 의제로 등장했다. 세 사건은 미국의 사회조직을 갈가리 찢어놓았지만 사회적 신뢰에 큰 영향을 미친 것은 베트남 전쟁뿐이다. 워터게이트 사건은 베트남 전쟁처럼 국가적 분열을 야기하지는 않았다. 그것은 정치적 범죄였다. 거의 10년 동안 지속된 베트남 전쟁에 비해 워터게이트 사건은 금세 막을 내렸다. 그리고 워터게이트 사건 때는 베트남 전쟁이 쟁점으로 떠올랐을 때(나 훗날 클린턴 대통령 탄핵논란 때)처럼 찬반 양론이 극명하게 갈리지도 않았다. 석유 위기(와 뒤이은 여러 차례의 석유 위기)는 여러 가지 불미스런 상황으로 이어졌다(우슬러너 1989년 참고). 그러나 석유 위기 역시 일련의 에너지 부족사태에서 교훈을 얻기도 전에 재빨리 지나고 말았다.

반면 베트남 전쟁은 달랐다. 그것은 미국이 '패배한' 최초의 전쟁이었다. 많은 사람들에게 베트남 전쟁은 말 그대로 생사가 걸린 문제였다. 그리고 베트남 전쟁은 가정, 정당, 사회집단 등의 분열을 초래했다. 따라서 그것이 신뢰에 영향을 준 것은 당연하다. 그런데 다소 놀라운 점은 베트남 전쟁이 막바지에 접어들어서야 비로소 신뢰에 큰 영향을 미쳤다는 사실이다. 1972년과 1974년, 1974년과 1976년의 미국선거연구 패널을 분석한 결과 베트남 전쟁은 신뢰의 변화에 의미 있는 영향을 주지 않았고 1972년과 1974년 사이에는 전혀 영향을 주지 않았다. 하지만 1974년과 1976년 미국선거연구 패널 분석결과 군대에 대한 태도 변화와 1976년의 전쟁에 대한 전반적인 태도 모두 신뢰에 의미 있는 영향을 미쳤다. 전쟁에 반대한 사람들은 그들이 외친 구호에서 알 수 있듯이 타인을 덜 믿게 되었다. 그리고 1974년부터 1976년 사이에 군대를 더 긍정적으로 바라보게 된 사람들은 다른 사람을 믿을 가능성이 더 높아졌다. 군대를 바라보는 시각의 변화가 신뢰 변화에 미친 영향은 모형에서 네 번째 큰 수치인 −.216이었다. 종합하면 전쟁과 군대에 관한 척도 모두에서 긍정적 시각을 드러낸 사람들은 타인 신뢰 가능성이 아주 높아 확률이 .809였다. 군대를 더 부정적으로 바라보게 된 반전주의자들이 타인을 신뢰하는 확률은 .474에 불과했다.

1970년대 중반까지 민권의식은 신뢰의 변화에 직접적인 영향을 미치지 않았다. 하지만 개별적 신뢰의 두 가지 척도를 통해 간접적인 영향은 미쳤다. 맥락적 신뢰를 제외하고 가장 큰 세 가지 영향 가운데 두 가지는 개별적 신뢰의 변화에서 비롯되었다. 외집단을 더 호의적으로 바라보고 내집단을 더 객관적으로 바라보게 된 사람들은 타인 신뢰 가능성이 높아졌다. 신뢰의 변화에 영향을 미친 다른 주요 요인은 베트남 전쟁에 대한 입장이었다. 군대를 더 지지하게 된 사람들은 신뢰 가능성이 높아진 반면 전쟁에 반대한 사람들은 다른 사람(단지 서른 살 이상의 사람들뿐 아니라)에 대한 신뢰를 접게 될 가능성이 높았다.[177]

요컨대 이전보다 외집단을 매우 호의적으로 평가하고 내집단을 매우 객관적으로 바라보게 된 사람들은 타인 신뢰 가능성이 상당히 높았다(확률=.849).[178] 1970년대에는 베트남 전쟁에 대한 두 가지 척도도 상당한 영향을 미쳤다.[179] 개별적 신뢰의 영향과 베트남 전쟁에 대한 태도의 영향을 합친 효과는 상당히 크다. 외집단에 대해서는 더욱 호의적으로, 내집단에 대해서는 더 객관적으로 바라보게 되었고 전쟁과 군대를 지지한 사람들이 불신에서 신뢰 쪽으로 방향을 바꿀 확률은 .952이고, 그들과 정반대 성향이나 의견을 가진 사람들이 불신에서 신뢰 쪽으로 방향을 바꿀 확률은 .222이다.

베트남 전쟁과 민권운동은 이후에도 오랫동안 영향을 미쳤다. 1973년과 1982년의 니미-제닝스 청소년 표본에서도 베트남 전쟁과 민권운동(인종차별에 반대한 십자군) 모두 의미 있는 영향을 미치고 있다. 하지만 1973년부터 1982년까지 일어난 신뢰 변화의 가장 강력한 결정요인은 경제상황

---

177 외집단 신뢰의 변화, 내집단 신뢰의 변화, 군대에 대한 감정온도의 변화, 베트남 전쟁 반대 등의 효과는 각각 .277, -.207, .223, -.139이다.
178 반대인 사람들은 타인 신뢰 가능성이 상당히 낮았다(확률=.379).
179 군대를 더 지지하게 된 주전론자들이 다른 사람을 믿을 가능성은 .830이었고, 군복무를 혐오한 반전론자들이 다른 사람을 믿을 가능성은 .478이었다. 미국선거연구 패널에서는 다른 변수들의 다소 놀라운 효과도 드러난다. 1972년에서 1974년 사이에 남자들은 여자들보다 타인을 더 믿었지만 1974년에서 1976년 사이에는 덜 믿게 되었다. 신앙심과 신뢰가 서로 점점 모순적인 관계를 이룬다는 증거가 있는데 그것은 근본주의 경향의 심화 때문인 듯하다. 1974년에서 1976년 사이에 종교의식에 덜 참석한 사람들은 타인을 더 믿게 되었다(효과=-.136). 그리고 밤거리를 안심하고 걷는 사람들은 더 믿게 되었다.

에 대한 감정온도의 변화이다. 그것은 반전운동을 촉발한 1960년대의 자유주의가 쇠퇴한 점과 1980년대의 상대적 경기회복을 반영하는 것 같다. 삶을 낙관적으로 바라보는 사람들도 불신에서 신뢰로 바꿀 가능성이 꽤 높았다. 그러나 경제상황에 대한 감정온도의 변화 다음으로 강력한 영향을 미친 것은 흑인에 대한 정서의 변화였다. 그리고 고등학생 시절 반대 인종의 친구가 있었는지 여부도 타인 신뢰 여부에 상당한 영향을 미쳤다. 어릴 적 인종이 다른 친구를 사귄 경험과 소수집단에 대해 어떤 태도를 갖고 있었는가는 성인이 된 후 타인에 대한 신뢰에 큰 영향을 미쳤다.

베트남 전쟁은 여전히 중요한 요소였지만 미국선거연구 패널과는 아주 다른 양상을 보여줬다. 즉 전쟁에 반대한 사람들이 타인을 더 믿게 되었다.[180] 이런 결과는 얼핏 이상해 보인다. 니미-제닝스 청소년 표본은 반전운동과 타인을 믿지 않는 경향의 대표적인 세대인 전기 베이비붐 세대로 구성되어 있다(하지만 실제로 전기 베이비붐 세대는 이전 세대보다 반전 성향이 더 강하지는 않았다).[181] 그들이 성년 초기에 접어들었을 때 그 중에서 베트남 전쟁에 비판적인 사람들은 불신에서 신뢰로 방향을 바꿀 가능성이 더 높았다.

베이비붐 세대의 급속한 대두

타인을 신뢰하는 미국인의 비율이 1960년 약 60퍼센트에서 오늘날 약

---

180 의미 있는 양측검증이 더 적절할지 모르지만 계수는 p〈.10에서 의미가 있을 것이다.

181 1972-1974-1976년 미국선거연구 패널에 따르면 1946년 이후에 태어난 사람들의 52퍼센트가 베트남 전쟁에 반대했고, 1945년 이전에 태어난 사람들의 54퍼센트가 반대했다(파이=-.037, 율스 큐=-.078, 의미가 없다).

40퍼센트로 감소한 까닭은 무엇일까? 시민참여가 줄어든 점은 그리 가능성 높은 원인이 아니다. 대다수 형태의 시민참여는 신뢰와 전혀 무관하다. 즉 신뢰의 원인도 결과도 아니다. 또한 신뢰를 생산하지 않고 소비하는, 그리고 일반사회조사 시계열에서 신뢰감소에 관한 증거를 보여주지 않는 형태의 시민참여도 있다. 문화(문학) 단체 가입률은 비교적 꾸준하다(1970년대 9.4퍼센트에서 1993년 11.5퍼센트로 약간 올랐다가 1994년 다시 9.8퍼센트로 줄어들었다). 그리고 전문직 단체 가입률은 가파른 상승세를 보였다(1970년대 전체 인구의 13퍼센트에서 1994년 19퍼센트로 증가했다). 일반적 신뢰를 고수하는 사람들의 가입률은 19퍼센트에서 26퍼센트로 증가했다. 그러나 일반적 신뢰를 고수하지 않는 사람들의 가입률은 7퍼센트에서 14퍼센트로 2배 증가했다. 신뢰, 전반적인 단체활동, 비종교단체 활동(노동조합 제외), 문학단체, 전문직 단체 사이의 상관관계는 모두 음의 값을 나타내고 일부는 보통 수준을 상회한다. 다변량 분석에 따르면 신뢰는 단체활동에 영향을 주지 않거나 아마 음의 효과를 미치는 것 같다.[182]

시민참여의 감소현상이 원인이 아니라면 다음 후보는 인구대체이다. 대다수 사람들은 타인을 믿거나 믿지 않는 경향을 비교적 일관성 있게 유지

---

[182] 신뢰와 단체활동 사이의 단순상관계수(1974~94년)는 모든 단체의 경우 −.272, 비종교단체의 경우 (노동조합 제외) −.530, 문학단체의 경우 −.288, 전문직 단체의 경우 −.530이다. 나는 교육, 종교의식 참석, 정부기관(군대, 입법부, 행정부, 사법부)에 대한 전반적 신뢰 등의 종합적 척도도 포함하는 모형을 추정했다. 계열상관을 감안하는 단순회귀에서 대인 신뢰와 정부에 대한 신뢰 모두 4개의 회귀(전반적인 단체활동, 노동조합을 제외한 비종교단체 활동, 전문직 단체 활동, 문학단체 활동)에서 의미가 없었다. 단일시차를 지닌 자동회귀 누적이동평균과정모형에서 대인 신뢰는 모든 단체와 노동조합을 제외한 비종교단체에 대해 음의 계수를 가졌다(정부기관에 대한 신뢰도 의미 있는 음의 계수를 보였다). 전문직 단체 활동과 문학단체 활동은 두 가지 유형의 신뢰 모두에 좌우되지 않았다.

하기 때문에 전체적인 신뢰의 변화는 인구대체로 인한 변화를 반영한다고 볼 수 있다. 퍼트넘(2000년 140쪽)의 주장에 따르면 "1960년대 이후 진행된 미국의 사회적 신뢰 감소현상의 전부는 아닐지라도 대부분은 세대 교체에 기인한다." 반전을 가장 소리 높여 외친 사람들인 전기 베이비붐 세대(1946-1955년 출생자들)는 1910년부터 1940년까지 태어난 '오랜 시민세대'와 제2차 세계대전이 끝난 뒤에 태어났지만 베이비붐 세대보다 타인을 믿지 않는 세대 사이의 경계선이었다. 퍼트넘(1995년b 676쪽)은 다음과 같이 주장한다. "전후 세대들은 마치 영속적으로, 그리고 점증적으로 공동체와의 연계 가능성을 낮추는 어떤 불가사의한 엑스선에 노출된 것 같다."(브렘과 란 1997년 참고)

물론 베트남 전쟁에 반대한 사람들은 타인을 믿지 않았다. 그들은 자신의 정치적 적대자들과 동일한 가치를 공유한다고 생각하지 않았다. 그들 중 상당수는 새로운 '반문화'를 내세우며 지배문화에 반기를 들었다. 일단 다른 세대보다 타인을 덜 신뢰하는 새로운 세대가 등장했다. 따라서 베이비붐 세대가 점점 나이를 먹으면서 타인을 더 신뢰할 것이라는(그리고 더 참여할 것이라는) 희망을 품을 만하다. 과거에는 사람들은 나이를 먹으면서 점점 더 다른 사람을 믿었다. 그런데 이번에는 시간과 신뢰 사이의 연관성이 깨지고 만다.

퍼트넘의 주장은 옳았지만 예외를 놓쳤다. 물론 전후 세대들은 타인을 덜 믿게 되었고, 그들 중 대부분은 중년에 접어들어 다시 다른 사람을 믿게 될 조짐을 보이지 않았다. 그런데 아주 예외적인 하나의 집단이 있다. 그들은 '최초의' 비此 시민세대로서 텔레비전을 보며 성장했으며 베트남 전쟁에 가장 격렬하게 반대한 젊은이들이다. 그 전기 베이비붐 세대는 처음에는 예상 그대로 타인을 가장 믿지 않는 집단이었다. 그러나 1980년대에 접어들면서 모종의 변화가 시작되었다. 베이비붐 세대가 변덕스럽게도 타인을 더 믿기 시작한 것이다. '나중 된 자로서 먼저 될 자가 있을 것이다'라는 성경 말씀처럼, 혹은 반문화운동 전성기에 내가 다니던 대학교에서 재임용을 거부당한 철학과 조교수가 "모든 마리화나 상용자들은 나중에 학과장이 될 것이다"라고 예언했듯이, 1980년대 후반 전기 베이비붐 세대는 실제로 그렇게 되었다.[183] 영속적으로 그리고 점증적으로 전기 베이비붐 세대는 타인을 신뢰하는 새로우면서도 아마도 마지막 집단이 되었다.[184]

일반사회조사와 미국선거연구, 그리고 〈워싱턴포스트〉와 인디펜던트 섹터 같은 기관조사에 따르면 1990년대를 통틀어 전기 베이비붐 세대는 모든 집단 중에서 타인을 가장 믿는 집단으로 평가되었다.[185] 전체 사회의 다른 사람에 대한 신뢰(가는 선)와 전기 베이비붐 세대의 신뢰(굵은 선) 추이는 〈그림 6-2〉에 제시되어 있다. 전기 베이비붐 세대는 전반적으로 1970년대 내내 전체 인구 대비 타인을 가장 덜 신뢰하는 집단이다. 그들은 1981년에는 잠시 평균을 넘어섰다가 1983년에 다시 평균 밑으로 크게 떨어졌다. 1984년과 1986년에는 평균과 비슷했다(1985년 자료는 없다).

---

183 문제의 철학과 교수는 대니얼 베니트이다. 문제의 대학교는 브랜다이스 대학교이고 대략 1965년이나 1966년쯤이다.

184 퍼트넘(1995년b)은 분석에서 5년 이동평균을 사용했기 때문에 추이를 놓쳤다. 즉 그는 1980년대 후반에 일어난 작은 분량의 변화만 선택했을 것이다. 브렘과 란(1997년)은 일반사회조사 전체를 단일표본으로 사용했다. 일반사회조사 표본 전체에서(분석을 진행할 때 이용할 수 없었던 1996년 표본은 제외) 전기 베이비붐 세대는 베이비붐 이전 세대보다 타인을 덜 믿었다(42.3퍼센트 대 46.3퍼센트).

185 반대 증거도 조금 있다. 1998년 일반사회조사와 미국선거연구 모두에서 신뢰가 약간 증가했다(각각 39.9퍼센트와 39퍼센트). 2개 조사에서 전기 베이비붐 세대는 더 이상 타인을 가장 믿는 집단이 아니고 그 자리는 1930년대 세대가 차지했다. 일반사회조사에서 1930년대 세대의 51.4퍼센트가 타인을 신뢰했

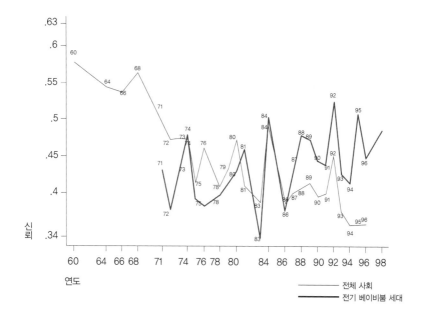

〈그림 6-2〉1960-1998년 전체 사회와 전기 베이비붐 세대의 신뢰

1987년에 전기 베이비붐 세대는 평균을 능가했다(2.7퍼센트 차이). 이듬해
인 1988년에는 격차를 더 벌려(7.3퍼센트 차이) 심지어 베이비붐 이전 세
대를 추월했다(48센트 대 43퍼센트). 이렇듯 전기 베이비붐 세대는 중년에
접어들어 다른 사람을 더 믿게 되었다.[186]

<hr />

고, 베이비붐 세대는 48.6퍼센트였다. 미국선거연구에서는 1930년대 세대가 46.8퍼센트, 전기 베이비
붐 세대의 48.1퍼센트가 다른 사람을 믿었다(이때는 타인을 가장 믿는 집단이었다). 나는 로버트 퍼트넘
(개인적인 연락을 통해) 덕분에 1998년 일반사회조사에서 드러난 문제점에 주목할 수 있었다. 1999년 〈뉴
욕타임스〉의 21세기 기념 조사에서 전기 베이비붐 세대는 타인을 가장 믿지 않는 집단(36.1퍼센트)인 반
면, 베이비붐 이후 세대는 타인을 가장 믿는 집단(43.2퍼센트)이었는데 이것은 다른 조사에서는 찾아볼
수 없는 결과이다. 2000년 미국선거연구 신뢰 예비조사에서는 전체 응답자의 51.9퍼센트가 타인을 신
뢰했는데, 전기 베이비붐 세대는 61.2퍼센트, 베이비붐 이전 세대는 51.5퍼센트, 베이비붐 이후 세대는
48.4퍼센트였다(이때도 전기 베이비붐 세대가 타인을 가장 믿는 집단이었다).
186 전기 베이비붐 세대와 전체 인구의 신뢰 차이와 시간 사이의 상관계수는 .848이다.

〈그림 6-3〉 세대별 신뢰 추이

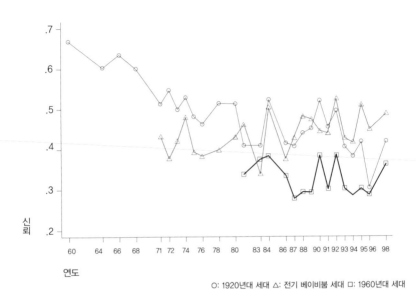

신뢰

연도

O: 1920년대 세대 △: 전기 베이비붐 세대 □: 1960년대 세대

　이런 추이는 시간에 따른 3개 집단(전기 베이비붐 세대, 1920년대에 태어난 시민세대[사회학자 찰스 틸리(퍼트넘 1995년b, 675쪽)가 '속기 쉬운 최후의 사람들'로 부른 세대], 1960년대에 태어난 사람들)의 신뢰 변화를 보여주는 〈그림 6-3〉에 분명하게 제시되어 있다. 〈그림 6-3〉을 보면 어떤 의미에서 사회적 통념이 그대로 적중했다고 볼 수 있다. 즉 1960년대 세대는 (한 번의 예외는 있지만) 전기 베이비붐 세대보다 타인을 훨씬 덜 믿는 모습을 보여준다. 평균 차이는 13퍼센트로서 이것은 시간이 흘러도 일관성 있게 유지된다. 평균적으로 1960년대 세대의 30.9퍼센트가 1980년부터 계속해서 '대부분의 사람들은 믿을 만하다'라는 점에 동의한 반면, 전기 베이비붐 세대는 43.8퍼센트가 그렇게 생각했다. 그리고 1960년대 세대의 후

〈표 6-5〉 1960년, 1972년, 1996년의 세대별 신뢰

계수	세대 1960년	1972년	1996년	1960-1972년의 변화	1972-1996년의 변화
1990년대 세대	.513	.402	–	-.111	–
1910년대 세대	.643	.523	.390	-.120	-.133
1920년대 세대	.669	.546	.302	-.123	-.244
1930년대 세대	.605	.567	.441	-.038	-.126
1940년대 세대	–	.444	.503	–	.059
전기 베이비붐 세대	–	.376	.447	–	.071
1950년대 세대	–	.317	.394	–	.077
1960년대 세대	–	–	.284	–	–
1970년대 세대	–	–	.203	–	–

배, 그러니까 1970년대 출생자들은 타인을 훨씬 덜 믿는다(1990년에 처음 측정한 결과 평균 23.7퍼센트). 그리고 전기 베이비붐 세대와 대조적으로 1970년대 세대는 나이 먹을수록 더욱 더 다른 사람을 덜 믿는다. 이렇듯 전기 베이비붐 세대 이후의 세대들은 다른 사람을 덜 믿고, 나이를 먹으면서도 타인에 대한 신뢰가 회복될 기미가 보이지 않는다.

원래 1920년대 세대는 다른 사람을 가장 믿는 집단이었다. 1960년대에는 1920년대 세대의 60퍼센트 이상이 대부분의 사람들은 믿을 만하다고 생각했다. 그런데 1990년대 초반에 이르러 그들은 전기 베이비붐 세대보다 다른 사람을 덜 믿었고, 1996년에는 1960년대 세대보다 다른 사람을 약간 더 믿었을 뿐이다. '속기 쉬운 최후의 사람들'은 1980년 이후부터 지금까지 24개 시점을 거치는 동안 전기 베이비붐 세대보다 타인을 2퍼센트 덜 믿었다. 1920년대 세대의 신뢰 백분율은 1960년부터 해마다 평균 0.7퍼센트 정도 줄어들었다(1960년에는 66.9퍼센트를 기록했으나 1996

년에는 30.2퍼센트로 떨어졌고, 이후 1998년에 42퍼센트로 상승했다). 그리고 전기 베이비붐 세대에 대한 시민세대의 '우위'도 시간이 지나면서 급속히 감소했다.[187]

신뢰의 감소현상은 '최후의' 시민세대에 국한되는 게 아니다. 전기 베이비붐 세대는 예외지만 시계열자료가 있는 모든 연령의 세대가 시간이 지나면서 타인을 덜 신뢰했고, 최근에 등장한 모든 세대들은 그 이전 세대보다 타인을 덜 믿었다. 이와 같은 추이는 〈표 6-5〉에 잘 나와 있다.[188] 시간이 흐르면서 신뢰가 가장 큰 폭으로 감소한 세대는 1920년대 세대이다. 그것은 그들의 타인에 대한 신뢰 수준이 애초에 워낙 높았기 때문이기도 하다. 그러나 1900년대·1910년대·1930년대 세대 등의 신뢰 수준도 하향세가 두드러진다. 1940년대와 1950년대 세대의 신뢰 수준이 증가세인 것은 전적으로 전기 베이비붐 세대(1946-1955년 출생자들)의 영향에 기인한다.

전기 베이비붐 세대가 1980년대 후반부터 계속해서 전체적인 흐름과 다른 행보를 보이는 까닭은 무엇일까? 나는 일반사회조사를 '전기' (1972-1987년)와 '후기'(1988-1996년)로 구분해 전기 베이비붐 세대의 신뢰 프로빗 모형을 추정했다(〈표 6-6〉을 보라).[189] 그리고 베이비붐 이전 세

---

[187] 시간과 신뢰 추이 사이의 상관계수는 1970년대 출생자들의 경우 -.739이고, 1920년대 출생자들의 경우 -.827이며, 1930년대 출생자들의 경우 -.681이다.

[188] 1998년 자료에는 1980년대 이후의 일반적인 시간적인 추이와 달리 몇몇 세대들의 신뢰 수준이 불규칙적으로 상승하는 모습이 나타나기 때문에 1996년까지의 자료만 사용했다. 시점을 추가로 확보한 뒤에야 비로소 그런 불규칙성이 새로운 방향을 가리킨다는 결론을 내릴 수 있을 것이다.

[189] 후기는 1988년부터 시작된다. 1988년은 전기 베이비붐 세대가 다른 사람을 가장 믿는 집단으로 변모한 첫번째 해이기 때문이다. 1996년에는 낙관론 척도에 관한 질문이 없었기 때문에 시계열은 1996년이 아니라 1994년에 끝난다.

〈표 6-6〉1972-1996년 일반사회조사를 전기와 후기로 구분한 전기 베이비붐 세대의
신뢰 프로빗[a]

	전기(1972-1987년)			후기(1988-1994년)		
	계수	표준오차	효과	계수	표준오차	효과
맥락적 신뢰(주州 차원)	1.229 ***	.489	.201	1.175 *	.722	.180
보통사람의 삶이 점점 나빠지고 있다	-.321 ****	.094	-.111	-.376 ***	.144	-.121
아이를 낳는 것이 합당하다	-.252 ***	.099	-.086	-.413 ***	.147	-.136
공무원들은 일반인에게 무신경하다	-.248 ***	.091	-.085	-.443 ***	.154	-.143
과학계를 신뢰한다	.224 ***	.072	.150	.071	.109	.044
성공의 비결은 운/노력이다	-.004	.058	-.003	.299 ***	.092	.181
관용 인자 점수	.090 **	.052	.088	.309 ****	.087	.285
친구 관계에 만족한다	.160 ****	.036	.303	.096 **	.057	.178
밤에 동네를 걸어다니기가 겁난다	-.097	.085	-.032	-.157	.138	-.049
고등 교육	.024	.022	.093	.076 **	.035	.245
대학 교육	.031 **	.017	.212	.061 ***	.026	.373
연령	.021 ***	.009	.142	.039 **	.019	.181
흑인	-.457 ****	.127	-.152	-.318 *	.213	-.101
상수	-.481	.438		-1.516 *	.939	

전기: 추정 R^2=.302 -2* 로그 우도비=1258.488 N=1069
정확예측률: 프로빗 모형: 67.8 널 모형: 55.3
후기: 추정 R^2=.381 -2* 로그 우도비=530.122 N=483
정확예측률: 프로빗 모형: 71.6 널 모형: 50.7
**** $p<.0001$ *** $p<.01$ ** $p<.05$ * $p<.10$
a 연령에 대한 효과는 전기의 경우 21~41 사이에서, 후기의 경우 33~48 사이에서 계산했다.

대(1945년 이전에 태어난 사람들)와 이후 세대(1956년 이후에 태어난 사람들)
에 대해서도 신뢰 프로빗 모형을 추정했는데 〈표 6-7〉에 프로빗 효과와
통계학적으로 의미 있는 수준을 제시해뒀다.

이들 모형은 4장에서 추정한 일반사회조사 방정식과 아주 비슷하다(비
록 1987년 측정단위에 포함된 질문의 상당수를 전체 표본에서는 이용할 수 없지

〈표 6-7〉 1972-1996년 일반사회조사를 전기와 후기로 구분한 베이비붐 이전 세대와 이후 세대의 신뢰 프로빗 효과 [a]

	베이비붐 이전 세대		베이비붐 이후 세대	
	전기	후기	전기	후기
맥락적 신뢰(주 차원)	.176 ***	.100	.218 ***	.322 ***
보통사람의 삶이 점점 나빠지고 있다	-.067 ***	-.037	-.015	-.100 **
아이를 낳는 것이 합당하다	-.091 ****	-.108 ***	-.064 **	-.027
공무원들은 일반인에게 무신경하다	-.146 ****	-.088 **	-.095 ***	-.058 *
과학계를 신뢰한다	.121 ****	.067	.128 ***	.071
성공의 비결은 운/노력이다	.048 **	.073 *	.070 **	.056
관용 인자 점수	.125 ****	.147 ***	.151 ***	.196 ***
친구 관계에 만족한다	.304 ****	.202 ***	.053	.207 ***
밤에 동네를 걸어다니기가 겁난다	-.083 ***	-.128 ****	-.089 ***	-.070
고등 교육	.181 ****	.188 ****	.072	.287 **
대학 교육	.300 ****	.321 ****	.305 ***	.475 ***
연령	.085 ***	.120 **	.096	.140 **
흑인	-.203 ****	-.328 ****	-.179 ****	-.177 ****

**** $p < .0001$ *** $p < .01$ ** $p < .05$ * $p < .10$
a 연령에 대한 효과는 베이비붐 이전 세대의 경우 전기에는 35~80 사이에서, 후기에는 45~85 사이에서 계산했다. 베이비붐 이후 세대의 경우 전기에는 18~31 사이에서, 후기에는 18~40 사이에서 계산했다. 베이비붐 이후 세대에서 대학 교육에 대한 최고값은 전기의 경우 16년이고, 후기의 경우 17년이다.

만). 나는 아주 중요한 것으로 드러날 2개의 변수(낙관론과 개인적 통제감을 파고드는 듯한 '성공의 비결은 운/노력이다'와 '관용 인자 점수')를 추가했다. 관용 인자 점수는 무신론자, 인종차별주의자, 공산주의자, 군국주의자 등이 공개토론회에서 발언하고, 사람들을 가르치고, 도서관에 자기 책을 비치할 권리를 기꺼이 인정해주는가에 관한 복합지표이다. 7장에서 주장하겠지만 대중적이지 않은 집단에 대한 관용은 일반적 신뢰를 고수하는 사람들의 특징이다. 7장에서 나는 관용을 신뢰의 결과로 간주하는데, 양자의 관계는 쌍방향일 것이다. 즉 자신과 같지 않은 사람들을 수용하는 것이 신뢰를 낳을 수도, 그리고 낯선 사람들을 믿는 것이 시민적 자유에 대한 자유주의적 태도를 낳을 수도 있다. 관용은 내가 미국선거연구와 니미-제닝스 조사를 바탕으로 마련했지만 일반사회조사 척도에서는 이용할 수 없는 개별적 신뢰 척도의 적절한 대용물 같다.

내가 추정한 각 모형에는 13개의 독립변수가 있고, 나는 총 6개의 방정식을 추정했다(각 시대별 베이비붐 이전 세대, 전기 베이비붐 세대, 후기 베이비붐 세대 등에 대해 1개씩). 이렇게 만들어진 78개의 계수는 해석의 여지가 많다. 분석결과는 4장에서 이미 낙관론, 통제감, 개인적 경험에 관해 예증한 사실의 반복에 그치는 것이 많다. 그리고 어떤 변수가 모든 기간에 걸쳐 중요성을 띠게 될 때 3개의 연령집단에서 변화가 일어나는 경우가 대부분이다.[190]

요컨대 모든 기간과 집단에 대한 영향을 비교해보면 두 가지 사실이 특기할 만하다. 첫째, 베이비붐 이전 세대와 이후 세대는 시간적 흐름에 따라 낙관론, 통제감, 대인 신뢰 사이의 연관성이 약화되는 현상이 나타난다. 반면 전기 베이비붐 세대의 경우에는 낙관론과 통제감이 신뢰의 더 중요한 결정요인이 되었다.[191] 둘째, 모든 세대가 후반으로 갈수록 관용적

---

190 특히 대학 교육의 중요성이 증가했음에 주목하라. 대학 교육의 프로빗 효과는 베이비붐 이전 세대의 경우 .300에서 .321로, 전기 베이비붐 세대의 경우 .212에서 .373으로, 베이비붐 이후 세대의 경우 .305에서 .475로 증가했다.

191 〈표 6-6〉에서 전기 베이비붐 세대의 경우 낙관론과 통제감에 관한 5개 척도 중에서 3개는 시간에 따라 증가하고, 1개(과학계에 대한 신뢰)는 감소하며, 1개는 거의 비슷한 수준을 유지한다. 베이비붐 이전 세대의 경우 3개가 감소하고, 1개는 거의 비슷하고, 1개는 증가한다(비록 유의미성이 떨어지지만). 베이비붐 이후 세대의 경우 5개 가운데 4개가 더 감소한다.

태도가 중요해진다. 전기 베이비붐 세대의 경우 관용적 태도가 베이비붐 이전 세대나 이후 세대보다 훨씬 더 중요해졌다. 사실 관용은 전기 베이비붐 세대의 신뢰 형성과정에서 대학 교육 다음으로 중요한 요소였다.[192] 그들에게 관용의 효과는 베이비붐 이후 세대보다 45퍼센트 크고 이전 세대보다 약 2배 크다.

전기 베이비붐 세대는 적어도 다른 세대만큼 낙관적이었다.[193] 그러나 그들의 낙관론은 한걸음 더 나아가 신뢰를 생성한다. 다른 사람을 믿는 사람들은 대학 교육을 경험했을 가능성이 더 높고, 그것은 신뢰의 증가로 귀결된다. 그들은 훨씬 더 관용적이다.[194] 민권운동 기간에 성장한 전기 베이비붐 세대는 자신과 같지 않은 사람들을 도덕적 공동체의 일원으로 간주하도록 이끄는 낙관론과 관용이라는 유산을 갖고 있다.

베이비붐 세대는 베트남 전쟁과 워터게이트 사건으로 세상이 시끄러울 때 기존체제를 비난했을지 모른다. 하지만 그들은 1960년대 초반, 즉 모든 것이 가능해 보인 '미국의 전성기'를 거치면서 성년에 이르렀다(오닐 1986년). 베이비붐 세대는 안정적인 소득과 행복한 가정생활을 통해 성공을 거둘 때까지 이런 점을 깨닫지 못했을지 모른다. 그들은 '멋지고 대단하고 아름다운 내일이 있다'라는 디즈니랜드의 희망을 실현한 마지막 세

---

192 프로빗 효과는 관용 인자 점수의 경우 .285이고, 교육의 경우 .373이다(〈표 6-7〉을 보라).
193 그들은 베이비붐 이후 세대보다 과학을 약간 덜 믿고, 베이비붐 이전이나 이후 세대보다 '출산이 합당하다'라는 말에 동의하지 않을 가능성이 꽤 높다. 그러나 두 가지 결과 모두 연령효과가 반영된 것일지 모른다. 낙관론에 관한 다른 척도들의 경우 후기에는 동년배 효과가 없다.
194 베이비붐 이전 세대의 평균 관용 인자 점수는 전기와 후기에 각각 −.336과 −.160이다. 베이비붐 이후 세대는 .126과 .272이고, 전기 베이비붐 세대는 .287과 .355이다. 후기에 드러난 전기 베이비붐 세대와 베이비붐 이후 세대 사이의 차이는 p〈.008에서 의미가 있다.

대일지 모른다.

모든 세대는 아메리칸 드림을 이뤘다. 1920년대 세대의 경우 시간적 추이의 출발점에서는 경제적으로 최상층에 속했지만 1970년대 중반에는 경제적 위상이 추락하기 시작했다. 1977년 무렵 그들의 가족 소득은 자녀 세대인 베이비붐 세대에게 추월당했다.[195] 1973년부터 1996년까지 1920년대 세대의 가족 소득은 약 9천 달러에서 약 1만 9천 달러로 증가했다(일반 사회조사에 근거한 자료). 하지만 인플레이션으로 상당 부분이 허공으로 날 아갔다.

한편 베이비붐 세대는 같은 기간 가족 소득이 약 7천 5백 달러에서 약 2만 5천 달러로 늘어났다. 베이비붐 세대는 성공을 거뒀다. 그것도 모든 세대 중에서 가장 큰 성공을 거뒀다. 그들은 학력과 소득이 더 높았다. 그리고 그들은 적어도 이 시계열에서는 부모 세대보다 소득이 더 많은 마지막 세대였다. 소득이 자신의 기대에 부합했기 때문에 그들은 사람들에 대한 신뢰를 회복했다. 1990년대 베이비붐 이후 세대는 부모 세대보다 소득이 약간 많았다. 전기 베이비붐 세대는 이미 이전 세대를 추월했고, 바야흐로 이후 세대의 추격을 따돌리는 중이었다.

베이비붐 세대는 아메리칸 드림을 이뤘기 때문에 낙관적 전망을 갖게 되었고, 최근 들어 가장 낙관적인 세대일 것이다. 대공황을 극복한 베이비붐 이전 세대는 제2차 세계대전을 겪으며 국가적 목표와 운명을 의식했다. 그러나 훗날 그들은 소득이 정체되어 있다는 점을 깨달았다. 베이비붐 이후 세대는 소득이 천천히 증가한 끝에 할아버지 세대의 소득 수준에 도달했다.

---

[195] 일반사회조사의 범주가 무척 허술하기 때문에 정확히 어느 정도 차이인지는 말하기 어렵다.

그러나 그들은 부모 세대만큼 성공을 거두지는 못했다. 예상 밖의 일이었다.

우애와 평등

일반적 신뢰의 추진력은 소득이 아니라 낙관론이다. 불평등한 세상에서는 신뢰가 꽃피우지 못한다. 최상층 사람들은 상대적으로 낮은 계층의 사람들을 신뢰할 이유가 없을 것이다. 왜냐하면 그들에게 자신의 의사를 강제할 수 있기 때문이다(셀리그먼 1997년 36-37쪽). 그리고 최하층 사람들도 공평한 기회를 얻을 것이라고 생각할 이유가 별로 없다(밴필드 1958년 110쪽). 부자와 빈자는 서로 가치를 공유한다고 생각할 하등의 이유가 없고, 따라서 상대방의 동기를 의심하게 마련이다.

전기 베이비붐 세대가 낙관적인 것은 단순히 베이비붐 이전이나 이후 세대보다 돈을 더 많이 벌었기 때문만이 아니라 소득을 더 공평하게 분배받았기 때문이다. 중요한 것은 국가가 얼마나 부유한가가 아니라 소득이 얼마나 공평하게 분배되는가이다. 표준편차는 소득이 얼마나 공평하게 분배되는지를 보여준다. 비록 크리프 현상(설정된 범주를 벗어나는 현상-역주)으로 인한 신기루에 불과하지만 표준편차를 보면 시간의 흐름에 따라 모든 세대에 대해 소득분배가 더 공평해진 것 같다.[196] 그러나 크리프 현상만으로는 전기 베이비붐 세대의 표준편차가 지속적으로 가장 낮은 수

---

[196] 1973년에 소득 질문을 최초로 던졌기 때문에 일반사회조사에서는 예전과 마찬가지로 12점 만점 방식을 사용하고 있다. 당시 미국인의 22퍼센트가 연소득 5천 달러 이하라고 대답했는데, 1996년에 그렇게 대답한 사람은 전체의 5퍼센트 이하이다. 1973년에는 1년에 2만 5천 달러를 번다고 말한 미국인이 7퍼센트 이하였고, 1996년에는 63퍼센트가 그렇게 말했다. 소득이 최상위권(2만 5천 달러 이상)으로 접근하면서 표준편차는 반드시 감소할 것이다.

〈표 6-8〉 연령집단별 소득 표준편차

	베이비붐 이전 세대	전기 베이비붐 세대	베이비붐 이후 세대
전기	3.161	2.898	3.114
후기	2.630	2.029	2.698
1973년	3.063	3.033	–
1984년	2.936	2.408	3.196
1988년	2.758	2.229	3.196
1996년	2.463	1.861	2.456

출처: 일반사회조사
1973년에는 베이비붐 이후 세대가 조사대상에 포함되지 않았다.

준을 유지한 이유가 설명되지 않는다.

전기 베이비붐 세대는 전반기와 후반기, 그리고 각각의 특정 연도(1973년, 1984년, 1988년, 1996년)를 비교해도 다른 세대들보다 더 공평한 소득분배를 경험했다. 일반사회조사에서의 자가보고를 바탕으로 한 전반기와 후반기, 그리고 특정 연도의 소득 표준편차는 〈표 6-8〉에 제시되어 있다. 부의 분배를 측정하는 또 다른 척도에는 소득불평등을 나타내는 지니계수가 있다. 이 척도의 범위는 0(완전한 평등)~1(가상의 경제적 지배자가 모든 부를 통제하는 경우)까지이다. 소득분배는 1960년부터 지금까지 더 불평등해졌다. 1960년대 지니계수의 범위는 .348에서 .364였다.[197] 1994-1996년까지 지니계수의 범위는 .421에서 .426이었다.

소득분배 표준편차나 지니계수 같은 종합적인 통계에 관심을 갖는 사람들은 소수에 불과할 것이다. 보통사람들에게 소득분배는 그렇게 의미

---

197 가족 소득의 지니계수는 미국 상무부(1988년) 인구통계국 자료(보고서 C-30)이다.

심장한 문제가 아닐 것이다. 독자들은 굳이 부자는 더 부유해지고 빈자는 더 빈곤해지는지 알기 위해 경제학자가 될 필요가 없다. 대다수 사람들은 자신이 어디에 속하는지 잘 알고 있다. 소득이 가장 높고 표준편차가 가장 작은 사람들, 즉 전기 베이비붐 세대는 스스로를 가장 형편이 좋은 세대로 자부한다. 1988년 이후 계속해서 베이비붐 세대는 어느 세대 못지않게 풍요롭다고 생각하는 반면 베이비붐 이전과 이후 세대(와 특히 1960년대 세대)는 자신의 소득이 평균보다 다소 낮다고 인식한다.[198]

우리에게는 이미 2개의 정보원이 있다. 자신의 경제적 형편에 관한 판단, 그리고 대중매체, 특히 텔레비전에서 얻는 정보가 그것이다. 사람들은 준거집단에 속한 다른 사람들을 관찰함으로써 자신의 경제적 형편을 판단한다(머츠와 몬다크 1997년). 그러므로 전기 베이비붐 세대가 동년배 집단을 관찰함으로써 자신의 경제적 서열을 파악하는 것은 적절한 방법이다. 텔레비전도 성공 여부에 대한 인식에 중요한 역할을 한다. 우리는 텔레비전에서 묘사되는 부유한 생활의 장면을 본다. 텔레비전 프로그램에서는 '부자들과 유명인들의 생활방식'을 자주 미화하는 한편 뉴스에서는 불경기 때 노숙자 쉼터에 줄지어 서 있는 사람들에게 관심을 기울이기도 한다.[199] 사람들이 자신의 경제상황을 확인하는 데는 그리 풍부한 상상력이 필요치 않다. 나는 사람들이 남과 비교해 바라보는 자신의 모습에

---

198 이 결과의 출처는 상대적인 경제적 지위에 관한 일반사회조사 질문이다(주관적 가구 소득 수준 평가, FINRELA). 5점 만점 방식의 평균점수(점수가 높을수록 자신의 형편에 대해 긍정적이다)는 베이비붐 세대의 경우 2.984, 베이비붐 이전 세대 2.891, 베이비붐 이후 세대 2.847, 1960년대 세대 2.829이다.
199 '부자들과 유명인들의 생활방식'은 1980년대와 1990년대에 유명인의 높은 생활 수준에 초점을 맞춰 방송된 미국 텔레비전 프로그램 제목이다.

대한 모형을 추정했다.[200]

　자신이 남보다 뒤처져 있다고 생각하는 연령집단과 앞서 있다고 생각하는 사람들 사이의 차이는 부분적으로 대중매체의 영향에 기인한다. 텔레비전을 많이 보는 사람일수록 자신이 상대적으로 뒤처져 있다고 생각할 가능성이 더 높다. 단 전기 베이비붐 세대는 예외이다. 그들에게 텔레비전은 아무런 영향을 미치지 않는다. 그리고 전기 베이비붐 세대는 텔레비전을 가장 적게 본다.[201]

　텔레비전은 부분적인 역할을 차지할 뿐 '현실세계' 앞에서는 무릎을 꿇는다. 그것은 바로 자신의 상대적인 경제상황을 판단할 수 있는 최고의 가늠자인 실제 소득이다. 그리고 대체로 우리는 합리적으로 상황을 판단한다. 전반적으로 사람들은 소득평등의 경향이 아주 강할 때 노력이 성공의 충분조건이 아니라고 생각할 가능성이 더 높다. 성공의 비결이 노력(3점 만점 방식에서 낮은 점수)인가, 아니면 운(3점 만점 방식에서 높은 점수)인가에 관한 일반사회조사의 추이는 소득불평등과의 밀접한 관계를 보여준다. 여기서는 현재적 의미의 척도보다는 시차 지니계수가 약간 더 적절한 듯하다(〈그림 6-4〉를 보라).[202] 경제적 불평등 수준은 낙관론의 또 다른 핵

---

200 1988-1996년 일반사회조사를 바탕으로 추정한 상대적인 경제상황 모형에는 신문 읽기 빈도, 소득, 고등학교와 대학 교육, 더미 변수(흑인), 성별, 성공의 비결이 운인가 노력인가의 여부, 보통사람들의 삶이 더 나빠지는가의 여부 등이 포함된다. 신문 읽기 계수에서는 신문을 자주 읽는 사람일수록 자신의 형편이 더 낫다고 생각하는 경향이 드러난다. 하지만 신문 읽기는 모든 특정 연령집단 추정에서 의미가 없었다.
201 전기 베이비붐 세대의 하루 텔레비전 시청시간은 2.62시간이고, 베이비붐 이전 세대는 3.24시간, 베이비붐 이후 세대는 2.85시간이다.
202 시차 척도와의 상관계수는 -.723(r^2=.535)이고, 현재적 의미가 있는 척도와의 상관계수는 -.624(r^2=.389)이다.

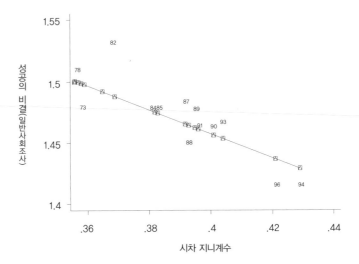

〈그림 6-4〉 1973-1996년 경제적 불평등과 성공의 비결 추이

성공=1.848-(0.978×시차 지니계수)
r²=0.523 RMSE=0.022 N=16

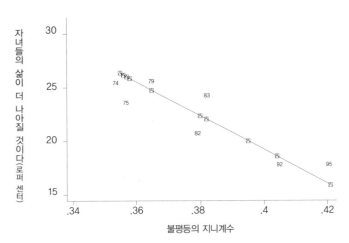

〈그림 6-5〉 1973-1995년 경제적 불평등과 자녀의 삶에 대한 전망

주의: 1976년을 제외할 경우 r²=.811

심 척도(내 삶보다 자식의 삶이 더 나아질 것으로 기대하는가의 여부)를 결정하기도 한다(4장 참고). 경제적 불평등이 심할수록 사람들은 앞으로 자식의 형편이 지금의 내 형편보다 못할까봐 걱정한다(〈그림 6-5〉를 보라).[203]

전기 베이비붐 세대는 국가 전체의 추이가 아닌 자신의 경제적 복리에 반응했다. (전반적으로) 그들은 소득이 향상되고 소득분배 표준편차가 감소할 때 형편이 나아지고 있다고 대답했다.[204] 국가 전체의 불평등 수준(지니계수)이 심화되는 동안 베이비붐 세대는 자신의 경제적 지위에 더 만족했다. 다른 세대들의 소득이 감소할 때 그들의 소득은 향상되었고, 더 비슷해졌다.[205] 그러므로 다른 세대들의 타인에 대한 신뢰 수준이 떨어질 때 베이비붐 세대의 타인에 대한 신뢰 수준이 더 높아진 것은 당연하다.

---

203 단순상관계수는 -.840(r^2=.705)이다. 자녀의 삶에 대한 기대치 자료의 출처는 로퍼 센터로서 자료의 자세한 내용은 레드와 보면(1998년 63쪽)에 실려 있다. 1976년의 관찰결과는 예외적인 것으로 보인다. 그것을 빼면 r^2는 .811까지 증가한다. 레드와 보면(1998년 2-3장)이 제시하는 낙관론의 다른 모든 척도들에서는 1976년의 관찰결과가 예외적으로 보이지 않는다. 그러므로 1976년에 낙관적 태도가 31퍼센트라는 '높은' 수준을 기록한 점은 측정오차가 반영된 것일 수 있다.

204 사람들이 자기 형편이 얼마나 나아질 것으로 생각하는지와 국가 전체의 경제적 추이 사이에는 명확한 관계가 없다. 왜냐하면 상대적인 경제상황 변수에는 특유의 절대적인 표준이 자리잡고 있는 듯하기 때문이다. 그것은 해마다 많이 바뀌지는 않는다. 따라서 어떤 사람들은 생활이 나아진다고 생각하고 또 다른 사람들은 자기 생활 수준이 평균 이하라고 생각한다. 베이비붐 세대가 자신의 생활이 얼마나 나아진다고 생각하는지와 그들의 평균소득 사이의 전반적인 상관계수는 .734이다. 전자와 베이비붐 세대의 소득 표준편차 사이의 상관계수는 -.770이다. 베이비붐 세대의 상대적인 경제적 지위와 전체적인 물가 상승률 사이의 상관계수는 -.573이고, 전자와 전국 실업률 사이의 상관계수는 -.414이다. 베이비붐 세대의 상대적인 경제적 지위와 국내총생산의 변화는 서로 무관하다(r=-.100). 소득 수준이 강한 상승세에 있고 표준편차가 강한 하향세에 있기 때문에 나는 소비자물가지수에 대한 소득과 표준편차의 회귀분석에서 잔차를 도출했다. 베이비붐 세대의 상대적인 경제적 지위와의 상관관계는 각각 .483과 -.556으로 단순척도의 경우보다는 꽤 감소했지만 여전히 높은 수준이다.

205 지니계수와 베이비붐 세대의 만족도 사이의 상관계수는 .711이다. 지니계수와 베이비붐 세대의 소득 사이의 상관계수는 .887이고, 지니계수와 베이비붐 세대의 소득 표준편차 사이의 상관계수는 -.867이다(각주 183에서 설명한 잔차화된 척도와의 상관계수는 각각 .554과 -.561이다. 그러나 각주 183에는 아무런 설명이 없고 전혀 무관한 내용이다-역자).

소득격차의 증가현상은 신뢰격차의 증가현상과 마찬가지로 세대적 요소가 일부분, 아니 상당 부분 작용한다. 베이비붐 세대는 삶이 풍요로워지면서 신뢰의 전반적인 추이에서 벗어났다. 이것은 실생활이 중요하다는 직접적인 증거이다. 물론 우리는 텔레비전을 통해 자신의 생활이 얼마나 나아지고 있는지에 관한 많은 정보를 얻는다. 그러나 그런 정보는 친구들과 지인들의 형편이 얼마나 좋아지고 있는지를 살펴봄으로써 더 많이 얻을 수 있다. 이것은 불평등에 관해 확보할 수 있는 가장 직접적인 증거이다. 따라서 베이비붐 세대는 양면적 성격의 정보를 얻었다. 즉 그들은 자신의 상황을 통한 정보(낙관론)와 다른 세대들을 통한 정보(비관론)를 얻었다. 그러나 그들이 확보한 정보는 다른 세대들이 확보한 정보보다 훨씬 기쁜 소식이었다. 그러므로 베이비붐 세대는 대다수 세대들보다 더 낙관적이었지만 그 옛날의 베이비붐 이전 세대에 비해서는 여전히 타인에 대한 신뢰 수준이 낮았다.

　새뮤얼슨Samuelson(1995년 13장 54쪽 · 129쪽)은 이례적인 경제적 성과로 사람들의 눈높이가 허황될 정도로 높아졌다고 주장했다. 그는 앞으로 무슨 일이 일어나도 두 번 다시 60년대 같은 호황기를 경험할 수 없다고 말했다. 그러므로 미국인들이 경기가 나아지고 있는 상황에서도 미래를 비관적으로 바라보게 되었다는 것이다. 그러나 경제적 불평등이 점점 심해지는 현상은 최근 들어 모든 사람이 성공을 거두지는 못했다는 점을 보여준다. 전반적인 경제성장에만 초점을 맞추면 미국인들이 점점 비관적으로 변하는 이유를 제대로 알 수 없다. 낙관론은 소득에 좌우되지 않을지도 모른다. 오히려 낙관론은 앞으로 생활이 얼마나 나아질 것으로 기대하는지와 더 밀접한 관계가 있다(머츠와 몬다크 1997년 300쪽). 아마 1960년대는 사람들의 희망을 비현실적인 수준까지 끌어올렸을 것이다. 그러나 미국의 경제적 불평등 수준을 감안할 때 그런 기대치는 당시의 흐름에서 벗어난 것은 아닌 듯했다. '빈곤과의 전쟁'이라는 당시의 정치적 약속은 사람들의 희망을 더더욱 부추겼다.

낙관론은 경제적 풍요와 신뢰를 연결하는 다리이다. 경제적 풍요는 그 자체가, 그리고 저절로 신뢰의 변화를 설명하지는 못한다. 실업률과 특히 물가상승률은 신뢰의 상태와 거의 무관하다.[206] 경제성장이 신뢰에 미치는 영향도 보통 수준이다. 하지만 〈그림 6-6〉에서 드러나듯이 신뢰와 경제적 불평등 사이에는 직접적인 연결고리가 있다.[207] 회귀방정식에 따르면 1960년부터 1996년까지 심화된 경제적 불평등을 근거로 신뢰가 14퍼센트 감소할 것으로 예측할 수 있다. 실제로 신뢰는 22퍼센트 감소했지만 경제적 불평등의 영향은 상당한 수준이다. 지니계수의 변화라는 요소 하나만으로 신뢰 감소비율의 3분의 2 정도를 설명할 수 있다(국가별 증거는 8장을 보라).[208]

경제적 불평등 수준은 일반적 신뢰에 가장 근본적인 영향을 미치는 요소로 볼 수 있다. 베트남 전쟁, 특히 민권운동은 확실히 상당수 사람들의 신뢰 수준변화를 초래하는 과정에서 큰 역할을 했다. 그러나 대다수 사람들에게 신뢰는 안정적인 가치이어서 개인적 변화 수준은 그리 높지 않을 것이다. 내가 검토한 모든 조사에서 개인적 변화가 어느 한쪽으로 심하게 치우친 증거는 거의 없다. 그리고 베트남 전쟁과 민권운동에서 비롯된 전

---

206 상관계수는 각각 −.401과 −.013이다.
207 신뢰와 경제성장의 상관계수는 .349이고, 신뢰와 경제적 불평등의 상관계수는 −.736이다(r^2 = .542)
208 국가 차원과 지역사회 차원의 경제적 불평등이 개인의 대인 신뢰에 미치는 강력한 영향을 보여주는 브렘과 란(1997년), 그리고 알레시나와 라페라라(2000년)의 분석을 보라.

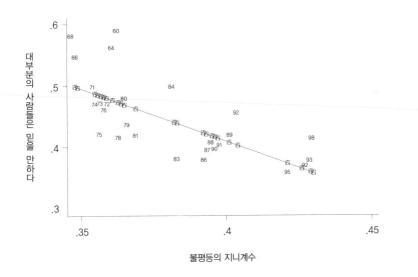

〈그림 6-6〉1960-1998년 경제적 불평등과 대인 신뢰의 추이

신뢰=1.097-(1.720×지니계수)
r²=0.542 RMSE=0.043 N=28

불평등의 지니계수

반적인 변화를 측정하기는 어렵다. 베트남 전쟁이나 심지어 민권운동을 둘러싼 태도에 관한 유용한 시계열자료가 없기 때문이다.

신뢰 감소원인에 대한 좀더 일반적인 설명을 찾는 과정에서 나는 우선 경제적 불평등에 주목하고 그 다음에 일반적 신뢰의 장·단기적 변동으로 귀결될 수 있는 나머지 변수들에 초점을 맞춘다. 〈표 6-9〉에는 일반적 신뢰의 시간적 변화에 대한 방정식이 제시되어 있다. 나는 지니계수 외에 2개의 다른 변수(대통령선거가 실시된 해의 더미 변수와 스팀슨의 '민심' 척도)를 포함시켰다.[209]

---

[209] 여기에는 통상최소제곱법 추정의 결과가 제시되어 있다. 나는 자기상관을 보정하기 위한 일반최소

여기서 더미변수는 란·브렘·칼슨(1997년)이 주목한 흥미로운 구조적 효과를 반영한다(우슬러너 1999년d 143쪽도 보라). 즉 사람들에 대한 신뢰는 적어도 1976년부터 대통령선거가 실시된 해에 증가한다. 사람들은 대통령선거에 대해 국가의 방향을 바꿀 수 있는 기회로 여기는 것 같다. 선거는 유권자들이 지도자 선택과정에 참여하면서 공동체의식을 함양하는 기회를 제공할 수 있다(란 외 1997년 7쪽).[210]

두 번째 변수는 란과 트랜수(1998년)의 주장에 근거한 것이다. 젊은이들의 태도에 관한 그들의 연구에서는 신뢰와 전체적·개인적 차원에서 물질주의 사이의 밀접한 관계가 드러난다. 즉 물질주의적인 성향이 강한 사람일수록 타인 신뢰 가능성이 더 낮다. 란과 트랜수(1998년 551쪽)는 물질주의를 토크빌이 언급한 '무제한적인 개인주의'와 동일시한다. 토크빌(1945년 98쪽)은 다음과 같이 주장했다. "이기심은 모든 미덕의 씨앗을 시들게 한다. 개인주의는 처음에는 공적 생활의 미덕을 훼손하지만 결국에는 다른 모든 미덕을 공격하고 파괴하며 마침내 철저한 이기심에 흡수된다." 물질주의가 점점 팽배해질 때 타인에 대한 신뢰는 힘을 잃어갈 것이다. 안타깝게도 물질주의적 가치의 시간적 변화를 측정하는 척도는 없다. 그것을 대신할 수 있는 것이 스팀슨(1998년)의 민심 척도이다. 민심 척도는 시

제곱법을 이용해 모형도 추정했다. 그러나 자기상관계수 rho는 의미가 없다(rho=.106, 표준오차=.169, t=1.262, p<.256). 나는 자동상관이 의미 있는(t=6.479) 자동회귀이동평균모형도 추정했지만, t값은 통상 최소제곱법 추정과 아주 미미한 정도만 달랐다. 작은 표본크기 때문에 나는 스타타6.0 부트스트랩 명령을 사용해 1000회 추정했다. 〈표 6-9〉의 '편향'은 우리가 부트스트래핑을 통한 회귀의 '신뢰 수준'으로 해석할 법한 것을 보여준다. 모든 편향계수는 의미가 없다.

210 공교롭게도 대인 신뢰는 정부에 대한 신뢰(r=.233)보다 선거가 실시된 해와 더 깊은 상관관계가 있다(r=.476).

<표 6-9> 1960-1996년 신뢰의 전반적 추이 예측

	계수	표준오차	t값	편향
불평등의 지니계수	-2.126****	.226	9.414	-.008
더미 변수(선거가 실시된 해)	.047****	.011	4.382	.0003
민심	.006****	.001	4.445	.0000
상수	.870****	.092	9.437	

보정 R^2=.821 RMSE=.027 N=27
****p<.0001

간의 흐름에 따른 다양한 정책적 쟁점을 둘러싼 미국인들의 상대적인 자유주의(높은 점수)와 상대적인 보수주의(낮은 점수)를 추정하는 것이다. 내가 이 척도를 사용하는 논리는 아주 간단하다. 즉 물질주의는 흔히 '자기중심 세대' 같은 이름으로 불리는 상대적으로 보수적인 시기(예를 들면 레이건 행정부 시절)에 증가한다.

모형은 통계학적으로 아주 훌륭히 작동해 신뢰의 시간적 변화를 대부분 설명해준다. 그리고 미국 사회에서 일어난 신뢰의 감소현상에서 경제적 불평등이 차지하는 중심적 역할을 적절히 지적해낸다. 지니계수는 신뢰 감소원인의 81퍼센트를 차지한다.[211] 민심은 신뢰가 변화한 원인의 38퍼센트를 차지하고, 선거가 실시된 해(더미 변수)의 역할은 21퍼센트에 불과하다. 확실히 나는 신뢰의 감소를 '과다 예측'했지만 이런 변수들은 서로 상관관계를 이루기 때문에 각자의 독립적인 효과를 식별해내기란 어

---

[211] 이런 결과는 지니계수에 대한 회귀계수에 그것의 범위(.348에서 .429까지)를 곱함으로써, 그리고 그 값을 신뢰 범위(.578에서 .357까지)로 나눔으로써 도출한 것이다.

렵다. 그러나 분명한 것은 선거가 실시된 해에는 신뢰가 일시적으로 증가하는 반면(약 5퍼센트), 좀더 장기적인 추이는 미국인들의 이념적 변화, 특히 소득격차의 심화에서 비롯된다는 점이다.

복습

낙관론이 신뢰의 증가로 이어진다는, 그리고 낙관론과 신뢰 모두 경제적 평등에 의존한다는 강력한 증거가 있다. 이런 사실은 개인적 차원의 분석으로는 파악하기 어렵다. 개인적 차원에서는 불평등을 측정할 직접적인 방법이 없기 때문이다.

소득분배는 미국의 신뢰 감소이유뿐 아니라 베이비붐 세대라는 특정 집단이 일반적인 경향에서 벗어나 다른 사람을 더 많이 믿게 된 이유를 알 수 있는 열쇠이다. 또한 소득분배는 아프리카계 미국인들이 백인보다 다른 사람을 덜 믿게 된 중요한 이유이자 민권운동이 타인에 대한 신뢰 향상에 기여하게 된 중요한 이유이기도 하다.

민권운동은 법 앞에서의 평등한 대우에 관한 것이자 노예제의 뿌리 깊은 유산인 아프리카계 미국인의 빈곤에 관한 문제이기도 했다. 민권운동은 법적 진보뿐 아니라 경제적 진보에 대한 희망을 제시했고, '미국 전성기'의 전반적인 낙관론에 딱 들어맞는 것이었다. 베트남 전쟁 반대운동은 현재의 상황이 호전되리라는 기대를 거의 주지 못했다. 이처럼 전쟁의 주된 영향은 타인에 대한 신뢰를 구축하는 것이 아니라 파괴시키는 것이다.

일반적으로 얘기하자면 집단적 경험은 낯선 사람들에 대한 태도 여부에 영향을 준다(로스스타인 미간행 참고). 집단적 경험은 비록 우리의 일상생활과 알고 있는 사람들을 반영하지는 않아도 언제나 '실생활'에 근거한다. 그러나 경제적 불평등과 마찬가지로 우리는 주변에서 보는 모습을 통해 세상에 대한 인상을 만들어낸다. 비록 우리의 직접적인 경험은 아니지만 말이다.

7장에서는 신뢰의 결과를 살펴볼 것이다. 8장에서는 외국의 사례를 통해 경제적 불평등으로 인해 신뢰와 불신으로 나눠지는 현상을 보여줄 것이다. 그리고 그 생생한 사실은 신뢰 감소문제에 대해 제도적으로 신속한 해결을 모색하는 사람들에게 의미심장한 경고가 될 것이다.

PART 7

신뢰와 그 결과

내가 의용소방대 활동에 끌리는 이유 중 하나는 명쾌함 때문이다. 우리의
일은 직접적이면서 순수한 자선활동이다. 무선호출기가 울리면 우리는 구
조를 요청하는 누군가에게 달려가서 문제를 해결하고 다시 원래의 자리,
즉 아낌없이 주는 자리로 돌아온다.

—코렌(1997년 19장)

흔히 봉사활동으로 인식되는 많은 행위들이 단순히 '양육'으로 불리곤 했
다. 부모가 자녀 학교에 가서 일손을 보태거나 자녀가 소속된 축구팀을 가
르치는 그런 행위 말이다. 이미 자원을 갖춘 부모 밑에서 자란 아이들이
결국 가장 큰 혜택을 입는다.

—모슬(2000년 25쪽)

신뢰는 소중하다. 타인을 신뢰하는 사람들은 자신이 속한 공동체에 대

해 다각적인 관점을 갖는다. 그리고 그것은 우리와 다른 사람들을 연결하는 데 도움이 된다. 아울러 그것은 공적인 문제를 둘러싼 의견이 서로 다른 사람들 간에 공통점을 찾을 때도 보탬이 된다.

7장에서는 신뢰가 개인과 사회에 가져다주는 이익을 추적할 것이다. 또한 신뢰 감소에 따라 신뢰에서 파생되는 이익이 점점 줄어드는 과정도 검토할 것이다. 그리고 8장에서는 신뢰의 원천과 각 국가에 미치는 신뢰의 영향을 살펴볼 것이다.

신뢰는 사회적 문제의 만병통치약이 아니다. 그래서 사람들의 시민단체 참여나 정치적 활동을 유도하지 않는다. 대신 그보다 훨씬 더 중요한 결과를 초래한다. 신뢰는 서로 다른 사람들을 연결해주기 때문에 협조와 타협의 윤활유가 될 수 있다. 타인을 신뢰하는 사람들은 그렇지 않은 사람들에 비해 대부분의 사람들이 협조적이라고 말할 가능성이 훨씬 더 높다(1972년 미국선거연구에 따르면 83.5퍼센트 대 54.4퍼센트).[212] 게임이론에 관한 여러 실험연구에서 타인을 신뢰하는 사람들이 협조적 전략을 구사할 가능성이 더 높다는 점이 밝혀졌다(로터 1971년 · 1980년, 야미기시 1986년 · 1988년, 오르벨과 도스 1991년, 라이츠먼 1991년, 야미기시와 야미기시 1994년).[213]

시민사회는 협조적인 사회이다(퍼트넘 1993년 88쪽 · 105쪽 · 111쪽 참고).

---

212 나는 협조성 척도를 3등분했다. 타우−시는 .302이고 감마는 .589이다.
213 실험연구에 따르면 전략적 신뢰가 협조로 이어질 가능성이 더 높다. 즉 사람들은 타인이 협조적 전략을 구사하는 모습을 볼 때 타인을 신뢰할 가능성이 더 높고 자신도 협조적 행동으로 보답할 것이다(도이치 1958년 · 1960년, 루미스 1959년, 기핀 1967년, 보일과 보너시크 1970년). 그러나 이런 연구결과는 사람들이 처음에 협조하는 이유에 대해서는 해답을 제시하지 못한다. 그리고 보일과 보너시크의 연구는 신뢰를 이전의 보상이라는 관점에서 정의한다.

1960년 이래 대인 신뢰가 점차 감소함으로써 사람들 사이의 협조도 줄어들었다(우슬러너 1993년 4장). 물론 신뢰가 협조로 이어지는 유일한 경로가 아닐지도 모른다(레비 1999년 14쪽). 그러나 신뢰는 만성적인 집단행동 문제를 좀더 쉽게 해결한다. 왜냐하면 신뢰는 각 협상의 출발점에서 장애물을 상당 부분 제거하고 타협을 이끌어낼 가능성을 높이기 때문이다(퍼트넘 2000년 135쪽).

협조적인 문화에서는 시민들이 각자의 공동체에서 다양한 활동에 참여할 것이다. 그들은 다른 사람의 삶을 개선하기 위해 시간과 경제적 자원을 투자한다. 타인을 신뢰하는 사람들은 공동체의 일반적인 도덕률을 인정할 가능성도 가장 높다. 협조와 타협은 사람들 간의 차이에도 불구하고 서로를 존중할 때만 꽃피울 수 있다. 그러므로 신뢰 지향적인 사회는 차별을 혐오하는 사회, 즉 관용적인 사회이다.

일반적 신뢰를 고수하는 사람들은 시민사회를 독특한 시각으로 바라본다. 즉 그들은 시민사회를 공통의 가치로 결속된 단일한 사회로 여긴다. 그들은 사회를 여러 개의 집단으로 분할함으로써 개별적 신뢰를 조장할지 모르는 시도에 반대한다. 따라서 그들은 인문주의 교육을 폐지하려는 시도를 경계하고, 소수민족 출신의 정치인들이 자신이 속한 공동체에만 호소하는 모습에 반대한다. 바로 이 시점에 그들은 자신의 도덕적 가치들의 긴장관계에 직면한다. 즉 타인을 신뢰하는 사람들은 해당 사회에서 차별당하는 사람들의 권리를 향상시키고 싶어 한다. 하지만 그들은 새로 권력을 획득한 집단이 중요한 단층선(인종, 민족, 성별)을 초월한 연대의 다리를 놓는 대신 독자적인 영향력을 내세우는 작업에 더 골몰할 것을 우려하기도 한다.

남도 자신과 동일한 가치를 갖고 있다고 믿는, 공동체적인 사안에 참여하는, 관용적인 태도를 가진, 명확한 의식이 있는 사람들은 협조적인 사회의 완벽한 보증수표인 듯하다. 과학적·이념적 차원을 불문한 사회선택이론, 사회심리학, 정치학 문헌에서 찾아볼 수 있는 염세증과 이기심 같은 기초적인 요소를 떠올려보자. 합리적 선택이론에서 차선인 듯한 이기주의자는 아예 협조하지 않거나 남이 먼저 긍정적으로 움직일 때만 협조할 것이다. 사회심리학과 정치학에서 염세주의자들(예를 들면 밴필드가 소개한 몬테그라노 주민들)은 인간 본성을 거의 믿지 않는 사회적 은둔자들이다. 그들은 자신과 비슷한 사람들만 신뢰하고 자신이 속한 공동체에만 은거할지 모른다. 그런 행태는 낯선 사람들과의 협력을 더욱 더 회피하는 결과를 초래할 수 있다. 염세주의자들은 공동체에서 일어나는 사건은 자신의 통제력을 벗어난 일로 생각하고, 따라서 낯선 사람들과의 접촉을 거의 무의미하게 느낄 것이다. 그들은 자신과 배경이 다른 사람들은 가치도 다를 것으로 생각한다. 그래서 그런 사람들과 협력해본들 아무런 성과를 얻지 못할 것이며 최악의 경우 배신당할 것으로 생각한다. 다른 사람을 믿지 않는 사람들이나 개별적 신뢰를 고수하는 사람들이 많은 사회는 관용적이지도 포용적이지도 않으며, 자신과 같지 않은 사람들과의 타협을 선호하지 않을 것이다.

5장에서 신뢰의 두 가지 중요한 결과(봉사활동과 자선활동)를 예증한 바 있다. 시간과 돈의 투자는 단순히 자신과 비슷한 사람들로 이뤄진 자발적 단체의 가입보다 공동체에 대해 더욱 헌신적인 자세를 반영한다. 봉사활동과 자선활동은 두 가지 방식으로 신뢰에 의존한다. 첫째, 흔히 다른 사람과의 유대관계를 인식하기 때문에 이런 선행에 나선다. 일반적 신뢰의 바탕은 우리보다 불우한 사람들도 우리가 속한 도덕적 공동체의 일원이라는 인식이다. 둘째, 일반적 신뢰는 도덕적 기반을 갖고 있어 그를 고수하는 사람들은 상대적으로 빈곤한 사람들을 도와야 한다는 도덕적 책임을 느낀다. 타인을 신뢰하는 사람들은 누군가가 남들보다 그토록 가난한 상황이 옳지 않다고 생각한다(4장을 보라). 그간 사회적 불평등이 심화됨에 따라 선행의 필요성은 증가한 반면 신뢰의 공급량은 감소해왔다(6장을 보라). 이런 현상은 낯선 사람들을 믿는 사람들에게 도덕적 부담감을 가중시킨다. 이타행위의 수요량이 증가하는 상황인데도 다른 사람을 믿는 사람들의 숫자가 적어졌기 때문에 선행하는 사람들의 숫자도 더 적다.

신뢰와 선행 사이의 연관성은 다양한 결과로 입증할 수 있다. 일반적 신뢰를 고수하는 사람들은 다른 사람뿐 아니라 공동체도 염두에 둔다. 그들은 미국 사회가 공통의 가치에 의해 하나로 결속되어 있다고 생각한다. 그들은 자신과 같지 않은 사람들에게 관대하다. 또한 돈과 시간을 할애해 상대적으로 불우한 사람들을 돕고 사회적·경제적 불평등 해결을 위한 정부정책도 지지한다. 타인을 신뢰하는 사람들은 이웃이나 국가를 속이지 말아야 한다고, 우리 모두 서로에 대한 의무(이를테면 시민의 배심원 의무)를 다해야 한다고 생각한다(퍼트넘 2000년 21장 참고). 신뢰는 비교적 평범한 일상생활에도 영향을 미친다(현관문 잠그지 않기, 호신 목적으로 총 사용하지 않기, 멀쩡하면서도 아프다는 핑계로 결근하지 않기).

일반적으로 신뢰가 자발적 단체가입 활동을 유도하지 않듯이 정치적 참여에도 거의 영향을 미치지 못한다. 퍼트넘(2000년 290-292쪽)에 따르면 정치적 참여율이 높은 주들은 사람들의 신뢰 수준 또한 높다. 그러나 다른 사람을 믿는 사람들이 정치에 더 적극적으로 참여한다거나 정치활동의 추이가 신뢰의 감소현상과 연관되어 있다는 증거는 거의 없다. 신뢰와 정치참여는 지속적인 긴장관계를 유지한다.

한편 정치참여 자체는 정부에 대한 신뢰에 따른 행동이다. 투표, 서명운동, 공직자에게 편지 보내기 등은 모두 누군가가 우리 얘기를 듣고 있다는, 그래서 반응이 있을 것이라는 믿음의 반증이다. 즉 신뢰가 행동으로 드러난 것이다. 다른 한편 정치참여는 대립적인 성격을 띨 수밖에 없다. 사람들은 화날 때, 그리고 일반인이든 정치인이든 간에 누군가가 믿을 만한 존재가 아니라고 생각할 때 정치참여에 나설 가능성이 더 높다. 사람들은 뭔가 기분 나쁜 일이 있을 때 자기 공동체에서 직접적인 행동을 취하거나(달 1961년 192-199쪽, 스코트 1985년 44-45쪽) 명분을 찬성하는 곳에 돈을 기부할 가능성이 더 높다(한센 1985년). 이처럼 정치가 원활하게 작동하기 위해서는 일반적 신뢰가 필요한 반면, 일단 사람들의 참여를 이끌어내려면 불신이 필요하다는 점은 역설적인 사실이다(워렌 1996년).

미국인들은 점점 더 타인에 대한 신뢰를 저버리고 고립적인 태도를 취하게 되었다. 미국인들은 성금을 덜 내고 시간도 덜 할애한다(적어도 적십자사에는). 미국인들은 모든 분야에서 성금을 덜 내지만, 자신과 같지 않은 사람들을 돕는 분야에 특히 더 그렇다. 신뢰가 감소했듯이 법을 존중하는 자세도 약화되었다(범죄율에서 알 수 있다). 그리고 입법의 영역에서 어떤 일을 성취하는 능력도 약해졌다. 사적 · 공적 영역 모두에서 신뢰 감소환경이 의미하는 바는 우리 자신과 다르거나 의견이 다를지 모르는 사람들에게 손을 내밀기가 더 어려워졌다는 것이다. 그러나 적어도 미국에서는 신뢰가 경제성장으로 이어진다는 주장을 뒷받침할 만한 증거는 많지 않다.

신뢰가 중요한 이유

신뢰가 시민사회에서 차지하는 가장 중요한 역할은 모든 사람들이 공유하는 이상을 견지하는 태도일 것이다. 타인을 신뢰하는 사람들은 시민사회에는 공통의 신념이 있다고 생각한다. 1993년 일반사회조사에서 타인을 신뢰하는 사람들의 41퍼센트가 다음과 같은 주장에 동의했다(타인을 신뢰하지 않는 사람들은 29퍼센트만 동의했다). "미국인들은 한 사람도 빠짐없이 아주 중요한 가치에 합의한 상태이다." 신뢰 이외의 다른 변수들은 미국인들에게 가치를 공유한다는 인식을 형성하지 않는다.[214]

타인을 신뢰하는 사람들이 품고 있는 공통의 문화에 대한 신념은 거기에 순응하라는 최후의 통첩이 아니다. 다른 사람에 대한 믿음을 가진 사람들은 공통의 인식을 지닌 동시에 다양성을 존중한다. 다른 사람을 믿는 사람들은 그렇지 않은 사람들에 비해 주류문화에서 벗어나려는 사람들을 의심할 가능성이 훨씬 더 낮다.[215]

---

214 다른 변수들은 인종, 성별, 교육, 소득, 주관적 사회계층, 자신의 경제상황이 남에 비해 얼마나 양호한가에 대한 평가, 종교, 신앙심(근본주의나 종교의식 참석 빈도), 지역, 공동체 크기, 정치적 이념, 정당 소속감, 연령 등이다. 성별은 $p < 10$에서 의미 있고, 남자들이 공통의 가치가 있다는 데 동의할 가능성이 더 높다. 그러나 신뢰는 $p < 003$에서 의미 있다. 상대적인 경제적 지위는 의미 있음을 암시하는 t값을 갖지만, 가장 폭넓게 동의를 보여줄 가능성이 높은 사람들은 자신의 소득을 평균 이하로 생각하는 사람들이다.

215 이 질문의 출처는 반중상연맹의 의뢰로 실시한 1964년 미국 반유대주의 조사이고, http://www.arda.tm/archive/ANTSEMUS.html에서 확인할 수 있다(2000년 4월 24일 접속). 나는 이 척도와 이 조사의 다른 척도들에 대한 2단계최소제곱법 모형을 추정했다(본문의 다음 내용을 보라). 차이에 대한 관용 모형에서의 다른 변수들로는 **교육, 성별(여성), 지식 등급**(정치계 · 연예계 · 문학계 · 스포츠계의 다양한 인물들에 대한 응답자들의 식별 능력에 근거했다), 근본주의자, 소득, 자기 부모와의 유대인에 대한 평가의 상이성, 흑인, 종교의식 참석 등을 꼽을 수 있다. 이 변수와 다른 변수들에 대한 신뢰 모형에는 *근본주의(음의 값), 교육, 흑인, 행복, 우리 삶이 음모에 좌우되는가의 여부(음의 값), 문제가 생길 때 해결능력을 갖고 있다고 생각하는가의 여부,* **성공은 능력이 아닌 운의 문제이다**(음의 값), *연령, 소득, 남보다 성공한 사람이다* 등이 포함된다. $p < 05$에서 의미 있는 변수들은 굵은 글씨체로, $p < 001$ 혹은 그 이상에서 의미 있는 변수들은 우사체로 표시했고, 무의미한 변수들은 보통 글씨체이다.

공통의 문화가 있어야 한다는 것은 사회가 역사적으로 차별당한 집단을 포용하는 조치를 취해야 한다는 신념과 병행된다. 백인 중에서도 타인을 신뢰하는 사람들은 아프리카계 미국인을 존중할 가능성이 상당히 더 높다.[216] 그리고 그런 백인들은 아프리카계 미국인들이 특별한 도움 없이 편견을 극복할 수 있다고 생각할 가능성이 더 낮다. 이념을 제외하면 신뢰는 차별철폐 조처를 지지하는 분위기에 가장 큰 영향을 미치는 요소이다.

---

216 이 부분에 관한 결과가 너무 많아서 각 결과에 대한 변수들을 일일이 나열하기 어렵다. 그래서 각 변수의 출처와 추정방법을 간략하게 요약하겠다. 흑인을 존중하는 문제에 대한 질문은 1994년 일반사회조사에 포함되었고, 그 모형은 2단계최소제곱법을 이용해 추정했다. 아프리카계 미국인들이 경제적 지위를 향상시킬 수 있는지 여부와 미국으로 건너오도록 허용할 이민자의 수는 1996년 일반사회조사의 순서형 프로빗으로 추정한 것이다. 차별철폐 조처와 불법 이민이 실업에 미치는 영향의 출처는 1994년 일반사회조사이고 순서형 프로빗으로 추정한 것이다. 이민에 따른 비용과 이익에 관한 질문의 출처는 1996년 일반사회조사의 4개 항목의 인자분석, 그리고 신뢰·수입품·미국인의 애국심 척도 등을 포함한 3단계최소제곱법 추정에서의 인자 점수이다(신뢰는 전반적 지표에 영향을 미치지 않기 때문에 각 요소는 개별적으로 다뤘다). 이런 질문들에는 미국인이라는 사실이 중요한가, 다른 나라들이 미국을 본받아야 하는가, 미국은 국제적 사안에서 독자적인 길을 걸어야 하는가 등이 포함된다. 육아에서 여성의 역할이 남성보다 더 커야 하는 이유에 관한 질문은 1996년 일반사회조사를 통해, 여성의 권리등급에 관한 질문에 대해서는 1996년 미국선거연구를 통해 순서형 프로빗 모형을 추정했다. 남자 동성애자와 여자 동성애자에 대한 평가의 출처는 1992년 미국선거연구에서의 감정온도(0에서 99까지)이다. 군대의 남자와 여자 동성애자에 관한 질문과 동성애자의 자녀입양에 관한 질문도 마찬가지이다. 1972~1996년 일반사회조사의 남자와 여자 동성애자의 관용 척도에 대한 방정식뿐 아니라 두 가지 척도에 대해 얼핏 무관해 보이는 방정식도 추정했다. 이민자의 성공에 관한 질문의 출처는 반중상연맹이 실시한 1964년 반유대주의 조사이고(각주 215를 보라), 그 질문은 2단계제곱법으로 추정한 것이다. 모형에서는 자신과 같지 않은 사람들에 대한 관용 모형에서 사용된 것과 동일한 가늠자들이 쓰였지만 신뢰만 의미가 있었다. 반유대주의 지표는 유대인들의 경제력이 너무 강하다는, 미국보다 이스라엘에 더 충성한다는, 수상한 사업방식을 동원한다는, '너무 영악'하거나 너무 교활하다는, 동포인 유대인만 배려하고 그들만 고용한다는, 우두머리가 되려고 한다는, 잡다한 단점이 많다는 생각을 포함하는 복합척도이다. 유대인에 대한 응답자의 태도와 부모의 태도, 흑인도 의미 있지만 신뢰가 가장 높은 t값을 나타냈다. 문제를 일으키리라는 점에 대해서는 신뢰가 가장 강력한 가늠자였고, 근본주의, 흑인, 부모의 태도 등도 의미 있었다. 하느님이 유대인을 벌했다는 점에 대해서는 가장 강력한 결정요인이 종교의식 참석 빈도(양의 값)였고, 근본주의자(양의 값), 지식 등급(음의 값), 흑인(음의 값) 등도 의미 있었다. 타인을 신뢰하는 사람들은 반유대주의 후보에게 반대해 투표할 가능성이 더 높았다(p〈.05에서). 그리고 부모보다 유대인에 우호적인 사람들, 지

타인을 신뢰하는 사람들이 차별철폐 조처를 지지하는 까닭은 그들이 자유주의적 성향을 띠고 있기 때문이 아니다. 사실 전체적으로 볼 때 그들은 자유주의자들이 아니다.[217] 다른 사람에 대한 믿음이 있는 사람들은 자신을 비롯한 모든 사람들이 운명을 공유한다고 생각한다. 그들은 소수집단에게 이익을 주는 정책이 특히 승진문제와 관련해 자기 집단의 이익을 빼앗아갈 것이라고 생각할 가능성이 더 낮다. 그리고 백인 중 타인을 신뢰하는 사람들은 백인이 지나친 혜택을 누리는 반면 흑인은 마땅히 누려야 할 혜택도 누리지 못한다고 생각한다.

다른 사람을 믿는 사람들은 반유대주의 경향을 띨 가능성도 훨씬 낮다. 1964년 조사에 따르면 신뢰는 모든 변수들 중에서 유대인에 대한 태도를 가장 정확히 짐작할 수 있는 변수였다. 일반적 신뢰를 고수하는 사람들은 유대인에 관해 다양한 고정관념을 가질 가능성이 훨씬 낮았고, 유대인들이 문제를 일으킨다거나 하느님이 예수를 구세주로 인정하지 않은 유대인들을 벌했다고 생각할 가능성도 낮았다. 또한 그들은 다른 사람을 믿지 않는 사람들에 비해 반유대주의적인 발언자에게 반대표를 던지겠다고 말할 가능성이 더 높았다.

타인에 대한 신뢰를 갖고 있는 사람들은 이민자들에게도 우호적이다. 그들은 이민자들이 미국 토박이들보다 더 잘살아도 불만을 품지 않는다. 아프리카계 미국인들 경우와 마찬가지로 다른 사람을 믿는 사람들은 불

식 등급이 높은 사람들, 교육 수준이 높은 사람들도 마찬가지였다.

217 1972~1996년 표본에 포함된 타인을 신뢰하는 사람들은 보수적일 가능성이 약간 더 높다. 7점 만점 방식의 평균 이념 점수는 타인을 신뢰하는 사람들이 4.144이고, 신뢰하지 않는 사람들이 4.100이다 ($p < .012$, N=18,664). 백인에만 국한할 경우 격차는 4.217 대 4.126으로 더 커진다($p < .0001$, N=15,842).

법 이민자들이 토박이들의 일자리를 빼앗아간다고 생각하지 않는다. 그리고 그들은 다른 사람을 믿지 않는 사람들에 비해 합법 이민자들을 훨씬 더 호의적으로 바라본다. 그들에게 이민자들은 범죄율 상승의 원인이 아니고, 대체로 경제에 도움이 되고, 토박이들의 일자리를 빼앗지 않으며, 새로운 생각을 통해 미국인들의 시야를 넓혀주는 존재들이다. 또한 타인을 신뢰하는 사람들은 이민자들도 아프리카계 미국인들과 마찬가지로 정부의 지원 없이는 경제적 지위의 향상을 꾀할 수 없다고 생각한다.

일반적 신뢰를 고수하는 사람들은 더 많은 이민자들이 미국으로 건너올 수 있도록 허용해주기를 바란다. 그들은 이민자들도 토박이들과 기존의 가치를 공유한다고 생각할 가능성이 높다. 또한 그들은 자유무역을 선호한다. 그들은 자유무역을 경제성장의 촉진수단으로 생각한다. 타인에 대한 신뢰를 고수하는 사람들은 외국과의 무역으로 인해 미국이 손해 볼 것이라고 우려할 가능성이 낮다. 이것 역시 나와 같지 않은 사람들에 대한 비교적 우호적인 태도가 반영된 것이다.

따라서 다른 사람을 믿는 사람들, 그리고 상대적으로 덜 권위적인 사람들이 외국인을 덜 경계하는 것은 당연하다. 그들은 미국인이라는 사실이 자신에게 아주 중요하다고, 다른 나라들이 미국을 본받아야 한다고, 미국은 국제무대에서 독자적인 길을 걸어야 한다고 말할 가능성이 더 낮다.

타인을 신뢰하는 사람들은 사회적 차별을 경험한 다른 집단들을 더 긍정적으로 평가하기도 한다. 그들은 타인을 신뢰하지 않는 사람들에 비해 남녀 동성애자들을 더 높게 평가한다. 일반적 신뢰를 고수하는 사람들은 동성애자들의 군복무와 자녀입양 문제를 더 우호적으로 바라본다. 동성애자를 바라보는 전반적인 감정, 그리고 동성애자의 군복무와 자녀입양 문제의 측면에서 볼 때 개별적 신뢰를 고수하는 사람들은 동성애자를 훨씬 더 부정적으로 바라본다(1992년 미국선거연구에서 드러난 외집단과 내집단에 대한 감정온도의 차이를 기준으로 측정한 결과이다). 개별적 신뢰는 동성애자에 대한 전반적인 감정의 가장 강력한 결정요인이자 동성애자의 군복무 문제에도 강력한 영향을 미친다. 타인을 신뢰하는 사람들은 동성애자가 공립학교에서 학생들을 가르치고 강의할 권리, 그리고 각 도서관이 동성애자가 쓴 책을 소장할 권리를 훨씬 더 지지한다. 또한 그들은 낯선 사람들(혹은 자신이 싫어하거나 자신과 의견이 다른 사람들)을 두려워하지 않기 때문에 무신론자들과 인종차별주의자들에게도 똑같은 권리부여에 찬성할 가능성이 높다.[218]

그들은 여성의 권리신장에 찬성할 가능성, 그리고 여성이 생물학적으로 자녀양육에 더 적합하다거나 하느님이 여성에게 육아의 1차적 책임을 부여했다는 주장에 반대할 가능성도 더 높다. 반대로 개별적 신뢰를 고수하는 사람들은 여성의 권리확대에 비판적이다.

지금까지 외집단에 대한 감정과 외집단의 권리에 대한 지지를 타인에 대한 신뢰 여부로 바라봤지만, (내가 4장에서 주장했듯이) 인과관계의 반대쪽 방향도 마찬가지의 타당성을 갖는 듯하다. 외집단에 대한 긍정적인 시각은 일반적 신뢰를 고수하는 사람들의 중요한 특징이다. 그런데 이런 논리에서 보면 여성의 권리옹호가 일반적 신뢰보다 먼저 일어나는 현상이 아니다. 왜냐하면 여성은 소수집단이 해당되는 의미에서의 '외집단'이 아

---

218 개별적 신뢰는 동성애자에 대한 전반적인 감정의 가장 강력한 결정요인이고, 그것은 동성애자의 군복무 문제에도 강력한 영향을 미친다.

니기 때문이다.

신뢰와 단일한 기질

낯선 사람들을 신뢰하는 사람들은 그저 호방한 다문화주의자들이 아니다. 그들은 자신과 같지 않은 사람들을, 그리고 이상이나 생활방식이 아주 다를지 모르는 사람들을 너그러운 시선으로 바라본다. 이런 태도는 다른 사람과의 원활한 협력에 도움이 된다. 다른 사람을 믿는 사람들은 남을 되도록 긍정적으로 이해해주고 자신과 남이 공통의 가치, 즉 단일한 기질을 갖고 있다고 생각한다.

타인을 신뢰하는 사람들은 소수집단이나 그간 차별을 경험한 집단들에게 권리를 부여하고자 한다. 하지만 그들은 차별을 당해온 집단들이 좀더 폭넓은 연대구축에 소극적일 가능성을 우려한다. 사실 소수집단의 권리를 확대하다 보면 사회적 분열을 초래할 가능성이 있다. 그것은 타인을 신뢰하는 사람들이 가장 우선시하는 목표(우리와 같지 않은 사람들을 배제하지 말고 포용하자)에 위배될 것이다. 그러므로 다른 사람을 믿는 사람들은 특정 민족 출신의 정치인들이 자신이 속한 공동체 이익 위주로 행동하지 말아야 한다고 말할 가능성이 아주 높다. 그리고 공통의 문화가 있다는 소신을 반영하듯이 그들은 고등학생과 대학생이 고전 문학작품을 읽는 시간이 너무 많다는 주장을 경계한다(다변량 통계분석은 부록 A를 보라).

이렇듯 타인을 신뢰하는 사람들은 소수집단에 권리를 부여하는 일과 소수집단민에게 해당 집단 출신의 정치인들이 어떻게 처신해야 하는지, 그리고 소수집단 학생들의 교과과정이 어때야 하는지 말하는 것 사이에서 줄타기를 하고 있다. 이런 아슬아슬한 줄타기는 문화 저변을 이루는 공통의 미래상에 따른 '대가'이다. 그리고 그토록 많은 사회과학자들이 신뢰를 무척 흥미진진한 주제로 여기는 것은 바로 그 공통의 미래상이라는 개념 때문이다. 사실 남을 믿는 사람이 '유능한 시민'이라는 레인의 말은 매우 포괄적인 주장이다. 내가 입증했듯이 신뢰는 협조적인 사회에 필요한 여러 가지 태도를 생산한다.

신뢰는 시민참여를 형성하는 강력한 힘이다. 그리고 그것의 영향은 봉사활동이나 자선활동 차원을 뛰어넘는다. 봉사활동이나 자선활동은 그 자체로는 의미 있지만 사람들이 서로 협력하면서 집단행동 문제해결에 가장 중요한 방법은 아닐지 모른다. 법적 규범에 대한 합의는 사람들이 함께 공동의 문제를 해결하는 시민사회의 전제조건이다. 2장에서 나는 신뢰가 법치의 토대라고 주장했다. 미국에서 신뢰가 감소함에 따라 범죄율이 증가한다는 증거를 나중에 제시할 것이다. 8장에서는 강력한 사법제도가 신뢰에 의존한다는 국가별 증거를 보여줄 것이다. 일단 여기서는 법치가 신뢰에 의존한다는 근거를 제시하겠다.

남을 믿는 사람들은 협조적인 시민사회의 근간인 기본적인 규범을 지지하는 강력한 응원군이다. 그들은 장물 구입, 받을 자격이 없는 혜택을 정부에 요구하는 것, 주운 돈을 그대로 챙기는 것, 남의 차를 들이받고 모른 체하는 것 등이 잘못된 행동이라고 말할 가능성이 더 높다. 신뢰와 각자의 도덕률은 도덕적 행위의 엄격한 기준을 인정하도록 유도하는 힘이다. 신뢰는 가장 큰 이해관계가 걸려 있을 때와(실질적인 금전적 비용 관점에서) 무엇이 도덕적인 것인가에 관한 합의가 가장 적게 이루어졌을 때의 도덕적 문제에서 가장 중요한 요소로 작용한다. 이를테면 모든 사람이 남의 차를 훔쳐 타고 돌아다니는 행위를 잘못이라고 생각할 때, 혹은 대중 교통 무임승차 같은 규범을 어기는 행위가 사소한 파장만 낳을 때 신뢰는 그다지 중요한 요소로 작용하지 않는다. 또한 신뢰는 특정인이 규범 위반 의 대가를 치를 때 가장 중요한 요소로 작용한다. 신뢰는 탈세나 요금 미 지불같이 정부에 피해를 입히는 행동에 대해서는 그리 중요한 요소로 작 용하지 않는다. 주운 돈을 그대로 챙기거나 남의 차를 들이받고 모른 체 할 때 흔히 그렇듯이 비록 모르는 사람이지만 특정 피해자를 지목할 수 있을 때도 마찬가지이다.

이처럼 도덕률을 강력하게 지지하는 태도는 법치와 사법제도 유지에 도움이 된다. 그러나 타인을 신뢰하는 사람들이라고 모든 상황에서 맹목 적으로 법을 지지하는 것은 아니다. 이때의 법은 반드시 정의를 바탕으로 삼아야 한다. 일반사회조사에 따르면 타인을 신뢰하는 사람들은 그렇지 않은 사람들에 비해 때로는 부당한 법에 불복종할 수 있다고 말할 가능성 이 65퍼센트 대 52퍼센트로 더 높다. 그들은 항의시위를 허용해야 한다 고 말할 가능성도 더 높다. 그러므로 타인을 신뢰하는 사람들은 사법제도 의 비판적인 지지자들이다. 정당한 법을 시행해야 하고, 사람들은 옳지 않다고 생각하는 법에 항의할 수 있어야 한다.

그러나 다른 사람을 믿는 사람들은 법질서를 지지할 가능성이 높다. 그들 은 사법제도 운영에 일조해 자신과 같지 않은 사람들과의 교류기회인 배심 원 의무를 아주 흔쾌히 이행하는 경향이 있다. 일반적 신뢰를 고수하는 사 람들은 배심원 의무를 기꺼이 이행하겠다고 말할 가능성이 더 높다. 그리고 이때는 개별적 신뢰가 중요한 요소로 작용한다. 내집단을 중시하는 사람들 은 배심원 의무를 이행하겠다고 말할 가능성이 훨씬 더 낮은 반면, 외집단을 호의적으로 평가하는 사람들은 배심원 의무를 흔쾌히 이행할 가능성이 훨씬 더 높다.[219] 일반적 신뢰와 개별적 신뢰 척도는 배심원 의무 이행의사에 대한 가장 강력한 가늠자이다. 타인을 신뢰하는 사람들은 사법제도를 떠받치고 있는 가치를 중시하기 때문에 사법제도를 유지하는 중추세력으로 볼 수 있다.

신뢰와 일상생활

일반적 신뢰를 고수하는 사람들은 일상생활에서도 타인에 대한 신뢰를 보여준다. 물론 그들이 길거리에서 만난 사람들이나 친척들을 도울 가능성이 더 높지 않을지도 모른다. 그러나 그것과는 다른 방식으로 사회에 대한 책무를 입증해야 하다고 생각하고, 그렇게 함으로써 전략적 신뢰와 도덕적 신뢰 사이에 다리를 놓는다. 타인을 신뢰하는 사람들은 멀쩡하면서도 아프다고 결근할 가능성이 더 낮다. 고용주에 대한 충성도의 대다수 가늠자들은 '나는 얼마나 오랫동안 고용주를 위해 일했는가?' '내게 업무 관련 재량권이 있는가?' '내가 업무를 얼마나 좋아하는가?'와 같이 좀더 '전략적인' 고려가 반영되지만 신뢰도 중요한 요소로 작용한다.

타인을 신뢰하는 사람이라면 현관문을 잠그지 않아야 한다는 도덕적 의무감을 느낄 것이라고 생각하는 사람은 아무도 없을 것이다. 아마 그런 의무감은 무모한 것인지 모른다. 그러나 그런 사람들은 자기 집 현관문을 잠그는 것이 중요치 않다고 말할 가능성이 훨씬 더 높다. 사실 도시지역

---

219 타인을 신뢰하는 사람들이 배심원 의무를 기꺼이 이행하겠다고 말할 가능성이 더 높은 정도는 6퍼센트-16퍼센트이다. 내집단과 외집단에 대한 신뢰의 영향은 그보다 훨씬 커서 17퍼센트-24퍼센트이다

거주 여부를 제외하고 신뢰는 모든 변수 중에서 현관문을 잠가야 한다고 생각하는가의 여부에 가장 큰 영향을 주는 변수이다. 심지어 지난 5년 동안 절도나 강도 피해를 3회 입은 경험조차 일반적 신뢰만큼 중요한 요소가 아니다. 타인에 대한 신뢰를 고수하는 사람들은 총을 사용해서라도 범죄 피해를 당하지 않아야 한다고 생각할 가능성이 더 낮다.[220] 그러므로 어떤 측면에서는 일반적 신뢰를 고수하는 사람들은 개인적 경험에 근거한 계산을 뛰어넘는 맹목적인 낙관론자들이다. 그러나 다툼은 늘어나고 신뢰는 줄어드는 오늘날의 세계에서 협조적 해법을 모색할 수 있는 주인공은 얼핏 지나쳐 보이는 낙관론과 신뢰로 무장한 사람일 것이다.

신뢰 감소의 결과

신뢰가 어떤 긍정적인 이익을 안겨다 준다면 신뢰 감소에 따른 결과도 있을 것이다. 그러나 이때도 신뢰가 만병통치약이 아니라는 점을 상기해야 한다. 신뢰가 사교생활의 많은 부분을 형성하지는 않듯이 신뢰 감소가 모든 나쁜 결과의 주범은 아니다. 퍼트넘(2000년)은 요즘 사람들이 과거만큼 교류하지 않는다는 점을 우려한다. 또한 그는 우리가 예전보다 다른 사람을 덜 믿고 있다는 점도 우려한다. 하지만 그는 교류축소와 신뢰 감소 사이의 어떤 직접적인 연관성을 보여주지 않는다. 그러나 사실 둘 사

---

220 총으로 범죄에 대항하겠다는 결정에 신뢰보다 더 큰 영향을 미친 변수는 3개에 불과하다(경계주[노예제도를 채택한 남부의 주들 가운데서 탈퇴보다는 타협을 택한 주들-역주]에 거주하고 있다, 남부 지역에 거주하고 있다, 나와 가족이 범죄를 목격한 경험이 있는가).

이에 어떤 연관성이 있어야 한다고 생각할 이유도 없다. 친구들과 어울리는 것은 좋은 일이지만 친구들과 어울린다고 해서 낯선 사람들을 더 믿게 되는 건 아니다. 염세주의자들이 친구들과 어울릴 가능성은 타인을 신뢰하는 사람들이 친구들과 어울릴 가능성과 다르지 않다(5장을 보라). 폭주족에게도 사교모임은 있다. 폭주족의 사교모임은 합창단과는 분위기가 다를지 모르지만 그렇다고 반드시 합창단보다 제각각 어울리는 것도 아니다. 예전만큼 볼링 동호회에 가입하는 일은 적어도 그렇다고 혼자 볼링칠 가능성은 높지 않다.

따라서 옛날보다 수다 떠는 빈도가 낮고 단체가입이 줄어든 것을 신뢰 감소 탓으로 돌릴 수 없다. 그리고 다른 사람을 덜 믿게 된 것도 자신과 같지 않은 사람들과의 사교활동이 감소한 탓이 아니다. 퍼트넘의 자료에 나오는 26개의 수다 형태와 3개의 비교적 공식적인 단체활동 척도를 살펴봐도 신뢰 감소가 사교생활과 시민생활 추이의 원인이나 결과라는 증거가 없다.

요즘 들어 우리는 사회적 상호작용을 수반하는 거의 모든 행동에 나서는 빈도가 줄어들었다. 가족과 아침이나 저녁을 먹고, 축하연을 열고, 집에서 오락을 즐기고, 소풍을 가는 횟수가 줄어들었다. 스포츠 행사에 참석하고 야영과 낚시, 수영과 테니스를 즐기고, 텔레비전을 통해 스포츠 중계방송을 시청하는 빈도도 줄어들었다(ESPN에 중독된 내 친구들의 부인들은 공감하지 못하겠지만).[221] 예전만큼 카드놀이를 즐기지도 볼링을 자주 치지도 않는다. 교회 출석률도 떨어졌고, 동호회 모임과 공동체 사업 참

---

[221] ESPN은 미국의 스포츠 전문 유선 텔레비전 방송망이다(실제로는 최소한 3개의 텔레비전 방송망을 모아 놓은 것으로 그 중 하나는 단지 과거의 스포츠 행사를 재방송할 뿐이다).

가율도 마찬가지이다. 이처럼 사회적 유대관계를 점점 회피함에 따라 사람들은 상점을 직접 이용하기보다 인터넷 쇼핑을 선호한다.

하지만 공식적·비공식적 차원의 시민참여가 줄어든 현상을 신뢰 감소 탓으로 돌릴 수는 없다. 그리고 신뢰 수준이 낮아진 것이 자신과 비슷한 사람, 가족, 친구 등과 보내는 시간이 줄어든 이유가 아니다. 공식적·비공식적 형태의 시민참여가 신뢰 감소로 이어지는 경우는 전혀 없다. 신뢰가 수다 떨기에 영향을 미친다는 증거가 있는 경우는 극소수에 불과하다. 그러나 신뢰 감소는 언제나 자신과 비슷한 사람들과의 비공식적인 접촉의 증가로 이어진다. 신뢰가 감소할 때 우리는 카드놀이를 하고, 가족과 함께 저녁을 먹고, 낚시를 하고, 볼링을 치러 갈 가능성이 더 높다. 따라서 만약 사람들이 혼자 볼링을 친다면— 적어도 그렇게 자주는 아니라면—그것은 긍정적인 신호일지 모른다. 그러나 이런 결과들은 우리의 직관을 거스르는 것일지도 모르고 단순히 통계학적 우연일 수도 있다.[222]

가족 규모의 소규모화와 여성들의 직업전선 참여로 사회적 유대관계도 변화를 겪었다(우스나우 1998년, 퍼트넘 2000년 참고). 직업을 가진 어머니들은 공동체 사업과 동호회 모임 참가, 가족이나 친구를 위한 저녁 준비 시간이 예전만큼 많지 않다. 가족 규모의 축소에 따라 구성원들이 함께 시간을 보낼 가능성이 더 줄어들었다. 구성원들이 예전에 비해 훨씬 바쁘고 인원수도 적기 때문에 과거처럼 자주 수다를 떨지도 않는다. '홀로 되기'와 관계있는 것은 일반적 신뢰가 아니라 가족 규모의 축소현상과 직업

---

[222] 만약 모형을 충분히 실행시키면 언젠가 유명한 통계학자인 존 터키가 말했듯이 자료는 틀림없이 "메리 크리스마스!"라고 말할 것이다.

을 가진 어머니들이다. 신뢰는 이런 사회적 유대관계와 거의 무관해 캠핑 여행을 떠나는 빈도 같은 평범한 문제에서 신뢰가 중요한 역할을 할 것으로 생각할 이유가 거의 없다.[223]

정치참여에서도 비슷한 패턴(혹은 패턴의 부재)을 엿볼 수 있다. 로퍼 센터는 1974년부터 1994년까지 열두 종류의 정치활동과 나머지 한 종류의 무활동(?)을 기준으로 사람들의 다양한 정치활동을 조사했다.[224] 그 결과 정치에 관여하도록 유도하는 것은 사람들에 대한 신뢰가 아니라 정부에 대한 신뢰(특히 의회에 대한 신뢰)이다. 사람들에 대한 신뢰는 단체의 간사나 조직 내 위원 활동에 평범한 수준의 영향만 미친다.

---

223 자료출처는 3장의 각주 75를 보라. 나는 2단계최소제곱법을 이용해 이런 형태의 사교활동과 더 공식적인 활동 각각에 대한 방정식을 추정했다(각 형태의 시민참여는 신뢰의 잠재적 원인이자 결과이다). 6장에서 알 수 있듯이 신뢰 방정식에는 사교활동의 각 척도뿐 아니라 경제적 불평등의 지니계수, 민심, 더미 변수(선거가 실시된 해) 등이 포함된다. 각 유형의 활동에 대한 방정식에서 신뢰(볼링, 카드놀이, 낚시, 가족과의 저녁식사 등은 의미 있는 음의 상관관계가 있다), 평균 가족 구성원수, 교육 수준, 여성은 집에 머물러야 한다는 생각(주부로서의 여성에 대한 더 나은 척도의 대용물이다) 등이 포함된다. 대다수 형태의 사교활동은 가족 구성원수와 여성의 적절한 위치에 가장 크게 좌우된다. 가족 규모가 지금보다 컸을 때 우리는 야외 파티, 카드놀이, 낚시, 볼링, 집에서의 오락, 소풍, 가족과의 식사, 영화와 스포츠 행사, 수영 등을 더 자주 즐겼다. 가족 규모가 줄어들자 로큰롤 공연에 더 자주 갔다. 이런 활동의 대부분은 여성이 집에 많이 머물러 있을수록 더 늘어났다. 이것은 교회 출석, 동호회 모임 참석, 그리고 특히 공동체 사업 참여 등의 경우도 마찬가지였다. 단 요즘 들어 여성이 직업을 더 많이 갖게 됨으로써 늘어난 현상인 식당에서 점심 먹기는 예외이다. 확실히 성역할의 변화는 시간을 보내는 방식에 중요한 영향을 미친다. 다른 형태의 수다 떨기(술집 가기, 골프, 조깅, 강연 참석, 스키, 대부분 늘어났거나 아예 시간적 추이를 보이지 않는 미술관 가기 등)는 가족 구조와 그다지 뚜렷한 관계가 없을 뿐 아니라 신뢰와도 무관하다. 이런 모형들은 시계열자료에 기초한 것이므로 나는 자동회귀이동평균모형도 추정했고, 자동회귀이동평균모형을 통해 2단계최소제곱법 추정이 확인되었다. 여기서 선택한 사교활동과 참여활동은 최소한 29년 간의 자료를 보유한 디디비 니덤 생활방식조사 자료를 근거로 삼은 것이다.

224 로퍼 센터의 자료는 퓨 자선재단, 미국시민쇄신위원회, 브루킹스 연구소 등이 후원하고 1996년 11월 25일에 워싱턴시의 브루킹스 연구소에서 열린 〈시민사회가 약해지고 있는가? 증거 검토〉라는 제목의 회의에서 로버트 퍼트넘이 발표한 내용에서 발췌한 것이다.

그리고 청원하기, 공개회의 참석하기, 집회나 연설회 참석하기, 정당을
위해 일하기, 신문에 투고나 기고하기, 공개연설에 나서기, 공직 출마나
취임하기, 의원에게 편지 보내기, 적절한 정부단체에 가담하기 같은 정치
활동들은 아예 대인 신뢰와 무관하다. 심지어 이 모든 형태의 정치활동을
회피하려는 추이를 통해서 신뢰의 추이를 추적하기도 어렵다. 시위행진
참가자들은 낯선 사람들을 신뢰할 가능성이 더 낮다. 어떤 형태의 정치
활동은 신뢰가 아니라 불신을 바탕으로 왕성해진다.[225]

정치참여와 타인에 대한 신뢰 사이의 연관성이 아주 미약하고 때로는
음의 관계를 이룬다는 점은 그리 놀라운 사실이 아니다. 신뢰의 밑바탕을
이루는 협동심은 가혹한 정치적 현실과 완벽한 대조를 이룬다. 정치는 대
의명분 아래 열성 지지자들의 규합을 중심으로 작동하는 것이고, 반대자
들과의 공통분모를 모색하는 것과는 상극일지 모른다.

하지만 일반적 신뢰는 낯선 사람들을 개인적 차원에서 연결해주는 두
활동, 즉 봉사활동과 자선활동에 대해서는 아주 중요한 요소로 작용했다.
1960년부터 1996년까지 대인 신뢰가 감소했듯이 자선단체 기부금이 국
내총생산에서 차지하는 몫도 줄어들었다(퍼트넘 2000년 123쪽).

기부행위에 관한 가장 포괄적인 데이터베이스인 미국모금자문위원회

---

225 종합회귀에는 일반사회조사에서 뽑은 교육의 종합척도도 포함된다. 입법부에 대한 신뢰는 정당을
위해 일하기, 신문에 기고하기, 더 적절한 정부단체에 합류하기 등을 제외한 모든 방정식에서 의미가 있
다. 집회에 참가하기는 행정부에 대한 신뢰와 음의 상관관계를 이뤘다. 나는 시계열상관을 보정하고 자
동회귀이동평균모델링을 이용해 모든 회귀방정식을 추정했다. 자동회귀이동평균모형에서 행정부에 대
한 신뢰는 청원하기와 의원에게 편지 보내기에 대해 의미가 없었다. 사람들에 대한 신뢰는 p<.05에서만
의미 있다. 시위행진 변수는 사회적 자본 벤치마크 조사에서 개인적 차원에서 측정되었다. 이 모형에 포
함된 다른 변수들은 부록 B를 보라.

의 《기부하는 미국》은 일반적 신뢰와의 밀접한 상관관계를 보여준다(r^2 =.610, 〈그림 7-1〉을 보라). 신뢰는 전반적으로 기부금의 강력한 가늠자이긴 해도 가장 중요한 가늠자는 아니다. 연간 자선통계자료인 《기부하는 미국》의 수치는 자신과 같지 않은 사람들에 대한 기부금을 포함해 모든 형태의 기부금을 반영하기 때문에 신뢰가 기부금의 가장 중요한 가늠자가 아니라는 점은 그리 놀라운 일이 아니다.

신뢰는 미국공동모금회의 모금액과 더 밀접한 관계가 있다. 미국공동모금회는 불우이웃을 위한 성금모금에 주력하는 단체이다.[226] 미국공동모금회의 모금액이 국내총생산에서 차지하는 몫은 .087퍼센트에서 .045퍼센트로 감소했다. 기부금과 신뢰의 추이는 밀접한 상관관계가 있다(r^2 =.804, 〈그림 7-2〉를 보라). 미국공동모금회의 통계자료에 대한 다변량 분석에서 신뢰는 가장 강력한 영향을 미치는 변수이다.[227] 신뢰는 개인적 차원에서의 기부행위의 가장 강력한 가늠자이기도 한데 그 이유는 어렵지 않게 이해할 수 있다. 타인에게 자선을 베푸는 것은 나와 같지 않은 사람들에 대해 더 큰 책임을 느낀다는 것을 뜻하기 때문이다.

봉사활동에 관한 시계열자료는 확보하기가 어려웠다. 하지만 고맙게도 적십자 관계자들이 연례보고서를 바탕으로 봉사활동 관련 자료를 취합해 줬다. 그런데 여기에는 주의할 점이 있다. 적십자에서 봉사활동하는 사람

---

226 개별분야의 자선사업정보는 미국공동모금회 웹사이트 http://www.unitedway.org를 보라.
227 여기서는 기부금을 국부(국내총생산의 가치)에 맞게 보정하는 《기부하는 미국》의 방식을 따른다. 미국공동모금회와 《기부하는 미국》의 자료는 모두 개인 기부금으로서 기업 기부금은 제외된다. 이 자료는 미국공동모금회의 로버트 오코너와 미국모금자문위원회의 앤 캐플런 덕분에 확보할 수 있었다. 두 시계열 사이의 상관계수는 .835이다(N=30).

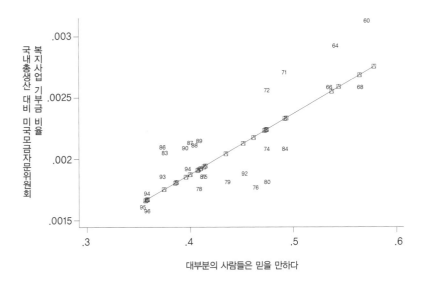

〈그림 7-1〉 국내총샌상 대비 《기부하는 미국》의 기부금과 신뢰의 시간적 추이

국내총생산 대비 미국모금자문위원회 복지사업 기부금=−0.000+(0.005×신뢰)
r^2=0.610 RMSE=0.000 N=27

대부분의 사람들은 믿을 만하다

들은 미국 전체 자원봉사자들의 일부이다. 그곳을 통해 활동하는 사람들은 200만 명이 넘지 않지만 미국 전체로 보면 아마 1억 명 가까이 봉사활동에 참여하고 있을 것이다.[228] 미국공동모금회와 마찬가지로 적십자도 미국인 전체의 선행에서 차지하는 몫이 크지 않다. 그러나 두 단체 모두 도덕적 자원을 활용한다. 미국공동모금회는 모르는 사람들에게 기부금을 전

---

228 이 수치는 1996년 기부 및 봉사활동조사와 1992년 미국선거연구를 비롯한 여러 가지 전국 규모 조사를 통해 추정한 것이다. 조사결과 미국인의 40퍼센트가 봉사활동에 참여하고 있다고 응답했다. 적십자 자원봉사자 수치는 역사자료부의 로버트 톰슨과 홍보부의 패트릭 질보가 적십자 연례보고서와 조직 서류철에 나오는 수치를 제공한 것이다. 적십자 자원봉사자 수치에도 청소년 자원봉사자들이 포함되지만 미국 전

〈그림 7-2〉 국내총생산 대비 미국공동모금회 기부금과 신뢰의 시간적 추이

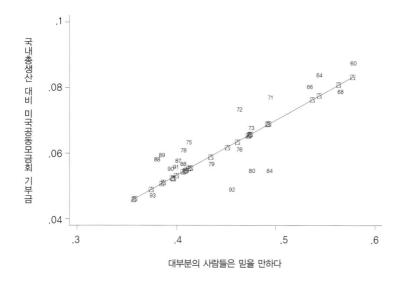

국내총생산 대비 미국공동모금회 기부금=-0.015+(0.169×신뢰)
r²=0.804 RMSE=0.005 N=27

달할 가능성이 높은 거대한 상부조직이다. 그리고 적십자 봉사활동은 헌혈, 인도주의적 봉사, 국제적 지원 같은 활동을 통해 주로 낯선 사람들을 돕는 데 초점을 맞춘다.

신뢰 감소에 따라 미국 전체 자원봉사자수 대비 적십자 자원봉사자수

체로 따져도 1억 명이라는 수치는 너무 높다. 왜냐하면 거기에는 봉사활동을 하기에는 너무 어린 아이들까지 포함되기 때문이다. 어떤 해는 인원수 1명 까지 정확하다가도 다른 해에는 대략의 추정치만 제공된다. 1960년대에는 인원수가 언제나 200만 명인 반면 몇 년 뒤에는 10만 명 단위에서 반올림된다. 그러나 다양한 중지점을 사용하고(예를 들면 1960년대 초반 몇 년을 빼는 것) 시간적 추이를 제어하고 분석해도 기본적인 결과는 훼손되지 않는다.

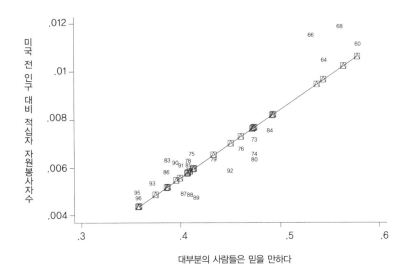

〈그림 7-3〉 미국 전 인구 대비 적십자 자원봉사자수와 신뢰의 시간적 추이

미국 전 인구 대비 적십자 자원봉사자수=-.0.006+(0.028×신뢰)
r^2=0.796 RMSE=0.001 N=27

대부분의 사람들은 믿을 만하다

의 비중도 줄어들었다(r^2=.796. 〈그림 7-3〉을 보라).[229] 이런 결과는 신뢰와
봉사활동 사이의 동시적 인과관계를 고려한 다변량 분석에서도 유효하
다. 신뢰는 적십자 봉사활동 추이의 중요한 결정요인이다. 그런데 봉사활

---

[229] 퍼트넘(2000년 127-129쪽)은 디디비 니덤 생활방식조사를 근거로 1975년부터 1999년까지 봉사활동
이 증가한 결과를 제시한다. 하지만 봉사활동 같은 상대적으로 부담스런 활동에 특별히 엄격할 수 있는
그 조사(퍼트넘 2000년 420-424쪽)는 대표성에 문제가 있다. 또한 퍼트넘이 제시한 봉사활동 질문에서는
봉사활동의 유형을 구분하지 않는다. 그리고 적십자 봉사활동은 자신과 같지 않은 사람들에게 다가가
는 것이다. 전 인구 대비 적십자 자원봉사자수와 국내총생산 대비 미국공동모금회 기부금은 밀접한 상
관관계를 보인다(r=.907, N=30). 인구 규모, 국내총생산, 시간 등을 제어했을 때도 양자 간의 회귀분석
결과 의미 있는 계수가 도출되었다(p<.05). 인구, 국내총생산, 시간 등을 제어한 상황에서 두 가지 척도
사이의 상관계수는 .334이다.

동이 신뢰 향상을 초래하는가 여부에 관해서는 여러 가지로 해석될 수 있다는 증거가 있다.[230]

5장에서 나는 신뢰가 자신과 같은 부류보다 같지 않은 사람들에 대한 기부행위에서 더 중요한 요소로 작용한다고 주장한 바 있다. 다음에서 살펴볼 기부금에 관한 2개의 자료는 그런 주장에 대해 자세히 설명할 근거가 된다. 2개의 자료는 수혜자를 기준으로 두 가지 형태의 기부행위로 구분한다.

존 론스밸리와 실비아 론스밸리 부부는 교회 중심의 기부활동 추이를 낯선 사람들에 대한 '자선적 기부'와 지역 교회를 지원하는 '신도적 기부'로 구분했다. 두 사람이 제시한 자료에 따르면, 자신과 같지 않은 사람들에 대한 기부는 동일한 부류에 대한 기부보다 신뢰에 더 의존한다. 자선적 기부와 신도적 기부 모두 신뢰가 감소함에 따라 줄어들었다. 그러나 자선적 기부는 신뢰에 더 큰 영향을 받는 반면 신도적 기부는 교회 출석률에 크게 좌우된다. 즉 교회 울타리를 벗어나 자신과 같지 않은 사람들에 대한 기부는 신뢰에 더 의존하는 반면, 같은 교회에 속한 신도들에 대한 기부는 교회에 대한 충성도를 반영한다.[231]

---

230 미국 전 인구 대비 자원봉사자수(r=-.845)와 신뢰(r=-.872)는 시간과 밀접한 상관관계가 있다. 하지만 이 결과는 연례보고서의 자원봉사자수 추정오차를 고려하기 위해 1968년을 제외한 1960년대의 모든 사례를 제거하는 경우뿐 아니라 시간을 가늠자에 포함하는 경우와 자동회귀이동평균모델링을 통한 1차 자동회귀 시차로 추정한 단일방정식 모형의 경우에도 확고하다. 신뢰의 경우 계수는 .020이고, 표준오차는 .004(t=5.661)이다. 방정식의 나머지 변수는 이혼율이다(t=-3.882). 이혼율이 증가함에 따라 자원봉사자수도 줄어들었다. 신뢰 방정식에서 전 인구 대비 자원봉사자수의 경우 계수는 큰 양의 값을 갖지만, 1960년대 초반을 배제하면 의미를 상실한다.

231 론스밸리 부부는 연간 1인당 가처분소득의 일부인 교회 중심의 기부금을 '자선적' 기부금과 '신도적' 기부금으로 나눈다. 1968년부터 1997년까지의 추이 자료는 론스밸리 부부의 웹사이트 (http://www.emptytomb.org/Table2.html(2000년 3월 31일에 접속))에서 이용할 수 있다.

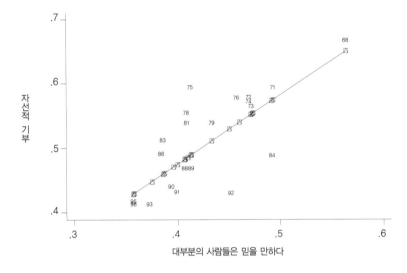

〈그림 7-4〉 1968-1996년 자선적 기부a와 일반적 신뢰

자선적 기부=0.046+(1.070×신뢰)
r^2=0.605 RMSE=0.046 N=24

a 론스밸리 부부의 웹사이트 제공

신뢰와 자선적 기부의 상관관계는 아주 밀접하다(〈그림 7-4〉를 보라).[232] 신뢰가 감소함에 따라 자신과 같지 않은 사람들에게 기부할 가능성이 더 낮아졌다. 그러나 〈그림 7-5〉에서 알 수 있듯이 우리는 필요성이 가장 클 때, 즉 경제적 불평등이 가장 극심할 때 자신과 같지 않은 사람들에 대한 기부를 꺼릴 가능성이 더 높다. 자선적 기부와 경제적 불평등의 지니계수 사이의 상관관계는 매우 큰 음의 값을 갖는다.[233]

왜 우리는 필요성이 가장 클 때 기부를 덜 할까? 불평등이 심화될 때

---

232 상관계수는 .778이고, r^2은 .605이다.
233 상관계수는 -.953이고, r^2은 .905이다.

〈그림 7-5〉 1968-1996년 자선적 기부ᵃ와 경제적 불평등

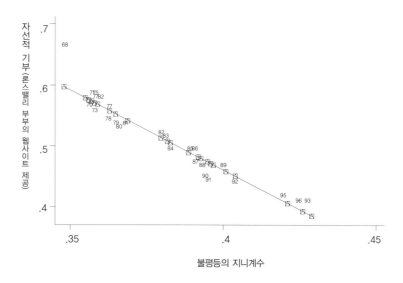

a 론스밸리 부부의 웹사이트 제공

신뢰는 감소한다. 기부 수준은 사람들에 대한 신뢰 수준에 좌우되는 만큼 경제성장, 인플레이션, 실업 같은 경제적 요인에는 그다지 좌우되지 않는다. 자선적 기부가 필요성이 가장 클 때 감소하는 유일한 '선행'은 아니다. 불평등이 심화될 때 적십자 봉사활동, 신도적 기부, 미국공동모금회를 비롯한 자선단체들에 대한 기부 등도 전반적으로 감소한다.[234] 경제적 불평등의 증가현상이 풍족하게 생활하는 사람들 사이의 물질주의의 심화

---

234 각각의 상관계수는 −.643(적십자), −.648(신도적 기부), −.771(미국공동모금회 기부), −.446 (《기부하는 미국》의 총 모금액)이다.

현상과 그에 따른 공공심의 감소현상을 부추기는 것은 당연하다.

《기부하는 미국》의 자료는 신뢰에 의해 형성되는 기부형태가 따로 있다는 점을 극명하게 보여준다. 신뢰는 비종교적 명분의 기부행위 추이를 추측케 하는 가장 강력한 가늠자이지만, 모든 종교적 명분의 기부행위에 대해 의미 있는 가늠자는 아니다(이것은 론스밸리 부부의 자료와는 정면으로 배치된다). 신뢰와 교육분야에 대한 기부, 그리고 보건분야에 대한 기부 사이에는 보통 수준의 양의 상관관계가 존재하지만 다변량 분석에서는 두 가지 상관관계 모두가 사라진다. 그리고 신뢰는 미국모금자문위원회의 예술 · 문화 · 공익 같은 분야와 음의 상관관계를 이룬다.[235] '공익' 분야(민권, 봉사활동, 공동체 개발)는 상대적 빈곤층에 대한 지원과 관계있는 것처럼 보일지 모르지만—실제로 어느 정도 관계있지만—그것은 공공시설과 소비자 신용조합뿐 아니라 자연과학과 사회과학 연구기관에 대한 기부와 더 밀접한 관계에 있다. 예술분야와 과학분야에서는 상대적으로 부유한 사람들이 각자 생각하는 바람직한 명분에 기부한다. 그러나 그것은 상대적인 부자들로부터 상대적인 빈자들에 대한 자원 재분배가 아니라 예를 들어 박물관, 대학교, 극단 등과 같이 개인적으로 이익을 얻을 법한 곳에 대한 기부가 많다.

여기서 잠시 모슬(2000년 25쪽)의 글을 읽어보자. "흔히 우리가 말하는 기부란 메트로폴리탄 미술관이나 뉴욕시립가극단처럼 기부자의 위신을 세워주고 기본적으로 중산층의 생활 수준 향상에 기여하는 특정 단체에

---

[235] 신뢰와 미국모금자문위원회의 각 분야(종교, 교육, 보건, 공익사업, 예술과 문화, 복지사업)의 상관계수는 각각 .121, .323, .570, -.566, -.791, .781이다. 이 자료도 미국모금자문위원회의 앤 캐플런이 제공했다.

대한 기부를 뜻한다. 최근 경기가 호전되고 있어도 가난한 사람들을 위한 단체에 대한 기부금은 상대적으로 줄어들고 있다."실제로 복지사업 분야에 대한 기부금은 감소하고 있다. 1960년 국내총생산대비 공익단체에 대한 기부금 비중은 1996년의 2배였다. 미술관에 기부하는 성금은 82퍼센트가 증가했다. 그러나 복지사업에 기부하는 성금은 절반 수준으로 감소했다. 이처럼 우리는 스스로 만족해야 아량을 베풀 수 있는 모양이다.

신뢰는 복지사업에 대한 기부행위를 형성하는 가장 중요한 요인이다. 복지사업 분야는 노숙자 쉼터, 식량은행, 직업상담, 장애인 지원, 식사배달봉사, 재난구호, 빈곤층 아동 여름캠프, 미국 소년·소녀 클럽 등에서 알 수 있듯이 그야말로 선량한 취지의 목록이다. 물론 어떤 단체들, 예를 들면 보이스카우트 연맹, 걸스카우트 연맹, 리틀 야구단, 농민공제조합, 농민연맹 같은 단체들은 봉사활동 프로그램을 그다지 많이 운영하지 않는다. 그러나 복지사업 분야에서는 대부분의 수혜자들이 기부자들과는 같지 않은 사람들이다.[236] 자신과 같지 않은 사람들에게 공감하는 정도가 감소하면서 사람들은 기부행위의 방향을 바꾸었다. 점점 자신과 동일한 부류의 사람들에게 더 많이 베풀고 자신과 같지 않은 사람들에게는 덜 베푼다. 그러나 일반적 신뢰의 감소이유가 다른 사람들이 불우이웃돕기를 꺼리는 모습을 점점 자주 목격하기 때문이라는 증거는 없다. 관련 자료를 종합하면 인과관계의 방향은 신뢰에서 기부행위 쪽을 가리킨다(부록 B를

---

236 국내총생산 대비 공익단체 기부금의 비중은 1960년 .0005에서 1996년 .0010으로 증가하고 예술단체 기부금은 .0077에서 .0014로 증가한 반면 복지사업 기부금은 .003에서 .0016으로 감소했다. 전체 기부금과 비종교, 종교, 보건, 복지사업 분야 기부금에 관한 다변량 분석결과는 부록 B를 보라. 모든 결과는 부트스트래핑(1000회 반복)을 통한 2단계최소제곱법을 이용해 추정한 것이다.

보라). 기부행위는 선행을 하는 사람들이 느끼는 따뜻한 빛으로 이어진다. 그러나 기부행위는 원래 타인에 대한 신뢰에 의존한다. 따라서 기부행위의 감소가 신뢰의 감소를 초래한 원인은 아니다.

우리를 다른 사람과 연결해주는 시민참여의 또 다른 형태, 즉 의용소방활동에 관한 몇몇 증거도 있다. 이른바 '공동체 생활의 중심지'(그로스 2000년 A25)에서 활동하는 의용소방대원들은 다른 사람을 위해 봉사한다는 강한 사명감이 있다(톰슨과 보노 1993년 336–337쪽, 버노이트와 퍼킨스 1995년 22쪽). 그런데 의용소방대원들은 점점 정규 소방관들로 대체되고 있다. 1983년 전체의 80퍼센트였던 의용소방대원 비중은 1998년에는 74퍼센트로 줄어들었다.[237]

의용소방대원수의 감소이유는 사람들의 여가시간이 점점 줄어들고, 훈련이 더 힘들어지고, 맞벌이 부부의 증가로 희망자의 부담이 늘어났기 때문이며, '측정은 불가능하지만 부인할 수 없는 공동체 의식의 쇠퇴' 때문이다(그룬왈드 1999년 A6, 그로스 2000년 A25). 시간 흐름에 따른 전 인구 대비 의용소방대원수의 비중은 신뢰의 추이와 흐름이 비슷하긴 해도 흡사하지는 않다. 그러나 내가 확보한 의용소방대원수 자료의 출발점은 1983년이다. 1983년 이전의 전 인구 대비 의용소방대원수를 추정하면 신뢰와의 매우 밀접한 관계가 드러날 것이다.[238] 따라서 의용소방대원 감소현상의 원인으로

---

237 이 자료의 출처는 카터(1999년 3쪽)이다. 미국화재예방협회의 낸시 슈워츠 덕분에 관련 정보를 입수할 수 있었다.

238 상관계수는 .453에서 .855로 증가한다. 1960년부터 1982년까지의 추정값은 시간을 가늠자삼아 스타타 6.0 귀속명령을 통해 구한 것이다. 1983년에서 1998년까지 전 인구 대비 의용소방대원수와 시간의 상관계수는 –.853이므로 이런 추정 결과는 타당한 듯하다. 현재 신뢰는 의용소방대원수 비중의 가장 강력한 가늠자가 되었다.

지목된 '공동체 의식의 쇠퇴'는 바로 신뢰의 감소를 뜻한다.

신뢰 감소에 따른 그밖의 결과

타인을 믿는 사람들은 사법제도를 더 존중하는 경향이 있다. 그런데 사람들의 존중하는 마음이 점점 사라짐에 따라 공공질서와 기존 사회규범을 준수하려는 의무감도 약화되었다. 신뢰가 감소하자 1인당 범죄율이 증가했다. 모든 종류의 1인당 범죄율은 1960년 .012에서 1991년 .061로 늘어났다(1996년에는 다시 .053으로 줄어들었다). 그리고 여러 가지 요인, 특히 개선된 신고절차는 범죄추이에 영향을 주지만 신뢰 또한 확실히 범죄율에 영향을 미치는 것 같다. 물론 다른 설명도 가능하다. 즉 일단 자기 주변을 둘러보면 범죄가 늘어나는 모습을 목격할 수 있다. 그런 모습을 눈으로 확인하면 남을 믿는 것이 너무 위험한 행동이라는 결론을 내릴 법하다(신뢰의 전략적 관점과 일맥상통하는 판단이다). 신뢰 감소가 범죄율 증가의 원인이라는 쪽에 무게를 두면서 양자의 호혜적 관계를 암시하는 증거가 일부 있긴 해도 확실한 인과관계를 파악하기란 쉽지 않다.[239]

---

239 신뢰 추이와 범죄율 추이의 종합상관계수는 −.810이다. 개별적인 조사에서는 신뢰와 범죄 사이의 관계를 뒷받침하는 근거가 비교적 부족하다. 일반사회조사나 1976년 미국선거연구의 경우 범죄 피해를 당한 사람들은 그런 경험이 없는 사람들 못지않게 다른 사람을 믿었다. 미국 법무부 산하 연방수사국 형사사법정보 지원부 정책지원과로부터 범죄 관련 자료를 제공해준 프랜시스 후쿠야마에게 고마움을 전한다. 세계은행의 대니얼 리더먼은 현재 범죄와 사회적 자본에 관한 국제적인 프로젝트를 진행하고 있다. 나는 6장에서 사용한 것과 똑같은 일반적 신뢰 변수들을 이용해 2단계최소제곱법 모형을 추정했다(그러나 신고된 범죄율을 추가했다). 범죄율은 신뢰에 대해 가까스로 의미 있는 영향을 주는 반면(t=−1.566, p⟨.10) 신뢰가 범죄에 미치는 영향은 훨씬 더 강력하다(t=−4.414, p⟨.0001). 신고된 범죄율 방정식에도 국내총생산(p⟨.10)과 실업률(p⟨.05)의 변화가 포함된다. 방정식은 통계학적으로는 잘 작동하지만(R^2=.739, RMSE=.0006) 이론적으로는 근거가 약하다. 따라서 이 방정식에서 일반적인 결론을 이끌어내기는 어렵다.

퍼트넘(1993년 180쪽), 낵과 키퍼(1997년), 라포르타 외(1997년 336쪽) 등은 신뢰가 물질적 번영도 초래한다고 주장했다. 사람들이 자신이 속한 공동체에만 은거하면 자신과 같지 않은 사람들과의 교역으로 이익을 얻을 기회가 없을 것이다(울코크 1998년 171쪽). 즉 물질적 번영은 일반적 신뢰에 의존한다. 이런 논리가 타당해 보이는 한편으로 관련 증거에 따르면 미국에는 이런 논리가 그다지 통하지 않는다. 신뢰 수준이 불경기보다 호경기 때 두드러질 정도로 더 높은 것은 아니다.[240] 호황을 누린 레이건 행정부와 클린턴 행정부 시절에는 심지어 임기 말 2년 동안 끔찍한 스태그플레이션을 경험한 카터 행정부 시절과 비교해도 신뢰 수준이 아주 낮다. 1960년부터 1996년까지의 1인당 국내총생산 변화와 신뢰 사이의 종합상관계수는 .339이다. 실업과 신뢰, 그리고 인플레이션 사이의 상관계수는 각각 -.396과 .010이다.

외국의 경우 일정한 추이를 추적하기에는 정보가 충분치 않다. 그러나 여러 나라에 관한 횡단면적 증거가 있고, 그것은 앞서 언급한 논리를 직·간접적으로 뒷받침한다. 즉 신뢰 수준이 높은 사회일수록 경제 수준이 높고 경제적 개방도가 높다(8장을 보라). 이렇게 볼 때 미국도 신뢰와 물질적 번영 사이에 간접적인 관계가 있을지 모른다. 즉 신뢰가 자유무역을 더 지지하는 분위기로 이어지고, 자유무역이 경제성장을 촉진한다면 신뢰는 미국의 물질적 번영을 초래하는 데 기여했다고 볼 수도 있을 것이다.

한편 신뢰가 감소함에 따라 미국인의 관용적인 태도가 퇴색됐다고 추

---

240 내가 여기에 주목한 것은 존 뮐러 덕분이고, 그의 지적이 옳았다. 이어질 분석에서 1975년, 1977년, 1982년, 1985년에 대해서는 신뢰 척도를 이용할 수 없었다.

정할 수 있지만 실제로는 그렇지 않다. 6장에서 살펴본 관용 인자 점수는 시간이 흐르면서 점점 향상되었다. 미국인은 1970년대 후반 약간 비관용적인 경향을 보이다가 지금은 약간 관용적인 편이다.[241] 그러나 아프리카계 미국인에 대한 백인의 감정온도는 거의 올라가지 않았다. 아주 미세한 온도상승이 있었지만 통계학적인 의미는 없다. 그리고 오늘날 백인이 흑인을 바라보는 시선은 1976년에 비해 매우 조금 호의적으로 바뀌었을 뿐이다.[242]

전 미국인 중에서 '선천적인 차이' 때문에 흑인과 백인이 서로 다르다거나 흑인이 백인만큼 의지력이 강하지 않다고 말하는 사람들의 숫자는 1976년에 비해 줄어들었다. 그러나 아직 백인 대다수는 아프리카계 미국인이 백인만큼 의지가 없다고 말한다. 그리고 미국인 중에서 흑인이 인종차별을 당한다고 말하는 사람들의 숫자는 1977년보다 적다. 또한 백인과 흑인의 차이가 상대적으로 낮은 교육 수준 때문이라고 말하는 사람들의 숫자도 적다. 비록 예전보다 좀더 관용적인 태도를 갖게 되었다 해도 진행속도는 민권법 제정 이후 40년 동안 아주 느렸던 것 같다. 만일 그간 미국 사회에서 신뢰가 감소하지 않았다면 흑인을 바라보는 시선도 더 관용적으로 변했을지 모른다.[243]

---

241 평균 인자 점수는 1976년의 -.135에서 1977년의 -.195로, 그리고 1996년의 .169로 향상되었다. 점수가 높을수록 관용적인 경향이 강하다.

242 1964년의 평균 온도는 60.4, 1976년의 평균 온도는 67.2, 1996년의 평균 온도는 63.3이었다.

243 1977년의 일반사회조사에 따르면 백인 응답자의 26퍼센트가 흑인이 백인과 다른 이유를 선천적인 차이 때문이라고 대답했고, 의지 박약 때문 66퍼센트, 교육 수준의 차이 때문 51퍼센트, 차별 때문 41퍼센트였다. 1996년에는 그 비율이 각각 10퍼센트(선천적인 차이), 52퍼센트(의지 박약), 44퍼센트(교육 수준 차이), 35퍼센트(차별)였다. 3개의 척도 선천적인 차이(파이=-.125, 큐=-.345), 의지(파이=-.145, 큐=-.292), 교육(파이=.129, 큐=.259)는 일반적 신뢰와 적어도 보통 수준의 상관관계를 보인다.

신뢰와 통치

내가 신뢰 감소와 불관용 사이의 밀접한 관계를 확정할 수 없는 데는 반대방향으로 전개되는 2개의 장기적인 추이 때문이라는 점이 크다. 첫 번째 추이는 민권이 확대된 것이다. 두 번째 추이는 일반적 신뢰가 감소하는 동안 경제적 불안과 개별적 신뢰가 증가한 것이다. 2개의 추이는 결국 신뢰 감소를 둘러싼 모호한 연구결과로 이어진다.

그러나 확실히 불관용이 지배적인 영역 하나가 있는데 바로 우리의 공적 생활이다. 우리는 정체가 확실한 특정 소수집단에게 항상 불관용적인 태도를 드러내지는 않을 것이다. 그러나 정치적 반대자들이 우리의 도덕적 공동체의 일원이라는 사실을 점점 더 부정하는 경향이 있고, 이 때문에 정치생활이 더욱 치열해지고 있다. 그 결과 입법기관에서도 교착상태가 빚어졌다. 입법부 내부에서 서로 타협할 수 있는 능력은 외부의 양극화 수준에 좌우된다. 요즘 들어 입법부의 행태가 점점 대립적인 경향을 보이는 것은 사회 전체의 신뢰가 감소한 현상이 반영된 것이다(우슬러너 1993년). 의원들이 점점 서로의 동기를, 특히 정책노선이 다른 의원들의 동기를 비난함에 따라 의회에서는 협력을 찾아보기가 어려워졌다.

신뢰가 감소할수록 사회는 점점 양극단으로 흐른다. 그런 사회에서 사람들은 정치적인 반대자들이 도덕적 공동체의 일원임을 인정하지 않으려고 한다. 민주당은 낙태합법화에 반대하는 후보자에게 전당대회에서 발언할 기회를 주지 않았다(1992년). 공화당은 낙태를 비롯한 몇 가지 쟁점과 관련된 이념적 다양성으로 서로 다툼을 벌였다. 1998년의 클린턴 대통령 탄핵을 둘러싼 논쟁은 단지 신랄한 것에 그치지 않았다. 양당은 의회 안에서도 밖에서도 서로 엇갈리는 말만 쏟아냈다(우슬러너 2000년). 양당 의원들에게는 타협을 꾀할 수 있는 능력의 기반인 서로에 대한 신뢰가 없었다.

그런 양당 간의 신뢰 문제가 너무 심각해지자 의회 밖의 기관인 퓨 재단이 중재에 나서 2회에 걸친 펜실베이니아주 허시에서의 수련회를 후원함으로써 양당 의원 간의 예의를 회복시키려고 했다. 1997년 수련회는 훈훈한 분위기가 감돌았지만 그때뿐이었다. 약 1개월 뒤 문제의 심각성을 깨달은 하원 의사운영소위원회는 상호예의 회복에 필요한 조치에 관한 청문회를 열었다. 그러나 첫번째 청문회는 하원의장을 모욕한 민주당 하원 원내대표의 불신임안 표결을 위해 양당 의원들이 서둘러 의사당으로 향하면서 종료가 선언되었다.[244] 1999년 수련회는 양당이 클린턴 대통령 탄핵문제를 둘러싼 치열한 논쟁 속에서 또 다시 서로에게 상처를 입힌 뒤에야 비로소 열렸다. 수련회 개최 2주 전 민주당 지도자 중 한 사람(메릴랜드주 상원의원 스테니 호이어)은 그 모임이 공화당 의원들에게 예의범절을 가르칠 수 있는 훌륭한 기회가 될 것이라고 말했다.

대인 신뢰의 감소현상은 의회에서의 협력이라는 규범이 약화된 점과도 관계가 있다. 신뢰가 점점 사라졌듯이 하원에서의 위원회 상호주의도 퇴색했고, 입법과정에서의 제한적 규정(의원들, 특히 소수당 의원들이 수정안을 제시 못하도록 막는 규정)을 더 많이 사용하는 경향은 대인 신뢰의 감소현상과 밀접한 관계가 있다(우슬러너 1993년 4-5장을 보라). 의회는 각종 위원회에 업무를 배당하기 때문에 소속 의원들이 보유한 전문지식을 효율적으로 활용할 수 있다. 그 전문지식은 위원회 소속 의원들이 법률을

---

[244] 문제의 민주당 인사는 조지아주 하원의원 존 루이스였다. 애초 나는 그해 4월에 이 청문회에서 증언 예정이었는데 나중에 3월로 일정이 바뀌었다.

제정하는 과정에서 핵심적인 발판으로 작용한다(크레빌 1991년).

서로 신뢰할 때 의원들은 그런 발판을 인정할 것이다. 다른 의원들이 각자의 특권적 지위를 악용할 가능성을 우려하지 않을 것이다. 의원들은 모든 위원회의 전문지식을 존중해야 한다는 위원회 상호주의 규범을 수용할 것이다(매튜스 1960년). 어떤 법안을 제출할 때는 해당 법안을 책임진 위원회의 의원들만 수정안을 제시할 수 있다. 만일 당장 그 법안에 대해 잘 모르는 사람이라면 토를 달지 말아야 한다. 너도나도 입법과정에 개입하면 법안을 둘러싼 타협 가능성이 현저히 낮아진다. 사회 전체의 신뢰가 급격히 곤두박질치면서 담당 위원회 비소속 의원들이 수정안을 제시한 법안의 비율이 늘어났다.[245]

의회에서 법안 통과를 저지하는 가장 유명한 방법은 상원에서의 필리버스터이다. 최근 들어 필리버스터가 훨씬 더 자주 등장하고 있다(바인더와 스미스 1996년).[246] 필리버스터가 더 많이 쓰이는 현상은 의회 결정을 따라야 한다는 의원들의 의무감이 약화되었다는 신호이다. 표결에서 지거나 심지어 타협보다는 차라리 교착상태가 낫다는 것이다. 1년 동안 의회에서 필리버스터 중단을 위한 시도(토론종결 신청) 횟수는 1960년-1973

---

[245] 하원과 상원에서 담당 위원회에 소속되지 않은 의원들이 수정안을 제시하는 행태에 신뢰가 미친 영향은 우슬러너(1993년 97-101쪽)를 보라. 웨스트민스터 대학교의 존 오웬스를 통해 입수한 의회에 관한 최신자료에 따르면 아직도 신뢰(와 민심)가 담당 위원회 비소속 의원들이 제시한 수정안 비율에 큰 영향을 미치고 있다.

[246] 필리버스터는 의사진행 방해전술이다. 미국 상원에서는 개별 법안에 관한 토론에 시간제한을 두지 않는다. 상원의원들이 만장일치로 법안 심의에 찬성하지 않을 경우 소수당은 '끝까지 논의하는 방법'을 통해 법안을 부결시킬 수 있다. 토론을 중단시키고 표결에 돌입하려면 의원 60명(출석수가 아닌 재적수)이 토론종결 신청에 찬성해야 한다.

년까지의 평균 3회에서 1990년대에는 평균 20회로 늘어났다. 사회의 신뢰 수준은 토론 종결안이 제출된 횟수의 가장 강력한 결정요인이다. 그것은 상원에서의 당파 간 갈등 수준보다 훨씬 더 중요한 요소이다.[247] 정리하자면 의사진행 방해전술을 구사하는 경우가 늘어날수록 상호협조적인 분위기 조성 가능성이 낮아지고, 신뢰 감소는 의회의 생산성 감소현상과 직접적인 관계가 있다(우슬러너 1993년 6장).

신뢰의 감소는 의사진행 방해전술이 더욱 빈번해지는 현상으로 이어질 뿐 아니라 입법과정에서의 교착상태가 더 심각해지는 현상도 초래한다. 매이 휴Mayhew(1991년)가 사용한 척도인 상하 양원에서 통과된 주요법안 목록, 혹은 바인더(1999년)의 좀더 새로운 척도인 교통체증으로 측정하든 간에 신뢰가 감소하면 입법과정의 생산성도 떨어진다. 2개 중 어떤 척도로 측정해도 신뢰는 입법과정의 생산성을 결정하는 가장 중요한 요인이다.[248]

양당의 이념적 차이가 클수록 타협에 이르기가 더 어려워진다. 그리고

---

247 토론 종결안에 관한 자료는 의회도서관 산하 의회조사국 행정부문과의 리처드 베스를 통해 입수한 것이다.

248 매이 휴의 척도에 관해서는 우슬러너(1993년 148-151쪽)를 보라. 교통체증은 교착상태를 가리키는 또 다른 용어이다. 이 용어의 어원은 극심한 정체를 보일 때가 많은 뉴욕시의 교통이다. 바인더(1999년)의 교통체증 척도는 공공정책에 관한 주요쟁점을 다룬 〈뉴욕타임스〉 사설의 숫자를 계산하고 사설에 인용된 쟁점이 얼마나 많이 법제화되었는가를 측정함으로써 입법과정에서의 현저한 성격을 제어한다. 교통체증 점수는 공개적으로 이용할 수 없어서 바인더(1999년 525쪽)에 실린 그래프의 교통체증 점수를 삽입했다. 바인더는 조건부 로짓 모형을 사용해 의회 의제의 규모를 제어했지만(〈뉴욕타임스〉 자료를 통해) 나는 상하 양원의 양당 사이의 평균적인 이념 차이와 함께 의제 규모를 교통체증의 가늠자로 포함하기로 결정했다. 나는 통상최소제곱법, 3단계최소제곱법(필리버스터에 관한 개별적인 방정식을 쓸 때도 있고 쓰지 않을 때도 있었다), 자동회귀이동평균모델링 등으로 모형을 추정했다. 단 1개를 제외한 모든 경우에 신뢰는 가장 의미 있는 가늠자였다. 그 1개의 예외에서(필리버스터를 포함한 연립방정식) 신뢰는 의제 규모 다음으로 중요했다.

민주당과 공화당의 이념적인 간격은 미국 사회의 신뢰 감소에 따라 상하 양원을 막론하고 더 벌어졌다(우슬러너 2000년).[249]

미국 사회에서 주요법안은 일반적으로 압도적인 득표로 통과된다(매이휴 1991년). 그것은 아마도 반다수결주의 문화에서는 중요한 정책적 변화가 근소한 차이에 의해, 즉 특정 정파의 일시적이고 폭좁은 연대에 의해 법제화되는 상황을 쉽게 용인하지 않기 때문인 것 같다. 압도적인 다수표를 확보하기 위해서는 정치 지도자들은 반드시 상대와 타협해야 한다. 그리고 신뢰는 다른 관점을 존중하는 태도를 함양하기 때문에 원활한 타협에 도움이 된다. 서로 간에 신뢰가 없다면 정치 지도자들은 연대세력을 하나하나 규합해야 한다. 심각한 이념적 차이는 폭넓은 연대 형성에 걸림돌로 작용하고, 과반을 가까스로 확보한 상태로는 예산안 같은 가장 기본적인 법안조차 통과시키기 어렵다. 교착상태가 일상화된 오늘날 미국은 더욱 비협조적인 사회로 변했다.

신뢰의 결과

신뢰의 가장 중요한 결과는 퍼트넘(1993년 171쪽)이 지적했듯이 협조적 분위기의 조성이다. 서로를 믿는 경우라면 집단적 의사결정을 내릴 때마다 협상조건을 새로 의논할 필요가 없다. 물론 신뢰 없이도 합의에 도달할 수는 있지만(레비 1999년), 집단행동은 서로를 신뢰하는 환경에서 더욱

---

[249] 우슬러너(2000년)에서 나는 양당 간의 이념적 격차를 키스 풀을 통해 입수한 상하 양원의 기록 표결 점수의 차이로 산정한다. 신뢰는 이념적인 격차의 가장 중요한 결정요인이었다.

수월해지는 것 같다. 타인을 신뢰하는 사람들은 타인과의 협조 가능성이 더 높다. 왜냐하면 그들은 자신의 관심사가 타인의 관심사(심지어 자신과 의견이 다른 사람들의 관심사)와 양립할 수 있다고 생각하기 때문이다.

타인을 신뢰하는 사람들은 공통의 문화가 있다고 생각한다. 아울러 그들은 공통의 문화에 속한 모든 구성원들이 동등한 대우와 존중받도록 보장할 의무감을 느낀다. 따라서 그들은 시민의 권리와 자유를 증진하는 정책을 지지할 가능성, 그리고 그런 사회적 합의를 깨뜨릴 만한 행동을 회피할 가능성이 높다.

낯선 사람들을 믿는 사람들은 더욱 포용적인 사회를 위한 이런 의무감 외에 더 좋은 사회를 만들기 위한 의무감도 느낀다. 그들은 봉사활동과 자선활동에 나서고, 자신과 같지 않은 사람들과 도움을 필요로 하는 사람들을 도울 기회를 모색할 것이다. 또한 너의 기쁨은 나의 슬픔이라는 기본적인 가정을 거부함으로써 집단행동 문제를 '해결한다.'

그들은 단순히 '여러 단체에 얼굴을 내미는 사람들'이 아니다. 그들은 '선량한 취지'를 위해 활동하는 시민운동가들이다. 따라서 다른 사람들보다 더 많은 단체에 가입해 활동하는 건 아니다. 그리고 단체활동을 통해 갖가지 즐거움은 얻어도 자신과 비슷한 사람들과의 교류로 타인을 더 믿게 되지는 않을 것이다.

신뢰의 생산결과, 즉 집단행동 문제의 해결과 어떤 명분에의 헌신 따위는 특히 성인이 된 상태에서 즐거운 시간을 갖기 위해 함께 어울리는 사교모임에서 쉽게 배울 수 있는 것이 아니다.

하지만 신뢰가 초래하는 긍정적인 요소는 점점 더 줄어들고 있다. 즉 국내총생산 대비 기부금, 일부 유형의 봉사활동, 집단행동 문제의 원활한 해결에 필요한 우호적인 분위기 등을 점점 찾아보기가 힘들다. 긍정적인 요소의 감소 대부분은 신뢰의 감소현상에서 비롯되었다고 볼 수 있다.

이와 같은 결과는 외국에도 적용되는 일반적인 현상일까? 8장에서는 국가별 사례를 통해 신뢰, 신뢰의 원인, 신뢰의 결과 등을 고찰하겠다.

PART 8

신뢰와 민주주의적 기질

심각한 부패와 범죄가 만연한 나라에서는 시민사회 형성이 어렵다……. 압박과 긴장된 분위기 속에서 시민사회 운운은 적절치 않다. 사람들에게는 안정감이 필요하다……. 이제 우리는 생존에 급급하고 있다. 하지만 생존에 필요한 활력과 시간과 돈이 충분하지 않다. 마치 전쟁으로 인한 궁핍의 시기를 보내는 것 같고, 각자 자신의 힘으로 살아 남아야 한다.

−러시아 여론조사원 마샤 볼켄슈테인

호프만(1996년 A40)에서 인용

영국의 유명한 소설가 E. M. 포스터E. M. Forster(1965년 70쪽)는 《민주주의에 대한 환호Two Cheers for Democracy》에서 다음과 같이 말했다.

우리가 민주주의에 환호하는 이유는 두 가지이다. 하나는 민주주의가 다양성을 인정하기 때문이고, 다른 하나는 비판을 허용하기 때문이다. 이 두 가지 이유로 충분하다. 세 번째 이유는 필요없다. 오직 사랑, 사랑스런 공화국만이 세 번째 환호를 받을 만하다.

세 번째 환호를 보낼 이유도 있을지 모른다. 민주주의 사회는 서로를 신뢰하는 사회이다.

오늘날 대다수 전문가들에 따르면 대인 신뢰는 '더 나은' 정부로, 그리고 더 행복해하는 국민으로 이어진다. 혹은 훌륭한 정부가 국민의 신뢰 수준을 향상시키는 것일 수도 있다. 아마 둘 다 맞는 말일지 모른다.

8장에서는 폭넓은 국가별 맥락에서 신뢰의 원인과 결과를 고찰하겠다. 구체적으로 말하자면 미국의 사회적·정치적 체제에서 신뢰가 미치는 영향을 둘러싼 주장이 외국에도 적용된다는 점을 보여줄 것이다. 교육 수준, 대중매체 이용행태, 강력한 사법제도, 부패, 시민사회의 기초, 자발적 단체에서의 활동 등 지금까지 신뢰의 잠재적 결정요인으로 여러 가지가 언급되었다. 그리고 많은 전문가들은 신뢰를 민주주의 사회의 특징으로 간주한다. 만일 우리가 교육 수준을 높이고, 텔레비전 시청빈도를 줄이고, 사법제도를 개선하고, 부패와 맞서 싸우고, 사람들을 자발적 단체에 가입시키고, '더욱 민주주의적인' 헌정체제를 이끌어낼 수 있다면 우리는 서로를 더 믿는 사회를 맞이할 수 있을 것이고, 그에 따른 모든 이익을 누릴 수 있을 것이다.

하지만 이것은 잘못된 상상이다. 상상에서 언급된 '원인' 가운데 상당수는 다변량 분석에서 아무런 영향을 미치지 못한다. 그리고 나머지 원인들은 결정요인이라기보다 그에 따른 결과일 것이다. 요컨대 신뢰는 우호적인 정치문화에, 특히 경제적 평등이라는 기초에 의존한다.

문화는 오랜 역사적 그림자를 갖고 있는 것으로 쉽게 변하지 않는다. 경제적 평등은 문화에 비해 변화에 약하기는 해도 오랜 시간에 걸쳐 변화하는 경향이 있다. 따라서 개인적 차원보다 전체적 차원에서 신뢰의 변화가 일어날 가능성이 더 높아 보이지는 않는다.

미국 사회에서 신뢰로 인한 주요 혜택은 더욱 참여 지향적인 시민, 더욱 관용적인 태도, 더욱 생산적인 정부 등이다(7장을 보라). 서로를 신뢰하는 시민은 더 협조적이다. 덕분에 국정운영이 훨씬 더 원활하다. 대인 신뢰와 정부에 대한 신뢰 사이에 직접적인 연관성은 거의 없지만 효율적인 국정운영을 통한 간접적인 연결고리는 있을지 모른다. 퍼트넘(1993년)은 이 연결고리를 공식적으로 거론했다. 그는 신뢰가 민주주의를 작동시키는 요소라고 주장한다. 그에 따르면 신뢰 수준이 높은 사회일수록 대중들은 더욱 협조적이고 참여적인 자세를 갖는다. 능동적인 시민일수록(대부분은 자발적 단체에서 활동한다) 정부를 압박함으로써 정부의 정직성과 반응성을 더 담보할 수 있다. 그리고 국민에게 정직하고 여론에 민감하게 반응하는 정부는 국민에게 더 큰 물질적 번영을 안겨다 줄 수 있을 것이다.

신뢰와 정부의 국정운영에 관한 퍼트넘의 주장은 대부분이 옳다. 신뢰는 정부의 더 나은 국정운영과 더 빛나는 물질적 번영으로 이어진다. 그러나 능동적인 시민이라는 '중개자'가 없어도 그런 결과는 얻을 수 있다. 2장과 5장에서 주장한 것처럼 시민단체 활동은 좋은 일이지만 그 자체로는 신뢰가 생성되지 않는다. 시민단체 활동이 더 나은 정부를 생산하는 것도 아니다. 오히려 정부의 국정운영과 신뢰 사이의 관계가 더 직접적이라고 볼 수 있다.

시민의 자세가 협조적일수록 상대적으로 빈곤한 사람들에게 더 많이 지출할 수 있는 권력과 권한을 정부에 기꺼이 부여한다. 서로를 신뢰하는 사회는 부유층에게서 빈곤층으로 부를 재분배한다. 또한 사람들에 대한 신뢰는 정부로 하여금 여론에 더 민감하게 반응하고 더 효율적으로 작동하도록 이끌기도 한다.

서로를 신뢰하는 사회에서는 시민이 지지하는 강력한 사법제도가 등장한다. 강력한 사법제도가 신뢰의 증가로 이어진다는 추론은 옳지 않다. 서로를 신뢰하는 사회에서는 부패한 정부가 등장할 가능성이 더 낮고, 자유무역에 우호적인 분위기가 조성될 가능성은 더 높다(미국의 여론에 관해서는 7장을 보라). 따라서 구성원들의 협조적인 자세는 사회적 부의 증가로도 이어진다(퍼트넘 1993년 180쪽, 울코크 1998년).

이렇듯 신뢰는 사회생활의 진정한 보양식이다. 비록 만병통치약은 아니지만 신뢰는 여러 가지 중요한 결과를 낳는다. 다음에는 신뢰가 초래하는 중요한 결과를 자세히 살펴보겠다. 물론 그런 결과는 주로 공산주의 지배를 받지 않은 나라들에게 적용되는 이야기이다. 앞으로 내가 신뢰의 중요성을 입증하는 동안 정부의 국정운영에 그리 결정적인 영향을 미치지 않는 요소(자발적 단체와 민주화)에 주목하기 바란다.

앞서 언급한 여러 가지 중요한 긍정적인 결과를 초래하는 것은 시민참여가 아니라 신뢰이다. 그리고 우리에게 더 나은 정부를 선사하는 것은 민주화가 아니라 신뢰이다. 개혁가들은 이 나라 저 나라를 옮겨다니면서 헌법과 씨름하고, 사람들에게 참여정신을 주입하려고 애쓴다. 그러나 자발적 단체나 민주화가 더 나은 사회를 초래한다는 증거는 거의 없다. 뮐러(1999년)가 주장하듯이 민주주의를 이룩하기는 쉬워도 민주주의를 작동시키기는 어렵다(퍼트넘 1993년). 그것은 신뢰의 몫이다.

민주주의에 대한 세 가지 환호?

민주주의와 일반적 신뢰가 서로 연관되어 있다는 점은 이론적 · 경험적 차원에서 국가별 신뢰를 연구하는 전문가들이 거의 합의한 사실이다(퍼트넘 1993년 111-115쪽, 오페 1997년 26쪽, 란 · 브렘 · 칼슨 1997년 24쪽, 레비 1998년 96쪽, 스톨 1999년b 9쪽, 로스스타인 미간행). 민주주의 제도는 시민사회의 토대이다. 민주주의는 법치를 촉진한다. 사람들은 정부가 시민을 공정하게 대우한다고 느낄 때 동료 시민을 믿을 만한 존재로 여길 것이다. 레비는 민주주의가 해당 사회에서 수용 가능한 선택의 폭을 체계화함으로써 우선권을 바꿀 수 있다고 주장한다. 그녀는 그런 변화가 어떻게 일어나는지에 대해서는 자세히 설명하지 않았지만 민주주의가 다량의 자원을 장악하지 못한 사람들에게 권한을 부여한다고 주장하는 듯하다. 정치 지도자들이 일반대중의 지지에 의존할 때 그들은 스스로의 배를 채우거나(부패) 주류세력의 이익을 보장하는(경제적 계층화) 정책을 마음대로 채택하지 못한다.

민주주의는 강력한 사법제도도 확립한다. 민주주의 체제의 사법기관은 시민 각자가 다른 사람의 신뢰성을 탐지해야 하는 부담을 덜어준다. 사람들은 자신이 공정하게 대우받는다고 생각할 때 사법제도를 존중하고(타일러 1990년), 정직하게 행동해야 한다고 생각할 것이다(레비 1998년).

부패한 정부는 시민들이 용인할 수 있는 행동유형에 관한 나쁜 본보기를 제시한다. 부패한 국가일수록 국민은 서로를 믿지 않는다.[250] '부패정

---

[250] 52개국을 조사한 결과 사회적 부패와 대인 신뢰 사이의 상관계수는 -.613이다. 2장과 마찬가지로 데이터베이스는 1981-1982년이나 1990-1993년에 실시된 세계가치조사의 대인 신뢰 질문 대상 국가들이다. 앞서 언급한 두 기간 모두 조사가 실시된 국가들의 신뢰 수치는 평균치이다. 중국의 경우 신뢰

치'는 시민들에게 범죄가 이익이 된다는 분명한 메시지를 보내기 때문이다.[251] 따라서 시민들은 거리낌 없이 사법제도를 무시하고, 당국의 강경한 단속을 초래하며, 결국에는 퍼트넘(1993년 115쪽)의 말처럼 부패와 불신이 '연동하는 악순환'으로 이어진다.

정직한 정부는 윤리적인 행동의 본보기를 확립하고 그런 기준을 법으로 강제한다. 억압적이거나 부패한 정부는 국민에게 정직이 최선의 방도가 아닐지 모른다는 신호를 보낸다. 민주주의와 신뢰가 동행한다는 점에는 논란의 여지가 거의 없다. 오히려 문제는 민주주의가 신뢰를 초래하는가(뮐러와 셀리그선 1994년) 아니면 신뢰가 민주주의를 초래하는가(잉글하트 1997년 6장)의 여부인 것 같다.

나는 이와 같은 통념에 도전장을 내민 소규모 집단의 일원이다(로젠블룸 1998년, 뮐러 1999년). 정부에 대한 신뢰가 일반적 신뢰로 이어지지 않듯이(5장을 보라) 민주주의도 일반적 신뢰로 이어지지 않는다. 서로를 신뢰하는 시민들이 많은 민주주의 체제가 있는 반면 그런 시민들이 적은 민주주의 체제도 있다. 물론 권위주의 국가는 신뢰를 파괴할 수 있는데 신뢰 구축은 제도변화를 통해 가능한 것이 아니다. 동유럽과 중부유럽의 구 공산권 국가들은 과거에 비해 민주화가 상당히 진전되었음에도 신뢰 수

점수가 너무 높아 제외했다(부패인식지수가 아주 높다는 점은 역설적으로 정부의 정직성을 가리키기 때문에 상관계수는 재고의 여지가 있다). 8장 뒷부분에서는 공산주의 지배 경험이 없는 나라들에 관한 자료를 분석할 것이다. 여기서는 다만 34개 국가들만 분석할 때 상관계수가 -.749로 증가한다는 점만 밝히겠다. 부패에 관한 자료(1998년)의 출처는 국제투명성기구이고, http://www.transparency.de/documents/cpi/index.html에서 확인할 수 있다.

251 라포르타 외(1998년)의 정부자질자료에 실려 있는 탈세와 부패 척도 사이의 상관계수는 .619이다.

252 이 자료의 출처는 공산주의 지배 경험이 있는 8개국(벨로루시, 동독, 에스토니아, 라트비아, 리투아니아,

350

준이 떨어졌다.[252] 인도의 한 언론인은 일정한 형태의 정부를 이루지 못한 채 불안정한 연대만 초래한 자국의 극심한 분열에 관해 다음과 같이 논평했다. "우리에게는 민주주의의 하드웨어는 있지만 소프트웨어는 없다. 민주주의의 소프트웨어는 차용하거나 모방할 수 있는 것이 아니다."(콘스터블 1999년 A19)

미국의 사례와 마찬가지로 다른 여러 나라에서도 신뢰는 정치제도보다는 가치(문화)와 자원배분(경제적 평등)에 더 좌우된다. 신뢰가 민주주의나 시민의 단체활동에 좌우된다는 증거는 희박하다. 대신 신뢰는 낙관론, 경제적 평등, 시민들의 기본적인 가치와 신념에 좌우된다. 신교도 숫자가 많은 나라들은 신뢰 수준이 더 높고 평등주의 의식이 더 강하다. '신교도 윤리'는 '경쟁사회에서 성공하기 위해서는 다른 사람에게 의존할 필요가 있다'라는 개인적인 신조이다. 집단주의 사회에서는 사람들이 동류집단에 의존하고 개별적 신뢰를 통해 생존할 수 있다. 반면 개인주의 사회에서는 일반적 신뢰가 필수적이다(토크빌 1945년 98쪽).

미국 이외의 여러 나라에서도 신뢰는 더 효과적으로 작동하는 정부와 더 공평한 부의 분배 같은 긍정적인 결과를 낳는 데 도움이 된다. 신뢰 수준이 높은 나라일수록 개방적인 경제와 더 높은 경제성장률을 자랑한다. 일반적 신뢰를 고수하는 사람들이 많은 나라일수록 더 효율적인 사법제도와 관료제를 보유할 수 있다. 그런 나라일수록 부패 수준이 더 낮고, 사법제도에

폴란드, 러시아, 슬로베니아)을 대상으로 1990년과 1990년대 중반에 실시한 세계가치조사(각주 254를 보라)와 프리덤하우스의 자유 점수(각주 255를 보라)이다. 8개의 구 공산권 국가들의 신뢰 수준은 이전보다 5퍼센트 정도 낮아졌지만 평균 자유 점수는 '부자유'에 해당하는 11점(1988년)에서 칠레, 도미니카 공화국, 인도, 필리핀, 베네수엘라 등과 비슷한 수준인 4.75점(1998년)으로 호전되었다.

대한 만족도가 더 높다(퍼트넘 1993년 111쪽, 라포르타 외 1997년 335쪽).

　그러나 국민에게 인정받는 정직한 정부나 공정한 사법제도도 신뢰를 창출하지는 않는다. 타인을 믿는 사람들은 법에 대한 확신을 갖고 있다. 왜냐하면 그들은 일상적으로 법적 강제수단에 의존할 필요성을 느끼지 않기 때문이다(매컬리 1963년 58쪽 · 60쪽 참고). 신뢰는 다른 사람과의 공감으로 이어지고, 따라서 결국 법을 존중하는 자세로 이어진다. 사실 법률은 타인을 믿는 사람들이 강력하게 지지하는 도덕률을 승인한 것에 불과하다(7장을 보라).

　협조적인 자세와 타인에 대한 신뢰 사이의 연결고리도 정부의 산물이 아니다. 두 요소 사이의 밀접한 상관관계를 부정할 수는 없지만 인과관계는 신뢰에서 협조적인 자세로 이어진다. 신뢰 수준이 높은 사회에서는 정치 지도자들이 국고를 쉽게 탕진하지 못한다. 상당수의 국민들이 원래부터 서로를 믿지 않는 상태일 때 정치 지도자들이 부정을 저지르고도 처벌을 면할 수 있다.

　타인을 신뢰하는 사람들은 자신이 속한 도덕적 공동체를 폭넓게 해석한다. 그들은 상대적으로 불우한 사람들에게 사회적 안전망이 필요하다고 생각한다. 따라서 타인을 신뢰하는 사람들이 많은 나라는 부유층으로부터 빈민층으로 부를 재분배하는 강력한 정부를 갖고 있다. 시민들이 서로를 신뢰할수록 정부는 여론에 더 민감하게 반응할 것이고, 서로를 믿는 시민들은 경제적 평등을 촉진하고 더 많은 신뢰를 창출하는 정책을 채택할 가능성이 높다.

　정부는 신뢰를 창출하지 못한다. 정부에 대한 믿음도 신뢰를 창출하지 않는다. 정부에 대한 믿음에는 지도자들에 대한 직무평가가 반영된다. 사람들은 보통 적절한 수준의 '윤리적 상호주의'를 기대할 수 있을 때만 지도자들에게 충성을 약속한다(레비 1998년 86–88쪽). 그러나 2장에서 강조했듯이 이것은 타인에 대한 신뢰와는 의미가 좀 다르다. 얼핏 생각하면 정부를 신뢰하는 사람들은 타인을 신뢰하고, 타인을 신뢰하는 사람은 정부를 신뢰할 것 같다. 그러나 좀더 깊이 생각해보면 그런 추론의 오류를 깨달을 수 있다. 2장에서 이미 전략적 신뢰가 이 책의 폭넓은 주제와는 무관하다는 결론을 내린 바 있다. 이제 다시 전략적 신뢰 문제로 돌아왔고, 정부에 대한 믿음이, 국민이 지도자에 관해 알고 있는 사실에, 그리고 지도자에 대한 국민의 평가에 좌우된다는 점을 확인할 것이다.

타인에 대한 기대가 타인에 대한 믿음의 조건은 아니다. 반면 지도자에 대해서는 신뢰성의 증거를 필요로 한다. 그것은 아마 많은 지도자들이 믿음을 주지 못했기 때문일 것이다. 그러나 우리는 모르는 사람들에 대해서는 기꺼이 그들의 선의를 믿는 신뢰적인 도약을 감행한다.

타인을 믿는 사람들이 많은 사회일수록 더 즐겁게 살 수 있다. 그런 사회는 평등하며, 그런 사회를 통치하는 정부는 더 유능하다(관료제는 형식에 덜 얽매이고 사법제도는 여론에 더 민감하게 반응한다). 신뢰가 넘치는 사회의 정부는 공공부문 확대, 부의 재분배, 교육부문 지출확대 같은 평등 지향적인 정책을 추구한다.

신뢰와 경험

민주주의와 신뢰는 다소 불편한 관계를 맺고 있다. 한편으로 사회적 신뢰는 익명의 시민들 사이에―퍼트넘(1993년)의 멋진 표현을 빌리자면― '민주주의를 작동시키는' 끈끈한 연대를 구축한다. 물론 신뢰가 없어도 민주주의는 존재할 수 있다. 그러나 효과적인 민주주의, 즉 사람들이 긴급한 문제해결을 위해 서로 협력할 수 있는 체제는 신뢰라는 사회적 연대에 좌우된다.

다른 한편 민주주의는 권력에 대한 불신을 전제로 한다. 민주주의 체제에 대한 동의 여부는 언제나 지도자들의 계약이행 여부를 조건으로 삼는다. 지도자들은 반드시 약속을 지키고, 합당한 성과를 내고, 시민들을 공정하게 대우해야 한다(레비 1998년 88쪽). 민주주의의 힘은 '권력을 견제하고, 권력의 요구와 위험을 억제할 수 있는' 능력이다(워렌 1996년 47쪽).

합리적인 사람이라면 당연히 대다수 정치인들이 믿을 만하지 않다는 결론을 내릴 것이다. 그리고 이런 회의적인 결론은 현명하게만 활용하면 그다지 나쁘지 않다. 영국의 소설가 포스터에 따르면 민주주의의 중요한 미덕 가운데 하나는 '비판을 허용하는 것'이다. 레비(1998년 95쪽)는 한걸음 더 나아간다. 그가 보기에 민주주의는 부정부패를 노출시킴으로써 동의를 이끌어낸다. 민주주의 사회에서 우리는 악행을 폭로할 수 있고, 그것을 저지른 사람들을 처벌할 수 있다. 그러므로 지도자들을 경계하는 것은 이치에 맞는 일이다. "불신은 훨씬 더 민주주의적인 국가의 중요한 동력일 수 있다."(레비 1998년 96쪽)[253]

상당수 학자들은 민주주의가 신뢰 생성과정에서의 필요조건이거나 충분조건이라는 점에 동의한다. 물론 그렇게 생각하지 않는 학자도 있다. 뮐러(1996년 118쪽)는 다음과 같이 주장한다. "사람들이 자기수양, 절제,

---

[253] 세계가치조사에서 대인 신뢰와 사법제도에 대한 신뢰 사이의 상관계수는 보통 수준이다(타우-시 =.069, 감마=.122). 그리고 국가별 상관계수는 대인 신뢰가 높은 국가일수록 높다.

참여, 지식, 그리고 확실히 대의를 위한 희생 등의 측면에서 보여주는 것이 거의 없어도 민주주의가 훌륭하게 작동할 수 있다……. 현실에서 민주주의의 비범한 능력은 사람들이 원래부터 창조주에게 듬뿍 부여받은 이기심과 무지의 수준을 거의 뛰어넘지 않아도 작동될 수 있다."

글쎄, 맞는 말도 같고 틀린 말도 같다. 뮐러는 민주주의를 기본적으로 일종의 절차적인 것, 즉 잘못된 일에 불만을 토로할 수 있는 시민의 권리가 보장된 것으로 바라본다. 그리고 그런 절차적 민주주의의 유일한 전제조건은 '총을 휘두르는 악당'의 부재이다(뮐러 1996년 118쪽). 억압적인 권력자들이 없을 경우 사람들은 민주주의를 완전히 자연스런 체제로 여길 것이다. 그러므로 여러 민주주의 체제에서 신뢰를 둘러싼 아주 다양한 양상이 나타나는 것은 당연하다. 신뢰가 있어야만 민주주의를 구현할 수 있는 것은 아니고, 민주주의 체제가 시간의 흐름에 따라 신뢰를 조성할 것으로 생각할 이유도 없다. 신뢰는 제도적 구조가 변하지 않은 상태에서도 국가별·시기별로 부침을 보인다(잉글하트 1997년 207-208쪽 참고).

민주주의 사회는 다른 사회보다 신뢰 지향적이다. 민주화에 관한 여러 척도에 따르면 사회의 헌정구조가 민주적일수록 시민의 신뢰 수준이 높다. 〈표 8-1〉에는 민주주의의 척도와 신뢰 사이의 상관관계가 제시되어 있다. 내가 사용하는 민주화의 지표는 프리덤하우스에서 고안하고 개스틸 Gastil(1991년)에 실려 있는 정치적 자유 척도와 시민적 자유 척도, 종합 자유 점수, 1993-1994년과 1998-1999년에 대한 프리덤하우스의 최신 척도,[254]

---

254 이 척도들은 http://www.freedomhouse.org/rankings.pdf에서 확인할 수 있다. 프리덤하우스의 웹사이트에는 정치적 자유와 시민적 자유 점수가 게재되어 있다. 두 가지 점수는 서로 밀접하게 연관되어 있기 때문에 나는 2개를 통합해 판단했다(잉글하트 1997년 357쪽 참고).

〈표 8-1〉 일반적 신뢰 척도와 민주주의 척도 사이의 상관관계

척도	모든 국가	비 공산국가	구 공산권 국가*
볼런 민주주의 점수	.375(62)	.530(29)	.114(21)
번헤넌 민주주의 점수	.439(57)	.578(37)	.139(19)
개스틸 시민적 자유 점수(1988)**	.501(58)	.617(40)	-.029(17)
개스틸 정치적 권리 점수(1988)**	.361(58)	.369(40)	-.100(17)
개스틸 복합 자유 점수(1988)**	.424(58)	.497(40)	-.070(17)
프리덤하우스 복합 자유 점수(1993~94)**	.377(65)	.600(41)	-.188(18)
프리덤하우스 복합 자유 점수(1998~99)**	.357(69)	.639(41)	-.402(21)
프리덤하우스 복합 자유 점수 (조사에 가장 근접한 연도)****	.393(67)	.655(41)	-.466(19)
거 외 민주화 점수(1978)	.604(50)	.530(29)	.000(21)***
거 외 민주화 점수(1994)*****	.439(57)	.578(37)	.130(19)
코페지와 라이니크 다두정 점수*	.311(62)	.328(40)	-.009(21)
라포르타 외 재산권 점수	.530(55)	.627(36)	-.053(19)

*중국은 제외된다.
**원래의 코딩작업에 반영된 점수
***원래의 코딩작업에 반영된 점수. 1990년 조사 때는 1988년 프리덤하우스 점수를, 1995년이나 1996년 조사 때는 19934년 프리덤하우스 점수가 사용된다.
****민주화의 코딩작업에서 변량이 전혀 없기 때문에 상관계수는 0이다.
*****출처: 라포르타 외(1998년)

각국에 세계가치조사의 신뢰 척도와 가장 근접한 연도의 민주화 척도를 할당하는 프리덤하우스 점수의 요약 척도, 코페지Coppedge와 라이니크 Reinicke(1991년)의 다두정多頭政 지표, 볼런Bollen(1991년), 거Gurr·재거스 Jaggers·무어Moore(1991년), 번헤넌Vanhanen(1997년) 등에 실린 민주화 척도, 라포르타 외(1997년)에서 발췌한 거 외 척도(거, 재거스, 무어 등의 척도를 가리킨다-역자)에 대한 최선 점수 등이다. 여기서 신뢰 척도는 3개 조사기간 동안 63개국에 걸쳐 진행한 세계가치조사에서 발췌한 가장 최근의 수치이다.[255]

신뢰 척도와 민주주의의 지표 사이의 상관계수는 대체로 보통 수준이
지만 기준에 따라 상관계수가 높은 경우도 있다.[256] 이런 사실에 담긴 메
시지는 간단하다. 즉 민주주의가 반드시 높은 수준의 신뢰와 동행하지는
않는다는 점이다(잉글하트 1999년). 국가의 민주화 수준을 높인다고 신뢰
가 증가하지는 않지만 민주화 수준을 낮추면 신뢰가 훼손될 수 있다. 동
유럽과 중부유럽의 구 공산주의 정권처럼 서로 간의 대립을 부추기는 권

---

255 세계가치조사의 세 번째 기간(1995-1996년)의 최신자료를 제공해준 로널드 잉글하트에게 고마움을
전한다. 이 수치는 평균치가 아니다(첫번째와 두 번째 조사기간에서의 평균 신뢰점수율을 사용하는 분석은 다
음의 내용을 참고하라). 내가 신뢰자료를 확보하고 있는 국가와 연도는 다음과 같다. 아르헨티나(1996), 아
르메니아(1995)*, 오스트레일리아(1995)*, 오스트리아(1990)*, 아제르바이잔(1995)*, 방글라데시(1997)*,
벨로루시(1996)*, 벨기에(1990)*, 불가리아(1990)*, 캐나다(1990), 칠레(1996), 중국(1995)*, 콜롬비아
(1996), 크로아티아(1996)*, 체코 공화국(1990)*, 덴마크(1990), 도미니카 공화국(1996), 동독(1996)*, 에스
토니아(1996)*, 핀란드(1996), 조지아(1996)*, 가나(1995), 그리스(1990), 헝가리(1990)*, 아이슬란드
(1990), 인도(1996), 아일랜드(1990), 이탈리아(1990), 일본(1995), 라트비아(1996), 리투아니아(1996)*, 룩
셈부르크(1990), 멕시코(1996), 몰도바(1996)*, 몬테네그로(1996)*, 북아일랜드(1990), 네덜란드(1990), 나
이지리아(1995), 노르웨이(1996), 페루(1996), 필리핀(1996), 폴란드(1996)*, 포르투갈(1990), 루마니아
(1990)*, 러시아(1995)*, 남아프리카공화국(1996), 한국(1996), 세르비아(1996), 슬로바키아(1990)*, 슬로
베니아(1995)*, 스페인(1996), 스웨덴(1996), 스위스(1996), 타이완(1995), 터키(1996), 영국(1990), 미국
(1996), 우크라이나(1996)*, 우루과이(1996), 베네수엘라(1995), 독일(1996).
*는 구 공산권 국가이거나 아직도 공산주의 국가(중국)라는 표시이다. 본문의 다음 내용을 보라. 나는 몇 가
지 종합적인 결과를 세계가치조사에서 직접 이끌어냈고, 잉글하트 외(1998년)에 요약된 부분도 활용했다.
256 상관계수의 범위는 코페지의 다두정 척도, 프리덤하우스의 1998년 정치적 권리 지표, 프리덤하우
스의 1993-1994년과 1998-1999년 척도, 요약지수 등의 .3에서 거 외의 1978년 민주주의 척도와 번혜
넌의 민주주의 점수의 .6까지이다. 그리고 이런 차이에는 중요한 의미가 담겨 있다. 즉 민주주의적 전통
이 있는 나라들과 그렇지 않은 나라들 사이에는 중요한 차이가 있다. 거 외 척도에서는 모든 동유럽 국
가들이 민주주의 척도의 가장 낮은 등급에 해당되는데, 그것은 그 지표가 만들어진 1978년 당시의 등급
과 동일하다. 20년이 지난 뒤에도 그 민주화 척도는(민주주의 국가와 비 민주주의 국가 사이에 극명한 차이가
있다) 시민적 권리, 정치적 권리, 재산권 등 상대적으로 미묘한 느낌이 강한 지표들보다 대인 신뢰에 대
한 확실한 예측력을 갖고 있다. 사실 1978년 거 외 민주화 척도는 1994년 지수보다 대인 신뢰와의 상관
계수가 더 높다. 또 다른 훌륭한 신뢰 가늠자인 번혜넌(1997년 34-35쪽)의 민주화 점수는 헌법적 구조의
수준에 관한 것이 아니라 정당 간 경쟁 수준과 대중의 선거참여의 수준을 혼합한 것이다.

위주의 정부는 신뢰의 위기를 불러올 수 있다.[257] 정부 눈 밖에 나지 않으려고 어쩔 수 없이 친구들을 배신해야 하는 상황에서 대인 신뢰는 너무 위험한 선택일지 모른다. 그런 세계에서는 그야말로 사람을 상대할 때 되도록 조심해야 할 것이다. 설령 민주주의 제도가 갖춰져 있다 해도 억압적 체제의 유산이 남아 있는 나라의 국민들은 섣불리 타인을 신뢰하지도 시민생활에 참여하지도 않을 것이다. 대신 그들은 밴필드가 소개한 몬테그라노의 주민들처럼 아주 소규모의 측근들과 긴밀한 관계를 형성한 채 사회의 나머지 구성원들을 멀리할 것이다(크라이기어 1997년 56쪽).

민주주의 사회는 신뢰가 넘칠 수도 불신이 팽배할 수도 있다. 공산주의의 지배 경험이 없고 민주화 수준이 높은 국가들의 경우 다른 사람을 믿는 사람들의 비율이 평균 41.1퍼센트인 데 비해 구 공산권 국가들의 경우는 평균 21.7퍼센트에 불과하다(공산주의 지배 경험이 없는 나라들은 앞으로 '민주주의 국가들'로 부르겠다. 물론 그런 나라들 가운데 다수가 민주주의 체제 특유의 권리와 자유를 항상 존중하는 것은 아니라는 점은 충분히 알고 있다). 민주주의 국가들의 타인을 믿는 비율은 3퍼센트(브라질)-65퍼센트(노르웨이)에 이르기까지 천차만별이다. 구 공산권 국가들도 사정은 비슷하지만, 6퍼센트-34퍼센트까지로 민주주의 국가들에 비해 폭이 좁은 편이다. 모든 민주주의 국가들 중 절반 정도가 타인을 믿는 사람들의 비율이 34퍼센

---

[257] 다른 독재체제뿐 아니라 동유럽과 중부유럽 이외의 지역에 아직 존재하는 공산주의 체제에도 해당되는 말이다. 하지만 앞으로 이어지는 모든 논의에서는 중국을 제외하겠다. 중국은 일반적 신뢰를 고수하는 사람들의 비율이 아주 높다(52퍼센트). 잉글하트(1999년)는 중국의 사례를 공산주의 지배 경험이 있는 나라들 대신에 타이완(42퍼센트)의 사례와 비교하면서 이런 결과의 원인을 유교문화에서 찾는다. 내가 보기에 그것은 중국의 수치를 프리덤하우스의 정치적 자유와 시민적 자유의 기준에서 최하위를 차지한 나라에서 조사를 진행하는 데 따른 위험을 반영하는 것 같다.

트 이상이다. 민주주의 국가들의 표준편차는 .151이다. 권위주의 국가들의 표준편차(.062)는 민주주의 국가들의 절반도 되지 않는다. 민주주의 사회는 신뢰에 가능성을 부여한다. 그러나 민주주의가 반드시 신뢰를 생산하지는 않는다. 전체주의 사회는 신뢰에 불가능성은 부여하지 않지만 비현실성이라는 그림자를 드리운다.

민주주의 사회일수록 신뢰 수준이 더 높다. 권위주의 사회일수록 신뢰 수준이 더 낮기 때문이다. 민주주의 헌법이 신뢰 증진에 관한 보증서가 아니고, 심지어 장밋빛 전망도 아니다. 민주주의 헌법이 질서를 유지할 수 있는 것은 사람들이 법의 공정한 집행을 확신하기 때문이다. 아울러 민주정부는 십중팔구 독재정부보다 국민에게 더 인기 있고 신임이 두텁다. 그러나 사법제도에 대한 믿음은, 그리고 폭을 더 넓혀 정부에 대한 믿음은 타인에 대한 믿음과 동일하지 않다. 심지어 스웨덴처럼 신뢰 수준이 높은 나라에서도 사법제도를 신뢰하는 사람들이 타인도 신뢰한다는 주장을 뒷받침할 만한 증거가 그리 많지 않다(로스스타인 2000년).

민주화가 신뢰를 향상시킨다는 증거는 거의 없다. 1981년부터 1990년대 초반까지 22개국에 대한 세계가치조사에서 드러난 신뢰의 변화와 1978년부터 1988년까지의 프리덤하우스 자유 점수의 변화 사이의 상관계수는 사실상 0에 가깝다.[258]

그러므로 민주주의에 대한 세 번째 환호는 번지수를 잘못 찾은 것일까? 꼭 그렇지는 않을 것이다. 민주주의가 신뢰에 중요한 역할을 한다는 몇

---

258 상관계수는 보통 수준의 음의 값이다(-.381). 그러나 모든 변화는 자유의 측면에서 큰 변화를 겪은 두 나라인 아르헨티나와 한국에서 비롯된 듯하다. 두 나라 모두 지난 10년 동안 민주화가 진전되었지만 신뢰 수준은 낮아졌다. 이 두 나라의 사례를 제외하면 상관계수는 -.076으로 떨어진다.

몇 증거가 있다. 41개국을 대상으로 조사한 민주주의 지속기간(잉글하트 1997년 172쪽)과 신뢰 사이의 상관계수는 .769이다. 또한 추정결과를 제어하고 연립방정식을 추정해도 양자의 연결고리는 사라지지 않는다. 물론 안정적인 민주주의는 서로를 신뢰하는 대중에게 의존한다는 잉글하트(1997년 180-188쪽)의 합리적인 주장에 동의할 수도 있다. 국가개입에 대비한 헌법적 조치만 제공하는 체제는 시민적 책임이라는 의미심장한 요소가 필요없다(뮐러 1996년 118쪽).

신뢰를 향한 민주주의의 행진은 멀고도 험한 여정이다. 신뢰 수준이 한참 평균 아래인 나라가 평균을 넘어서기까지는 46년 동안 민주주의가 지속되어야 한다. 민주주의가 지속된 지 46년 미만인 나라 국민들의 신뢰 수준은 권위주의 체제 국민들보다 높을 가능성이 낮다. 비록 제도가 중요한 영향을 미치기는 해도 영향이 매우 천천히 나타남으로써 해당 사회에서 일어나는 나머지 변화들과 구별하기가 어렵다.[259]

신뢰를 구축하는 특별한 유형의 제도도 없는 것 같다. 대인 신뢰와 상관관계가 깊어 보이는 민주주의 척도(민주주의 지속기간 제외)는 번혜넌 지수와 거 외 지수이다. 전자는 정치적 경쟁(최소 정당의 득표율)과 참여(전체 투표율)의 지표이다. 후자는 헌법조항(참여에 대한 제약, 행정권의 범위, 시민적 자유에 대한 공식적 보장)과 작동상태(행정관의 선발방법, 그리고 선발과정에서의 경쟁 수준과 개방 수준)가 혼재된 것이다. 2개의 척도를 제외한 나머지 척도들에도 헌법조항이 얼마나 잘 지켜지는가에 대한 모종의 요소가 담겨 있지만, 그 척도들은 민주주의의 구조적 요소에 더 중점을 둔다. 그

---

[259] 상관계수는 .056이다(N=22, p〈.237, 편측검증).

러나 민주주의 제도의 원활한 작동 여부는 국민의 신뢰 수준이 아니라 민주주의의 지속기간에 좌우된다.[260]

　민주주의 제도는 사실 중단기적 관점에서 보면 신뢰 구축에 특별한 영향을 미치지 않는다. 구 공산권 국가들에 대한 조사결과 민주화와 사회적 신뢰 사이의 상관계수는 미미한 수준이고, 음의 값을 보이는 경우도 있다. 1990년과 1995-1996년에 조사한 8개 동유럽 국가들 중 신뢰 수준이 상승한 곳은 단 1개국(라트비아)이고, 감소한 나라는 7개국으로 그 중 4개국은 감소폭이 상당했다.[261] 동유럽과 중부유럽 국가들의 헌법은 지금까지 점점 민주주의적 성격을 갖게 되었다.[262] 민주화가 빠르게 진행되는 동안 신뢰는 그 뒤를 힘겹게 따라갔고, 민주화와 신뢰 사이의 상관계수는 점차 의미 있는 음의 값을 갖게 되었다.[263]

　신뢰는 민주주의의 전제조건도 결과도 아니다. 10여 년 전에 동유럽과

---

260 민주주의 지속기간 요소를 제어한 상태에서 초기의 거 외 지수와 번헤넌 민주화 척도와 신뢰 사이의 부분상관계수는 각각 -.036과 .094이다. 신뢰 요소를 제어한 상태에서 초기 거 외 지수와 번헤넌 민주화 척도와 민주주의 지속기간 사이의 부분상관계수는 각각 .673과 .616이다.

261 라트비아의 신뢰 수준 상승률은 24퍼센트였다. 감소율은 다음과 같다. 에스토니아 6퍼센트(1990년 의 21.4퍼센트에 해당), 리투아니아 9퍼센트(1990년의 29퍼센트), 러시아 14퍼센트(1990년의 37퍼센트), 폴란드 17퍼센트(1990년의 49퍼센트), 벨로루시 1퍼센트(1990년의 4퍼센트), 동독 1퍼센트(1990년의 4퍼센트), 슬로베니아 1퍼센트(1990년의 6퍼센트). 헝가리의 1996년 측정치는 이용할 수 없지만 1981년 조사에 따르면 결과는 비슷하다(1981년에서 1990년 사이 헝가리의 신뢰 수준은 8퍼센트 감소했다(1981년의 3분의 1에 해당).

262 자유 지수의 평균값은 범위가 2(완전 자유)-14(전적으로 부자유)까지이고, 1978년의 평균값은 12.167, 10년 뒤인 1988년의 평균값은 11.056, 1993-1994년의 평균값은 7.222, 1998-1999년의 평균값은 6.047이다. 1998-1999년에는 동유럽과 중부유럽 국가들의 44퍼센트가 자유 점수 3 이하였다. 공산주의 지배 경험이 없는 국가들도 불과 50퍼센트만 자유 점수가 3 이하였다. 벨기에, 이탈리아, 일본, 북아일랜드, 남아프리카공화국, 스페인, 우루과이, 영국, 서독 등의 자유 점수는 3점이었고, 체코공화국, 동독, 에스토니아, 라트비아, 리투아니아, 폴란드, 슬로베니아 등도 마찬가지였다.

263 상관계수는 1998-1999년의 경우 -.466이다(p<.02, 편측검증. p<.04, 양측검증).

중부유럽을 휩쓴(그리고 급속도로 다른 독재국가들로 전파된) 민주주의 혁명은 사회적 신뢰에 의존하지 않았다. 사회적 신뢰 수준이 더 높은 동유럽 국가들이 낮은 국가들에 비해 더 빨리 민주화되지도 않았다. 사회적 신뢰 수준이 높은 구 공산권 국가들에서 정치적 권리와 재산권을 확실히 보장하는 통치조직이 탄생하지는 않았다. 심지어 그런 국가들에서는 1998년까지만 해도 신뢰와 부패 사이의 상관계수가 양의 값을 갖기도 했다.[264] 이런 결과를 간단하게 설명할 방법은 없지만 심한 경제적 불평등을 허용한 마르크스주의 체제들이 이념을 덜 강조하고 시장을 더 강조한 것은 당연하다. 시장은 신뢰에 의존한다.

이렇듯 민주주의는 민주주의의 역사가 깊은 국가들에서만 신뢰를 초래한다. 신뢰와 민주주의 수준 사이의 상관계수는 거의 언제나 공산주의 지배 경험이 없는 나라들이 다른 나라들에 비해 더 높다(〈표 8-1〉을 보라). 한 가지 중요한 예외는 모든 공산주의 국가들의 민주화 점수가 최하위를 기록한 초기 거 외 지수이다. 과거에 권위주의 체제를 경험한 동유럽과 중부유럽 국가들의 경우 민주화는 신뢰에 눈에 띄는 영향을 미치지 않는다. 몇몇 국가들에서는 신뢰와 민주화 사이의 상관계수가 비록 의미 있는 것은 아니지만 음의 값을 갖기도 한다.

가나, 나이지리아, 인도, 스페인, 포르투갈, 그리스, 터키, 페루, 방글라데시 등을 비롯해 표본에 포함된 민주주의 국가들 중에는 과거에 권위주

---

264 상관계수는 .274이다. 정치적 권리와 재산권 척도의 출처는 라포르타 외(1997년)이다. 부패인식지수가 높다는 것은 높은 정직성을 가리키기 때문에 부패와의 상관계수는 재고의 여지가 있다. 여기서 사용된 신뢰 수치는 평균이 아니라 가장 최근에 이용할 수 있는 사회적 신뢰 수치이다. 로널드 잉글하트 덕분에 세계가치조사의 세 번째 조사기간 자료 일부를 이용할 수 있었다.

의 체제를 경험한 국가도 여럿 있다. 그리고 남아프리카공화국, 한국, 멕시코, 타이완, 도미니카공화국 같은 여러 형식적 '민주주의 국가들'은 그다지 '자유롭지' 않다.

민주화는 공산주의 지배 경험이 없는 나라들 경우에만 신뢰와 밀접한 상관관계를 갖는다(〈표 8-1〉을 보라). 하지만 상관계수 대부분이 보통 수준에 머물고, 민주주의 역사가 오래된 나라들과 그렇지 않은 나라들 사이의 차이가 반영될 때가 많다. 또한 민주주의 지속기간을 제외하면 모든 결과는 다변량 분석에서는 자취를 감춘다. 잉글하트의 민주주의 지속기간 척도에서 드러난 민주화와 신뢰 사이의 현격한 시차는, 구조적 변화를 통해 새로운 가치가 생성되는 것이— 설령 가능하더라도— 얼마나 어려운가를 보여준다.

문화별 신뢰

민주화가 신뢰의 증가로 이어지지 않는 주된 이유는 타인에 대한 일반적 신뢰가 시간이 흘러도 큰 변화를 겪지 않기 때문이다. 그런데 신뢰와 시간 사이의 상관관계가 밀접한 경우도 있다. 즉 1981-1995년에는 신뢰와 시간 사이의 상관계수가 .834이고, 1990-1995년에는 .930이었다. 하지만 두 기간에서 조사대상 국가의 90퍼센트가 10퍼센트 미만의 변화를 겪었다. 이렇듯 일반적 신뢰는 시간이 흘러도 그리 많이 변하지 않는다. 그리고 1990년-1995년까지 5퍼센트 이상의 변화를 겪은 국가의 50퍼센트가 민주화를 거치는 동안 국민의 신뢰 수준이 감소했다.[265]

---

[265] 1981년부터 1990년까지 22개 나라를 조사한 결과 단순상관계수는 .907이다. 1990-1995년에는 26

그렇다면 왜 어떤 나라는 다른 나라에 비해 국민들의 신뢰 수준이 더 높을까? 미국 사례와 마찬가지로 신뢰의 결정요인 중 가장 중요한 것은 경제적 불평등 수준이다. 그리고 그 나라의 가장 유력한 종교적 전통에 반영되어 있는 문화적 요인도 중요하다.

부의 분배가 공평한 나라일수록 국민들은 타인을 더 신뢰한다. 공산주의 지배 경험이 없는 나라들의 경우 일반적 신뢰와 지니계수 사이의 단순 상관계수는 −.684이다(〈그림 8-1〉을 보라).[266] 경제적 불평등과 신뢰의 밀접한 관계는 다변량 검증에서도 사라지지 않는다. 다만 동유럽과 중부유럽 구 공산권 국가들 경우는 예외이다(상관계수는 −.239로 떨어진다).[267]

신뢰와 경제적 불평등의 역학관계는 확실히 민주주의 사회와 권위주의 사회에서 각각 다르게 작용한다. 이와 관련해 나는 2개의 모형을 추정한다. 첫째 모형에는 비교적 사례가 적지만(22개국) 신뢰와 낙관론 사이의 연관성을 검증할 기회가 된다. 나는 신뢰가 낙관적 세계관에 의존한다고 주장했고(2장), 조사자료를 분석하고(4장) 시간적 추이를 검토함으로써(6장) 그것을 뒷받침했다.

이용할 수 있는 최고의 국가별 낙관론 척도는 '인생에서 성공을 기대할

개 나라를, 1981−1995년에는 12개 나라를 비교한 것이다. 10퍼센트 이상의 변화를 경험한, 민주화가 진행되는 나라들은 에스토니아, 라트비아, 리투아니아, 폴란드, 러시아, 남아프리카공화국 등이다. 이 계산에서 제외된 2개 나라는 3장에서 살펴본 다른 조사에 비해 타인을 믿는 사람들의 비율이 너무 높은 미국과 중국(각주 250을 보라)이다.

266 지니계수의 출처는 다이닝어와 스콰이어(1996년)이고, 데이터베이스는 http://www.worldbank.org 에서 확인할 수 있다. 나는 다이닝어−스콰이어 데이터베이스의 가장 유용한 자료와 함께 지니계수를 이용했고, 사례별로 신뢰를 측정한 해와 지니계수를 짝지었다.

267 중국을 포함할 때는 양의 값을 갖는다(r=.255).

〈그림 8-1〉 공산주의 지배 경험이 없는 나라들의 신뢰와 경제적 불평등

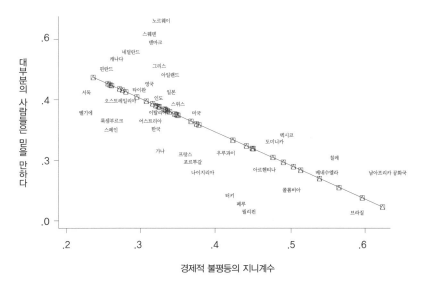

신뢰=0.735-(1.106×지니계수)
r²=0.468 RMSE=0.120 N=38

수 있는가'의 여부에 관한 세계가치조사의 종합척도이다. 낙관적인 국민이 많은 나라에는 타인을 신뢰하는 국민도 많을 것이다.[268] 하지만 '성공에 대한 기대' 척도는 공산주의 지배 경험이 없는 26개 나라에만 이용할 수 있다. 폭넓은 모형을 추정하기 위해서는 낙관론 척도를 배제하고 다른 가치에 초점을 맞춰야 한다.

그래서 나는 경제적 불평등과 낙관론 외에 일반적 신뢰에 대한 문화적

---

268 다시 한 번 강조하지만 이것은 공산주의 지배 경험이 없는 나라들에만 적용되는 얘기이다. 그런 사회에서는 신뢰와 성공 사이의 단순종합상관계수는 .646이다. 동유럽과 중부유럽 국가들의 경우 신뢰와 성공 사이의 상관계수는 음의 값을 갖는다(r=-.177).

기초를 가정하기로 한다. 추측건대 개신교 사회는 사람들의 신뢰 수준이 높고 이슬람교 사회는 더 낮을 것이다. 잉글하트(1999년 92-93쪽)는 개신교 교회가 가톨릭교 교회에 비해 더 분권적이기 때문에 개신교 사회 구성원들의 신뢰 수준이 높은 것이라고 주장한다. 개신교는 위계질서를 강조하는 가톨릭교에 비해 개별 교회의 재량권이 크고, 신자 개개인이 교회 내부에서 더 큰 책임과 권한을 갖는다(립셋 1990년 5장, 퍼트넘 1993년 175쪽).[269] 신교도 윤리는 개인주의적인 철학이고, 2장에서 주장했듯이 일반적 신뢰는 개인주의적 문화에서 더 중요성을 띠게 된다(베버 1958년 105쪽, 트리안디스 1995년 126쪽).

앞서 얘기했듯이 신교도 수가 많은 사회가 신뢰 수준 또한 높을 것으로 예상하고 이슬람교 사회는 낮을 것으로 본다. 그런데 첫번째 추정에서 사용한 비교적 소규모 자료에는 이슬람교도 비율이 15퍼센트를 차지하는 사회도 찾아볼 수 없다. 그래서 두 번째 추정에서는 이슬람교도 비율 변수만 포함시켰다. 개신교 문화는 개인주의적이고, 이슬람교 문화는 집단주의적이다.[270] 상당수의 이슬람교도들은 서구문화를 위협적인 것으로 느껴 자신

---

269 잉글하트(1999년)는 여러 개신교 국가에서 교회 출석률이 떨어지고 있기 때문에 종교적 일체감은 당대의 신앙심 정도에 관한 지표가 아니라 하나의 역사적·문화적 작용으로 간주해야 한다고 주장한다. 교회 출석률과 개신교도 비율 사이의 상관계수는 -.242이다. 개신교도 비율(과 나중에 등장하는 이슬람교도 비율) 척도의 출처는 라포르타 외(1998년)이다.

270 전 인구 대비 개신교도와 트리안디스의 개인주의 순위 사이의 상관계수는 .497이다. 전 인구 대비 이슬람교도와 트리안디스의 개인주의 순위 사이의 상관계수는 -.472이다. 데이터베이스에는 이슬람교 국가들이 많지 않고, 따라서 결과는 데이터베이스에서 이슬람교가 지배적인 유일한 나라(방글라데시)의 예외적인 개인주의 점수에 크게 영향 받았다. 방글라데시를 제외하면 상관계수는 -.198로 감소한다. 신뢰와 이슬람교도 비율 사이의 상관계수는 방글라데시를 제외해도 그리 눈에 띌 정도로 감소하지 않는다. 지니계수에 관한 결측자료 때문에 방글라데시는 어쨌든 〈표 8-2〉와 〈표 8-3〉의 모형에 포함되지 않는다.

과 같지 않은 사람들을 신뢰할 가능성이 낮다. 그것은 특히 과거에 서구인들이 여러 이슬람 국가들을 식민지로 삼은 채 기독교로의 개종을 시도했기 때문이다. 이슬람교도들은 자신이 속한 공동체를 다른 공동체와 차별화된 것으로 인식한다. 이슬람교 율법에 따르면 이교도들은 이슬람교의 우위를 인정해야 하는, 그리고 이슬람교도들의 도덕적 공동체에서 배제되어야 하는 '2등 시민'에 속한다(에스포지토 1991년 291쪽).

개신교도가 많은 사회(노르웨이, 아이슬란드, 덴마크, 핀란드) 구성원들은 그렇지 않은 사회(스페인, 이탈리아, 벨기에) 구성원들에 비해 타인 신뢰 가능성이 28퍼센트 더 높다. 그리고 국민 대부분이 이슬람교도인 나라(방글라데시)는 이슬람교도가 거의 없는 나라(라틴아메리카, 아시아, 유럽 등지의 여러 나라)에 비해 타인을 신뢰할 가능성이 16퍼센트 낮다. 그런데 세계가치조사에는 이슬람교도 비율이 높은 나라는 거의 포함되지 않았다. 따라서 조사에 포함된 극소수의 나라들이 전체를 대표한다고 단정할 수 없다.[271] 그럼에도 불구하고 다음에서 살펴볼 조사결과는 이론적인 예측과 일치한다. 세계가치조사에 포함된 나라가 늘어남에 따라 추가연구가 필요해 보인다.

첫번째 추정에서 나는 공산주의 지배 경험이 없는 나라들만을 대상으로 1981년과 1990-1993년 세계가치조사 표본에 포함된 타인을 신뢰하는 사람들 비율의 평균을 구한다.[272] 두 번째 추정에서는 1990-1993년이나 1995-1996년의 세계가치조사에 대한 가장 최근의 추정을 이용한다.

---

271 이슬람교 국가들에서 진행된 여론조사는 드물다. 이것은 아마 외부인이 내부인의 마음을 엿보려는 노력에 대한 의심이 반영된 것 같다.

272 1990년 척도만 갖고 있는 나라들의 경우에는 그 조사결과를 사용한다. 이 분석에 포함된 나라들은 아르헨티나, 오스트리아*, 벨기에, 브라질*, 캐나다, 칠레*, 덴마크, 핀란드, 프랑스, 인도*, 아일랜드,

낵(1999년)은 내가 주장한 '평등(혹은 불평등)→신뢰'라는 인과관계 화살이 '신뢰→평등(혹은 불평등)'으로 향한다고 주장한다. 그의 주장을 검증하기 위해 나는 연립방정식 모형을 추정해 신뢰가 경제적 평등이나 불평등의 원인인지 아니면 결과인지를 확인한다.[273]

경제적 불평등에 관한 첫번째 모형에는 경제성장, 소득분배, 개인주의 같은 척도와 신뢰가 포함된다(개인주의적 사회일수록 평등주의적 경향이 강할 것이다). 두 번째 모형에서는 이들 변수가 특별한 역할을 하지 못했다. 그래서 인구성장률, 이슬람교도의 비율, 부패 같은 척도(암시장 통화가치 자료) 등을 포함시켰다. 이슬람교도들이 많은 나라일수록 국민의 신뢰 수준은 낮겠지만 평등주의적 경향은 더 강할 것이다(에스포지토와 볼 1996년 25쪽).[274] 그리고 모형에 포함된 마지막 변수인 부패 척도는 비공식적 경제

이탈리아, 일본, 룩셈부르크*, 멕시코, 네덜란드, 노르웨이, 포르투갈*, 스페인, 스웨덴, 터키*, 영국, 미국 등이다.

*가 붙은 나라들은 1990년 조사결과만 이용할 수 있다. 나는 다이닝어-스콰이어 자료 중에서 가장 정확한 자료출처를 사용하는 1981년부터 1990년까지의 자료를 바탕으로 지니계수를 확보했다. 1990년 신뢰 척도만 갖고 있는 나라들에 대해서는 1990년(이나 1990년에 근접한 해)의 지니계수를 사용했다.

273 또 다시 부트스트래핑(1000개의 표본)을 통한 2단계최소제곱법을 사용했다. 경제적 불평등 모형에는 신뢰와 국내총생산 증가율이 포함된다(라포르타 외 1998년). 나는 라포르타 외(1998년)에서 제시한 1974-1994년의 국내총생산 대비 이전지출 척도를 사용한다. 또한 개인주의적인 정치문화를 지닌 사회일수록 집단주의적인 사회에 비해 평등할 것으로 예상한다. 홉스테드(1984년)와 트리안디스(1989년)는 개인주의 대 집단주의의 국가별 척도를 고안했다. 트리안디스 개인주의 점수에 관한 자료의 출처는 디너 외(1995년)이다.

274 개신교가 개인적 성취를 강조하듯이 이슬람교는 집단적 목표, 특히 폭넓은 공동체에 대한 개인의 경제적 책임을 더 강조한다(빌려준 돈에 대한 이자를 금지하는 규정에 반영되어 있듯이). 그러므로 경제적 불평등에 대한 이슬람교도 비율의 계수가 큰 것은 당연하다. 이슬람교 국가들의 표본이 좀더 대표성을 갖췄으면 결과는 훨씬 더 선명했을 것이다. 이슬람교 외에 경제적 불평등 형성에 관여하는 변수가 2개 더 있다. 높은 인구증가율은 경제적 불평등의 심화로 이어진다. 인구증가율 자료의 출처는 라포르타 외(1998년)이다. 암시장 통화가치는 한 나라의 암시장에서 유통되는 통화의 할증금이다. 암시장 통화가치가 클수록 비공식적 경제가 그 나라의 복리에 미치는 영향이 크다.

<표 8-2> 공산주의 지배 경험이 없는 나라들에 대한 신뢰와 경제적 불평등의 2단계최소제곱법 추정: 모형 1

	신뢰를 포함한 지니계수 방정식				신뢰를 배제한 지니계수 방정식			
	계수	표준오차	t값	편향	계수	표준오차	t값	편향
신뢰 방정식	R^2=.834 RMSE=.071							
불평등의 지니계수	-.005**	.002	-2.251	-.0003				
인생에서 성공을 기대하는가 (세계가치조사)	.195**	.086	1.870	.005				
개신교도 비율	.003****	.001	5.215	.001				
상수	.152	.179	.847					
지니계수 방정식	R^2=.642 RMSE=6.329				R^2=.726 RMSE=5.385			
사람들에 대한 신뢰	18.367	17.949	1.023	-.724				
국내총생산 증가율	-5.184****	1.216	-4.263	-.007	-4.584****	.907	-5.057	.083
개인주의 점수(홉스테드)	-2.196**	1.197	-1.834	-.025	-1.304**	.698	-1.868	-.069
국내총생산 대비 이전지출	+.465**	.218	-2.131	-.007	-.401**	.178	-2.254	.009
상수	60.511****	5.205	11.625		59.366****	4.326	13.724	

****p⟨.0001 ***p⟨.01 **p⟨.05 *p⟨.10. N=22

가 불평등의 영속화를 초래한다는 점을 가리킨다. 이와 같은 작업의 핵심 취지는 국가별 소득불평등 현상에 대한 설명이 아니라 신뢰의 증가가 평등한 소득분배로 이어지는가의 여부, 인과관계 방향이 오직 경제적 평등 혹은 불평등에서 신뢰 쪽으로 향하는지의 여부를 확인하는 것이다. 이와 관련한 추정결과는 〈표 8-2〉와 〈표 8-3〉에 제시되어 있다.[275]

---

275 〈표 8-2〉와〈표 8-3〉에 나오는 방정식들은 아주 인상적이다. 부트스트래핑에서의 편향 측정치는

<표 8-3> 공산주의 지배 경험이 없는 나라들에 대한 신뢰와 경제적 불평등의 2단계최소제곱법
추정: 모형 2

	신뢰를 포함한 지니계수 방정식				신뢰를 배제한 지니계수 방정식			
	계수	표준오차	t값	편향	계수	표준오차	t값	편향
신뢰 방정식	R^2=.733 RMSE=.084							
불평등의 지니계수	-.908 ****	.192	-4.735	.004				
이슬람교도 비율	-.004 **	.002	-2.062	-.002				
개신교도 비율	.003 ****	.001	4.963	.00002				
상수	.626 ****	.077	8.125					
지니계수 방정식	R^2=.619 RMSE=.066				R^2=.642 RMSE=.063			
사람들에 대한 신뢰	.041	.166	.245	.062				
암시장 통화가치 자료	.516 ***	.148	3.491	.103	.490 ****	.100	4.914	.372
이슬람교도 비율	-.013 ****	.003	-4.443	.00003	-.012 ****	.002	-5.733	.0002
인구증가율	.072 ***	.025	2.951	.006	.069 ***	.020	3.452	-.003
상수	.271 ****	.076	3.569		.289 ****	.020	14.542	

****p<.0001 ***p<.01 **p<.05 *p<.10. N=33.

2개의 모형에서 경제적 불평등은 신뢰의 강력한 가늠자이다. 반면 신뢰는 경제적 불평등에 아무런 영향을 미치지 않는다. 인과관계 방향은 한쪽으로만 향한다. 첫번째 모형에서 불평등은 개신교도의 비율만큼 신뢰의 가늠자 역할을 하지 못한다. 그러나 더 많은 사례가 포함된 두 번째 모

아주 작다. 비표준화회귀계수의 크기(와 통계학적 무의미성)를 감안할 때 방정식에서 지니계수에 대한 대인 신뢰의 값도 보통 수준이다. 모든 평균제곱근오차는 작다. 즉 각 방정식이 자료에 잘 들어맞는다.

형에서는 신뢰의 매우 강력한 결정요인이다. 첫번째 모형에서는 낙관론이 중요하다는 견해를 뒷받침하는 결과도 도출된다. 인생에서 성공을 거둘 수 있다고 기대하는 사람들이 많은 나라에는 타인을 신뢰하는 사람들도 더 많다. 그리고 이슬람국들은 타인을 신뢰하는 사람들이 더 적다(모형 2, 〈표 8-3〉). 공산주의 지배 경험이 없는 나라들에서는 신뢰가 경제적 불평등, 낙관론, 문화 등의 혼합작용에 좌우된다. 첫번째와 두 번째의 통계학적 모형들은 국가별 신뢰 변화의 75퍼센트-83퍼센트까지 설명하는 등 임무를 훌륭하게 완수했다.

불평등은 신뢰에 좌우되지 않는다. 불평등에는 경제적 조건(경제성장률과 인구증가율), 정부정책(이전지출), 부패 같은 요인 외에 어떤 문화적 요인도 반영된다. 예를 들면 이슬람교 사회와 개인주의 사회는 더 평등하다. 불평등은 신뢰의 결과라기보다 원인에 가깝다. 그러나 정부는 재분배적 지출을 통해 경제적 불평등을 완화할 수 있는 수단을 갖고 있다. 이것은 정부가 평등을 촉진함으로써 최소한 간접적으로 신뢰를 향상시킬 수 있음을 암시한다. 아울러 이것은 한 사회의 문화가 쉽게 바뀌지 않는 점을 감안할 때 그나마 다행스런 일이라 할 수 있다.

스웨덴의 경우 대인 신뢰는 약간 높은 수준에서 매우 높은 수준으로 향상되고 있다(로스스타인 미간행). 그리고 경제적 불평등도 완화되고 있다.[276] 장기적 성격의 문화적 변수들은 시간이 흘러도 크게 변하지 않는다.

불평등에서 출발해 낙관론을 거쳐 결국 신뢰에서 끝나는 인과관계가 국가별 사례에서도 유효하다는 증거가 있다. 그러나 이런 인과관계를 미

---

[276] 다이닝어-스콰이어 데이터베이스에 포함된 자료에 따르면 그렇다.

〈그림 8-2〉 공산주의 지배 경험이 없는 나라들의 국민총생산 자료와 성공에 대한 기대감

(성공=0.628+(0.120×로그 국민총생산))
r²=0.436

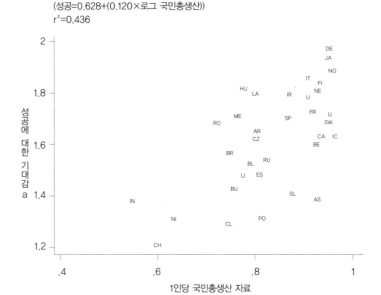

주의: 그래프에 표시된 영문약자는 관찰대상 국가에 관한 정보를 가리킨다(예를 들면 COL은 콜롬비아의 관찰결과이다)

CH스위스 NI니카라과 CL칠레, PO팔레스타인 해방기구 SL시에라리온 AS미국령 사모아 BU버마 LI리히텐슈타인 ES
스페인 RU러시아 BL프랑스령 생바르텔르미 BE벨기에 CA캐나다 IC스페인령 카나리아 제도 IN인도 BR브라질 CZ체
코 공화국 AR아르헨티나 RO루마니아 LA라오스 HU헝가리 IR이란 FR프랑스 NE니제르 FI핀란드 IT이탈리아 NO노
르웨이 JA자메이카 DE독일

a 세계가치조사

국의 사례에 그대로 적용하기란 어렵다. 왜냐하면 미국 문화는 다른 문화
에 비해 낙관론의 뿌리가 더 깊기 때문이다. 국가별 사례를 검토해보면 성
공에 대한 기대는 각 국가의 불평등 수준과 동행하지 않는다. 대신에 그것
은 국민총생산 자료로 측정한 사회 전체의 부와 디너가 제시한 기준인 '총
체적 삶의 질'과 깊은 관계가 있다.[277] 〈그림 8-2〉와 〈그림 8-3〉에는 이 두

---

277 한 사회의 부는 그 사회의 국민총생산 자료로 측정한다. 총체적 삶의 질 지표로는 기본적인 생리적

가지 관계를 보여주는 그래프가 제시되어 있다. 성공에 대한 기대는 이런 척도 외에 영아사망률, 평균 재학연수, 기대수명 등에도 영향을 받는다.[278]

신뢰는 원래 문화적 성격을 갖고 있지만 문화처럼 신뢰도 경험에 의해 형성된다. 결국 문화, 경제, 정치 등은 모두 서로 밀접하게 연관되어 있고, 따라서 단순한 인과관계적 순서를 확정하기란 불가능에 가깝다. 8장에서 도출된 여러 결과 중 특히 주목할 만한 것은 문화(와 아마 경제와 정치)가 형식적 구조에 의해 형성되기보다는 문화(와 아마 경제와 정치)가 제도를 형성한다는 점이다.

중요치 않은 요인들

아직 의심의 눈초리를 거두지 않은 독자들은 아마 내가 추정한 신뢰 모형들이 여러 가지 요소를 빠트린 것 같다고 생각할지 모르겠다. 예를 들면 잉글하트(1999년)는 부유한 나라의 국민일수록 타인을 더 믿는 반면 가난한 나라의 국민일수록 덜 믿는다고 주장한다. 퍼트넘(1993년)의 논리는 정반대이다. 즉 그는 신뢰가 경제성장과 물질적 풍요를 낳는다고 생각

욕구의 충족, 1인당 의사수, 자살률, 식자율, 대학 진학률, 인권침해 총계, 지니계수, 삼림파괴, 주요 환경조약, 자살률, 저축률, 구매력 평가, 1인당 소득, 주관적 복지(행복감과 생활만족도 설문조사에 대한 반응) 등을 꼽을 수 있다. 디너(1995년 113쪽)를 보라. 성공에 대한 기대감은 3점 만점 방식으로 측정하고, 높은 점수일수록 더 낙관적인 태도를 가리킨다. 24개의 민주주의 국가들을 조사한 결과 성공에 대한 기대감과 신뢰의 상관계수는 -.323이고, 35개 국가들을 모두 조사한 결과 -.249이며, 국민총생산 자료와의 상관계수는 .660(N=23), 총체적 삶의 질과의 상관계수는 .683이다(N=23).

278 영아사망률과 교육률의 출처는 라포르타 외(1998년)이다. 평균 기대수명의 출처는 배로와 리(1994년)이고, 내가 남성과 여성의 기대수명을 합산해 평균한 값이다. 영아사망률, 교육률, 기대수명 등과 성공에 대한 기대감의 상관계수는 각각 -.662, .533, .563이다.

〈그림 8-3〉 공산주의 지배 경험이 없는 나라들의 총체적 삶의 질과 성공에 대한 기대감

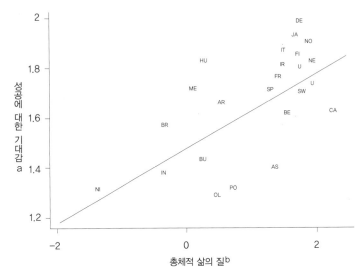

(성공=1.478+(0.150×총체적 삶의 질))
r²=0.436

주의: 그래프에 표시된 영문약자는 관찰대상 국가에 관한 정보를 가리킨다(예를 들면 COL은 콜롬비아의 관찰결과이다)

NI니카라과 CL칠레 PO팔레스타인 해방기구 AS미국령 사모아 BU버마 BE벨기에 CA캐나다 IN인도 BR브라질 AR아르헨티나 ME몬테네그로 HU헝가리 IR이란 FR프랑스 NE니제르 FI핀란드 IT이탈리아 NO노르웨이 JA자메이카 DE독일

a 세계가치조사
b 디너

한다. 두 사람 모두 일리 있는데, 이렇게 주장하기 위해서는 일단 신뢰와 부 사이의 연관성이 있어야 한다. 부에 대한 단순한 척도 외에 신뢰와 상관관계를 이룰 법한 몇 가지 다른 요인들(교육 수준, 빈곤율, 영아사망률, 기대수명, 출산율, 민족적 동질성이나 다양성, 탈물질주의적 가치, 대중매체 노출, 시민참여)도 있다.[279] 민주주의 국가들의 경우 이런 요인들도 신뢰와 관계

---

279 내가 이 부분에 주목한 것은 동료인 테드 로버트 거 덕분이다.

가 있을까?

아마 내가 지금까지 빠트린 신뢰의 결정요인 가운데 가장 중요하고 그럴 듯한 것은 시민참여일 것이다. 퍼트넘(1993년 180쪽)의 주장에 따르면 신뢰가 정부의 국정운영 수준의 향상으로 이어질 수는 있지만, 타인에 대한 신뢰는 적극적으로 참여하는 시민이라는 토대가 있어야 가능하다. 따라서 신뢰가 향상되기 위해서는 사람들을 공동체와 정치 영역에 참여하도록 유도해야 한다.

비록 신뢰가 참여를 생성하는 충분조건은 아니지만 서로를 신뢰하는 사회는 참여 지향적이다. 좀더 정확하게 말하면 퍼트넘(1993년)의 주장대로 서로를 신뢰하는 사회에는 '더 나은' 정부가 들어설 수 있다. 국민들의 신뢰 수준이 높은 나라일수록 정부기관이 더 유능하고 효율적이다. 서로를 신뢰하는 사회에는 부패가 만연하지 않는다. 그리고 아마 가장 중요한 점은 신뢰가 사회적 평등으로까지는 이어지지 않아도 부유층과 빈곤층 사이의 소득 불균형을 완화하는, 그럼으로써 신뢰를 촉진할 수 있는 정책으로 향하는 통로가 될 수 있다는 사실일 것이다.

적어도 민주주의 국가에서는 각종 조직과 단체활동은 신뢰와 상관관계가 있다. 투표율도 마찬가지다. 그런데 다변량 분석에서 신뢰는 시민참여의 원인도 결과도 아니다.[280] 단체활동은 부유하고 개인주의적인 사회에서 가장 활발하다(트리안디스 외 1988년). 이런 요인들 외에 추가할 의미 있는 요인은 없다.[281] "민주주의는 기본적으로 아주 단순한 것이다. 심지어

---

[280] 단체활동, 비종교단체 활동, 투표율 등과 신뢰의 상관계수는 각각 .625, .599, .736이다.
[281] 단체활동 변수들과 청원에 관한 자료의 출처는 세계가치조사이고, 투표율의 출처는 번혜넌(1997년 34–42쪽)이다. 이 분석과 앞으로 언급할 분석은 모두 2단계최소제곱법 추정에 근거한 것이다.

자연스러운 것이다. 사람들은 어떤 것이 잘못이라고 느낄 때 그것을 불평할 것이다"라는 뮐러(1996년 117-118쪽)의 말은 확실히 옳다. 일반적 신뢰가 존재해야만 국민들이 자발적으로 정부에 불만을 표출하고 시정을 요구할 수 있는 것은 아니다. 사실 사람들에 대한 신뢰와 정부에 대한 부담 없는 청원 사이의 단순상관계수는 음의 값을 갖는다.[282] 이때 국민들에게 필요한 것은 불평의 대상, 당국이 제대로 대응하지 않는다는 느낌, 그리고 총을 휘두르는 악당의 부재뿐이다. 굳이 신뢰는 필요없다.

신뢰의 원인이 될 만한 또 하나의 요소는 민족적 동질성이나 다양성이다. 낵과 키퍼(1997년 1278-1279쪽)는 민족구성이 다양한 사회는 첨예한 분열로 치달을 가능성이 높기 때문에 신뢰가 훼손될 가능성도 더 높다고 주장한다. 4장에서 나는 자녀들이 타인의 행복을 강조하는 가치를 갖기를 원하는 부모는 타인을 신뢰할 가능성이 더 높다는 점을 입증한 바 있다. 잉글하트(1999년)는 이런 논리를 확장한다. 즉 그는 물질주의와의 거리가 먼 가치(즉 탈물질주의적 가치)를 가진 사람들일수록 타인을 신뢰할 가능성이 더 높다고 본다.[283] 하지만 그는 이 주장을 뒷받침하는 근거를 단지 15개의 부유한 나라들에서만 찾았다.

퍼트넘(1995년b)은 미국에서 일어난 신뢰 변화의 원인을 텔레비전 시청

---

282 상관계수는 -.389이다. 단체활동과 투표율은 신뢰가 아니라 민주주의 지속기간과 밀접한 관계가 있다. 단체활동은 해당 국가의 민주주의가 75년 동안 지속되어야 비로소 일정한 패턴을 갖추고, 그 이후부터 비약적인 발전상을 보인다. 투표율은 민주주의 지속기간이 오래될수록 더 뚜렷하게 증가한다. 시민참여는 사람들이 정치참여에 익숙해짐에 따라 증가한다. 서로를 믿는다고 시민참여에 나서는 것은 아니다. 사실 청원서에 자발적으로 서명하는 것은 정치인들과 자기 이외의 시민들이 믿을 만한 존재이기 때문이 아니라 정치제도에 대한 불만에서 비롯된 것이다.

283 탈물질주의적 가치에는 질서유지와 물가상승에 대처하는 것이 아니라 표현의 자유를 더욱 중시하는 것과 직무(와 통치행위)에 대해 더 많은 발언권을 갖는 것이 포함된다(잉글하트 1997년 4장).

빈도의 증가와 신문 읽기 빈도의 감소에서 찾는다. 신문은 우리를 남과 연결해주는 반면 텔레비전은 우리로하여금 시민참여를 외면한 채 집에만 틀어박혀 있도록 한다. 그리고 부패가 심한 나라일수록 국민들이 타인을 덜 믿을 것이라고 추측할 만하다(라포르타 외 1997년 335쪽). 합리적인 사람이라면 다음과 같이 생각할 수 있다. 부정부패가 만연한 상황에서 이 사람들을 믿는 어리석은 짓을 할 필요가 있을까? 앞서 언급한 모든 주장이 타당성은 있어 보여도 하나같이 설득력이 없다. 소득, 교육, 복지 같은 다양한 척도는 모두 다변량 분석에서 통계학적으로 무의미해진다.[284]

소득과 복지 척도는 경제적 불평등에 관한 설명에 더 적합하다. 탈물질주의적 가치는 신뢰와 보통 수준의 상관관계를 보인다. 텔레비전 시청을 비롯한 모든 형태의 대중매체 노출은 신뢰와 양의 상관관계를 보인다. 텔레비전 시청은 아마 신뢰를 훼손시킬 것이다(거브너 외 1980년, 퍼트넘 1995b). 그러나 총계분석에서는 텔레비전 시청은 신뢰를 향상시키는 듯하다. 그러나 다변량 검증에서는 이 모든 관계가 사라진다.[285]

---

[284] 이변량 수준에서 볼 때 이 변수들 대부분은 적어도 공산주의 지배 경험이 없는 나라들에서는 중요하다. 학교교육의 2개 척도(배로와 리 1994년 자료의 재학연수총계와 라포르타 외 1998년의 1960-1985년 학업성취도 자료)에 따르면 공산주의 지배 경험이 없는 나라들의 경우 신뢰와의 상관계수가 약 .60이다. 영아사망률 자료 척도(출처는 라포르타 외 1998년이다)는 훨씬 더 큰 단순상관계수를 보여준다(r=-711). 이런 점은 소득과 삶의 질에 관한 다양한 척도에도 적용된다(디너 1995년). 그 척도의 출처는 다음과 같다. 라포르타 외(1998년), 디너 외(1995년), 세계은행, 국제연합, 배로-리(1994년) 자료(http://www.nber.org/pub/barro.lee/ZIP/BARLEE.ZIP), 이스털리-레빈 자료(http://www.worldbank.org/growth/ddeale.htm), 존슨, 코프먼, 조이도-로바톤 자료(1997년)(http://www.worldbank.org) 공산주의 지배 경험이 없는 나라들의 경우 1인당 국민총생산 자료(1970-1995년의 평균, 출처는 라포르타 외 1998년)와 신뢰의 상관계수는 .625이다. 디너 외의 총체적 삶의 질과 선진적 삶의 질 척도와 신뢰의 상관계수는 각각 .683과 .732이다. 경제적 복리의 다양한 척도와 신뢰의 상관계수는 약 .45로 감소한다.

[285] 척도는 1000명당 신문 구독자수와 텔레비전 수상기와 라디오 수신기의 개수이다(이코노미스트 1990년 126-127쪽). 민주주의 사회에서 신문 읽기(r=.686)는 타인에 대한 높은 신뢰 수준과 관계있다. 그러나

내가 사람들에게 신뢰와 불평등 사이의 연관성을 거론하며 그것을 스칸디나비아 반도 국가들과 미국의 미네소타주, 노스다코타주, 사우스다코타주의 높은 대인 신뢰 수준을 설명하는 근거로 제시하면 적어도 의심 많은 누군가 한 사람은 민족적 동질성이나 다양성을 대안적 근거로 내세운다. 민족구성이 동질적인 사회에서는 남을 믿기가 쉽다. 물론 대부분의 사람들이 믿을 만한 것도 사실이다. 그런 사회 구성원들은 외모와 사고방식이 비슷하다. 스칸디나비아 반도 국가들의 민족구성은 다른 국가들에 비해 더 동질적이다.[286] 그 나라들은 더 평등주의적이고 특히 신교도 비율이 높다.[287] 스웨덴의 대인 신뢰 수준은 점점 향상되고 있는데, 심지어 민족구성의 동질성이 과거보다 약화되는 상황에서도 떨어지지 않고 있다(로스스타인 미간행).[288] 전반적으로 볼 때 민족적 동질성이나 다양성은 신뢰 여부를 결정하지 않는다. 그리고 간접적으로도 경제적 불평등 여부를 결정하지 않는다.[289]

흔히 신뢰를 훼손한다는 평가를 받는 텔레비전 시청(r=.597)은 예상 밖으로 사회적 신뢰를 향상시킨다. 라디오 청취(r=.548)도 마찬가지이다. 각종 대중매체의 이용방식과 신뢰와의 상관관계는 소득과 특히 교육요소를 제어할 경우 사라진다.

286 이스털리-레빈의 민족세분화 척도에 따르면, 스칸디나비아 반도 국가들은 45개 국가 중에서 각각 7위(덴마크), 17위(스웨덴), 20위(노르웨이), 23위(핀란드)에 해당한다. 스칸디나비아 반도 국가들의 평균점수는 .067이고, 공산주의 지배 경험이 없는 다른 나라들은 .220이다(p<.12에서만 의미가 있다, 편측검증).

287 스칸디나비아 반도 국가들의 평균 지니계수는 .383이고, 공산주의 지배 경험이 없는 다른 나라들은 .313이다(p<.10). 그러나 스칸디나비아 반도 5개 나라들의 개신교도 비율은 평균 88.63퍼센트이고, 다른 나라들의 개신교도 비율은 18.73퍼센트이다.

288 보 로스스타인과의 개인적인 연락을 통해 알게 된 사실이다.

289 민족적 다양성에 관한 자료의 출처는 테드 거의 위기 국면 1단계의 소수집단 자료(거 1993년)와 이스털리-레빈(1997년)의 민족세분화 척도(라포르타 외 1998년)이다. 신뢰와의 상관계수는 각각 -.242와 -.108이다.

스칸디나비아 반도 국민들이 타인을 더 믿는 것은 모두가 금발에 푸른 눈을 가졌기 때문이 아니라 더 평등하고 신교도 비율이 높은 사회에 살고 있기 때문이다. 한 사회 구성원들이 서로를 신뢰하기 위해 굳이 신교도 비율이 압도적으로 높을 필요는 없다. 예를 들어 16퍼센트 정도로 낮아도 일반적 신뢰의 의미 있는 향상이 가능하다(44퍼센트까지). 신교도수가 많은 사회는 대체로 타인을 믿는 사람들이 더 많다. 이런 분석결과는 민족적 동질성이나 다양성이 그리 중요해 보이지 않는 이유에 해답을 제시해준다.

지금까지의 논의는 확실히 미국의 사례를 약술하면서 전개한 것과 비슷하다. 신뢰는 낙관적 세계관뿐 아니라 그것에 합리성을 부여하는 현실적 환경, 즉 더 평등한 소득분배도 반영한다. 결국 지니계수는 개인주의적 문화와 더 중요한 요소인 경제성장과 소득재분배를 촉진하는 공공정책과 연결되어 있다. 그리고 성공할 수 있다는 자신감도 현실적 환경에 근거를 둔다. 공산주의 지배 경험이 없는 나라들의 경우 그런 자신감은 지니계수와는 밀접한 관계가 없고 대신 영아사망률이나 1인당 소득과 관계있다.[290]

이렇듯 정치적 풍토와 경제는 서로 대안적인 설명의 근거가 아니라 상호 보완적인 관계에 있다. 신뢰는 낙관적 세계관이나 더욱 평등한 소득분배에 의존한다. 신뢰의 가장 깊고 튼튼한 뿌리는 기업가정신과 모든 교구민의 평등을 강조하는 개신교 문화이다(립셋 1990년 5장). 그런데 이런 사실에는 어떤 역설이 담겨 있는 것 같다. 즉 지금까지 개신교 교파들은 경제적 평등의 촉구에 그다지 적극적으로 참여하지 않았지만, 가톨릭교 교

---

290 지니계수와 신뢰의 상관계수는 −.355이다. 영아사망률과 신뢰, 1인당 국민총생산과 신뢰 사이의 상관계수는 각각 −.696과 .683이다(자료 출처는 둘 다 라포르타 외 1998년이다).

파는 로마 교황청의 선언뿐 아니라 가톨릭 노동자운동이나 해방신학운동을 통해 경제정의 투쟁의 선봉에 설 때가 많았다. 하지만 개신교 교파 사이의 사회적 평등 윤리는 유럽형 복지국가 등장에 기여했고, 유럽형 복지국가는 가톨릭교 사회보다 더 부유하고 평등한 사회로 이어졌다(잉글하트 1997년 95쪽). 개인주의적 문화는 경제적 평등의 향상으로 이어지고, 그에 따라 대인 신뢰의 향상으로도 이어진다.

신뢰의 국가별 결과

미국의 경우 신뢰에 따른 큰 이익은 자신과 같지 않은 사람들과의 유대와 정치적 협력이다. 미국의 사례에 필적하는 국가별 자료가 없기 때문에 양자를 직접 비교할 수는 없다.[291] 그러나 국가별로 신뢰의 영향이 분명하게 드러나는 3개의 영역이 있다. 그것은 바로 정부, 경제, 공공정책이다. 신뢰가 넘치는 나라일수록 더 나은 정부, 더 나은 경제, 그리고 논란의 여지는 있지만 더 나은 공공정책이 가능해진다.

사람들에 대한 신뢰가 정부의 국정수행능력의 향상으로 이어진다는 퍼트넘(1993년 176쪽)의 주장은 옳다. 신뢰 지향적인 나라들은 그렇지 않은 나라들보다 부패할 가능성이 더 낮다. 그런 나라들에서는 관료들이 더 유능하고 사법제도는 더 '효율적'으로 작동할 뿐 아니라 사법제도에 대한 국민들의 신뢰도 더 높다(라포르타 외 1997년 335-336쪽 참고).[292] 여기서

---

[291] 봉사활동에 관한 세계가치조사 자료는 미국 자료와 직접적으로 비교할 수 없다.

[292] 자료의 출처는 라포르타 외(1997년 · 1998년)이다. 사법제도에 대한 신뢰(세계가치조사), 경제적 개방

인과관계의 방향은 신뢰에서 더 나은 정부 쪽으로 향하고 그 반대쪽으로는 향하지 않는다.

서로를 신뢰하는 사회는 부패할 가능성이 더 낮고, 정부의 국정수행능력이 더 뛰어나다. 신뢰는 부패에 강력한 영향을 미친다(라포르타 외 1997년 참고). 이론적으로 볼 때 만일 칠레를 덴마크만큼 신뢰가 넘치는 나라로 만들 수 있다면 칠레는 현재 세계에서 가장 부패와 거리가 먼 덴마크처럼 청렴한 나라가 될 수 있을 것이다.[293] 신뢰가 부패에 미치는 영향은 신뢰 다음으로 큰 영향을 미치는 평균 재학연수의 1.5배이다. 얼핏 타인에 대한 신뢰가 부패에 미치는 영향보다 부패가 신뢰에 더 큰 영향을 미친다고 생각하기 쉽다. 하지만 그렇지 않다. 부패정치는 신뢰 수준이 낮은 사회에서 꽃핀다. 대부분의 사람들이 서로를 믿는 사회에서는 부패정치가 자리잡을 수 없다.

사회적 신뢰 수준이 높은 나라의 관료들은 여론에 민감할 가능성이 더 높고 형식적 절차에 얽매여 공공정책을 다룰 가능성이 더 낮다(라포르타 외 1997년과 1998년 참고). 그리고 한 번 더 강조하지만 관료제가 여론에 민감하게 반응하며 작동한다고 국민들이 서로를 믿게 되는 것은 아니다(역설적이지만 국회의원들이 서로를 믿게 되지도 않는다).

도(배로-리 자료), 경제적 성과(페더르키와 클릿가드 1998년) 등을 제외한 종속변수들의 출처는 라포르타 외 자료이다. 경제적 성과 방정식의 독립변수들의 출처도 페더르키와 클릿가드(1998년)이다. 서로를 신뢰하는 사회일수록 1974-1994년 동안 국내총생산 대비 이전지출과 보조금의 비율이 높았다(민주주의 사회의 경우 r=.509, N=40. r=.598, N=35). 그런 사회는 국내총생산액 대비 정부정책 투자금의 비율도 더 높다(민주주의 사회의 경우 r=.630, N=43. r=.735, N=36). 좀더 상세한 논의와 다변량 분석은 다음 내용을 참고하라.

293 부패지수의 출처는 국제투명성기구의 1998년 순위 자료이다.

신뢰는 더 효율적인 사법제도로 이어지기도 한다. 효율적인 사법제도의 기본적인 토대는 사회적 신뢰이다(머로 1995년). 그리고 재차 지적하지만, 훌륭한 법관이 훌륭한 시민을 낳는 것은 아니다. 사법제도가 효율적이라고 해서 그 나라의 신뢰 수준이 높아지지 않는다.[294] 신뢰와 사법제도의 효율성은 서로 밀접한 관계에 있고, 인과관계 방향은 신뢰에서 사법제도의 효율성 쪽으로 향한다.

이보다 더 인상적인 점은 로스스타인(미간행)이 정부에 대한 지지가 사람들에 대한 신뢰로 전환되는 핵심적인 메커니즘으로 간주한 사법제도에 대한 신뢰이다(2장을 보라). 사법제도에 대한 신뢰와 사람들에 대한 신뢰 사이에는 연관성이 있다. 공산주의 지배 경험이 없는 나라들의 경우 두 신뢰 사이에는 보통 수준의 상관관계가 있다. 그리고 연립방정식 모형에 따르면 사람들에 대한 신뢰와 사법제도에 대한 지지 사이에는 밀접한 관계가 있다. 그러나 인과관계 방향은 사람들에 대한 신뢰에서 사법제도에 대한 신뢰 쪽으로 향한다.

타인을 믿는 사람들은 법을 지탱하는 가치를 소중히 여기기 때문에(7장과 우슬러너 1999년b를 보라) 사법제도를 더 믿는 것은 당연하다. 구 공산권 국민들은 사법당국을 신뢰의 중개자로 간주하지 않았다는 분명한 증거가 있다. 즉 사법제도에 대한 신뢰와 사람들에 대한 신뢰 사이의 종합 상관계수는 보통 수준의 음의 값이었다.[295]

---

294 1990-1991년 세계가치조사에서 공산주의 지배 경험이 없는 나라들의 경우 사법제도에 대한 신뢰와 사람들에 대한 신뢰 사이의 상관계수는 .372이다. 중국을 제외한 공산주의 국가들을 포함하면 상관계수는 .406으로 상승한다.

295 1990-1991년 세계가치조사에서 공산주의 지배 경험이 없는 나라들의 경우 사법제도에 대한 신뢰와

사법제도에 대한 신뢰보다 더 나은 척도는 사법제도의 공정성에 대한 인식이다. 사법제도의 공정성을 둘러싼 인식에 대한 직접적인 척도는 없고, 스위스 로잔의 경영개발연구소에서는 기업임원들을 대상으로 '사회적 정의의 공정한 집행에 대한 믿음'을 조사했다(이 조사결과는 경영개발연구소가 《세계경쟁력 연감》을 통해 발표했고, 트라이스먼 1999년 18쪽에 실려 있다). 사법제도의 공정성과 대인 신뢰의 단순상관계수는 사법제도에 대한 신뢰와 대인 신뢰의 단순상관계수보다 높다. 그러나 작동원리는 비슷하다. 즉 서로를 신뢰하는 사회일수록 구성원들이 사법제도를 공정하게 바라본다. 그러나 공정한 사법제도가 신뢰를 생산할 수 있는 것은 아니다.[296]

　신뢰 지향적인 사회의 구성원들일수록 사법제도를 더 신뢰할 것이다. 준법정신 또한 더 투철할지 모른다. 라포르타 외(1997년 335-336쪽)에 따르면 신뢰 수준이 높은 나라일수록 탈세율이 더 낮다. 탈세율은 일반적 신뢰와 밀접한 상관관계를 보인다. 심지어 구 공산권 국가들을 배제하고 분석해도 마찬가지다. 그러나 탈세 모형에 사법제도에 대한 신뢰를 포함시키면 일반적 신뢰는 통계학적인 의미를 상실한다.[297] 일반적 신뢰는 사법제도에 대한 신뢰의 강력한 가늠자이므로 최소한 신뢰에서 납세순응 쪽으로의 간접적인 연관성이 존재한다고 볼 수 있다.

　일반적 신뢰를 고수하는 사람들이 많은 사회일수록 절도범죄율이 낮

사람들에 대한 신뢰 사이의 상관계수는 .372이다. 13개 구 공산권 국가들의 경우 상관계수는 -.470이다.

296 신뢰와의 단순상관계수(공산주의 지배 경험이 있는 나라들을 포함한 모든 나라들의 경우)는 사법제도에 대한 믿음과 신뢰 사이의 상관계수인 .439보다 더 높은 .712이다. 이것을 비롯해 여러 변수들에 관한 자료는 대니얼 트라이스먼이 제공해준 것이다.

297 공산주의 지배 경험이 없는 32개 나라의 경우 단순상관계수는 .534이고, 36개 나라의 경우 .569이다. 다변량 추정은 신뢰, 사법제도에 대한 믿음, 탈세 등의 모형을 포함한 2단계최소제곱법이다.

다. 특히 구 공산권 국가들을 포함해 분석하면 더욱 그렇다. 그런데 신뢰와 절도범죄율의 인과관계 방향은 확정하기가 좀 어렵다(미국에 대한 시계열 결과도 마찬가지다). 어쨌든 구 공산권 국가들을 포함해 분석할 경우 절도범죄와 신뢰 사이에는 밀접한 상관관계가 드러난다. 즉 절도범죄가 많을수록 신뢰 수준은 낮고, 신뢰 수준이 낮은 사회일수록 절도범죄율이 높다. 절도범죄율은 특히 구 공산권 국가들이 높은데 그런 나라들은 타인을 신뢰하는 사람들의 비율이 더 낮다.[298] 그 국가들을 배제하고 분석할 경우 신뢰 수준이 높은 나라들은 절도범죄율이 낮다.

하지만 절도가 불신을 초래한다고 단정짓기에는 양자의 연관성이 미약하다. 민주주의 국가들이나 구 공산권 국가들을 막론하고 절도범죄율을 결정하는 것은 사법제도 자체나 사법제도의 효율성에 대한 신뢰가 아니라 일반적 신뢰이다. 그러므로 사법적 수단은 범죄를 억제할 수 있는 충분조건이 아니다. 즉 신속하고 확실한 처벌로 유명한 싱가포르 같은 나라보다 스웨덴처럼 서로를 신뢰하는 나라에서 사는 것이 더 낫다.[299] 하지만 신뢰는 범죄의 만병통치약이 아니다. 한 나라의 경제적 조건을 제어하고 분석할 때 신뢰는 폭행이나 살인의 의미 있는 가늠자가 아니다.

민주주의가 신뢰를 낳지 않듯이 유능한 정부도 신뢰를 낳지 못한다(대안적 견해는 스톨 1999년b 참고). 물론 신뢰도 민주주의를 낳지 않는다. 하지만 신뢰는 민주주의가 더 효과적으로 작동하도록 이끈다.

---

298 18개의 구 공산권 국가 중에서 13개 국가가 절도범죄율이 중앙값보다 높다.
299 스웨덴의 절도범죄율은 42개 국가 중 최하위이고, 싱가포르는 27위이다. 폭행범죄율은 스웨덴이 38개 국가 중 37위이고, 싱가포르는 14위이다. 다만 살인범죄율의 경우 스웨덴은 47개 국가 중 6위이고, 싱가포르는 35위이다.

신뢰는 몇 가지 방식으로 민주주의의 효과적인 작동을 돕는다. 첫번째 방식은 간접적인 것이다. 신뢰는 자신과 같지 않은 사람들에 대한 감정이 반영되기 때문에 한 나라가 다른 나라들에 좀더 쉽게 접근하고 상대하는 데 보탬이 될 수 있다. 타인을 신뢰하는 사람들은 자유무역을 지지한다. 그리고 타인을 신뢰하는 사람들이 많은 사회는 외부 사회에 기꺼이 다가간다. 즉 높은 신뢰 수준이 개방경제와 자유무역을 촉진하는 결과 물질적 부의 증가를 초래한다(울코크 1998년 158쪽).

더 중요한 점은 신뢰가 경제적 풍요와 직접적으로 이어진다는 사실이다. 신뢰 수준이 높은 나라일수록 경제성장률이 높다. 즉 신뢰는 경제성장의 가장 강력한 가늠자이다.[300] 그러나 경제성장이 신뢰 증가로 이어지지는 않는다. 이때의 인과관계 방향은 한쪽으로만 가리킨다.

신뢰는 경제적 평등에 의존하고, 신뢰는 다시 경제적 평등의 강화로 이어진다. 서로를 믿는 사회일수록 부를 재분배하고, 교육에 더 많이 투자하며, 경제성장 촉진 정책을 추진하는 더 큰 정부가 들어선다. 신뢰에서 경제적 평등 쪽으로 향하는 직접적인 인과관계는 없지만, 신뢰 수준이 높은 민주주의 국가는 타인에 대한 믿음을 간접적으로 장려하는 정책을 추구한다. 신뢰 수준이 높은 국가일수록 정부정책, 특히 교육부문에 더 많이 지출한다. 또한 그런 나라일수록 전 인구 대비 공공부문 고용률이 더 높다. 특히 신뢰 수준이 높은 사회는 빈곤층을 지원하는 소득이전정책에 더 많은 예산을 투입한다. 끝으로 신뢰 수준이 높은 사회일수록 좀더 개방적인 경제와 더욱더 자유로운 무역을 선호하고, 덕분에 경제성장이라

---

300 경제성장 척도는 페더리크와 클릿가드(1998년)의 국내총생산 증가율이다.

는 열매를 거둔다.[301]

하지만 소득을 재분배하고, 교육에 투자하고, 부유층에서 빈곤층으로 부를 이전하고, 공공부문을 확대하고, 개방경제를 고수하는 정부라 해도 신뢰를 생성하지는 못한다. 신뢰가 먼저인 듯하다. 거의 그런 것 같다. 경제적 평등은 신뢰의 강력한 결정요인이다. 그리고 신뢰는 부를 창출하고 불평등을 해소하는 정책으로 이어진다.

이것이 바로 퍼트넘이 말하는 '선순환'이다. 평등은 평등을 낳는다. 하지만 악순환도 가능하다. 염세증은 염세증을 낳고, 불평등은 불평등을 낳는다. 우리는 경제적 불평등 완화정책이라는 간접적인 방식을 통해 신뢰를 향상시킬 수 있다. 즉 경제적 개방도 외에는 경제적 평등과의 상관관계가 보통 수준에 머물지만, 앞서 언급한 공공정책은 모두 경제적 평등의 강화로 이어진다.[302] 물론 시민들이 서로를 신뢰하지 않는 사회에서도 이런 정책을 채택할 수 있다. 그러나 공공심을 갖춘 시민들로 구성된 사회는 그렇지 않은 사회에 비해 더 효과적으로 불평등을 완화하고 신뢰를 증진할 수 있다. 8장에서 살펴본 여론에 민감한 정부와 미국의 정치상황에서 알 수 있는 점은 신뢰가 조성된 나라에서는 난감한 정치적 결정도 쉽게 이뤄질 수 있다는 사실이다(로스스타인 2000년 참고).

사람들에 대한 신뢰가 정부에 대한 신뢰로 이어질지도 모른다. 국민은 정부가 국정운영을 잘 해낼 때 지도자들을 믿는다. 정부의 국정수행능력

---

[301] 경제적 개방도를 제외한 모든 종속변수의 출처는 라포르타 외(1998년)이다. 신뢰는 전 인구 대비 공공부문 고용률에 대해 p<.01에서 의미 있고, 다른 방정식들에 대해서는 p<.05에서 의미 있다.
[302] 경제적 개방도(상관계수는 .7)를 제외하면 상관계수의 범위는 .4에서 .5까지이다.

에 대한 국민의 판단에는 특정 인물, 제도, 정책 등에 대한 평가가 반영된다. 그러나 그런 각각의 요소들은 알게 모르게 타협 혹은 대결 분위기 조성에 기여할 것이다. 정치 지도자들은 궁극적으로 대중에게, 그리고 대중의 기대와 우려에 대한 책임이 있고 거기에 적절히 반응한다. 정부는 일반적 신뢰를 생산할 수 없다. 국민은 정부 관리들에게 중요한 사회적 문제를 다룰 재량권을 부여할 수 있고, 그렇게 함으로써 정부의 효율적인 작동을 유도할 수 있다. 그러나 효율적으로 작동하는 정부라고 해서 항상 인기있는 건 아니다. 정부가 무슨 일을 하는가도 중요하다. 인기 없는 정책을 추진하는 정부는 설령 중요한 의제를 채택해도 인기를 더 잃을 수 있다.

정부가 무슨 일을 하든 서로를 신뢰하는 사회에서는 일단 정부의 기능이 발휘될 수 있다. 뮐러(1996년 106쪽)의 주장에 따르면 우리는 민주주의 정부의 장점을 과대 포장한다. "민주주의는 서로 경쟁하는 의견과 세력이 비록 평화적인 방식이어도 혼란스런 전투를 치르는, 의견은 구호로, 정보는 왜곡된 단편적 사실로, 증거는 몸짓으로, 주장은 허세로 전락하기 일쑤인 극도로 무질서한 난장판이다." 물론 그렇기는 하다. 하지만 만일 잉글하트(1997년 180-188쪽)의 지적이 옳다면 제 기능을 발휘하고 안정적인 민주주의 사회는 문화적 토대, 특히 사회적 신뢰에 의지할 것이다.

4장과 7장에서 입증했듯이 신뢰는 평등주의적 정서에 의존하고 더 관용적인 태도로 이어진다. 이 점을 뒷받침하는 몇몇 국가별 증거도 있다. 진정한 종교는 하나뿐이라고 믿는 사람들이 많은 나라일수록 타인에 대한 신뢰 수준이 낮다. 〈그림 8-4〉에는 이런 관계가 제시되어 있다(공산주의 지배 경험이 없는 나라들에 국한된 이야기가 아니다). 여기서 인과관계 방향은 명확하지 않다. 왜냐하면 이 문제에는 외집단에 대한 관용(4장을 보라)과

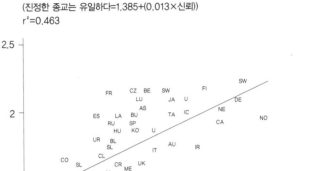

〈그림 8-4〉 진정한 종교는 유일하다는 신앙심과 다른 사람에 대한 신뢰

(진정한 종교는 유일하다=1.385+(0.013×신뢰))
r²=0.463

주의: 그래프에 표시된 영문약자는 관찰대상 국가에 관한 정보를 가리킨다(예를 들면 COL은 콜롬비아의 관찰결과이다)

PH필리핀 RO루마니아 NI니카라과 GE조지아 GH가나 PO팔레스타인 해방기구 AR아르헨티나 LI리히텐슈타인 CR코스타리카 ME몬테네그로 UK영국 IT이탈리아 AU오스트레일리아 IR이란 CA캐나다 NE니제르 DE독일 NO 노르웨이 PE페루 CO콜롬비아 SL시에라리온 CL칠레 BL프랑스령 생바르텔르미 HU헝가리 ES스페인 LA라오스 BU버마 AS미국령 사모아 TA영국령 트리스탄다쿠냐 제도 IC스페인령 카나리아 제도 FI핀란드 RU러시아 BE벨 기에 CZ체코공화국 LU룩셈부르크 FR프랑스

a 갤럽

일반적 의미의 관용(7장을 보라) 모두가 반영될 수 있기 때문이다. 무엇이 원인이고 결과이든 간에 서로 밀접한 관계를 맺고 있는 것은 분명하다.

7장에서 미국의 경우 타인을 신뢰하는 사람들이 여성의 권리를 더 지지한다는 점을 보여준 바 있다. 이 점에 대한 국가별 증거도 있다. 2000년 국가별 표본을 대상으로 실시한 갤럽 21세기 기념 조사에서는 자신의 가족 중 여자가 직업을 가져도 괜찮은지를 물었다.

비록 신뢰 문제와 여성의 역할을 관련지을 수 있는 표본의 개수(15개 나라)가 적긴 해도 신뢰가 여성의 노동권 지지에 미치는 영향은 크고 안정적인 것으로 드러났다. 심지어 그것은 여성 교육 수준의 영향보다 약간 더 컸다.[303] 신뢰는 민주주의를 작동시킨다. 그것은 신뢰가 관용적인 사회의 반영이기 때문이다.

민주주의적 구조가 무시할 수는 없는 요소지만 전반적으로 볼 때 신뢰보다는 덜 강력한 불평등의 결정요인이다. 이것은 다변량 분석에서는 대체로 통계학적 의미를 상실한다. 따라서 민주주의는 두 가지 이유에서 환호받을 만하다. 세 번째 환호는 신뢰의 몫이다.

---

[303] 여권에 관한 자료의 출처는 국제사회조사프로그램의 1998년 종교조사이다(측정 방식은 달라도 일반적 신뢰 질문도 포함되어 있다). 관련자료는 ftp://unix1.za.uni-koeln.de/za-koeln/uher/relig98에서 확인할 수 있다. 신뢰, 여성의 교육 수준, 좌우파 정당 소속감 등은 모두 p<.01 혹은 그 이하에서 여성 노동권에 관한 태도의 의미 있는 가늠자들이다(다른 인구통계학적·경제적 지표들은 의미가 없다). 회귀계수와 가늠자의 범위를 곱하자 신뢰, 여성의 교육 수준, 좌우파 정당 소속감 등의 경우 회귀효과는 각각 .708, .689, .476이다(모두 여성 노동권에 대한 지지를 가리킨다). 추정의 신뢰성을 담보하기 위해 나는 부트스트래핑을 통해 세 가지 계수 모두의 안정성을 뒷받침하는 근거를 확보했다. 개인적 차원의 여성 노동권에 대한 지지와 신뢰 사이에도 보통 수준의 상관관계가 존재한다(타우-시=.143, 감마=.230, N=37,420). 신뢰는 개인적 차원의 순서형 프로빗 모형에서도 성별, 연령, 교육, 기도 횟수, 종교활동 적극성, 종교적 자부심, 더미 변수(국적) 등을 포함하는 여권의 의미 있는 가늠자였다(p<.0001에서). 진정한 종교 관련 질문의 출처는 갤럽 21세기 기념 조사이다. 자료를 제공해준 갤럽인터내셔널의 사무총장 메릴 제임스에게 고마움을 전한다.

맺음말

최근 주변에서 쏟아지는 경고의 메시지들을 보면 마치 모든 사람들이 사기꾼 같다는 느낌이 든다. 오늘날의 배신은 신사들의 결투가 벌어진 옛 시절과는 다르다. 연방수사국의 어느 방첩활동 전문가(나중에 러시아 스파이로 드러났다)나 어느 식당 종업원(세계적인 갑부 217명의 인터넷 비밀번호를 입수한 뒤 일련의 사기행각을 통해 수백만 달러를 편취했다) 같은 사람들이 저지른 최첨단 사기행위 때문에 아무도 믿을 수 없다는 대중적 의심이 커지고 있다.

　　　　　　　　　　　　　　　　　　　　　-베이더(2001년 WK4)

신뢰와 시민공동체

한 번 더 강조하지만 신뢰는 사회생활의 보양식이다. 그러나 보양식처럼 신뢰의 치유력도 과대포장된 감이 있다. 신뢰와 보양식은 여러 모로 유익한 역할을 해도 모든 질병을 고쳐주거나 일상생활의 모든 문제를 해결해주지는 않는다. 보양식도 신뢰도 골프나 볼링 실력을 향상시켜주지 않고, 심지어 볼링 동호회에 가입할 가능성을 높여주지도 않는다. 보양식과 신뢰는 기분을 북돋아줄 수 있는데, 이 점에서는 신뢰가 보양식보다 우위에 있다. 왜냐하면 신뢰는 타인을 긍정적으로 바라보도록 이끌 수도 있기 때문이다. 신뢰는 우리를 자신과 같지 않은 사람들과의 시민참여로 이끌 수 있고, 상대적으로 불우한 사람들을 위한 선행을 독려할 수 있다. 또한 사회문제 해결방안을 둘러싼 타인과의 이견 때 공통분모를 모색할 가능성을 높여줄 수도 있다.

흔히 우리는 자신과 생각이 다른 사람들을 경계한다. 그리고 자신과 외모가 다른 사람들은 다른 가치를 견지할 것으로 생각하기 쉽다. 그리고 가치가 다른 사람들이 기회를 엿보다가 결국 자신을 이용할지 모른다고 생각한다. 그들이 우리의 권리를 빼앗고 자기들의 특권을 보장해주는 공공정책을 추진할 것으로 생각한다. 그러므로 이용당할지도 모른다는 공포에 대처하는 한 가지 방법은 아는 사람들만 믿는 것이다. 아무리 사교적인 사람도 인맥에는 한계가 있는 법이어서 결국 자신과 생각이 같은 듯한 사람들만 믿을 것이다. 하지만 이처럼 자신과 동일한 부류의 사람들로 구성된 공동체에 은거하는 데는 값비싼 대가가 따른다. 즉 외부와 장막을 치고 교역에 따른 이익을 포기한 만큼 물질적 번영은 이루지 못할 것이다 (울코크 1998년 158쪽).

물질적 번영을 위해서는 위험을 감수해야 한다. 그리고 당연히 그런 위험에는 타인에 대한 신뢰도 포함된다. 남을 믿는다는 것은 일단 의견이 다른 부분은 제쳐두고 서로의 공통점을 모색하는 것을 뜻한다. 너와 나는 정치적 의견이 다를 수 있다. 너와 나는 배경이 다를 수 있고 종교적 신념도 다를 수 있다(물론 종교적 신념이 아예 없을 수도 있다). 그러나 우리는 두 가지 기본적인 전제를 인정한다. 첫째, 어떤 결정적인 차원에서 대부분의 사람들은 공통의 도덕적 가치체계를 공유한다. 그런데 '대부분의 사람들'을 신뢰하는 데는 모르는 사람들(혹은 결코 만나지 않을 사람들)에 대한 추론이 수반된다. 이런 식의 신뢰에는 사실 다른 사람이 믿을 만하다는 낙관론뿐 아니라 믿음의 비약이 필요하다. 이보다 더 '안전한' 길은 반대를 가정하는 것이다. 즉 사람들이 무죄가 입증될 때까지 유죄라고 가정하는 것이다.

일반적 신뢰의 혜택은 그것의 도덕적 뿌리에 있다. 경험에 의존할 경우 대부분의 사람들이 믿을 만하다는 주장을 받아들이기가 쉽지 않을 것이다. 우리는 '대부분의 사람들'을 모르고, 따라서 '대부분의 사람들'이 우리와 아는 사람들과 비슷할 것이라고 짐작할 이유도 거의 없다. 사교활동을 활발하게 한다고 타인에 대한 신뢰 수준이 향상되지는 않는다. 신뢰를 생산하는 유일한 형태의 시민참여(봉사활동과 자선활동)에는 도덕적 뿌리가 있다.

아는 사람들과의 교류가 자신과 같지 않은 사람들을 더 포용하고, 이민 확대, 무역장벽 완화, 인권향상 따위를 더 지지할 것이라고 보기는 힘들다. 지식 기반적 신뢰와 정부기관의 효율성 향상 사이의 연관성을 도출하기도 어렵다. 자신이 아는 사람들에 대한 신뢰와 자신은 물론 내 지인들도 모르는 가난한 사람들에게 나와 지인의 돈을 나눠주는 행위 사이의 연결고리가 있다는 주장은 문제 있어 보인다. 오히려 전략적 신뢰가 법안의 원활한 통과에 보탬이 될 것이라는 주장이 더 그럴 듯할 수 있다.

의회에서의 규범을 다룬 연구문헌들은 의원들 사이의 신뢰가 어떻게 법안 통과에 도움이 되는가에 관한 설명으로 도배되어 있다(매튜스 1960년 97-99쪽, 루미스 1988년 28쪽, 우슬러너 1993년 2장). 타인에 대한 신뢰라는 도덕적 태도가 있을 경우 일반적 신뢰와 성공적인 입법과정 사이의 연관성이 더 타당해 보인다.

둘째, 때로는 민주주의적 의사결정방식이 제대로 작동 못할 수 있다. 아마 과반수의 사람들이 나머지 모든 방안보다 선호하는 최적의 대안은 없을 것이다. 혹은 기계적인 다수결원칙에 따른 감정과잉으로 사회조직이 분열될 수도 있다. 그러므로 서로에게 자신의 의사를 강제로 관철하려고 애쓰기보다는 타협을 모색하는 편이 더 나을지 모른다. 두 번째 전제는 첫번째 전제의 자연스러운 귀결이다. 우리가 공유하는 공통의 가치체계가 없다면 서로의 공통분모를 찾으려는 노력은 헛수고일 뿐이다.

타인을 신뢰하는 사람들은 가치의 차이를 선전포고로 간주하지 않는다. 그들은 자신과 같지 않은 사람들에게 관대해 협력을 통한 상호이익의 잠재력을 인식하고 있다. 물론 남을 신뢰하지 않아도 남과 협력할 수는 있다(레비 1999년). 그러나 남을 신뢰할 때보다는 협력하기가 더 어렵다. 즉 어떤 집단행동 문제에 관한 합의를 필요로 할 때마다 협력의 기본원칙을 정하기 위해 처음부터 다시 시작해야 한다. 일반적 신뢰가 없는 상황에서는 매번 전략적 신뢰를 새로 구축해야 한다.

대부분의 사람들이 공통의 가치를 공유한다는, 그들이 자신을 이용하려 애쓰지 않을 것이라는 전제를 바탕으로 하는 일반적 신뢰는 우리에게 더 편한 삶을 선사할 수 있다. 물론 오직 낙관론자들만이 증거 없이도 이런 가정을 받아들일 것이다. 그리고 이것은 바로 신뢰가 낙관적 세계관에 의존하는 이유이기도 하다.

대부분의 사람들이 믿을 만하다는 추론적 도약은 풍성한 열매를 거두게 해준다. 서로를 신뢰하는 사회일수록 서로에게 호의적이다. 대부분의 사람들이 서로를 믿는 사회에서는 집단적인 결정에 도달하기가 쉽다. 낮

선 사람들을 신뢰하는 사회에서는 가난한 사람들을 돕는 분위기가 조성
될 가능성이 높다. 그리고 자신과 같지 않은 사람들을 믿는 사회일수록
그들과의 교역에 나설 가능성(그리고 교역을 통한 이익을 거두고 추가적인 경
제성장과 물질적 풍요를 누릴 가능성)이 더 높다.

신뢰가 이처럼 풍성한 열매를 제공하는데 왜 모든 사람들이 타인을 믿
지 않는 것일까? 그것은 아마 신뢰가 그리 만만한 것이 아니기 때문일 것
이다. 흔히 우리는 남을 경계의 눈빛으로 바라본다. 특히 내집단 소속감
이 강한 집단주의적 사회에 살고 있는 사람들은 그런 경향이 더 강할 것
이다. 개인주의적 사회일수록 신뢰 수준이 더 높고 신뢰의 중요성이 더
커진다.[304] 즉 집단과 집단을 묶어주는 강력한 연결고리가 없는 상황에서
는 개인끼리 의존하게 된다.

신뢰는 특히 미국 문화에서 중요한 요소로 작용한다. 미국인들은 서로
를 도우며 살았던 대평원의 개척자들을 자주 언급한다(개척자들의 그런 전
통은 오늘날 통나무 굴리기, 즉 의회에서의 투표거래에 남아 있다). 미국의 위대
한 영웅들로는 여러 지방을 다니며 선행을 보여준 나무꾼 조니 애플시드
나 황야를 누비며 곤경에 처한 사람들을 도와준 고독한 보안관과 톤토를
들 수 있다.[305] 사실 다음과 같은 미국의 좌우명은 개인주의와 일반적 신
뢰 모두와 잘 어울린다. '여럿으로 이뤄진 하나.'[306]

---

304 7장에서 가장 신뢰 수준이 높은 나라들은 스칸디나비아 반도에 자리잡고 있다. 얼핏 그런 나라들이
복지국가들이기 때문에 집단주의적 문화를 갖고 있다고 생각할지 모르겠다. 그러나 홉스테드(1908년)와
트리안디스(1989년)의 개인주의-집단주의 지수에 따르면 스칸디나비아 반도의 사회들은 극도의 개인주
의적인 문화를 갖고 있다. 다만 노르웨이의 개인주의 성향은 상대적으로 평범한 수준이다.
305 미국의 대중적 영웅들에 관해서는 5장을 보라.
306 이것은 미국의 공식 좌우명이다. 미국의 1달러 동전에는 같은 뜻의 라틴어로 '에 플루리부스 우눔

신뢰와 문화

여러 측면에서 신뢰는 문화적 성격을 지니고 있다. 개인주의적 사회는 집단주의적 사회보다 신뢰 수준이 더 높다.[307] 신뢰가 문화적 성격을 갖는다는 점은 신뢰가 일종의 영속적 가치인 이유에 대한 설명이 될 수 있다. 물론 신뢰는 시간 흐름에 따라 변한다. 하지만 모든 개인별 사례를 보더라도(3장을 보라), 특히 모든 국가별 사례를 보면(8장을 보라) 신뢰는 아주 안정적이다. 10년 동안 신뢰변화의 정도는 평균 2.8퍼센트에 불과하다. 신뢰는 한 세대에서 다음 세대로 이전될 뿐 아니라(렌션 1975년, 본서의 4장을 보라) 동일한 민족의 한 국가에서 다음 국가로도 계승된다(라이스와 펠드먼 1997년).

그러나 이런 안정성을 너무 과대평가할 필요는 없다. 세계가치조사에 따르면 조사대상 국가의 41퍼센트인 9개국이 5퍼센트 이상의 범위에서 신뢰의 증가나 감소를 경험했다(신뢰가 감소한 나라는 단 1개였다).[308] 그리고 여러 조사에서 많은 사람들(1972-1974-1976년 미국선거연구 패널의 약 25퍼센트, 1965-1982년 니미-제닝스 성인 표본의 약 30퍼센트, 1965-1982년 니미-제닝스 청소년 표본의 약 37퍼센트)이 시간의 흐름에 따라 신뢰 관련 질문에 이전과 다른 답변을 내놓는다.

정치문화 평론가들은 핵심가치는 변화에 강한 반면 사회구조와 경제상황은 그렇지 않다는 가정을 그대로 모방한 주장을 펼친다(잭맨과 밀러

E pluribus unum'이라는 문구가 새겨져 있다.

307 신뢰와 홉스테드의 개인주의 척도 사이의 상관계수는 .617이다(N=36). 신뢰와 트리안디스 척도 사이의 상관계수는 .570이다(N=35). 두 상관계수는 공산주의 지배 경험이 없는 나라들을 대상으로 측정한 것이다.

308 신뢰의 절대적 변화의 평균치는 4.8퍼센트이다.

1996년). 정치문화 평론가 주장의 상당수는 문화적 명제의 모방이긴 해도 핵심을 찌른 것이다. 문화적 가치는 고정적이지 않다. 문화적 가치도 1970년대 중반에 미국을 휩쓴 베트남 전쟁 반대운동과 민권운동 같은 대규모 사회적 격변을 거치면서 변화를 겪었다(5장을 보라).

좀더 일반적으로 말하자면 정치문화는 역사에 뿌리를 두고 있다. 물론 도덕적 신뢰는 대체로 우리 삶의 경험을 반영하지 않는다. 그런데 살아가면서 불행한 일을 회피할 수 있는 데는 한계가 있다. 밴필드(1958년)와 펠레즈(1996년)가 인용한 몬테그라노 주민들과 알바니아인들은 홉스가 말한 만인의 만인에 대한 투쟁을 연상시키는 잔인한 세계에 놓여 있다.[309] 그런 환경에서 낯선 사람들을 믿는다는 것은 이치에 맞지 않는다. 일상생활이 좌절의 연속인 환경에서는 대인 신뢰를 견지하기가 더 힘들다. 상황이 좋을 때는, 지금은 상황이 그리 좋지 않지만 앞으로 상황이 나아질 것으로 생각할 때는 낯선 사람들을 믿는 것이 훨씬 덜 무모한 행동이다.

파이가 커진다는 것은 여럿이 나누기에 양이 충분하다는 뜻이다. 그러나 나눌 만한 파이가 없고 앞으로도 상황이 호전될 기미가 보이지 않을 때는 자신과 같지 않은 사람들을 잠재적인 적으로 바라보게 된다. 몬테그라노에서 낯선 사람들을 믿고 돌아다니는 것이 어리석은 짓이듯이 오슬로에서 경기가 잠시 좋아지거나 나빠질 때마다 다른 사람을 배신하는 것도 어리석은 짓일 수 있다. 신뢰는 단기간의 경제동향에 따라 급격하게 변하지는 않는다. 원래 경기는 등락과 부침을 거듭하는 것이기 때문이다. 다만 나쁜 상황 다음에 좋은 상황이 찾아오리라고 믿을 만한 근거가 없는

---

[309] 2장의 각주 14와 4장을 보라.

경우 신뢰는 비합리적인 선택으로 전락한다.

이탈리아 남부나 알바니아와 스칸디나비아 반도 국가들의 차이는 단순한 소득의 크기가 아니라 소득의 분배방식에 있다. 가난한 상태에서는 모두 한배를 타고 있으므로 남이 나를 이용해 저 자리(원래의 내 자리)를 차지했다고 의심할 만한 이유도 없다. 반면 불평등은 일부 사람들이 나를 속이려는 것 같다는 증거가 될 수 있어 이때의 신뢰는 해볼 만한 모험이 아닐수 있다.

불평등이 심화되면 사회복리에 대한 공동의 책임이 있다는 인식이 점점희미해진다. 미국의 경우 경제상황이 나쁠 때는 이민과 자유무역에 반대하는 정서와 종교적 근본주의 경향이 고조된다. 그런 정서와 경향은 일반적 신뢰를 떠받치는 토대인 관용적 태도와 개방성에 대한 공격이다.

반면 신뢰의 증가와 평등의 강화가 동행한다는 분명한 증거를 보여주는 사례들도 있다. 시민문화조사에 따르면 이탈리아 국민의 타인에 대한 신뢰 수준이 1960년의 24퍼센트에서 1990년의 35퍼센트로 증가하는 동안(아먼드와 버바 1963년) 소득불평등의 지니계수는 1974년의 .410에서 1990년의 .322로 감소했다(다이닝어와 스콰이어 1996년). 멕시코의 경우 신뢰는 8.2퍼센트에서 1996년의 28퍼센트로 훨씬 더 많이 증가한 반면 경제적 불평등은 .550에서 1992년의 .503으로 그리 인상적으로 개선되지 않았다.

신뢰는 오로지 문화적 가치라거나 오로지 환경에 대한 수단적 반응이라는 주장은 이치에 맞지 않는다. 신뢰는 문화적 가치인 동시에 환경에 대한 수단적 반응이기 때문이다. 신뢰는 급격한 변화를 보이지는 않지만 돌에 새겨 넣은 것이 아니어서 적어도 집단적 차원에서는 현실세계의 변화에 반응한다.

신뢰의 구축

신뢰를 구축한다고 해서 신뢰를 가공하기 쉽다는 뜻이 아니다. 민주주의 국가들은 신뢰 수준이 더 높다. 하지만 비민주주의적인 헌법과 사법제도를 민주주의적인 방향으로 바꾼다고 당연히 신뢰가 창출될 것으로 기대할 수 없다. 잠시 어떤 나라에 부패한 독재체제가 들어섰다고 상상해보자. 비록 부패하고 독재적이지만 그 체제는 시민적 자유를 환기시키려고 한다. 그 체제가 확립되기 전에는 정직한 항의자들은 투옥되고 도둑들은 석방되었다. 그런데 부패한 독재체제가 들어서자 항의자들도 도둑들도 법정에 소환되지 않는다. 그렇다면 이제 그 나라 국민들의 신뢰 수준이 향상될까? 그렇지 않을 것이다.

정부정책을 통해 신뢰를 구축하는 것은 쉽지 않다. 8장에서 설명한 결과들 가운데 하나에 따르면 부유층에서 빈곤층으로의 이전지출을 확대함으로써 불평등을 완화할 수 있다. 그러나 단순히 특정 국가의 정부에 이전지출을 늘리라고 명령할 수는 없다. 국민의 신뢰 수준이 낮은 나라들은 소득을 재분배할 가능성도 더 낮다. 불평등은 외집단을 향한 두려움과 불만을 낳는다. 요컨대 불평등은 도덕적 신뢰의 정반대 증상인 외국인혐오증을 초래한다.

장기적인 성격의 정치문화를 바꾸는 것보다 소득재분배를 위한 정치연합을 구축하는 것이 더 쉬울 것이다. 언젠가 우리는 고리를 끊을 수 있을 것이다. 그리고 퍼트넘의 유명한 1993년 연구를 통해 오늘날 신뢰 문제를 둘러싸고 많은 관심이 쏠리기 시작한 이탈리아는 적어도 해답의 일부분을 제공할지 모른다. 1960년의 이탈리아는 경제적 불평등 수준은 다소 높고 신뢰 수준은 낮은 전형적인 사례였다. 그런데 1990년에는 신뢰가 보통 수준으로 향상되었고, 경제적 불평등은 스웨덴 수준으로 떨어졌으며, 이전지출 비율은 헝가리, 스웨덴, 벨기에, 프랑스 등의 뒤를 바짝 뒤쫓았다.

반면 미국은 1960년의 시민문화조사에서 58퍼센트의 국민이 타인을 신뢰했으나 1996년에는 이탈리아의 신뢰 수준(36퍼센트)으로 떨어졌다.[310] 불평등은 1990년대의 이탈리아 수준을 훌쩍 넘어설 정도로 심화되었고, 1995년에는 상황이 훨씬 더 악화되었다.[311] 그리고 미국은 이전지출 부문에서도 아직 평균치를 밑돌고 있다(심지어 공산주의 지배 경험이 없는 나라들보다도 비율이 낮다). 미국 정부는 40년 전에 비해 훨씬 더 논쟁 지향적이고 아마 생산성은 더 감소했을 것이다.

신뢰 수준이 향상된 이탈리아 국민은 '더 나은 정부'를 갖게 되었을까? 가난한 동시에 신뢰 수준이 낮은 나라들이 명심해야 할 교훈은 간단하다. 만일 신뢰가 중요하다면, 그리고 신뢰가 국부확장에 보탬이 되고 더 나은 정부를 선사할 수 있다면 부유한 나라가 되려는 데 급급한 정책을 경계하는 편이 좋을 것이다. 온갖 희생을 감수하면서까지 시장을 만들면 불평등이 심화될 우려가 있다. 그런 전략은 급속한 성장으로는 이어질지 몰라도 지속적인 성장은 개방적 시장과 협동심에 의존한다. 라이크(1999년 B4)는 다음과 같이 주장했다.

부와 소득의 심각한 불평등은 한 나라의 사회조직을 압박할 수 있다. 그런 경제적 불평등은 집단적인 의사결정이 어려워지는 요인이 된다……. 경제

---

310 다른 조사들에 따르면 1990년대 초반의 신뢰 수준은 더 낮았다. 1장을 보라.
311 미국 상무부(1996년)는 미국의 지니계수를 다이닝어와 스콰이어(1996년)보다 다소 높게 산정한다. 전자가 산정한 미국의 1990년 지니계수는 .396이고, 후자가 산정한 지니계수는 .378이다.

적 입장이 다른 시민들이 그런 식의 의사결정에 다양한 방식으로 영향받을 가능성이 크기 때문이다……. 불평등이 지나치게 심화되면 공통의 목표와 일체감이라는 의식이 희미해질 우려가 있다……. 양극화된 사회는 중산층이 두껍고 튼튼한 사회보다 안정성이 떨어질 수 있다. 그런 사회는 분노의 정치를 활용하려는 선동가들에게 온상을 마련해준다.

집단행동 문제 극복을 위한 협동심이 함양되기를 바란다면 부유해지지 말고 공평해져라.

부록

A

아래의 모든 방정식에 대해 p<.10에서 의미 있는 변수는 밑줄로, p<.05 에서 의미 있는 변수는 굵은 글씨체로, p<.001 혹은 그 이상에서 의미 있 는 변수는 우사체로, 무의미한 변수는 보통 글씨체로 표시했다.

술집 출입 *젊다, 미혼이거나 이혼, 남성, 신앙심이 깊지 않다, 친구들과 어울린다.*

빙고게임을 즐긴다(출처: 1972년 미국선거연구) *성별과 사회단체 활동은 빙 고게임의 가장 강력한 결정요인이다.* 모형에는 **우애조합 활동**, 빙고 같은 게임에서는 **실력보다 운이 중요하다는 믿음**, *지루한 느낌, 휴식 시간에 대한 만족* 같은 변수도 포함된다. 신뢰 방정식에는 *동네 거리 를 마음 놓고 다니는가, 계획을 실현할 수 있다고 믿는가, 공무원들이 나를 배려하는가,* **정부에 대한 신뢰, 삶을 주체적으로 운영할 수 있다 는 믿음, 모범적인 미국이라면 꼭 하느님을 믿어야 하는가,** 개별적 신뢰(외집단 감정온도-내집단 감정온도), 더미 변수(흑인), 나쁜 일이 있으면 좋은 일도 있는가, 연령, 내세에 대한 믿음 등이 포함된다. 단순 프로 빗 모형에서 신뢰는 빙고게임 즐기기와 음의 상관관계를 이루고 p<.0001에서 의미가 있다.

피너클게임 즐기기(출처: 1972년 미국선거연구) 2단계최소제곱법 추정에 따르 면 피너클게임 즐기기는 신뢰를 생산도 소비도 하지 않는다. 신뢰의 가늠자들로는 *공무원들이 나를 배려하는가, 동네 거리를 마음 놓고 다 니는가,* **삶을 얼마나 주도할 수 있는가, 삶을 주체적으로 운영할 수 있 는가, 계획을 실현할 수 있는가, 정부에 대한 신뢰, 모범적인 미국인이 라면 꼭 하느님을 믿어야 하는가, 인종,** 내세에 대한 믿음, 연령 등을 꼽을 수 있다. 피너클게임 즐기기의 가늠자들에는 **게임의 목적이 돈인 가 재미인가, 결혼 여부, 여가시간에 대한 만족,** 인종, 성별, 가족 소 득, 노동조합원이다, 사회단체활동, 더미 변수(가톨릭교 신자) 등이 포함 된다(N=519, 피너클게임 즐기기와 신뢰의 RMSE는 각각 .399와 .445).

브리지게임 즐기기(출처: 1972년 미국선거연구) 신뢰에 대한 2단계최소제곱법 추정에서는 *브리지게임 즐기기, 정부에 대한 신뢰, 삶을 주체적으로 운영할 수 있다는 믿음,* **연령, 동네 거리를 마음 놓고 다닌다, 모범적 인 미국인이라면 꼭 하느님을 믿어야 하는가, 공무원들은 나를 배려하 지 않는다, 내세에 대한 믿음, 개별적 신뢰,** 인종, 나쁜 일이 있으면 좋 은 일도 있는가, 계획을 실현할 수 있는가 등의 가늠자들이 있다. 브리 지게임 즐기기의 경우 *대학 교육,* **신뢰, 응답자의 자녀수, 가족 소득, 성별, 현재 공동체 거주기간, 연령, 더미 변수(개신교도)** 등의 가늠자들 이 포함된다.

〈표 5-3〉의 신뢰 모형 나머지 변수들은 인종, 외집단 신뢰, 사람들을 반드시 도와야 하는가, **교육, 생활 수준이 20년 후에는 나아질 것이라는 기대감, 성경은 하느님의 진짜 말씀으로 해석한다, 더미 변수(직업이 있다),** 가족 소득, 올해의 경기가 작년보다 낫다는 생각, 내집단 신뢰, 정치에 대한 관심, 결혼 여부, 자녀수, 연령 등을 꼽을 수 있다. 1996년 미국선거연구에는 단체활동의 적극성에 대한 척도도 있지만 모든 유형의 단체에서 일시적으로 활동하는 사람들이 대부분이었다.

종교적 기부와 비종교적 기부에 대한 사회적 자본 벤치마크 조사 모형
종교적 기부 방정식 *종교의식 참석, 단순한 의식 참석 이외의 활동, 성별(남성), 가족 소득, 같은 종교를 믿는 신자들에 대한 신뢰,* **연령, 교육, 자택 소유,** 자기가 신뢰하는 사람들의 수, 일반적 신뢰, 가톨릭교도.
비종교적 기부 방정식 교육, 소득, *단순한 의식 참석 이외의 활동,* 자기가 신뢰하는 사람들의 수, **일반적 신뢰, 연령, 자택 소유, 가톨릭교도,** 성별, 같은 종료를 믿는 신자들에 대한 믿음.

일반적 신뢰와 지식 기반적 공정성과 유용성에 대한 〈뉴욕타임스〉 21세기 기념 조사 분석
일반적 신뢰 방정식 연령, 공무원들은 나를 배려하지 않는다, **다음 세대의 삶이 나아질 것이다, 더미 변수(남부인), 자녀수, 가정생활에 대한 만족,** 내가 아는 사람들은 공정하다, 교육 수준, 미국의 미래에 대한 기대, 가족 소득, 스페인계, 내가 아는 사람들은 도움이 된다.
일반적 유용성 방정식 *미국의 미래에 대한 기대,* **일반적 신뢰, 자녀수, 공**

무원들은 **나를 배려하지 않는다, 직업이 있다,** 다른 사람보다 나를 더 신경쓴다, 내가 아는 사람들은 도움이 된다, 내가 아는 사람들은 공정하다.

내가 아는 사람들은 도움이 된다 방정식 *교회 출석 빈도,* **다른 사람보다 나를 더 신경쓴다,** 자녀수, 일반적 공정성, 일반적 신뢰, 일반적 유용성, 가정생활에 만족한다.

일반적 공정성 방정식 **내가 아는 사람들은 공정하다, 일반적 신뢰, 기혼, 자녀수,** 내가 아는 사람들은 도움이 된다, 공무원들은 나를 배려하지 않는다, 교육.

내가 아는 사람들은 공정하다 방정식 **일반적 공정성, 다른 사람보다 나를 더 신경쓴다. 교회 출석 빈도,** 가족 소득, 내가 아는 사람들은 도움이 된다. 일반적 신뢰, 미국의 미래에 대한 기대, 개인적 목표를 성취할 수 있다.

퓨 리서치 센터의 일반적 신뢰와 지식 기반적 신뢰 조사

일반적 신뢰 방정식 *동네 거리를 마음 놓고 다닌다,* **교육, 이웃을 좋아한다, 공동체에 영향력을 미칠 수 있다, 부모가 남을 믿지 말라고 했다, 연령, 스페인계, 연방정부를 믿는다,** 개별적 신뢰 인자, 흑인, 도와줄 사람들이 있다, 비종교단체에서 봉사활동을 한다.

친구와 가족(개별적) 신뢰 인자 흑인, *자택이 안전하다,* **교육, 도와줄 사람들이 있다, 비종교단체에서 봉사활동을 한다, 자녀수, 노동조합원이다, 동네에 얼마나 오래 거주했는가, 의지할 만한 사람들이 있다,** 자택 소유, 일반적 신뢰, 스페인계, 부모가 남을 믿지 말라고 했다, 이웃과 대화를 나눈다.

B

아래의 모든 방정식에 대해 p<.10에서 의미 있는 변수는 밑줄로, p<.05 에서 의미 있는 변수는 굵은 글씨체로, p<.001이나 그 이상에서 의미 있는 변수는 우사체로, 무의미한 변수는 보통 글씨체로 표시했다.

배심원 의무를 기꺼이 이행하기(출처: 1992년 미국선거연구) 범위에는 우슬러너(1998년a)에 제시된 프로빗 결과와 신뢰가 내인변수인 연립방정식 추정에 근거해 내가 수행한 재분석 결과가 반영되어 있다. 모형에 포함된 나머지 변수들은 *정치토론*, **정부에 대한 신뢰, 고등 교육과 대학교육, 이혼, 주당 노동시간, 자영업자,** 남과 선거운동에 관한 얘기를 나눈다, 기혼, 배우자의 주당 노동시간 등이다.

고전문학작품의 중요성(출처: 1993년 일반사회조사, 순서형 프로빗 모형으로 추정) 나머지 변수들로는 *교육, 이념,* **더미 변수(남부인), 상대적 경제상황,** 정당 소속감, 성별, 주관적 사회계층, 근본주의, 공동체 규모, 종교의식 참석 빈도, 연령, 더미 변수(흑인, 가톨릭교도, 유대교도) 등을 꼽을 수 있다.

민족 대표성(출처: 1994년 일반사회조사) 신뢰가 내인변수인 2단계최소제곱법 추정에서 민족 대표성의 나머지 가늠자들은 **국가경제가 나아질 것이라는 기대감,** 근본주의, 연령, 정부가 흑인들에게 충분한 관심을 쏟는다 등이다.

도덕적 기준(출처: 1981년 세계가치조사, 미국) 도덕적 기준은 '가장 허용할 만하다'부터 '가장 허용할 만하지 않다'까지의 10점 만점 방식으로 측정했다. 나는 이런 도덕적 행위의 기준들과 다른 척도(차를 훔쳐 돌아다니기, 탈세, 대중교통 무임승차)들에 대해 얼핏 무관해 보이는 연립방정식을 추정했다. 나머지 가늠자들은 *십계명 가운데 세속적인 부분을 스스로 얼마나 준수한다고 생각하는가, 선과 악의 명확한 기준이 있는가, 배우자에 대한 신의가 얼마나 중요한가,* 인종, 연령, **기혼, 지옥의 존재에 대한 믿음,** 생활보호대상자, 교육 등이다. 상호주의의 척도는 다른 사람이 십계명의 세속적인 부분을 준수할 것이라는 기대이다. 이상의 결과는 우슬러너(1999년a)와 우슬러너(1999년b)에 상세하게 기술되어 있다.

부당한 법을 지킨다(출처: 1996년 일반사회조사) 이변량 상관계수는 p<.001에서 타우-시는 .128 감마는 .264이다. 신뢰는 *고등 교육과 대학 교육, 성별, 자녀가 부모의 말을 따르는 것이 얼마나 중요한가, 입법부에 대한 신뢰,* **종교의식 참석 빈도, 종교적 근본주의자로 성장했는가, 아이들이 사랑받는 것이 얼마나 중요한가** 등을 포함하는 다변량 분석에서도 의미가 있다. 깊은 신앙심(특히 근본주의)과 자녀가 순종적이고 사랑

받기를 바라는 마음은 항상 법을 지켜야 한다는 생각으로 이어질 가능성이 더 높은 반면 사람들에 대한 신뢰뿐 아니라 정부에 대한 신뢰는 옳고 그름을 기준으로 법을 판단하는 경향으로 이어진다.

항의시위를 허용해야 한다(출처: 1996년 일반사회조사) 나머지 변수들은 *부당한 법도 항상 지켜야 하는가*, 연령, 성별, 교육, **행정부에 대한 신뢰, 인종, 자녀가 부모의 말을 따르는 것이 얼마나 중요한가, 자녀가 주체적으로 생각하기를 바란다,** 종교의식 참석 빈도 등이다.

아프다는 핑계로 결근하기(출처: 1968년 소득동태 패널연구) 추정에는 신뢰가 내인변수인 2단계최소제곱법이 쓰였다. 나머지 가능자들은 응답자가 *직장에서 동일한 직위에 머문 기간, 직무에 대한 재량권 정도, 가족 소득, 응답자가 직무와 관련한 도전과제를 얼마나 좋아하는가, 노동조합원(음의 계수), 미취업기간, 자신에 대한 만족감, 미혼(음의 계수)*, **기혼, 교육(음의 계수), 여가시간이 없다,** 성별 등이다. 소득동태 패널연구에는 신뢰의 3등분 척도(극소수만 신뢰한다, 일부만 신뢰한다, 대부분 신뢰한다)가 쓰였다.

현관문을 잠근다(출처: 1978년 서베이 리서치센터의 생활수준조사) 양의 값은 현관문을 잠그는 것이 중요하지 않다는 의미이다. 순서형 프로빗 모형에 포함된 나머지 변수들은 *도시지역에 거주한다(음의 계수), 연령, 응답자가 자기 집 실내가 얼마나 깨끗하다고 생각하는가, 응답자가 농촌지역에서 태어났는가, 이웃을 얼마나 좋아하는가, 인종통합지역에서 살고 있는가(음의 계수),* **지난 5년 동안 절도나 강도를 당한 횟수, 가족 소득, 성별, 대도시 출생, 자택 소유, 더미 변수(흑인, 음의 계수),** 지금 동네에서 계속 살고 싶다, 위협을 느낄 만한 요소가 있는가(음의 계수), 교육 등이다. 전체 응답자의 불과 5퍼센트만이 지난 5년 동안 강도나 절도를 3회 이상 당했다고 응답했다.

총으로 범죄에 대항하기(출처: 1976년 미국선거연구) 모형에 포함된 나머지 변수들은 *더미 변수(남부 지역과 경계주에 거주한다)*, 성별, **자신이나 가족이 범죄를 목격한 적이 있는가, 누군가 내 집이나 내 가족의 집에 침입한 적이 있는가, 외집단 신뢰, 대도시에서 성장했다,** 자신이나 가족이 폭행 피해를 입은 적이 있는가, 내집단 신뢰 등이다. 일반사회조사 표본의 경우 총을 소지하는 것과의 상관계수는 거의 0에 가깝고, 타인을 신뢰하는 사람들은 총을 소지할 가능성이 약간 더 높다(파이=.032, 율스큐=.065). 총으로 범죄에 대항하겠다는 것은 단순히 총을 소지하는 것보다는 타인을 덜 신뢰하는 태도이다.

시위행진에 참가하기(출처: 2000년 사회적 자본 벤치마크 조사) 신뢰는 $p < .05$에서 의미가 있다. 다음 가늠자들도 모형에 포함된다. *연령, 같은 종교를 믿는 신자들에 대한 신뢰, 종교의식 이외의 활동에 참여하기,* **교육,** 정치적 지식, 성별, 소득.

필리버스터 모형에는 다음 가늠자들도 포함된다. **다수당과 다른 당이 대결하는 상원에서의 투표 비율**(온스타인·만·맬빈 편저 1998년 210쪽), 스팀슨(1998년)의 **민심 척도**(대중의 이념적 분위기가 자유주의적 경향이 더 강할 때 필리버스터가 늘어난다. 이것은 필리버스터를 구사할 가능성이 가장 높은 보수주의자들이 민심에서 멀어져 있을 때 이 전술에 의지할 가능성이 가장 높다는 의미이다), 더미 변수(의회 회기, 리처드 베스가 나와의 사적인 대화에서 지적했듯이 의사진행 방해전술은 두 번째 회기에서 등장할 가능성이 더 높기 때문이다). 민심에 관한 자료는 http://www.unc.edu/~jstimson/

ann5296.prn.에서 확인할 수 있다.

미국공동모금회 기부 기부에 대한 다변량 모형에 포함된 다른 변수들은 소
비자물가지수의 변화율, **국내총생산 변화율, 불평등의 지니계수**, 더미
변수(표본을 1981년 이전과 이후로 나누는 것) 등이다. 더미 변수는 1981년
의 세법 변경을 반영한다(우슬러너 1993년 96~97쪽을 보라). 일반적으로
기부는 물가상승률과 소득불평등 수준이 낮을수록 늘어난다(보정 R^2
=.930, N=26). 기부가 최고 수준에 도달하는 것은 필요성이 가장 클 때
가 아니라 기부할 만한 여력이 가장 많이 남아돌 때이다.

신도적 기부와 '자선적' 기부 나는 2단계최소제곱법을 이용해 모형을 추정
했다. 신뢰의 가늠자들은 7장에서 이용한 것과 동일하다. 교회출석 척
도의 출처는 미국선거연구 격년 조사이다. 매년의 척도를 구하기 위해
나는 스타타6.0의 귀속절차를 이용해 시간적 추이에 근거한 값을 귀속
시켰다. 신도적 기부와 자선적 기부에 대한 방정식에도 미국공동모금
회 방정식에서 사용된 1981년 더미 변수가 포함된다. 신뢰에 대한 비
표준화회귀계수는 신도적 기부(.622)와 자선적 기부(.580)에 대한 비표
준화회귀계수와 거의 같지만, t값은 자선적 기부가 훨씬 높다(p<.005에
서 2.751, p<.05에서 1.648). **교회출석**은 신도적 기부에 훨씬 더 큰 영향
을 미쳤다(b=1.012, t=2.842[신도적 기부], b=.384, t=1.927[자선적 기부]). 더
미 변수는 자선적 기부에 큰 영향을 미쳤다(b=-.061, t=-3[신도적 기부],
b=-.024, t=-.711[자선적 기부]).

《기부하는 미국》의 자선기부금 총액 인플레이션, **신뢰**, 1981년 더미 변수, 국
민총생산의 변화 등을 포함한 2단계최소제곱법으로 모형을 추정했다.
신뢰를 내인변수로 삼은 《기부하는 미국》 추정에는 지니계수, 민심, 선

거가 열린 해 더미 변수(다양한 수준에서 의미가 있다)와 각종 자선활동 (모두 무의미하다) 등이 포함된다. 나는 단일방정식 자동회귀이동평균 모형도 추정했고, 의미 있는 수준과 계수는 2단계최소제곱법에서 의미 있는 수준과 비슷했다.

《기부하는 미국》의 비종교적 자선기부금 *신뢰*, **1981년 더미 변수**, **인플레이션**, 국민총생산의 변화 등이 포함된 2단계최소제곱법 모형.

《기부하는 미국》의 종교적 자선기부금 *인플레이션*, *신뢰*, 국내총생산의 변화 등이 포함된 2단계최소제곱법 모형.

《기부하는 미국》의 보건부문 자선기부금 **1981년 더미 변수**, 신뢰, 국내총생산의 변화, 인플레이션 등이 포함된 2단계최소제곱법 모형.

《기부하는 미국》의 복지부문 자선기부금 *신뢰*, *인플레이션*, 국민총생산의 변화, 1981년 더미 변수 등이 포함된 2단계최소제곱법 모형.

C

아래의 모든 방정식들에 대해 p⟨.10에서 의미 있는 변수는 밑줄로, p⟨.05에서 의미 있는 변수는 굵은 글씨체로, p⟨.001이나 그 이상에서 의미 있는 변수는 우사체로, 무의미한 변수는 보통 글씨체로 표시했다.

부패 방정식 방정식에는 *평균 재학연수*(배로와 리 1994년)와 **1998년 프리덤하우스 민주화 점수**도 포함된다.

사법제도의 효율성 방정식 나머지 변수들은 *평균 재학연수*와 **프리덤하우스 약식 민주화 지표**이다.

사법제도에 대한 신뢰 방정식 신뢰가 내인변수인 2단계최소제곱법 추정. 신뢰 방정식에는 불평등의 *지니계수*와 *전 인구 대비 개신교도의 비율*도 포함된다(이런 가늠자들에 관한 자세한 설명은 다음 내용을 참고하라). 사법제도에 대한 신뢰 모형에 포함된 나머지 가늠자들은 *1988년 프리덤하우스 시민적 자유 척도*(개스틸 1991년)와 **1970-1985년 인구 100만 명**

당 연간 피살자수(삭스와 워너 1997년)이다. 따라서 대인 신뢰와 시민적 자유 수준이 높고 피살자수가 적은 나라일수록 사법제도에 대한 신뢰 수준이 높다. 시민적 자유와 신뢰에 대한 t값은 거의 비슷하지만 이 부분에서는 시민적 자유의 영향력이 가장 크다.

사법제도의 공정성 방정식 신뢰가 내인변수인 2단계최소제곱법 추정. 신뢰 방정식에는 **불평등의 지니계수와 개신교도 비율**도 포함된다. 사법제도의 공정성 방정식에는 *신뢰, 재산권 제도의 범위*(라포르타 외 1997년), **1970-1985년 인구 100만 명당 연간 피살자수**(삭스와 워너 1997년) 등이 포함된다.

절도범죄율 방정식 1990년 절도범죄율은 세계은행의 대니얼 리더먼에게 제공받은 것이다(1999년 5월 개인적인 연락을 통해). 구 공산권 국가들을 포함하는 신뢰 방정식(N=29)에는 *절도범죄율*, **개신교도 비율**, 불평등의 지니계수, 이슬람교도 비율 등이 포함된다. 절도범죄 방정식에는 신뢰와 **1988년 프리덤하우스 시민적 자유 척도**가 포함된다. 공산주의 지배 경험이 없는 나라들의 경우(N=19) **신뢰**는 p<.05에서 절도범죄에 대해, 절도범죄는 p<.10에서 신뢰에 대해 의미가 있다.

경제적 개방도 방정식 척도의 출처는 배로와 리(1994년)이다. 나머지 가늠자들은 *국내총생산 대비 이전지출 비율*과 *국토 면적*이다(국토의 크기가 작은 나라일수록 경제적 개방도가 높다). 면적 척도의 출처도 배로와 리(1994년)이다.

국내총생산 증가율 방정식 신뢰 방정식에 *개신교도 비율*, **불평등의 지니계수**, 국내총생산 증가율 등을 포함한 2단계최소제곱법 추정. 국내총생산 방정식에는 신뢰, **1970-1990년의 재학연수 변화**, **1980-1990년의 무**

역증가 등이 포함된다.

국내총생산 대비 정부지출 방정식 나머지 변수들은 *전 인구 대비 농촌지역에 거주하지 않는 주민의 비율*(번혜년 1997년)과 **국가경제가 자유시장이 아닌 정부에 의존하는 정도**(배로와 리 1994년)이다.

교육지출 방정식 나머지 변수들은 **1인당 국민총생산 자료**(라포르타 외 1998년)와 성인식자율(번혜년 1997년)이다.

전 인구 대비 공공부문 고용비율 방정식에 포함된 나머지 변수들은 *전 인구 대비 농촌지역에 거주하지 않는 주민의 비율*과 **국가경제가 자유시장이 아닌 정부에 의존하는 정도**이다.

국내총생산 대비 이전지출과 보조금의 비율(1975–1995년 평균치) 이 방정식에는 **1인당 국민총생산 자료**, 관료제로 인한 업무지연, 납세순응 등도 포함된다(출처는 라포르타 외 1998년에 실려 있는 〈1996년 국제경쟁력보고서〉이다).